史記會注考證校補

〔日〕水澤利忠　著
楊海峥　整理

伍

上海古籍出版社

史記會注考證校補卷一百九

李將軍列傳第四十九

〔廣家世世受射〕　瀧二・四，慶一右四，殿一右八，凌一右五。○受，[南化][三]愛。

索　案小顏云世受射法　○法，[慶][彭][凌]也。按：景印慶元本「也」改「法」。

***正**　愛好也習也　[南化][幻][梅][狩][瀧]。

〔殺首虜多〕　瀧二・八，慶一右六，殿一右一〇，凌一右七。○首，[慶][彭]百，[南化]校記「首」。按：景印慶元本「百」改「首」。

〔爲漢中郎〕　瀧二・八，慶一右六，殿一左一，凌一右七。○[楓][梜][三]無「中」字。

〔皆爲武騎常侍〕　瀧二・九，慶一右七，殿一左一，凌一右八。○[索]皆爲郎武騎常侍。

〔秩八百石〕　瀧二・九，慶一右八，殿一左三，凌一右八。

索　案謂爲郎而補武騎常侍　○謂，[中統]胃。下同。

〔嘗從行〕　瀧二・九，慶一右八，殿一左二，凌一右九。○嘗，[中統]常。

〔有所衝陷折關〕　瀧二・一〇，慶一右八，殿一左二，凌一右九。○衝，[毛]衝。[札記]宋本、毛本作「衝」，它本作「衝」。

〔及格猛獸〕　瀧二・一〇，慶一右八，殿一左二，凌一右九。○格，[中統]隔。

〔子不遇時〕　瀧二・一〇，慶一右九，殿一左三，凌一右一〇。○[南化][楓][棭][三]子生不遇時。

〔及孝景初立〕　瀧三・二，慶一右一〇，殿一左四，凌一左一。○[南化][楓][棭][三]及孝景帝初立。

〔還賞不行〕　瀧三・五，慶一左三，殿一左七，凌一左四。

集　私受梁印　○受，[井][蜀][紹][蜀刻][耿][中統]授。

〔匈奴日以合戰〕　瀧三・五，慶一左四，殿一左八，凌一左五。○以，[南化][棭][三]與。

〔典屬國公孫昆邪爲上泣曰〕　瀧三・六，慶一左五，殿一左八，凌一左五，○[景][井][蜀][蜀刻][紹][中統]無「典」字。

〔恐亡之〕　瀧三・七，慶一左七，殿一左一〇，凌一左七。

索　包愷云昆音魂也　○[耿][慶][中統][彭][凌][殿]無此注七字。

〔勒習兵擊匈奴〕　瀧四・二，慶二右一，殿二右四，凌二右二。

索　案董巴輿服志云　○巴，耿慶中統彭凌殿芭。

索　黃門丞至密近　○至，耿慶中統彭凌殿主。

索　謂之中貴人使者　○耿慶彭凌殿天下謂之中貴人使者。

索　故名不見也　○耿慶中統彭凌殿此五字作「故云中貴也」。

〔中貴人將騎數十縱〕　瀧四・三，慶二右一，殿二右四，凌二右二。○南化「騎」字移在「十」字下。

〔是必射雕者也〕　瀧四・六，慶二右四，殿二右六，凌二右五。

集　雕鳥也　○雕，蜀刻耿鵰。

索　雕鶚也　○耿慶中統彭凌此三字作「雕大鷙鳥」四字。

索　説文云似鷲黑色多子一名鷲以其毛作矢羽　○耿慶中統彭凌殿此十八字作「一名鷲黑色多子可以其毛作矢羽」十四字。

索　鶚一名鵰也　○鶚，耿慶鵰，中統凌殿雕。鵰，耿慶凌殿鶚，中統雕。

〔皆大恐欲馳還走〕　瀧五・二，慶二右一○，殿二左一，凌二右一○。○恐，中統驚。札記中統、遊本作「驚」。

〔匈奴必以我爲大軍誘之〕　瀧五・三，慶二左一，殿二左三，凌二左二。○慶彭凌——大將軍誘之。札記各本「大」下衍「將」字，宋本、中統、毛本無。

〔出護其兵〕　瀧五・八，慶二左六，殿二左七，凌二左六。

正 而出監護也　○出，慶彭凌將。按：景印慶元本「將」改「出」。札記官本「出」，各本誤「將」。

〔與十餘騎犇射殺胡白馬將〕　瀧五・九，慶二左七，殿二左八，凌二左七。○胡，景故。

〔是時會暮〕　瀧五・一〇，慶二左八，殿二左九，凌二左九。○南化楓棭三是時會日暮。

〔胡皆引兵而去〕　瀧六・二，慶二左一〇。殿二左一〇，凌二左一〇。○南化楓三胡即皆引兵而去。

〔而廣行無部伍行陣〕　瀧六・六，慶三右五，殿三右四，凌三右五。

索 部下有曲　○耿慶中統彭凌殿無「下」字。

***正** 案部伍領幻本「領」作「鎮」。也五五幻本不重「五」。相次也在廣亦無此事也　南化幻梅狩瀧。

〔人人自便〕　瀧六・八，慶三右六，殿三右六，凌三右六。

索 音去聲　○耿慶中統彭凌殿此三字作「音頻面反」四字。

〔不擊刁斗以自衛〕　瀧六・九，慶三右七，殿三右六，凌三右七。○刁，紹中統刀。下注同。

札記中統、遊本「刀」，注同。各本作「刁」。

集 受一斗　○斗，凌十。

集 晝炊飯食　○飯，中統毛飲。

集 夜擊持行　○持，中統時。蜀夜擊持行行夜。

集 名曰刁斗　○刀，金陵刁。下注同。南化楓三名曰刁斗今在滎陽庫中也。斗，凌一。

索　受一斗　○斗，凌十。

索　故云刁斗　○斗，凌一。

索　鋗即鈴也　○鋗，慶彭凌殿鐎。

索　無緣音焦　○焦，耿慶中統彭凌殿譙。

正　鐎幻本「鐎」作「錐」。三足有柄者也　南化幻梅狩瀧。

〔莫府省約文書籍事〕　瀧七・一，慶三右九，殿三右九，凌三右九。

索　案大顏云　○大，凌殿小。

索　蓋兵行舍於帷帳　○耿慶中統彭凌殿「行舍於」三字作「門合施」。

索　遂作莫耳小爾雅訓莫爲大　○索無「耳小」二字。

正　晉灼曰將軍職南化、幻、梅、狩本「職」作「戰」。在征行無常處所幻本無「所」字。在爲治故言莫府莫大也或曰衛青征匈奴絶大莫梅本「莫」作「幕」。大克獲帝就拜大將軍南化、幻、梅、狩本「軍」下有「於」。莫南化、幻本「莫」作「幕」。中府故曰莫府莫府之名始於此顏師古曰二説皆梅、狩本無「皆」。非也南化、幻本無「也」。莫府者以軍幕爲義古字通用耳軍旅無常居止以帳幕言之廉頗傳南化、幻本無「傳」。李牧市梅、狩本無「市」。租皆入幕府此則非因衛青始有其號又莫訓爲南化、幻、梅、狩本無「爲」。大於南化、幻、梅本無「於」。義乖矣　南化幻梅狩瀧。

〔未嘗遇害〕　瀧七・四，慶三左一，殿三右一〇，凌三左一。

索　案許慎注淮南子云　○耿慶中統彭凌殿「注」字「子」字並無。

〔擊刁斗〕　瀧七・五，慶三左二，殿三左一，凌三左二。○斗，[凌]十。

〔士吏治軍簿至明〕　瀧七・五，慶三左二，殿三左二，凌三左三。○簿，[井]薄。[札記]宋本「簿」作「薄」。

〔廣詳死〕　瀧八・七，慶四右四，殿四右二，凌四右四。○詳，[蜀][耿][慶][中統][彭][凌][殿]佯。

〔鞭馬南馳數十里〕　瀧八・九，慶四右六，殿四右四，凌四右六。○[耿]無「南」字。

〔射獵〕　瀧九・三，慶四左一，殿四右八，凌四左一。

集　孫灌嬰之孫名强　○[彭]無「之」字。

〔霸陵尉醉呵止廣〕　瀧九・四，慶四左二，殿四右九，凌四左二。

索　主盜賊　○[耿]無「賊」字。

〔韓將軍徙右北平死〕　瀧九・七，慶四左六，殿四左二，凌四左五。○[景][井][蜀][紹][蜀刻][耿][慶][中統][彭][毛][凌][殿]「軍」字下有「後」字而無「死」字。[金陵]後韓將軍徙右北平。無「死」字。[南化][楓][棭][三]校補「死」。[札記]宋本無「後」字，吴校宋本亦無。

集　蘇朴曰韓安國　○各本「朴」作「林」，瀧本訛。

〔嘗自射之〕　瀧一〇・四，慶五右一，殿四左七，凌五右一。○嘗，[景][井][紹][蜀刻][耿][毛]常。

〔其善射亦天性也〕　瀧一〇・七，慶五右五，殿五右一，凌五右四。

集　臂如猨通肩　○猨，慶凌殿猿。

〔竟死〕　瀧一〇・九，慶五右八，殿五右三，凌五右七。

索　竟謂終竟　○慶索凌殿金陵無「竟」字。

索　廣身至死以爲恒也　○恒，耿常。

〔諸將多中首虜率〕　瀧一一・六，慶五左五，殿五右九，凌五左四。○率，南化楓棭三⿱䜌十。

〔以功爲侯者〕　瀧一一・六，慶五左六，殿五右一〇，凌五左四。

集　本秦法　○秦，景井蜀紹蜀刻慶中統彭凌殿義。耿毛金陵此三字作「充本法」。札記毛本與漢書同，各本作「本義法」。

〔後三歲〕　瀧一一・七，慶五左六，殿五左一，凌五左五。○三，中統金陵二。札記中統本「二」，各本作「三」。

〔將萬騎與廣俱〕　瀧一一・九，慶五左八，殿五左二，凌五左七。○南化楓三無「俱」字。

〔敢獨與數十騎馳〕　瀧一二・一，慶五左一〇，殿五左三，凌五左九。○與，南化楓棭三從。

〔廣爲圜陳外嚮〕　瀧一二・三，慶六右一，殿五左五，凌五左一〇。○圜，紹毛圓。

〔矢下如雨〕　瀧一二・三，慶六右二，殿五左五，凌五左一〇。〇雨，蜀刻甫。按：因字形似而訛。

〔胡虜益解〕　瀧一二・五，慶六右五，殿五左九，凌六右四。

集　南都賦曰　〇都，毛郡。按：毛本訛。

集　黃肩弩　〇弩，紹彎。

索　案大黃黃閒　〇耿慶中統彭凌殿不重「黃」字。

索　故韋昭曰角弩也色黃體大是也　〇耿慶中統彭凌殿此十三字作「韋昭說是也」五字。

正　服虔曰黃肩弩也晉灼曰黃肩即黃閒也大黃其大者也　南化幻梅狩瀧。

〔益治軍〕　瀧一二・八，慶六右七，殿五左一〇，凌六右五。〇軍，南化楓棭三兵。

〔而博望侯軍亦至〕　瀧一二・九，慶六右七，殿五左一〇，凌六右六。〇南化楓三而博望侯軍亦復至。

〔封爲樂安侯〕　瀧一三・五，慶六左三，殿六右五，凌六左二。

索　中音丁仲反　〇仲，耿中。

〔才能不及中人〕　瀧一三・一〇，慶六左九，殿六左一，凌六左八。

***正**　不及中平之人　南化幻梅狩瀧。

〔然無尺寸之功以得封邑者〕　瀧一四・二，慶七右一，殿六左二，凌六左九。〇南化棭三然終無尺寸之功——。按：南化本標記「終」字下有「漢書」二字。

〔豈嘗有所恨乎〕 瀧一四・四，慶七右三，殿六左四，凌七右一。○南化楓棭三豈嘗有所恨者乎。按：南化本標記「者」字下有「漢書」二字。

〔至今大恨〕 瀧一四・五，慶七右五，殿六左五，凌七右三。○南化楓三至今大恨之。

〔乃自以精兵走之〕 瀧一五・一，慶七右一〇，殿六左一〇，凌七右七。○兵，中統與。

〔而大軍行水草少〕 瀧一五・三，慶七左一，殿七右一，凌七右九。○南化楓棭三而大將軍行水草少。

〔今大將軍乃徙令臣出東道〕 瀧一五・四，慶七左三，殿七右二，凌七左一。○徙，耿徒。

〔今乃一得當單于〕 瀧一五・五，慶七左四，殿七右三，凌七左二。○一，紹不。索無「乃一」二字。

〔以爲李廣老數奇〕 瀧一五・六，慶七左六，殿七右五，凌七左四。

集 數爲匈奴所敗 ○爲，中統謂。

索 音朔 ○朔，慶所，南化校記「音朔」二字作「數字」二字。彭此二字作「數字」二字。

〔或失道〕 瀧一六・七，慶八右四，殿七左三，凌八右二。○或，南化惑。

〔遇前將軍右將軍〕 瀧一六・八，慶八右六，殿七左四，凌八右四。

正 南歸度沙幕 ○沙，慶凌砂。

〔遂引刀自剄〕 瀧一七・六，慶八左五，殿八右二，凌八左二。○剄，慶彭凌頸，南化楓棭三校記「到」。札記王、柯、凌訛「頸」。

〔當死〕　瀧一七・八，慶八左七，殿八右三，凌八左四。　○當，耿皆。

〔國除〕　瀧一八・三，慶九右五，殿八左一，凌九右二。

索　又音乃段反　○段，慶中統彭殿煅。

索　又音而宣反　○而，索圖。

索　陽陵闕門西出神道四通　○索「闕」字、「四通」二字並無。

正　詔賜冢地陽陵　○南化坐詔賜冢地——。陵，慶彭侯，南化校記「陵」。按：景印慶元本「侯」改「陵」。

正　葬其中　○葬，慶塟。

〔力戰奪左賢王鼓旗〕　瀧一八・五，慶九右六，殿八左二，凌九右三。　○中統「鼓旗」二字倒。

〔乃擊傷大將軍〕　瀧一八・七，慶九右八，殿八左四，凌九右五。

索　令其父恨而死　○而，慶彭其。按：景印慶元本「其」改「而」。

〔敢從上雍〕　瀧一八・八，慶九右九，殿八左四，凌九右六。　○南化楓棭三敢從上幸雍。

〔上諱云鹿觸殺之〕　瀧一八・一〇，慶九左一，殿八左六，凌九右八。　○上，中統之，南化楓棭三「諱」字上有「爲」字而「云」字作「曰」。

〔嘗深入匈奴二千餘里〕　瀧一九・七，慶九左五，殿八左一〇，凌九左二。○千，凌十。

按：凌本訛。

〔無所見虜而還〕　瀧一九・八，慶九左七，殿九右二，凌九左四。

正　在京西北二千四百六十里　○彭——六十餘里地。

〔教射酒泉張掖〕　瀧一九・一〇，慶九左八，殿九右三，凌九左五，○教，耿散。按：耿本誤。

〔擊匈奴右賢王於祁連天山〕　瀧二〇・一，慶九左一〇，殿九右四，凌九左七。○耿慶彭凌無「於」字。南化楓棭三校補「於」。祁，凌秠。

集　出燉煌至天山　○燉，耿敦。

索　近蒲類海　○耿慶中統彭凌殿無「海」字。

索　冬夏有雪　○冬，索東。

〔欲以分匈奴兵〕　瀧二〇・五，慶一〇右四，殿九右八，凌一〇右一。○紹無「以」字。

〔而所殺傷匈奴亦萬餘人〕　瀧二〇・七，慶一〇右六，殿九右一〇，凌一〇右三。○景無「餘」字。

〔匈奴遮狹絕道〕　瀧二〇・八，慶一〇右八，殿九左一，凌一〇右五。○札記柯本「狹」作「俠」。

〔得歸漢者四百餘人〕　瀧二〇・一〇，慶一〇右一〇，殿九左三，凌一〇右七。○歸，

[南化]至。

〔乃以其女妻陵而貴之〕　瀧二〇・一〇，慶一〇左一，殿九左四，凌一〇右八。〇[耿]無「其」字。

〔皆用爲恥焉〕　瀧二一・三，慶一〇左三，殿九左六，凌一〇右一〇。〇用，[紹]曰。

〔誠信於士大夫也〕　瀧二一・七，慶一〇左七，殿九左一〇，凌一〇左四。〇[南化]無「也」字。

〔下自成蹊〕　瀧二一・七，慶一〇左八，殿九左一〇。凌一〇左五。

索　以喻廣雖不能出辭　〇出，[慶][彭][凌][殿]道。

〔可以諭大也〕　瀧二一・九，慶一〇左一〇，殿一〇右二，凌一〇左七。

索　實負其能　〇能，[慶][中統][彭][凌][殿]庸。

史記會注考證校補卷一百十

匈奴列傳第五十

〔匈奴列傳第五十〕　○索此傳移在平津侯主父列傳後。

〔曰淳維〕　瀧二・四，慶一右四，殿一右九，凌一右五。

集　匈奴始祖名　○毛無「名」字。

索　又樂產括地譜云　○產，耿慶中統彭凌殿彥。下同。

索　又服虔云　○耿慶中統彭凌殿「服虔」二字作「晉灼」。

〔有山戎獫狁葷粥〕　瀧二・七，慶一右八，殿一左三，凌一右九。

索　本北戎無終子國　○子，殿于。

〔其奇畜則橐駞〕　瀧二・一〇，慶一右一〇，殿一左五，凌一左二。　○駞，索他。

索　故云橐也　○橐，耿慶中統彭凌殿駞。

索　或作驝　○耿慶中統彭凌殿無此注三字。

〔驢驘〕　瀧三・一，慶一左一，殿一左六，凌一左三。○驘，南化棭三騾。

索　驢牡馬牝生驘　○牡，耿慶，中統彭凌殿特。

正　驘音力戈反　○瀧川本「驘」字誤移「正義」上。

〔駃騠〕　瀧三・二，慶一左二，殿一左七，凌一左四。

索　廣異志　○耿慶中統彭凌殿此注三字作「廣志云」。

索　音決蹄也　○耿慶中統彭凌殿無「音」字。

〔騊駼〕　瀧三・二，慶一左三，殿一左八，凌一左五。

索　北海有獸　○耿慶中統彭凌殿北海內有獸。

〔驒騱〕　瀧三・三，慶一左四，殿一左九，凌一左七。○騱，索奚。

索　一云青驪白鱗　○慶中統彭凌「白鱗」二字作「驎驒」。耿作「騱驒」。索作「驒」字。

索　文如鼉魚　○文，慶中統彭凌又。按：景印慶元本改「文」。索無「魚」字。

索　鄒誕生本　○耿中統索無「生」字。

索　奚字作騱　○耿慶中統彭凌殿「奚」、「騱」互易。

〔士力能毋弓〕　瀧三・七，慶一左八，殿二右三，凌二右一。○毋，南化楓棭三貫，景井蜀紹蜀刻耿慶中統彭毛凌殿彎。

〔盡爲甲騎〕　瀧三・七，慶一左九，殿二右四，凌二右一。

索　毋弓上音彎如字亦通也　○耿慶中統彭凌殿無此注十字而有「彎音烏還反」五字注。

〔短兵則刀鋋〕　瀧三・九，慶二右一，殿二右五，凌二右三。

索　古今字詁云　○詁，索說。

索　穫通作矜　○耿慶中統彭凌殿此注四字作「矜矛穫也」。

〔兄弟死〕　瀧四・三，慶二右五，殿二右九，凌二右七。○南化彭兄弟死者，札記游本下衍「者」字。

〔皆收其妻妻之〕　瀧四・三，慶二右五，殿二右九，凌二右八。○各本「取」作「收」。瀧川本誤。

〔而無姓字〕　瀧四・三，慶二右六，殿二右一〇，凌二右八。

集　姓攣鞮氏　○攣，景欒。

〔邑于豳〕　瀧四・五，慶二右八，殿二左二，凌二左一。

正　不窋失其官　○窋，慶凌窟。

〔戎狄攻大王亶父〕　瀧四・六，慶二右九，殿二左三，凌二左一。○狄，南化三翟。

〔作周〕　瀧四・一〇，慶二右一〇，殿二左三，凌二左二。

*正　初作固一本周字作固也　南化梅。

〔周西伯昌伐畎夷氏〕　瀧五・一，慶二左一，殿二左四，凌二左三。

索　大顏云即昆夷也　○大，慶彭凌殿小。

索　黄帝生苗龍苗龍生融吾融吾生并明　○耿慶中統彭凌殿此注十五字作「黄帝生苗苗生龍龍生融融生吾吾生并明」十七字。并，索弄。下同。札記單本與大荒北經合，下同。各本作「并明」。

索　并明生白犬白犬有二牡　○耿慶中統彭凌殿此注十字作「并明生白白生犬犬有二壯」。耿本「壯」作「牝」。十一字。札記二牡，大荒北經作「牝牡」。

索　赤狄本犬種字從犬　○索此注八字作「赤狄本犬戎種故多從犬」十字。

索　名曰犬夷　○耿慶中統彭凌殿無「曰」字。

〔武王伐紂而營雒邑〕　瀧五・四，慶二左四，殿二左七，凌二左六。○伐，蜀刻代。

〔命曰荒服〕　瀧五・五，慶二左六，殿二左九，凌二左九。

索　又案水經云　○經，慶彭海，南化楓棭三校記「經」。

〔周道衰〕　瀧五・六，慶二左六，殿二左一〇，凌二左九。

索　案周祀云至不能復雅也二十二字　○索無此注二十二字。祀，金陵紀，札記單本無此條，懿王在穆王後，不當闌出其前。案：漢傳穆王下遞及懿、宣並引采薇、六月詩，疑亦本史文。小司馬見本尚完，故有此注，及宋時刊單本者見史無其文，疑爲衍，而删之，它刻本亦以無可附麗而系之此。

〔而穆王伐犬戎〕　瀧五・八，慶二左七，殿三右一，凌二左一〇。○南化楓棭三而周穆王伐犬戎。

〔二百有餘年〕　瀧五・一〇，慶二左九，殿三右二，凌三右二。○紹無「有」字。

〔與申侯有郤〕　瀧五・一〇，慶二左一〇，殿三右三，凌三右三。○札記舊刻「郤」作「隙」。

〔殺周幽王于驪山之下〕　瀧六・二，慶三右一，殿三右四，凌三右四。

集　故號曰驪戎　○號，凌驪。按：凌本訛。

〔侵暴中國〕　瀧六・三，慶三右四，殿三右六，凌三右七。

正　在雍州涇陽縣城北十數里　○慶彭凌殿「城」、「北」互倒。札記「城」、「北」互倒，考證改。

〔而山戎越燕而伐齊〕　瀧六・七，慶三右七，殿三右九，凌三右一〇。

索　按胡廣云至因以爲號四十四字　○索此四十四字注下，集解所言鮮卑。

索　徒役之士　○耿慶中統彭凌殿無「役之」二字。

索　因以爲號　○耿慶彭凌殿無「以」字。中統無「因以」二字。

〔齊釐公與戰于齊郊〕　瀧六・九，慶三右八，殿三左一，凌三左一。

索　釐音僖名諸兒也　○索金陵無此注七字。札記此下各本有索隱云「釐音僖名諸兒也」七字，謬甚，單本無。

〔燕告急于齊〕　瀧七・一，慶三右一〇，殿三左二，凌三左三。○於，井蜀于。

〔而戎狄至洛邑〕　瀧七・三，慶三左一，殿三左三，凌三左四。○狄，三翟。

〔襄王奔于鄭之氾邑〕　瀧七・三，慶三左一，殿三左三，凌三左四。

索　按春秋地名云氾邑襄王所居故云襄城也　○耿慶中統彭凌殿無此注十七字。

〔故娶戎狄女爲后〕 瀧七・五，慶三左二，殿三左四，凌三左五。○故，慶 彭 欲，楓 棭 三 校記「故」。

〔與戎狄兵共伐鄭〕 瀧七・五，慶三左三，殿三左五，凌三左六。○南化 棭 三 無「兵」字。

〔已而黜狄后〕 瀧七・六，慶三左三，殿三左五，凌三左六。○黜，慶 默，南化 校記「黜」。

按：景印慶元本「默」改「黜」。

〔或居于陸渾〕 瀧七・九，慶三左七，殿三左八，凌三左九。

索 杜預以爲允姓之 ○允，耿 慶 中統 彭 索 凌 殿 九。

索 戎居陸渾 ○耿 慶 中統 彭 凌 殿 無「渾」字。南化 校補「渾」。

〔侵盜暴虐中國中國疾之〕 瀧八・二，慶三左八，殿三左一〇，凌四右一。○慶 彭 不重「中國」二字。

〔戎狄是應〕 瀧八・二，慶三左九，殿三左一〇，凌四右二。○狄，景 井 蜀 紹 蜀刻 耿 翟。應，棭 三 殿 膺，札記 舊刻游本「應」。建元以來侯者年表引詩及字類引年表亦同，它本並作「膺」。

〔城彼朔方〕 瀧八・三，慶三左一〇，殿四右二，凌四右三。

正 獫狁既去 ○慶 彭 言獫狁既去。

〔乃興師伐逐戎翟〕 瀧八・六，慶四右三，殿四右四，凌四右五。○逐，紹 遂，札記 舊刻

「翟」作「狄」。

〔居于雒邑〕 瀧八・七，慶四右三，殿四右四，凌四右六。○雒，中統洛，札記中統、游本「雒」作「洛」。

〔晉文公攘戎翟居于河西言洛之閒〕 瀧八・八，慶四右四，殿四右五，凌四右七。○索「河」「西」互倒。西，殿内。

集 音銀 ○銀，耿慶彭張，南化校記「銀」。按：景印慶元本改「銀」。札記游、王本作「音張」，蓋有脱字。吴校金板下有「張作銀」三字。

索 西河言洛晉灼音嚚 ○耿慶中統彭凌殿無此注八字。

索 圁水出上郡白土縣西 ○出，中統也。

索 續郡國志及太康地志 ○耿慶中統彭凌殿——太康地理志。

〔號曰赤翟〕 瀧九・二，慶四右八，殿四右九，凌四左一。

索 今上黨潞縣 ○索無「今」字。

〔白翟〕 瀧九・三，慶四右八，殿四右九，凌四左一。

索 晉師敗狄于箕 ○狄，耿慶中統彭凌殿翟。下同。

索 杜氏以爲白狄之別種 ○索無「之」字。

正 按文言言洛之閒 ○洛，慶彭潞，南化校記「洛」。

〔有緜諸〕 瀧九・五，慶四左二，殿四左三，凌四左五。

索　地理志天水有緜諸道　○[耿][慶][中統][彭][凌][殿]無此九字注。

〔翟豲之戎〕　瀧九・六，慶四左三，殿四左四，凌四左七。

索　天水豲道　○[耿][慶][中統][彭][凌][殿]此注四字作「天水有綿諸道狄道」八字。豲，[索]狄，[札記]「豲」誤「狄」，考證據漢書改。

〔大荔〕　瀧九・九，慶四左六，殿四左七，凌四左一〇。

索　取其王城　○[索]無「城」字。

正　括地志云　○[慶][彭]無「云」字。[札記]王、柯脱「云」字。

正　故王城即大荔王城　○[慶][彭][凌]兩「王」字作「三」。按：景印慶元本改「王」。[札記]官本「王」，各本訛「三」，下「大荔王城」同。

〔烏氏〕　瀧九・一〇，慶四左九，殿四左一〇，凌五右四。○烏，[南化][棭][三]焉。

〔朐衍之戎〕　瀧一〇一，慶四左一〇，殿五右一，凌五右五。

集　朐音翊　○[景][蜀][蜀刻][殿]「翊」字作「項于反」三字。[井][紹][耿][凌]作「項」字。[慶][中統][彭]作「項」字。[金陵]作「詡」字。按：景印慶元本改「項」。[札記]舊刻作「音項于反」。宋本、王、柯、凌、毛作「音項」，中統、游本作「音項」，亦「項」之訛。蓋皆脱「于反」二字。汪校本改「項」爲「詡」，與索隱引徐廣音合，然索隱又引鄭氏音吁，則當項于反。疑集解有脱文。

〔而晋北有林胡〕　瀧一〇・二，慶五右一，殿五右二，凌五右七。

正　如淳云即儋林也爲李牧滅　○[殿]無此注十一字。儋，[凌]澹。

〔樓煩之戎〕　瀧一〇・三，慶五右二，殿五右三，凌五右八。

索　俗隨水草居　○俗，慶倍，南化校記「俗」。按：景印慶本改「俗」。

索　故樓煩胡地　○地，耿慶彭凌殿也。

正　故樓煩胡地也　○胡，慶彭凌殿故，札記「胡」訛「故」，依索隱改。

〔燕北有東胡山戎〕　瀧一〇・四，慶五右四，殿五右五，凌五右九。

索　以父之名字爲姓　○耿慶中統彭凌殿此注七字作「桓以之名烏號爲姓」八字。

索　悉髡頭爲輕便也　○髡，中統秃。

〔晉悼公使魏絳和戎翟〕　瀧一〇・七，慶五右八，殿五右九，凌五左四。○絳，景降。

〔而破并代以臨胡貉〕　瀧一〇・九，慶五右一〇，殿五右一〇，凌五左六。

索　在應陰館　○殿無「應」字。

索　案貉即濊也　○耿「貉」字作「豹」，「濊」字作「澁」。

〔魏有河西上郡〕　瀧一一・一，慶五左二，殿五左二，凌五左八。○南化楓三而魏有河西上郡。

〔有二子〕　瀧一一・五，慶五左六，殿五左六，殿六右一。

索　昭王母也　○耿服虔云昭王母也。

〔案長城〕　瀧一一・八，慶五左九，殿五左八，凌六右三。

正　案水經云　○慶彭案長城水經云札記案：下衍「長城」二字，官本無。

正　白道長城　○白，慶彭凌殿百。

正　沿谿亘嶺　○慶彭凌「沿谿」二字作「公奚」。按：景印慶元本作「沿溪」。札記官本「沿」與河水注合。各本訛「公」。

正　蓋趙武靈王所築也　○慶彭凌殿無「武」字。

〔自代並陰山下〕　瀧一二・八，慶五左一〇，殿五左一〇，凌六右六。○南化自武並——。

集　並音傍　○毛無「傍」字。

索　五原西安陽縣北有陰山　○耿慶中統彭凌殿無「五原」二字。索五原西安陽原縣——。

索　陽山在河北　○耿慶中統彭索凌殿無「在河」二字。札記蒙恬傳集解作「陽山在河北」，此脫「在河」二字。

〔遼東郡以拒胡〕　瀧一三・六，慶六右八，殿六右七，凌六左四。○拒，景井紹蜀刻距。

〔而三國邊於匈奴〕　瀧一三・七，慶六右八，殿六右七，凌六左四。○索無「於」字。

〔而始皇帝使蒙恬將十萬之衆北擊胡〕　瀧一三・八，慶六右一〇，殿六右九，凌六左六。○南化楓棭三而秦始皇帝使蒙恬將數十萬之衆北擊胡。

〔築四十四縣城臨河〕　瀧一三・一〇，慶六左二，殿六左一，凌六左八。

索　秦塞自五原北九百里　○耿慶中統彭凌殿無「百」字。南化校補「百」。

索　東行終利賁山南漢陽西也　○耿慶中統彭凌殿——西是也。

索 漢一作漁　○耿慶中統彭凌殿無此注四字。

〔自九原至雲陽〕　瀧一四・二，慶六左四，殿六左二，凌六左一○。

索 正南北相直道也　○直，耿慶中統索值。

索 九原縣名屬五原也　○慶凌殿無「名」字。

〔起臨洮至遼東萬餘里〕　瀧一四・四，慶六左七，殿六左五，凌七右三。

索 臨洮隴西縣　○隴，索瀧。

〔東胡彊而月氏盛〕　瀧一四・九，慶七右一，殿六左九，凌七右八。

正 涼甘肅延沙等州地　○札記柯本「延」作「瓜」。

〔匈奴單于曰頭曼〕　瀧一五・二，慶七右二，殿六左一○，凌七右九。

集 韋昭曰曼音瞞　○凌無此注六字。

索 案漢書　○耿慶中統彭凌殿無「漢書」二字。

索 其國稱之曰撐黎孤塗單于　○黎，索犁。下同。

索 而匈奴謂天爲撐黎　○殿無「而」字。

索 與古書所説符會也　○符，耿中統扶。

〔諸秦所徙適戍遠者皆復去〕　瀧一五・五，慶七右六，殿七右五，凌七左四。○各本「遠」作「邊」，瀧川本誤。

〔生少子〕　瀧一五・一○，慶七左一，殿七右九，凌七左九。

索 舊音於連於曷反二音　○耿慶中統彭凌殿此注九字作「閼氏舊音曷氏」六字。

索 山下有紅藍　○索山下有紅藍花。

索 北方人探取其花染緋黄　○探，耿慶中統彭凌殿採。

索 挼取其上英鮮者作烟肢　○挼，耿中統接。肢，慶彭凌脂，耿中統殿支。下同。

索 婦人將用爲顔色　○耿慶中統彭凌殿婦人採將用爲顔色。

索 今日始視紅藍　○視，慶彭殿親。

索 後當爲足下致其種　○慶彭無「爲」字。耿慶中統彭凌殿無「下」字。

索 匈奴名妻作閼支　○妻，耿中統妾。支，耿慶中統彭凌殿氏。

索 言其可愛如烟肢也閼音煙　○耿慶中統彭凌殿此注十一字作「今（中统本「今」作「余」。）可音烟支」五字。

〔習勒其騎射〕　瀧一六・五，慶七左六，殿七左三，凌八右三。

集 如今鳴箭也　○箭，慶彭凌殿射。

〔冒頓既立〕　瀧一七・三，慶八右五，殿八右一，凌八左二。

集 秦二世元年壬辰歲立　○彭時係是秦二世之元年——。楓三「時係是」三字作「以」字。

〔奈何與人鄰國〕　瀧一七・五，慶八右八，殿八右四，凌八左五。○人，景父。按：訛。

〔莫居千餘里〕　瀧一七・一〇，慶八左四，殿八右九，凌九右一。○居，毛唐。按：訛。

〔各居其邊爲甌脱〕　瀧一七・一〇，慶八左四，殿八右一〇，凌九右一。

索　音徒活反　○徒，耿慶中統彭凌殿同。

正　按境上斥候之室爲甌脱也　○候，慶凌殿堠，金陵候。

〔吾欲有之〕瀧一九・二，慶八左八，殿八左三，凌九右五。○吾，耿至。按：耿本訛。

〔此弃地〕瀧一九・二，慶八左八，殿八左三，凌九右五。○此，中統北。按：中統本訛。

〔予之亦可〕瀧一九・三，慶八左九，殿八左四，凌九右六。○予，毛與。

〔勿予亦可〕瀧一九・三，慶八左九，殿八左四，凌九右六。○予，景井紹蜀刻耿慶中統彭毛凌殿與。

〔至朝那虜施〕瀧一九・一〇，慶九右六，殿八左九，凌九左二。○那，蜀蜀刻郍。按：「那」「郍」同。

〔遂侵燕代〕瀧一九・一〇，慶九右七，殿九右一，凌九左三。

正　今延州虜施縣是　○彭無「縣」字。

〔控弦之士三十餘萬〕瀧二〇・二，慶九右八，殿九右二，凌九左五。○十，景千。

〔其世傳不可得而次云〕瀧二〇・四，慶九右一〇，殿九右三，凌九左六。

*正　尚矣言久南化、幻、梅本「久」作「分」。遠也南化、幻、梅本「也」作「矣」。南化幻梅狩瀧。

〔左右谷蠡王〕瀧二〇・九，慶九左三，殿九右六，凌九左九。

索　服虔音鹿離蠡又音黎　○中統無此注九字，黎，索梨。

〔左右骨都侯〕瀧二一・一，慶九左四，殿九右七，凌九左一〇。

索 按後漢書云骨都侯異姓大臣 ○耿 慶 中統 彭 凌 殿 此注十二字作「裴氏所引據後漢書下呼衍注亦然」。

〔匈奴謂賢曰屠耆〕 瀧二一・一，慶九左五，殿九右八，凌一〇右一。 ○紹 匈奴謂賢者曰屠耆。

集 屠一作諸 ○屠，紹 耆。

〔故常以太子爲左屠耆王〕 瀧二一・二，慶九左五，殿九右八，凌一〇右二。 ○常，紹 嘗。

〔自如左右賢王以下〕 瀧二一・二，慶九左六，殿九右九，凌一〇右二。 ○景 井 蜀 紹 蜀刻 耿 慶 中統 彭 毛 凌 殿 無「王」字。 南化 楓 棭 三 校補「王」。 札記 舊本有「王」字，各本脫。

〔諸大臣皆世官〕 瀧二一・四，慶九左八，殿九右一〇，凌一〇右四。 ○南化 楓 三 諸其大臣皆世官。

〔呼衍氏蘭氏〕 瀧二一・四，慶九左八，殿九左一，凌一〇右四。

正 即今鮮卑姓呼延者也 ○延，凌 衍。按：凌本訛。

〔其後有須卜氏〕 瀧二一・五，慶九左九，殿九左一，凌一〇右五。

集 呼衍氏須卜氏常與單于婚姻 ○凌 殿 無此注十二字。常，中統 嘗。

〔接月氏氏羌〕 瀧二一・九，慶一〇右四，殿九左六，凌一〇右一〇。 ○索 無「月氏」二字。

札記 漢傳無「月氏」二字，與索隱本合。

索 二氏本西南夷種 ○耿 慶 中統 彭 凌 殿無「二」字。

索 排其種人 ○排，索非。

索 三苗姜姓之別 ○姜，慶 凌 殿萎。

索 舜徙于三危 ○舜，索喬。

索 今河關之西南羌是也 ○河，耿 慶 中統 凌阿。關，索間。

〔直代雲中〕 瀧二二·二，慶一〇右六，殿九左八，凌一〇左三。

正 言匈奴之南直當代雲中也 ○彭「直」、「當」互倒。

〔亦各自置千長百長什長〕 瀧二二·一〇，慶一〇左一，殿一〇右二，凌一〇左八。○百，索伯。

索 人有什伍 ○人，耿 慶 中統 凌 殿又，彭「人有」二字作「又里」。

索 里魁主一里百家 ○主，耿 慶 中統 彭 凌 殿掌，索王。百，索伯。

索 伍長五家 ○長，殿主。

〔祭其先天地鬼神〕 瀧二三·四，慶一〇左六，殿一〇右七，凌一一右三。○祭，慶 彭登，南化校記「祭」。按：景印慶元本改「祭」。札記 游、王、柯本「祭」訛「登」。

索 亦作蘢字 ○耿 慶 中統 彭 凌 殿無「作」字。

〔課校人畜計〕 瀧二三·七，慶一〇左九，殿一〇左一，凌一一右八。

集 蹛音帶　○紹無此注三字。

索 尚豎柳枝　○豎，慶凌殿豎。

正 衆騎馳遶三周乃止　○止，慶正，南化校記「止」。按：景印慶元本「正」改「止」。

〔有罪小者軋〕　瀧二四・一，慶一一右一，殿一〇左二，凌一一右九。○慶彭無「罪」字。南化校補「罪」。按：景印慶元本補「罪」。札記王脱「罪」字。

〔大者死〕　瀧二四・一，慶一一右二，殿一〇左四，凌一一左一。

索 撾抶也　○耿慶中統凌殿「撾抶」二字作「檛抶」。索作「檛抶」。札記單本「抶」，各本作「杖」，漢書注同。

〔拜日之始生〕　瀧二四・四，慶一一右四，殿一〇左五，凌一一左二。○生，南化楓棭三出。

〔日上戊己〕　瀧二四・五，慶一一右五，殿一〇左六，凌一一左三。○日，慶曰，南化校記「日」。按：景印慶元本改「日」。

〔而無封樹喪服〕　瀧二四・六，慶一一右六，殿一〇左七，凌一一左四。

集 匈奴名冢曰逗落　○冢，景家。逗，景逕。

〔斬首虜賜一卮酒〕　瀧二四・九，慶一一右九，殿一〇左一〇，凌一一左七。○斬，中統捕，札記中統、吴校金板「斬」作「捕」。

〔善爲誘兵以冐敵〕　瀧二四・一〇，慶一一右一〇，殿一一右一，凌一一左九。

＊正　趣向也　南化幻梅狩瀧。

〔利如鳥之集至於是匈奴貴人大四十八字〕　瀧二五・一，慶一一左一，殿一一右二，凌一一左九。○蜀刻此正文四十八字作「兵其攻戰斬首虜賜一卮酒而所得鹵獲因以予之得人以爲奴婢故其見敵則逐利如其戰人人自爲趣利善爲誘兵以冒敵故其見敵則逐」五十五字。

〔戰而扶輿死者〕　瀧二五・二，慶一一左二，殿一一右二，凌一一左一〇。○輿，南化楓棭三與。

〔丁零〕　瀧二五・三，慶一一左三，殿一一右三，凌一二右一。○零，景井蜀紹耿慶中統彭毛凌殿霝。下注同。

〔薪犂之國〕　瀧二五・三，慶一一左四，殿一一右四，凌一二右二。

索　屈射國名　○耿慶中統彭凌殿無此注四字。

索　射音奕　○奕，耿慶中統彭凌殿亦。

索　去匈奴庭接習水七千里　○習，中統間，札記中統、柯本「習」誤「間」。

＊正　漢書庾作窳地理志朔方南化、梅本「方」下有「郡」。窳混南化本「混」作「渾」。縣是　南化幻梅狩瀧。

〔都馬邑〕　瀧二五・八，慶一一左六，殿一一右六，凌一二右四。○都，紹郡。按：紹本訛。

〔於是冒頓詳敗走誘漢兵〕　瀧二六・一，慶一一左九，殿一一右九，凌一二右七。○詳，蜀

【毛】佯。

〔漢兵逐擊冒頓〕　瀧二六・一，慶一一左一〇，殿一一右九，凌一二右八。〇逐，【紹】遂。

〔冒頓縱精兵四十萬騎〕　瀧二六・四，慶一二右二，殿一一左二，凌一二右一〇。〇【蜀刻】無「精」字。

〔東方盡青駹馬〕　瀧二六・六，慶一二右五，殿一一左四，凌一二左三。〇【南化】【楓】【棭】【三】無「馬」字。

〔北方盡烏驪馬〕　瀧二六・六，慶一二右六，殿一一左五，凌一二左四。〇【南化】【楓】【棭】【三】無「馬」字。

索　馬色青　〇【耿】【慶】【中統】【彭】【凌】【殿】此注三字作「青色馬」。

索　案詩傳云　〇【彭】無「傳」字。

〔亦取閼氏之言〕　瀧二七・二，慶一二左一，殿一一左九，凌一二左九。〇取，【南化】【楓】【棭】【三】聽。

〔竟與大軍合〕　瀧二七・三，慶一二左三，殿一二右一，凌一三右一。

索　傳音附　〇【彭】無此注三字。【殿】傳音附鄉音嚮。

〔故冒頓常往來侵盜代地〕　瀧二七・八，慶一二左八，殿一二右六，凌一三右六。〇代，【毛】伐。

〔高帝乃使劉敬奉宗室女公主爲單于閼氏〕 瀧二七・八，慶一二左九，殿一二右六，凌一三右七。○公，[南化][棭][三]翁。

〔故匈奴以驕〕 瀧二八・二，慶一三右三，殿一二右一○，凌一三左一。○[紹]無「故」字。

〔其三年五月〕 瀧二八・七，慶一三右九，殿一二左五，凌一三左六。○五，[中統]三。

〔匈奴右賢王入居河南地〕 瀧二八・七，慶一三右九，殿一二左五，凌一三左六。○地，[彭]也。

〔是時濟北王反〕 瀧二九・一，慶一三左二，殿一二左八，凌一三左一○。○[南化][楓][棭][三]是時漢濟北王反。

〔其明年〕 瀧一九・二，慶一三左三，殿一二左九，凌一三左一○。○[慶]無「年」字。[南化]校補「年」。按：景印慶元本增「年」字。

〔聽後義盧侯難氏等計〕 瀧二九・四，慶一三左六，殿一三右一，凌一四右三。○[南化][楓][棭][三]「後義」二字作「俊儀」。

〔絶二主之約〕 瀧二九・六，慶一三左七，殿一三右二，凌一四右四。○主，[蜀刻]王。

〔馬彊力〕 瀧二九・九，慶一四右一，殿一三右五，凌一四右八。○[南化][楓][三]馬之彊力。

〔定樓蘭〕 瀧二九・一○，慶一四右一，殿一三右六，凌一四右八。

集 一云樓湟 ○云，[紹]作。

〔烏孫呼揭〕　瀧三〇・一，慶一四右二，殿一三右七，凌一四右九。

正　戰國時居瓜州　○彭無「時」字。

〔皆以爲匈奴〕　瀧三〇・二，慶一四右四，殿一三右八，凌一四左一。

索　案謂皆入匈奴一國　○耿慶中統彭凌殿案謂皆已入匈奴無「一」字。國。

〔請獻橐他一匹〕　瀧三〇・六，慶一四右八，殿一三左二，凌一四左五。○一，南化二。

索　係胡計反雩火胡反　○耿慶中統彭凌殿此注八字作「係音計雩漢書作虖」。火，索大。

正　二駟八匹馬也　○慶彭凌殿無「二」。南化楓棭三校補「二」。札記注脱「二」字，考證據漢書注改。

〔來至薪望之地〕　瀧三〇・八，慶一四左一，殿一三左四，凌一四左八。○索「薪」、「望」互倒。

索　漢界上塞下地名　○耿慶中統彭凌殿「地名」二字作「之地」。

〔和親甚便〕　瀧三一・一，慶一四左二，殿一三左七，凌一五右一。

正　上音舄　○舄，慶彭凌殿息，金陵舄。札記訛「息」，今正。

〔聽後義盧侯難氏等計〕　瀧三一・三，慶一四左七，殿一三左一〇，凌一五右四。○後，南化楓三後。

〔絶二主之約〕　瀧三一・四，慶一四左七，殿一三左一〇，凌一五右四。○主，蜀刻王。

〔漢以故不和〕　瀧三一・四，慶一四左八，殿一四右一，凌一五右五。○南化楓三漢以其故不和。

〔朕甚嘉之〕 瀧三一・七，慶一五右一，殿一四右三，淩一五右八。○嘉，南化 楓 棭 三喜。

〔服繡袷綺衣〕 瀧三二・一，慶一五右六，殿一四右八，淩一五左二。

集 案小顏云至音公洽反三十四字 ○此注三十四字各本爲索隱注。按：瀧本誤。

索 天子所服也 ○耿 慶 中統 彭 淩 殿言天子自所服也。

索 音公洽反 ○洽，中統袷。

〔比余一〕 瀧三二・三，慶一五右八，殿一四右九，淩一五左四。

索 辮髮之飾也 ○辮，耿辨。

索 按蘇林説 ○説，耿 慶 中統 彭 淩 殿云。

索 今亦謂之梳比或亦帶飾者也 ○耿 慶 中統 彭 淩 殿無「比或亦帶飾者也」七字。

〔黄金胥紕一〕 瀧三二・六，慶一五右一○，殿一四左二，淩一五左七。

集 或作犀毗 ○毗，景紕。

索 見作犀毗 ○索無「見」字。

索 犀聲相近 ○耿 慶 中統 彭 淩 殿胥犀聲相近。

索 鮮卑郭落帶 ○索無此注五字。

索 趙武靈王賜周紹貝帶黄金師比 ○紹，耿詔。貝，耿 慶 中統 彭見，殿 金陵具。按：景印慶

索　班固與竇憲牋云　○憲，索固。

元本「見」改「具」。

〈使宦者燕人中行説傅公主〉　瀧三三・二，慶一五左七，殿一四左九，凌一六右五。○宦，蜀刻官。

〈則匈奴盡歸於漢矣〉　瀧三三・九，慶一六右三，殿一五右四，凌一六右一〇。

集　言漢物十中之二入匈奴　○十，毛殿什。二，耿毛一。

〈以示不如湩酪之便美也〉　瀧三四・二，慶一六右六，殿一五右六，凌一六左二。○索「湩酪」二字作「重駱」。

集　音都奉反　○奉，彭秦。按：彭本誤。

索　重駱音潼酪二音按三蒼云潼乳汁也　○耿慶中統彭凌殿無此注十五字。

〈疏記以計課其人衆畜物〉　瀧三四・三，慶一六右八，殿一五右八，凌一六左五。○課，南化耿認。物，南化楓棭三牧。

〈及印封皆令廣大長〉　瀧三四・七，慶一六左一，殿一五左一，凌一六左八。○封，耿對。

〈中行説窮漢使曰〉　瀧三四・九，慶一六左四，殿一五左三，凌一六左一〇。○南化楓棭三——漢使者曰。

〈以齋送飲食行戍乎〉　瀧三四・一〇，慶一六左五，殿一五左五，凌一七右二。○南化楓棭三——行戍者乎。

〔故以其肥美飲食壯健者〕　瀧三五・二，慶一六左七，殿一五左六，凌一七右四。○飲，南化　楡　三　服。

〔蓋以自爲守衛如此〕　瀧三五・二，慶一六左七，殿一五左六，凌一七右四。○蓋，南化　楡　三　盡。如，南化　楓　三　以。

〔故其急則人習騎射〕　瀧三五・七，慶一七右三，殿一六右一，凌一七右九。○騎，蜀　錡。

〔生力必屈〕　瀧三六・二，慶一七右八，殿一六右六，凌一七左五。○生，中統　至，札記　中統本、吴校金板「生」訛「至」。

索　人盡極以營其生　○耿　慶　中統　彭　凌　殿　人盡極其力以營其生。

索　屈音其勿反　○勿，耿　慶　中統　凌　殿　物。反，慶　也　南化　校記「反」。按：景印慶元本「也」改「反」。

*正　言競爭勝負爲棟幻本「棟」作「棘」。宇極奢侈南化、幻、梅本「侈」作「麗」。故營生氣梅本無「氣」。力屈盡也　南化　幻　梅　狩　瀧。

〔故其民急則不習戰功〕　瀧三六・四，慶一七右一〇，殿一六右八，凌一七左六。○功，南化　楓　楡　三　攻。

〔冠固何當〕　瀧三六・六，慶一七左二，殿一六右九，凌一七左八。

集　固何所當益　○景　井　蜀刻　耿　慶　中統　毛　金陵「所」、「當」互倒。凌、殿「益」字移在「所」字上。

索　口舌喋喋　○耿　慶　中統　凌　殿　上「喋」字作「爲」。彭　不重「喋」字。

索 言汝漢人多居室中 ○耿慶中統彭凌殿無「言」字。汝漢人多口居室中。

索 言當思念 ○耿慶中統彭凌殿言漢人且當思念。

*__正__ 喋喋多言也佔佔恭謹貌言漢人徒多言恭謹而著冠衣固亦何所當益（南化、幻、梅本無「益」字。）也 南化幻梅狩瀧。

〔以騎馳蹂而稼穡耳〕 瀧三七・二，慶一七左八，殿一六左五，凌一八右四。

集 音若靡鹽之鹽 ○若，南化楓三苦。

〔殺北地都尉印〕 瀧三七・四，慶一七左一〇，殿一六左七，凌一八右六。○印，蜀刻印。按：訛。

索 印音五郎反 ○郎，凌即。按：凌本訛。

〔使奇兵入燒回中宮〕 瀧三七・七，慶一八右二，殿一六左七，凌一八右九。

索 始皇本紀二十七年 ○二，耿慶中統彭索凌殿三。

索 登雞頭山 ○登，耿慶中統彭凌殿巡。

〔候騎至雍甘泉〕 瀧三七・八，慶一八右四，殿一七右一，凌一八左一。

正 秦皇以來祭天圜丘處 ○慶凌殿金陵秦皇帝——，彭秦始皇——，圜慶彭凌殿專南化楓棭三校記「圓」。丘，慶凌殿兵，南化校記「丘」。

〔於是文帝以中尉周舍郎中令張武爲將軍〕 瀧三七・一〇，慶一八右七，殿一七右三，凌一八左三。○舍，毛召。

〈而拜昌侯盧卿爲上郡將〉 瀧三八・一，慶一八右八，殿一七右五，凌一八左五。

〈匈奴日已驕〉 瀧三八・六，慶一八左三，殿一七右九，凌一八左一〇。〇已，南化 楓 棭 以。

索 盧作旅 〇旅，中統 凌 旅。

〈殺略人民畜産甚多〉 瀧三八・六，慶一八左三，殿一七右九，凌一八左一〇。〇民，中統 户，札記 中統、吴校金板作「户」。

〈忘萬民之命〉 瀧三九・四，慶一九右三，殿一七左八，凌一九右九。〇忘，毛 亡。

〈離兩主之驩〉 瀧三九・五，慶一九右三，殿一七左八，凌一九右一〇。〇主，蜀刻 三。

〈二國已和親〉 瀧三九・五，慶一九右四，殿一七左八，凌一九右一〇。〇國，毛 主。

〈幼者得長〉 瀧三九・八，慶一九右六，殿一八右一，凌一九左三。〇長，中統 止，彭 上。

〈而終其天年〉 瀧三九・八，慶一九右七，殿一八右一，凌一九左三。〇年，慶 彭 凌 殿 命，南化 楓 棭 三 校記「年」。札記 王、柯、凌本作「命」。

〈鄰敵之國〉 瀧三九・一〇，慶一九右九，殿一八右三，凌一九左五。〇蜀刻 慶 中統 彭 凌 金陵「敵」、「國」互易。南化 三 校記「鄰敵之國」。札記 宋本、毛本「國」、「敵」互易。

〈墮壞前惡〉 瀧四〇・四，慶一九左四，殿一八右七，凌一九左一〇。〇墮，紹 隨。按：紹本訛。

〔莫不就安利而辟危殆〕　瀧四〇・六，慶一九左七，殿一八右一〇，凌二〇右三。

索　言蟲豸之類　〇豸，[慶][彭][凌][殿]烏。

索　或企踵而行　〇企，[耿][慶][中統][彭][凌][殿]以。

索　淮南子云　〇[耿][慶][中統][彭][凌][殿]無「子」字。

***正**　凡有足而行曰跂行凡有口（南化、幻、梅本「口」下有「氣」。）而息曰喙息周（南化、幻、梅本「周」作「問」。）書云麢鹿之類爲跂行並以足跪不著地如人企按又音企　[南化][幻][梅][狩][瀧]。

〔朕釋逃虜民〕　瀧四〇・一〇，慶一九左八，殿一八左一，凌二〇右四。〇民，[索]人。

〔單于無言章尼等〕　瀧四〇・一〇，慶一九左九，殿一八左一，凌二〇右五。〇無，[索]毋。

索　責其逃也　〇[耿][中統]責其遺逃也，[慶][彭][凌][殿]責其違逃也。

〔天下大安〕　瀧四一・二，慶二〇右一，殿一八左四，凌二〇右七。〇安，[紹]定。

〔既立〕　瀧四一・八，慶二〇右七，殿一八左九，凌二〇左三。

集　後元三年立　〇三，[毛]二。

〔軍臣單于立四歲〕　瀧四一・九，慶二〇右八，殿一八左一〇，凌二〇左四。

集　其閒五年。　〇五，[中統]三。

集　數不容爾也。　〇容，[毛]云。

〔各三萬騎〕　瀧四一・一〇，慶二〇右一〇，殿一九右二，凌二〇左六。〇三，[蜀]二。

〔趙屯飛狐口〕　瀧四二・二，慶二〇左二，殿一九右三，凌二〇左八。〇狐，[蜀]孤。

〔遣公主如故約〕　瀧四二・九，慶二〇左九，殿一九右九，凌二二右四。○公，南化 三 翁。

〔終孝景時〕　瀧四二・一〇，慶二〇左九，殿一九右九，凌二二右四。○蜀刻 毛 終孝景帝時。

〔今帝即位〕　瀧四三・一，慶二〇左一〇，殿一九右一〇，凌二二右五。○今，慶 彭 武，札記 游、王本，「今」作「武」，非。

〔匈奴自單于以下皆親漢〕　瀧四三・二，慶二〇左一〇，殿九左一，凌一右六。○慶 無「奴」字。南化 校補「奴」。按：景印慶元本增「奴」字。

〔漢使馬邑下人聶壹奸蘭出物〕　瀧四三・二，慶二一右二，殿一九左二，凌二二右六。○毛「奸」字下有「音干」二字注，而「蘭」字下有「干蘭犯禁私出物也」八字注。

〔與匈奴交〕　瀧四三・三，慶二一右三，殿一九左三，凌二二右七。

集　漢書音義曰私出塞與匈奴交市　○凌 此注十三字誤入索隱。

索　唯稱聶壹　○耿 無「唯」字。

索　顧氏云　○耿 慶 中統 凌 殿 故顧氏云。

索　奸蘭至出物也十四字　○景 井 蜀 蜀刻 耿 慶 中統 彭 殿 此注十四字作「集解而無謂字」。

〔御史大夫韓安國爲護軍〕　瀧四三・六，慶二一右六，殿一九左六，凌二二左一。○南化楓三——護軍將軍。按：南化本標記「將軍」二字傍，「在漢書有三字」。

〔是時鴈門尉史行徼〕　瀧四三・九，慶二一右八，殿一九左八，凌二一左四。

＊**正**　徼塞也堅木若柵曰徼　南化。

〔葆此亭〕　瀧四三・九，慶二一右九，殿一九左九，凌二一左五。○葆，蜀保。

〔知漢兵謀〕　瀧四三・九，慶二一右一〇，殿一九左九，凌二一左五。

索　律近塞郡　○耿慶中統彭凌殿無「律」字。

索　皆置尉一人士史百里　○一，彭二。各本「百里」二字在「尉」字下，瀧本誤。

〔尉史乃告單于漢兵所居〕　瀧四四・一，慶二一右一〇，殿一九左一〇，凌二一左六。

集　具告單于　○具，彭去。按：彭本訛。

〔攻當路塞〕　瀧四四・六，慶二一左六，殿二〇右五，凌二二右一。

索　直當道之塞　○索「道之塞」三字作「道塞耳」。

〔以中之〕　瀧四四・八，慶二一左九，殿二〇右七，凌二二右四。

正　得具以利中傷之　○殿無「得具」二字。

〔廣後得亡歸〕　瀧四五・四，慶二二右三，殿二〇左一，凌二二右八。○紹無「後」字。

〔殺遼西太守〕　瀧四五・六，慶二二右六，殿二〇左三，凌二二左一。○守，慶子。南化校記「守」。

〔辟縣造陽地以予胡〕　瀧四六・三，慶二二左五，殿二一右一，凌二二左八。○紹無「辟縣」

二字。

〔是歲漢之元朔二年也〕 瀧四六・三，慶二二左六，殿二一右二，凌二三右一。

集 言縣斗辟曲近胡 ○辟，毛僻。曲，景井蜀紹蜀刻耿慶中統彭毛凌殿金陵西，南化校記「曲」。札記「西」字，索隱同誤，當依漢書注作曲。

索 即斗辟縣中地 ○索「中地」二字作「是也」。

〔伊稚斜自立爲單于〕 瀧四六・七，慶二二左八，殿二一右四，凌二三右二。 ○稚，索穉。

索 穉音持利反 ○穉，慶中統彭凌殿稚。下同。

索 斜音士嗟反 ○嗟，耿差。

〔於單亡降漢〕 瀧四六・九，慶二二左九，殿二一右五，凌二三右四。○降，紹除。

〔漢封於單爲涉安侯〕 瀧四六・九，慶二二左一〇，殿二一右六，凌二三右四。○紹無「漢」字。景井紹蜀刻耿慶中統彭凌「於單」二字作「單于」。札記宋本、毛本「於單」，各本誤作「單于」。

〔匈奴數萬騎入殺代郡太守恭友〕 瀧四六・一〇，慶二三右一，殿二一右七，凌二三右五。○友，景井蜀紹蜀刻耿慶中統彭毛凌殿及，札記官本「友」，各本訛「及」。

案：名臣表、衛霍傳集解，漢傳並共「友」。按：今所見官本不作「友」。

〔飲酒醉〕 瀧四七・八，慶二三右九，殿二一左三，凌二三左三。 ○南化楓棭三飲酒醉臥。

〔乃再出定襄數百里〕　瀧四八・二，慶二三左四，殿二二左八，凌二三左八。〇乃，楓仍。

〔得首虜前後凡萬九千餘級〕　瀧四八・三，慶二三左四，殿二二左八，凌二三左八。〇南化楓棭三得胡首虜——。

〔無近塞〕　瀧四八・一〇，慶二四右三，殿二二右六，凌二四右七。

索　按徼要也　〇耿慶中統彭凌殿罷音疲按徼要也。

正　徼音古堯反　〇古，慶右，南化校記「古」。按：景印慶元本改「古」。

正　徼要也要漢兵疲極而取之　〇而，慶彭凌金陵則，殿無此注十一字。

〔過焉支山千餘里〕　瀧四九・三，慶二四右五，殿二二右八，凌二四右九。〇過，中統適。

〔擊匈奴〕　瀧四九・三，慶二四右七，殿二二右一〇，凌二四左一。

正　匈奴失祁連焉支二山　〇慶彭凌無「失」字。按：景印慶元本補「失」字。札記官本有「失」字，各本脱。

正　乃歌曰　〇歌，慶彭識。札記王本誤「識」。

正　亾我祁連山　〇亾，慶彭止。按：景印慶元本改「亡」。

正　其慜惜乃如此　〇彭「慜」字作「繁」而無「乃」字。

〔得胡首虜騎萬八千餘級〕　瀧四九・五，慶二四右七，殿二二右一〇，凌二四左二。〇南化三無「騎」字。

〔破得休屠王祭天金人〕　瀧四九・六，慶二四右八，殿二三左一，凌二四左二。

集　故休屠有祭天金人象　○象，[彭]家。

集　祭天人也　○人，[凌][殿]主。

索　今浮圖金人是也　○今，[耿][慶][中統][彭]人。按：景印慶元本「人」改「今」。

索　又漢書音義稱至祭天人也四十三字　○[耿][慶][中統][彭][凌][殿]此注四十三字作「孟說」二字。

索　事恐不然　○[耿][慶][中統][彭][凌][殿]無「事」字。

索　案得休屠金人　○[殿]「休屠」二字作「浮圖」。

正　即今佛像是其遺法　○今，[慶][彭][殿]金，[札記]王、柯本「今」訛「金」。

〔過居延攻祁連山〕　瀧五〇・四，慶二四左三，殿二二左六，凌二四左八。

索　按西河舊事云　○河，[索]京。

索　祁連山　○[慶]無「祁連」二字，[南化]校補「祁」。

索　南北百里　○[耿][慶][中統][彭][凌][殿]無「南」字。

索　宜畜牧　○[耿][慶][中統][彭][凌][殿]宜畜牧養。

索　亾我祁連山　○亾，[殿]失。

索　使我六畜不蕃息　○蕃，[慶][中統][凌]番。

索　我燕支山　○燕，[殿]焉。

索　亦曰白山也　○[中統]亦曰白山者也。

〔擊匈奴左賢王左賢王圍李將軍〕　瀧五〇・八，慶二四左八，殿二三右一，凌二五右三。〇紹不重「左賢王」三字。景井紹蜀刻耿慶中統彭兩「左」字作「右」。南化校記「左」。札記警云：案李將軍傳當作「左」。

〔渾邪王與休屠王恐謀降漢〕　瀧五一・三，慶二五右三，殿二三右四，凌二五右七。〇毛「休」、「屠」二字互倒。謀，南化楓棭三誅。

集　元狩二年也　〇二，井紹蜀刻元。

〔而減北地以西戍卒半〕　瀧五一・七，慶二五右一〇，殿二三左一，凌二五左五。

索　在長安以北　〇索無「在」字。

索　徙貧人充朔方以南新秦中　〇索無「徙」字。人，慶彭凌殿民。

正　史記以爲秦始皇遣蒙恬斥逐北胡　〇胡，慶凌殿故。按：訛。

〔各數萬騎〕　瀧五一・一〇，慶二五左一，殿二三左二，凌二五左六。〇紹無「騎」字。

〔糧重不與焉〕　瀧五二・二，慶二五左四，殿二三左五，凌二五左九。〇南化楓棭三糧食重不與焉。

正　私募從者　〇募，慶慕，札記王、柯訛「慕」。

〔咸約絶幕擊匈奴〕　瀧五二・五，慶二五左六，殿二三左六，凌二六右一。〇景井蜀紹蜀刻耿慶中統彭毛凌殿重「匈奴」二字。

〔一日會暮〕瀧五二・七，慶二二五左八，殿二三三左八，凌二二六右二。○南化楓三一日會日暮。

〔其兵往往與漢兵相亂而隨單于〕瀧五三・二，慶二二六右二，殿二二四右二，凌二二六右七。○南化椨三下「兵」字作「軍」字。

〔漢驃騎將軍之出代二千餘里〕瀧五三・五，慶二二六右六，殿二二四右五，凌二二六右一○。○南化楓椨三——代郡二千餘里。

〔驃騎封於狼居胥山〕瀧五三・七，慶二二六右八，殿二二四右六，凌二二六左二。○封，蜀刻執，南化楓椨三驃騎將軍封於狼居胥山。

〔漢馬死者十餘萬〕瀧五四・四，慶二二六左六，殿二二四左四，凌二二六左一○。

索 漢以來謂死爲物故 ○彭無「以來」二字。

索 物就朽故也 ○耿慶中統彭凌殿無「物」字。

索 又魏臺訪議 ○臺，耿慶中統彭索凌壹，札記官本「臺」各，本訛「壹」。

〔留之不遣〕瀧五四・一○，慶二二七右一，殿二二四左八，凌二二七右五。○遣，南化楓椨三歸。

〔會驃騎將軍去病死〕瀧五五・一，慶二二七右二，殿二二四左九，凌二二七右六。○去，景老。

〔子烏維立爲單于〕瀧五五・三，慶二二七右四，殿二二五右一，凌二二七右八。○烏，殿烏。

〔不見匈奴一人〕　瀧五五・七，慶二一七右九，殿二一五右五，凌二一七左三。

索　去九原二千里　○二，中統一。

〔至匈河水而還〕　瀧五五・九，慶二一七右一〇，殿二一五右七，凌二一七左四。○景 井 蜀 蜀刻 耿 慶 中統 彭 毛 凌 殿至匈奴河水而還。札記索隱本與衛霍傳合，各本「匈」下衍「奴」字，漢書亦然，劉已辨之。

〔亦不見匈奴一人〕　瀧五五・九，慶二一七左一，殿二一五右七，凌二一七左五。

〔匈奴主客問所使〕　瀧五六・二，慶二一七左三，殿二一五右九，凌二一七左七。

索　匈河水名　○耿 慶 中統 彭 索 凌 殿無「匈」字。

集　主使來客官也　○毛「客官」二字作「主客」。

〔何徒遠走〕　瀧五六・六，慶二一七左七，殿二一五左三，凌二一八右一。○札記王本「徒」訛「徙」。

〔亡匿於幕北寒苦無水草之地〕　瀧五六・六，慶二一七左七，殿二一五左三，凌二一八右一。○毛「寒」、「苦」二字互倒。

〔語卒而單于大怒〕　瀧五六・七，慶二一七左八，殿二一五左四，凌二一八右二。○卒，中統已。

〔休養息士馬〕　瀧五六・九，慶二一八右一，殿二一五左六，凌二一八右四。○息，紹自。按：紹興本誤。

〔習胡俗〕 瀧五七・一，慶二八右四，殿二五左八，凌二八右八。○井紹無「俗」字。札記宋本無「俗」字。

〔爲遣其太子入漢爲質〕 瀧五七・二，慶二八右五，殿二五左九，凌二八右八。○南化三此正文九字作「爲太子入質於漢」七字。

〔而西置酒泉郡〕 瀧五七・四，慶二八右七，殿二六右一，凌二八右一○。○置，凌至。按：凌本訛。

〔漢又西通月氏大夏〕 瀧五七・五，慶二八右八，殿二六右二，凌二八左一。

正 大月氏國 ○彭無「國」字。

正 本居燉煌祁連閒 ○祁，慶彭郡。按：景印慶元本改「祁」。

正 月氏乃遠去過大宛 ○宛，慶彭蔲，南化校記「宛」。按：景印慶元本改「宛」。札記王、柯「宛西」誤「蔲而」。

正 西擊大夏而臣之 ○西，慶彭而。

〔又以公主妻烏孫王〕 瀧五八・一，慶二八右一○，殿二六右四，凌二八左四。○公，景井蜀紹蜀刻翁。下不載。札記宋本、舊刻作「翁」。

〔至胘靁爲塞〕 瀧五八・八，慶二八左一，殿二六右五，凌二八左五。○胘，毛胝。下注同。

集 在烏孫北 ○孫，毛子。按：毛本訛。

〔楊信爲人剛直屈彊〕　瀧五九・一，慶二一八左四，殿二一六右八，凌二一八左八。○屈，毛倔。

〔楊信既見單于説曰〕　瀧五九・二，慶二一八左五，殿二一六右九，凌二一八左九。○南化三「説」字移在「單」字上。

〔無幾矣〕　瀧五九・五，慶二一八左九，殿二一六左二，凌二一九右二。

正　幾音記衣反古無所冀望也　○各本「衣」作「言」，瀧川本誤。反慶彭及。按：景印慶元本改「反」。

〔折其氣〕　瀧五九・七，慶二一九右一，殿二一六左四，凌二一九右四。

集　先先生也　○彭上「先」字作「儒生」二字。

〔每漢使入匈奴匈奴輒報償〕　瀧五九・八，慶二一九右一，殿二一六左四，凌二一九右四。○景不重「匈奴」二字。

〔必得當乃肯止〕　瀧五九・八，慶二一九右二，殿二一六左五，凌二一九右六。○南化楓棭三必得相當乃肯止。

〔而單于復讇以甘言〕　瀧五九・九，慶二一九右三，殿二一六左七，凌二一九右六。○甘，南化其。

〔吾欲入漢見天子面相約爲兄弟〕　瀧五九・一〇，慶二一九右四，殿二一六左七，凌二一九右七。○毛「漢」、「見」互倒。

〔漢予藥欲愈之〕　瀧六〇・二，慶二一九右七，殿二一六左九，凌二一九右一〇。○予，毛與。

〔因送其喪厚葬〕　瀧六〇・四，慶二一九右八，殿二一六左一〇，凌二一九左一。○葬，南化楓棭三幣。

〔單于特空紿王烏〕　瀧六〇・六，慶二九右一〇，殿二七右二，淩二九左三。○特，蜀刻時。紿中統彭給。

〔及遣太子來質〕　瀧六〇・六，慶二九左一，殿二七右二，淩二九左四。○札記舊刻「及」訛「乃」。

〔右方直酒泉燉煌郡〕　瀧六一・一，慶二九左七，殿二七右七，淩二九左九。○南化楓棭三右方兵直——。

正　經秦長城太羹長路　○羹，慶羮。

正　正北經沙磧十三日　○沙，慶淩殿砂。

〔而匈奴使來〕　瀧六一・五，慶三〇右一，殿二七左一，淩三〇右四。○南化楓棭三而匈奴使者來。

〔漢使貳師將軍廣利西伐大宛〕　瀧六一・七，慶三〇右二，殿二七左二，淩三〇右四。○貳，景井紹蜀刻慶中統二，南化校記「貳」。按：南化本標記「貳」字下有「漢書」二字，景印慶元本改「貳」。札記宋本、中統、游、王、柯本「貳」誤「二」。

〔而令因杅將軍敖築受降城〕　瀧六一・八，慶三〇右二，殿二七左三，淩三〇右五。○敖，殿敷。

正　杅音于　○彭無此三字注。

〔畜多飢寒死〕　瀧六一・一〇，慶三〇右四，殿二七左四，凌三〇右六。○南化「飢」、「寒」互倒。

〔國人多不安〕　瀧六一・一〇，慶三〇右四，殿二七左四，凌三〇右七。○南化棭三國中人多不安。

〔即兵來迎我〕　瀧六二・二，慶三〇右六，殿二七左六，凌三〇右八。○南化楓棭三漢即——。

〔得數千人〕　瀧六二・七，慶三〇左一，殿二七左一〇，凌三〇左三。○慶彭凌殿無「得」字。南化楓棭校補「得」。

〔相與謀曰〕　瀧六二・一〇，慶三〇左四，殿二八右三，凌三〇左六。○南化楓三無「曰」字。

〔軍遂没於匈奴〕　瀧六二・一〇，慶三〇左五，殿二八右三，凌三〇左七。○札記舊刻脱「軍」字。

〔匈奴乃立其季父烏維單于弟右賢王呴犂湖爲單于〕　瀧六三・四，慶三〇左八，殿二八右六，凌三〇左一〇。○鳥，井蜀中統烏。

〔是歲太初三年也〕　瀧六三・五，慶三〇左一〇，殿二八右七，凌三一右一。

集 又音吁 ○吁，蜀刻毛呼。

索 又音吁 ○吁，索呼。

〔漢使光祿徐自爲出五原塞數百里〕 瀧六三・六，慶三〇左一〇，殿二八右八，凌三一右二。○楓三——自爲將出五原塞數百里。

〔築城鄣列亭至盧朐〕 瀧六三・七，慶三一右二，殿二八右九，凌三一右三。○朐，井蜀刻慶彭昫，南化楓三校記「朐」。札記索隱本「朐」，各本訛「昫」，漢書作「盧朐」。

集 匈奴地名 ○殿服虔云匈奴地名。

集 又山名 ○殿「又」字作「張晏云」三字。紹此注三字作「在山各」。

正 五原郡稒陽縣北出石門鄣 ○稒，慶彭凌殿相，金陵稒。

正 又西北得虖河城 ○慶彭凌殿「虖河城」三字作「牢城河」。札記誤作「牢城河」，考證改。

正 又西北得宿虜城 ○宿，慶彭凌殿宊，札記「宿」訛「宊」，考證改。案：漢志無「北」字。

正 服虔云盧朐匈奴地名也張晏云山名也 ○殿無此注十六字。慶彭凌無「朐」字。札記脱「朐」字，今補。

〔使彊弩都尉路博德築居延澤上〕 瀧六四・一，慶三一右六，殿二八左三，凌三一右七。

正 在甘州張掖縣東北一千五百三十里 ○慶彭殿無「一」。

正 彊弩都尉路博德之所築 ○慶彭凌殿無「都」字。南化校補「都」。札記脱「都」字，今補。

〔略數千人〕 瀧六四・五，慶三一左一，殿二八左七，凌三一左二。○南化楓三殺略數千人。

〔昔齊襄公復九世之讎〕 瀧六五・二，慶三一左七，殿二九右三，凌三一左九。○九，景 井 蜀刻 耿 慶 中統 彭 凌 殿 百，札記 官本「九」，與漢書合。各本誤「百」。按：今所見官本與札記引官本不合。

〔春秋大之〕 瀧六五・二，慶三一左八，殿二九右四，凌三一左九。

集 公羊傳曰 ○毛「公羊」二字作「春秋」。

集 九世猶可復讎乎 ○景 井 蜀 蜀刻 耿 慶 中統 彭 凌 殿 金陵 九世猶可以復讎乎。札記 宋本有「以」字。按：各本有「以」字，毛本無。

集 曰雖百世可也 ○景 井 蜀 蜀刻 耿 中統 無「曰」字。慶 彭 凌 殿 無「曰」字。雖百世可知也。三 刪「知」字。可，蜀刻 知。

〔單于初立〕 瀧六五・八，慶三一左一〇，殿二九右六，凌三一右一。○紹 無「初」字。

〔厚幣賂遺單于單于益驕〕 瀧六五・一〇，慶三一右二，殿二九右七，凌三一右四。○紹 不重「單于」二字。

〔得胡首虜萬餘級而還〕 瀧六六・二，慶三一右五，殿二九右一〇，凌三一右七。

正 天山在伊州 ○札記 王本「州」誤「川」。

〔幾不脱〕 瀧六六・五，慶三一右六，殿二九左一，凌三一右八。○南化 楓 棭 三 幾不得脱。

〔漢復使因杅將軍敖出西河〕　瀧六六・六，慶三二右七，殿二九左一，凌三二右八。○杅，紹衦，毛杅。敖，殿敷。下同。

〔又使騎都尉李陵將步騎五千人〕　瀧六六・九，慶三二右八，殿二九左三，凌三二右一〇。○南化楓棭三「又」字作「復」而下「騎」字作「兵」。

〔陵降匈奴〕　瀧六七・一，慶三二左一，殿二九左五，凌三二左二。○慶凌無「陵」字。南化校補「陵」。按：景印慶元本補「陵」。札記宋本、中統、舊刻、游、毛並有「陵」字。

〔得還者四百人〕　瀧六七・一，慶三二左一，殿二九左六，凌三二左三。○南化楓棭三「還」字作「脱歸」二字。

〔單于乃貴陵〕　瀧六七・二，慶三二左二，殿二九左六，凌三二左三。○南化楓棭單于乃貴李陵。

〔復使貳師將軍將六萬騎〕　瀧六七・二，慶三二左二，殿二九左七，凌三二左四。○復，南化楓棭三漢。

〔將步騎三萬人出五原〕　瀧六七・五，慶三二左四，殿二九左八，凌三二左六。○騎，南化楓棭三兵。按：南化本標記「兵」字傍有「漢書」二字。

〔悉遠其累重於余吾水北〕　瀧六七・六，慶三二左六，殿二九左一〇，凌三二左七。

正　丈用反　○丈，殿文。按：殿本訛。

〔貳師聞其家以巫蠱族滅〕　瀧六七・九，慶三二左九，殿三〇右三，凌三二左一〇。○南化三無「滅」字。

〔因并衆降匈奴〕　瀧六七・一〇，慶三二左一〇，殿三〇右三，凌三三右一。

集　及漢書征和二年　○及，毛乃。按：毛本訛。

集　廣利與商丘成出擊胡軍　○景井紹無「軍」字。

*正　漢書音義曰狐鹿姑單于七年當征和三年李廣利與商丘成梅本「成」作「城」。等伐胡追北至范夫人城聞妻子坐巫蠱收貳幻、梅本「貳」作「二」。師狐疑深入而求功至燕梅本「燕」作「藥」。然山軍大亂敗乃降匈奴單于以幻本「以」作「故」。女妻幻本「妻」作「娶」。之　南化幻梅狩瀧。

〔千人一兩人耳〕　瀧六八・三，慶三三右一，殿三〇右四，凌三三右二。○千，南化楓棭三十。

〔是歲〕　瀧六八・四，慶三三右三，殿三〇右六，凌三三右四。

正　自此以下至人所加二十三字　○慶彭凌殿此注二十三字移在上文「一兩人耳」句下。

正　似錯誤　○誤，慶彭凌殿悞。按：訛。

正　人所加　○加，慶彭凌殿金陵知。按：瀧川本依鳳文館史記評林作「加」。

〔有詔捕太醫令隨但〕　瀧六八・六，慶三三右五，殿三〇右八，凌三三右六。○太，彭凌大，楓三校記「太」。但，楓三旦。

〔使廣利得降匈奴〕　瀧六八・六，慶三三右六，殿三〇右九，凌三三右七。

索　漢書云至單于立十六字　○索無此注十六字。

索　張晏云至上下兩卷三十八字　○索此注三十八字在史贊「彼己將率」條後。札記單本此注在史贊「彼己將率」條後，無「漢書云明年且鞮死長子狐鹿姑單于立」十六字。據漢傳「余吾水之戰明年且鞮死」，疑小司馬所見本贊後有續記狐鹿姑事，故引張晏語以明之。後經刪削合刻者以無所系故增此十六字，附於傳末，然單本標題出且鞮侯已下五字不可解，或索隱猶有脱文。

索　自狐鹿姑單于已下　○彭無「狐」字。索無「姑」字。

〔至定哀之際則微〕　瀧六八・一〇，慶三三右八，殿三〇左一，凌三三右一〇。

索　案諱國惡禮也　○諱，慶彭凌殿韓，南化三校記「諱」。惡，耿慶中統彭凌殿要。也，耿慶中統彭凌殿云。

＊正　仲尼仕幻本「仕」作「付」。於定哀故春秋不切論當代之事而無褒貶忌諱幻本「諱」作「證」。之辭國禮也言太史公亦能改當代之忌諱故引也　南化幻梅狩瀧。

〔忌諱之辭也〕　瀧六九・二，慶三三右一〇，殿三〇左三，凌三三左二。

索　謂其無實而褒之　○耿慶中統索「其」、「無」互倒。

〔患其徼一時之權〕　瀧六九・三，慶三三左一，殿三〇左四，凌三三左三。○井蜀紹耿慶中統毛無「之」字。

集　徼皎音　○皎，毛校。

索　伯莊音叫　○各本「伯」上有「劉」字，瀧川本誤脱。

索　按其字宜音僥徼者求也　○慶彭凌殿無此注十字。

*＊**正**　言世俗說匈奴者患者　南化梅。

〔而務讇納其說〕　瀧六九・四，慶三三左二，殿三〇左五，凌三三左五。○耿「說」字下有「說音稅」三字注。

〔人主因以決策〕　瀧六九・八，慶三三左六，殿三〇左八，凌三三左八。

＊**正**　席謂舒展廣闊　南化幻梅狩瀧。

〔興事業不成〕　瀧六九・九，慶三三左六，殿三〇左九，凌三三左九。○成，紹咸。

〔唯在擇任將相哉唯在擇任將相哉〕　瀧六九・一〇，慶三三左九，殿三一右一，凌三四右二。○詳節不重「唯在擇任將相哉」七字。

索　獫狁薰粥　○薰，慶凌殿葷。

索　屨擾塵煙　○煙，殿烟。

史記會注考證校補卷一百十一

衛將軍驃騎列傳第五十一

〔平陽人也〕 瀧二・五，慶一右二，殿一右七，凌一右三。

正 漢書云其父鄭季河東平陽人以縣吏給事平陽侯之家也 ○殿無此注二十三字。

〔與侯妾衛媼通〕 瀧二・六，慶一右六，殿一左一，凌一右四。○攷異與侯家妾衛媼通。

〔生青〕 瀧二・六，慶一右六，殿一左一，凌一右八。

索 故非老 ○耿慶中統彭凌殿故知非老。

索 或者媼是老稱 ○耿慶中統彭凌殿或者媼是年老之稱。

索 後追稱媼耳 ○耿慶中統彭凌殿「稱媼」二字作「呼」字。

索 又外戚傳云 ○又，耿慶中統彭凌殿然。

索 薄姬父與魏王宗女魏媼通 ○索無「薄」字。

索 則亦魏是媼姓 ○耿慶中統彭凌殿此注六字作「則少亦稱媼也」。

索　衛者舉其夫姓也　○耿慶中統彭淩殿衛者舉其夫家姓也。

索　然案此云　○索然案此文云。

索　似更無別夫也　○耿慶中統彭淩殿此注六字作「則似無夫也」五字。

索　同母兄衛長子　○子，耿索君。

索　及姊子夫　○耿慶中統彭淩殿及姊衛子夫。

索　皆冒衛姓　○姓，耿慶中統彭淩殿氏。

〔故冒姓爲衛氏〕　瀧三・一，慶一右九，殿一左四，淩一左一。○楓無「氏」字。

〔字仲卿〕　瀧三・一，慶一右一〇，殿一左四，淩一左一。

集　生子襄　○生，毛主。按：毛本訛。

索　爲平陽侯所尚　○索無「爲」字。

索　故稱平陽公主　○索無「公」字。

〔長子更字長君長君母號爲衛媼〕　瀧三・二，慶一右一〇，殿一左四，淩一左二。○井紹中統不重「長君」二字。

〔媼長女衛孺〕　瀧三・三，慶一左一，殿一左五，淩一左二。○楓三媼長女衛君孺。

〔青嘗從入至甘泉居室〕　瀧三・七，慶一左五，殿一左九，淩一左七。○入，南化楓棭三人。

〔無子妒〕　瀧四・三，慶二右一，殿二右五，淩二右三。

集 子季須 ○景井紹蜀刻耿慶中統殿生子季須。

集 元鼎元年 ○景井蜀紹蜀刻耿慶中統彭凌金陵無「元」字。

〈青時給事建章〉 瀧四・四，慶二右二，殿二右六，凌二右四。 ○索——建章宮。

索 建章宮 ○耿慶中統彭凌殿無「宮」字。金陵無此注三字。

〈未知名〉 瀧四・五，慶二右三，殿二右六，凌二右五。

〈其友騎郎公孫敖〉 瀧四・六，慶二右四，殿二右七，凌二右六。 ○毛重「敖」字。

〈與壯士往〉 瀧四・六，慶二右四，殿二右七，凌二右六。 ○景井蜀刻耿慶中統彭凌殿無「往」字。南化楓三校補「往」。

〈孺爲太僕公孫賀妻〉 瀧四・八，慶二右六，殿二右九，凌二右八。 ○南化楓棭三君孺爲太僕公孫賀妻。

〈青爲大中大夫〉 瀧四・一〇，慶二右八，殿二左一，凌二右一〇。 ○大，景井蜀蜀刻慶中統凌殿太。

〈青爲車騎將軍〉 瀧五・一，慶二右九，殿二左一，凌二左一。 ○南化楓棭三青拜爲車騎將軍。

〈出雁門〉 瀧五・三，慶二左二，殿二左四，凌二左三。 ○雁，景井蜀蜀刻耿慶中統毛殿鴈。下同。 札記宋本、中統、游、毛「雁」作「鴈」。下同。

〔皆當斬〕　瀧五・六，慶二左四，殿二左五，凌二左五。○當，[彭]得。

〔捕首虜數千〕　瀧六・三，慶二左一○，殿三右一，凌三右一。○[南化][楓][棭][三]捕首虜數千人。

〔遂以河南地爲朔方郡〕　瀧六・四，慶三右一，殿三右二，凌三右二。

索　按謂北地郡之北黄河之南　○[耿][慶][中統][彭][凌][殿]無此十一字注。

〔造謀藉兵〕　瀧七・一，慶三右七，殿三右七，凌三右八。○藉，[殿]籍。

〔數爲邊害〕　瀧七・一，慶三右七，殿三右七，凌三右八。

集　從蠻夷借兵抄邊也　○抄，[景][井][蜀][紹][蜀刻][耿][慶][中統][毛][殿][金陵]鈔，[札記]宋本、中統、游、柯、毛本「抄」作「鈔」。

〔薄伐玁狁〕　瀧七・二，慶三右八，殿三右八，凌三右一○。○玁，[索]獫。

〔城彼朔方〕　瀧七・三，慶三右九，殿三右九，凌三左一。

索　小雅出車之詩也　○[索]無此七字注。

〔畢收爲鹵〕　瀧七・六，慶三左二，殿三左一，凌三左三。○收，[中統]攸。按：中統本訛。

〔按榆谿舊塞〕　瀧七・七，慶三左二，殿三左二，凌三左四。○谿，[索]谷。

索　上郡之北有諸次水　○[耿][慶][中統][彭][凌][殿]——諸次山諸次水出焉。

索　爲榆谿是榆谷舊塞也　○[耿][中統][彭]「谿」字、「谷」字互易。谷，[慶][凌][殿]谿。

〔絶梓領〕　瀧七・九，慶三左四，殿三左四，凌三左五。○領，南化楓棭三嶺，紹無「領」字。

〔討蒲泥〕　瀧八・一，慶三左五，殿三左四，凌三左六。○討，耿毛封。

〔破符離〕　瀧八・一，慶三左五，殿三左五，凌三左七。

索　漢北塞名　○耿慶中統彭凌殿無「漢」字。

〔捕伏聽者〕　瀧八・二，慶三左六，殿三左五，凌三左七。○伏，景井蜀刻耿慶中統彭毛殿服，札記凌本「伏」，各本作「服」。

〔三千七十一級〕　瀧八・二，慶三左六，殿三左六，凌三左八。○一，楓三七。

〔飲醉〕　瀧九・三，慶四右七，殿四右五，凌四右八。○南化楓棭三飲酒醉。

〔夜逃〕　瀧九・三，慶四右八，殿四右六，凌四右九。○逃，中統遁。

〔漢輕騎校尉郭成等逐數百里〕　瀧九・五，慶四右九，殿四右七，凌四右一〇。○逐，南化楓棭三追。

〔不及〕　瀧九・五，慶四右一〇，殿四右七，凌四左一。○及，楓三得。

〔得右賢裨王十餘人〕　瀧九・五，慶四右一〇，殿四右八，凌四左一。○索無「餘」字。

〔即軍中拜車騎將軍青爲大將軍〕　瀧九・八，慶四左二，殿四右一〇，凌四左三。○即，景井紹蜀刻毛因，札記宋本、毛本「即」作「因」。

〔青子登爲發干侯〕　瀧一〇・二，慶四左七，殿四左四，凌四左八。○干，井蜀紹蜀刻慶彭千中統于。

〔陛下幸已益封臣青〕　瀧一〇・六，慶四左九，殿四左六，凌四左一〇。○已，紹以。

〔臣青子在繦保中〕　瀧一〇・六，慶四左九，殿四左六，凌四左一〇。○繦，紹毛縕，凌襁。保，景井蜀紹耿殿褓，中統毛金陵緥。按：景印慶元本改「褓」。札記宋本、中統、游、毛同作「緥」。舊刻作「褓」。王、柯、凌作「保」。

〔我非忘諸校尉功也〕　瀧一〇・八，慶五右二，殿四左九，凌五右三。○忘，紹亡。

〔傅校獲王〕　瀧一〇・一〇，慶五右四，殿四左一〇，凌五右五。

索　顧祕監云　○顧，索顏。

索　五百人謂之校　○中統五百人謂之校三軍人謂之校。

索　小顏云傅音附言敖總護諸軍每附部校　○索無此注十六字。

＊**正**　校者營壘之稱故謂軍之一部爲一校也　南化幻梅狩瀧。

〔以千五百户封敖爲合騎侯〕　瀧一一・一，慶五右六，殿五右一，凌五右六。

索　而以戰功爲號　○耿慶中統彭凌殿「而以」二字作「因」字。

索　謂以軍合驃騎　○耿慶中統彭凌殿無「以」字。

〔從大將軍出窳渾〕　瀧一一・三，慶五右七，殿五右三，凌五右八。

索　漢書作寘渾　○寘，慶凌殿寘。下同。

〔爲麾下搏戰獲王〕　瀧一一・四，慶五右九，殿五右四，凌五右九。○搏，景井蜀紹蜀刻傳。

索　今史漢本多作傳　○耿慶中統彭凌殿今史記漢書本多作傳。

〔以千三百户封賀爲南窌侯〕　瀧一一・六，慶五右九，殿五右五，凌五右一○。

索　或作窖　○窖，中統窌。

索　音于校反　○耿慶中統彭凌殿無此注四字。于，索子，金陵干。按：瀧川本、索隱本並誤。

索　字林云大下卯　○大，中統天。

索　並音匹孝反　○孝，索教。

〔各三從大將軍獲王〕　瀧一一・九，慶五左四，殿五右一○，凌五左五。○南化楓三皆各三從大將軍獲王。

〔以千三百户封朔爲涉軹侯〕　瀧一一・九，慶五左五，殿五右一○，凌五左六。○涉，紹步。

〔太僕賀爲左將軍〕　瀧一二・六，慶五左一○，殿五左四，凌五左一○。○札記王本「左」誤「列」。

〔左内史李沮爲彊弩將軍〕　瀧一二・七，慶六右二，殿五左六，凌六右二。○左，毛右，札記宋本「右」作「左」。按：札記引正文作「右」。

〔見急〕　瀧一二・一○，慶六右六，殿五左九，凌六右六。○急，慶中統彭擊，南化校記

「急」。按：景印慶元本改「急」。札記中统、游、王、柯本誤「擊」。

〔建當云何〕　瀧一三・三，慶六右一〇，殿六右三，凌六右一〇。

索　故知也　〇耿慶中統彭凌殿故知儒生也。

正　都軍有長史十人也　〇慶彭凌殿「有長」二字作「軍」字而「十」作「一」。金陵「長」字作「官」，「十」作「二」。

〔可斬以明將軍之威〕　瀧一三・六，慶六左一，殿六右四，凌六左一。〇紹「明」字作「名」而無「軍」字。

〔不當斬〕　瀧一三・九，慶六左四，殿六右七，凌六左四。〇楓三不當斬也。

〔不亦可乎〕　瀧一四・四，慶六左九，殿六右一〇，凌六左八。〇亦，景井蜀紹蜀刻乃，札記宋本亦誤「乃」。

〔入塞罷兵〕　瀧一四・五，慶七右一，殿六左三，凌七右一。

索　行所至耳　〇行，蜀刻狩。

集　在泰山則曰奏高宮　〇泰，蜀刻濟。奏，景井紹蜀刻慶中統凌殿奉。

〔大將軍姊霍去病〕　瀧一四・六，慶七右一，殿六左三，凌七右一。

*__正__　徐廣云姊即少兒　南化幻梅。

〔再從大將軍〕　瀧一四・八，慶七右二，殿六左四，凌七右二　〇南化楓三景井蜀

紹 中統 毛 殿 重「大將軍」三字。札記 宋本、中統、游、毛本重「大將軍」三字。

〔爲剽姚校尉〕 瀧一四・八，慶七右三，殿六左五，凌七右三。

索 上音匹遥反下音遥 ○耿 慶 中統 彭 凌 殿 此注八字作「服虔音飄摇」耿、彭本「摇」作「遥」。五字。

索 下音弋召反 ○弋，凌 戈。按：誤。

*正 票姚勁疾之貌荀悦漢紀作票鷂字去病後爲票騎將軍尚取票姚之一字今讀飄遥音南化、幻、梅本無「音」。則不當其義也 南化 幻 梅 狩 瀧。

〔斬捕首虜過當〕 瀧一五・二，慶七右五，殿六左七，凌七右五。 ○耿 無「捕」字。

〔及相國當户〕 瀧一五・三，慶七右七，殿六左九，凌七右七。 ○南化 楓 棭 三 及其相國當户。

〔斬單于大父行籍若侯産〕 瀧一五・四，慶七右七，殿六左九，凌七右八。

索 漢書云藉若侯産 ○耿 慶 中統 彭 凌 殿 無此注七字。

索 産即大父之名 ○耿 慶 中統 彭 凌 殿 第産即大父之名。

*正 行南化、幻、梅本「行」上有「大父」。胡郎反又胡浪南化、幻本「浪」作「郎」。反謂祖父行流 南化 幻 梅 狩 瀧。

〔生捕季父羅姑比〕 瀧一五・六，慶七右九，殿六左一〇，凌七右九。

索 案顧氏云 ○顧，索 金陵 顔。

索　比頻也　○頻，[索][凌]類。下言頻也同。

索　案下文既云再冠軍　○[耿][慶][中統][彭][凌][殿]「文」字、「冠軍」二字並無。

索　無容重言頻也　○重，[耿][慶][中統][彭][索][凌][殿][金陵]更。

〔大將軍既還〕　瀧一六・一，慶七左四，殿七右五，凌七左五。○[井]無「軍」字。

〔身食萬户〕　瀧一六・二，慶七左六，殿七右七，凌七左六。○身，[中統]變。按：誤。

〔張騫從大將軍〕　瀧一六・六，慶七左一〇，殿七右一〇，凌七左一〇。○[毛]校尉張騫從大將軍。

〔因前使絶國功〕　瀧一六・八，慶八右二，殿七左二，凌八右二。○[札記]游本「因」訛「困」。

〔封騫博望侯〕　瀧一六・八，慶八右三，殿七左二，凌八右二。○[楓][棭][三]封騫封博望侯。

〔以冠軍侯去病爲驃騎將軍〕　瀧一六・九，慶八右四，殿七左三，凌八右三。

正　驃黄馬　○[慶][彭][凌][殿]驃騎黄馬。

正　白髦尾　○[慶][彭][凌][殿]無「白」字。

〔涉狐奴〕　瀧一七・二，慶八右八，殿七左七，凌八右八。

索　是國名也　○[耿][慶][中統][彭][凌][殿]則是國名也。

〔懾慴者弗取〕　瀧一七・四，慶八右八，殿七左八，凌八右八。

索　懾慴失氣也　○[索][金陵]「懾慴」二字作「讋」。

〔斬盧胡王〕　瀧一七・七，慶八左一，殿七左一〇，凌八左一。

正 今鮮卑有是蘭姓者 ○是，慶彭凌殿其。札記「是」誤「其」，考證據漢書注改。○全，慶凌全。按：景印慶元本改「全」。札記柯、凌本「全」作「仝」，注同。王本惟集解作「全」，蓋「全」之俗字也。

〔及相國都尉〕 瀧一七・一〇，慶八左三，殿八右二，凌八左三。

***正** 金甲即鐵甲也能誅斬也 南化幻梅狩瀧。

〔收休屠祭天金人〕 瀧一八・二，慶八左四，殿八右三，凌八左四。○攷異「祭」、「天」二字互倒。

〔益封去病二千户〕 瀧一八・三，慶八左五，殿八右四，凌八左五。

索 案張嬰云 ○嬰，耿慶中統彭索凌殿晏。

〔俱出右北平〕 瀧一八・五，慶八左六，殿八右五，凌八左六。○井紹俱出右地北平。

〔博望侯將萬騎在後至〕 瀧一八・六，慶八左八，殿八右六，凌八左八。○南化楓棭三無「至」字。

〔匈奴兵引去〕 瀧一八・八，慶八左一〇，殿八右八，凌八左一〇。○南化楓棭三「兵」、「引」二字互倒。

〔已遂深入〕 瀧一八・一〇，慶九右一，殿八右一〇，凌九右一。○紹無「已」字。

〔攻祁連山〕 瀧一九・三，慶九右五，殿八左三，凌九右五。

索　匈奴謂天祁連　○耿慶中統彭凌殿匈奴謂天爲祁連。

索　謂白山天山　○耿慶中統彭凌殿謂白山即天山。

索　祁連恐非即天山也　○耿慶中統彭凌殿無「即天山」三字。

〔得酋涂王〕　瀧一九・三，慶九右六，殿八左四，凌九右六。

索　揚武乎觻得　○乎，中統殿平。按：景印慶元本作「平」。觻，凌觻。

索　得單于單桓酋涂王　○桓，索相。

〔師大率減什三〕　瀧一九・六，慶九右九，殿八左九，凌九右九。

索　案漢書云　○云，耿慶彭凌殿作，中統則。

索　不同也　○耿慶中統彭凌殿無此注三字。

索　案後説爲是也　○後，耿慶中統彭凌殿一。

〔捕稽且王〕　瀧一九・一〇，慶九左三，殿八左一〇，凌九左三。○且，索金陵沮。下注同。

〔捕虜三千三百三十人〕　瀧二〇・二，慶九左五，殿九右二，凌九左六。

索　右千騎將王　○耿無「王」字。

索　然則此千騎將　○耿無「則」字。

索　漢之將屬趙破奴　○耿慶中統彭凌殿是漢之將——。

索　得匈奴五王及王母也　○耿慶中統彭凌殿無「五」。

索　即匈奴王之名　○耿慶中統彭凌殿「之名」二字作「號也」。

〈捕虜千七百六十八人〉　瀧二〇・六，慶九左九，殿九右六，凌九左一〇。

集　句音鉤　○鉤，殿勾。

〈不識爲宜冠侯〉　瀧二〇・八，慶九左一〇，殿九右七，凌九左一〇。

正　從驃之類也　○慶凌殿從驃之類者也。

〈封爲煇渠侯〉　瀧二〇・九，慶一〇右一，殿九右八，凌一〇右二。

索　案漢百官表　○耿慶中統彭凌殿無「百官」二字。

索　僕多作僕朋　○朋，慶索凌明。

索　煇音暉　○煇，慶凌輝。

〈使人先要邊〉　瀧二一・九，慶一〇右一〇，殿九左五，凌一〇右一〇。○景井紹蜀刻耿慶彭凌殿使人先遣使向邊境要遮漢人令報天子要邊。南化楓棭三刪去「遣使」至「天子」十三字。札記舊刻止此五字，各本「使人先」下衍「遣使向邊境要遮漢人令報天子」十三字。襍志云乃集解誤入正文。索隱本出「先」、「要」、「邊」三字，漢書作「使人先要道邊」，皆其證。

〈渾邪王裨將見漢軍〉　瀧二二・四，慶一〇左四，殿九左九，凌一〇左四。○楓三渾邪王裨王將見漢軍。

〈天子所以賞賜者數十巨萬〉　瀧二二・七，慶一〇左八，殿一〇右三，凌一〇左八。○札記舊刻「巨」作「鉅」。

〔封渾邪王萬户爲漯陰侯〕　瀧二二・八，慶一〇左九，殿一〇右三，凌一〇左九。

索　在平原郡　〇[耿][慶][中統][彭][凌][殿]無「郡」字。

〔封其裨王呼毒尼爲下摩侯〕　瀧二二・八，慶一〇左九，殿一〇右四，凌一〇左一〇。〇王，[紹]至。摩，[蜀][毛]麾。

集　呼毒尼　〇[凌]無「呼」字。

〔鷹庇爲煇渠侯〕　瀧二二・九，慶一〇左一〇，殿一〇右五，凌一〇左一〇。

索　鷹作雁　〇雁，[中統][凌]雍，[彭]离。

索　又音疋履反　〇[耿]又音疋履反其字從广音亥革奴。

索　以煇渠封僕朋　〇煇，[索]輝。朋，[耿][慶][中統][彭][索][凌]明。

〔禽棃爲河綦侯〕　瀧二三・一，慶一一右二，殿一〇右七，凌一一右三。

索　作烏棃　〇棃，[慶]梨，[耿][中統]黎。

〔大當户銅離爲常樂侯〕　瀧二三・二，慶一一右三，殿一〇右七，凌一一右三。

索　此文云銅離　〇[耿][慶][中統][彭][凌][殿]此文云銅無「離」字。漢書云調。

索　文異也　〇[耿][慶][中統][彭][凌][殿]「文」字作「又字」二字。

〔誅猇騂〕　瀧二三・五，慶一一右七，殿一〇左一，凌一一右七。〇騂，[殿]猈。

索　上音丘昭反　〇[耿][慶][中統][彭][凌][殿]無此注五字。

索　行遮貌　○遮，耿慶中統彭凌殿疾。

索　遮一作疾　○耿慶中統彭凌殿無此注四字。

索　騂音胡旦反　○騂，慶中統彭凌殿悍。

〔降異國之王三十二人〕　瀧二三・七，慶一一右八，殿一〇左二，凌一一右八。○王，慶中統彭殿主，南化校記「王」。札記中統、游、王、柯本作「主」。

〔乃分徙降者邊五郡故塞外〕　瀧二四・二，慶一一左三，殿一〇左六，凌一一左三。

正　謂隴西北地　○慶彭凌無「地」字。南化校補「地」。按：景印慶元本補「地」。札記官本有「地」字，各本脱。

正　又在北海西南　○西，慶彭之。按：景印慶元本改「西」。

〔因其故俗爲屬國〕　瀧二四・三，慶一一左四，殿一〇左七，凌一一左四。

正　徙置五郡　○徙，凌徒，殿分，札記「徙」訛「徒」，今正。

〔常以爲漢兵不能度幕輕留〕　瀧二四・六，慶一一左七，殿一〇左一〇，凌一一左七。○度，中統渡。

索　即沙漠　○漠，慶中統凌殿幕。

〔捕虜言單于東〕　瀧二五・一，慶一二右三，殿一一右五，凌一二右三。○南化楓棭三重「虜」字。

〔太僕爲左將軍〕　瀧二五・三，慶一二右四，殿一一右六，凌一二右四。○太，殿大。

〔人馬凡五萬騎〕　瀧二一·五，慶一二右六，殿一一右八，凌一二右六。○人，南化軍。毛軍人馬凡五萬騎。

〔沙礫擊面〕　瀧二五·一○，慶一二左二，殿一一左三，凌一二左二。○沙，景井蜀刻耿慶中統凌殿砂。

〔薄暮〕　瀧二六·二，慶一二左四，殿一一左五，凌一二左四。○暮，毛莫。疑毛本「莫」之訛。

〔單于遂乘六贏〕　瀧二六·二，慶一二左四，殿一一左五，凌一二左四。○贏，南化楓三驘，慶中統凌殿贏，井紹蜀刻驘，蜀驘。

〔漢匈奴相紛挐〕　瀧二六·三，慶一二左六，殿一一左六，凌一二左五。○挐，毛拏。

〔大將軍軍因隨其後〕　瀧二六·五，慶一二左八，殿一一左八，凌一二左八。○紹不重「軍」字。

〔不得單于〕　瀧二六·六，慶一二左一○，殿一二右一，凌一二左一○。

索　謂平明也　耿慶中統彭凌殿無此注四字而有「漢書作會明」五字。

索　黎遲也　○遲，凌逮。

索　猶黑也　○耿慶中統彭凌殿而猶黑也。

〔頗捕斬首虜萬餘級〕　瀧二六·八，慶一三右一，殿一二右一，凌一二左一○。○捕，毛獲。

〔或失道〕　瀧二七・一，慶一三右四，殿一二右四，淩一三右四。○或，棭三惑。

〔令長史簿責前將軍廣〕　瀧二七・二，慶一三右六，殿一二右五，淩一三右五。○責，井貴。

按：訛。

〔大將軍軍入塞〕　瀧二七・三，慶一三右七，殿一二右六，淩一三右七。○紹不重「軍」字。

〔右王乃去單于之號〕　瀧二七・五，慶一三右一〇，殿一二右九，淩一三右九。○楓棭三右谷蠡王——。

〔所斬捕功已多大將軍〕　瀧二七・八，慶一三左三，殿一二左一，淩一三左二。○楓棭三所斬捕功已多於大將軍。

〔率師躬將所獲葷粥之士〕　瀧二七・一〇，慶一三左四，殿一二左二，淩一三左三。○葷，紹軍。

〔以誅比車者〕　瀧二八・一，慶一三左六，殿一二左五，淩一三左五。○比，景井蜀蜀刻北，札記宋本、舊刻「比」訛「北」，漢書同。

索　涉獲單于章渠也　○中統「單于」二字、「章渠」二字互易。

〔斬獲旗鼓〕　瀧二八・三，慶一三左八，殿一二左六，淩一三左七。○南化楓棭三斬首獲旗鼓。

〔歷涉離侯〕　瀧二八・四，慶一三左八，殿一二左六，淩一三左七。

索　作度離俟　○離，中統索凌難。

〔禪於姑衍〕　瀧二八・七，慶一四右一，殿一二左九，凌一四右一。

正　祭地曰禪　○祭，慶彭除。

〔登臨翰海〕　瀧二八・七，慶一四右二，殿一二左一〇，凌一四右一。

索　廣異志云　○耿慶中統彭凌殿無「異」字。

〔而糧不絶〕　瀧二八・一〇，慶一四右四，殿一三右二，凌一四右四。

索　音與卓同　○慶彭無「音」字。

〔會與城〕　瀧二九・一，慶一四右六，殿一三右四，凌一四右六。○與，景興。

〔故歸義因淳王復陸支〕　瀧二九・五，慶一四右一〇，殿一三右七，凌一四右九。○毛無「復」字。陸，紹陛。按：紹本誤，下同。

〔樓專王伊即軒〕　瀧二九・五，慶一四右一〇，殿一三右八，凌一四右一〇。○軒，楓三斬。

〔皆從驃騎將軍有功〕　瀧二九・五，慶一四左一，殿一三右八，凌一四右一〇。

索　小顔音福　○耿慶中統彭凌殿「福」字作「芳福反」三字。

索　並音專　○凌無此注三字。

索　九言反　○九，殿君。

〔以千三百户封復陸支爲壯侯〕　瀧二九・六，慶一四左二，殿一三右九，凌一四左一。○毛無「復」字。

〔從驃侯破奴〕　瀧二九・八，慶一四左三，殿一三右一〇，凌一四左三。〇奴，蜀刻怒。按：誤。

〔昌武侯安稽〕　瀧二九・八，慶一四左四，殿一三右一〇，凌一四左三。〇索「昌」、「武」二字互倒。

〔益封各三百户〕　瀧二九・八，慶一四左四，殿一三左一，凌一四左四。

集　故匈奴王　〇故，慶彭凌姑。按：景印慶元本改「故」。

〔大將軍驃騎將軍〕　瀧三〇・四，慶一四左一〇，殿一三左六，凌一四左九。〇中統及大將軍——。札記中統、游本衍「及」字。

〔皆爲大司馬〕　瀧三〇・四，慶一四左一〇，殿一三左六，凌一四左九。

集　如淳曰大將軍驃騎將軍皆有大司馬之號也　〇凌無此注十八字。

*__正__　位字屬下讀南化、幻本「讀」作「句」。以位字冠大將軍驃幻本無「驃」。騎者明二將軍皆兼大司馬以梅本「以」下有「重」。其功等百官表云元狩四年初置大司馬冠軍將軍幻本無「軍」。之號顔師古云冠者加於其上爲大南化、幻、梅本「大」作「共」。一官也　南化幻梅狩瀧。

〔令驃騎將軍秩禄與大將軍等〕　瀧三〇・七，慶一五右二，殿一三左八，凌一四左一〇。〇令。毛令。

〔唯任安不肯〕　瀧三〇・九，慶一五右四，殿一三左一〇，凌一五右三。〇南化楓棭三唯任安不肯去。

〔有氣敢任〕　瀧三〇・一〇，慶一五右六，殿一四右一，凌一五右四。○任，[索]往。

索　漢書作往亦作任也　○[耿][慶][中統][彭][凌][殿]無此注八字。

〔天子嘗欲教之孫吳兵法〕　瀧三一・一，慶一五右六，殿一四右二，凌一五右五。○嘗，[蜀][毛]常。

〔匈奴未滅〕　瀧三一・二，慶一五右八，殿一四右三，凌一五右七。○未，[楓][三]不。

〔重車餘弃粱肉〕　瀧三一・五，慶一五右一〇，殿一四右五，凌一五右九。○粱，[井][蜀][紹][中統][毛]梁。

〔而驃騎尚穿城蹋鞠〕　瀧三一・六，慶一五左二，殿一四右五，凌一五右一〇。○蹋，[索]蹴。

〔事多此類〕　瀧三一・七，慶一五左西，殿一四右九，凌一五左三。

集　穿地爲營域　○[紹]穿革地爲營域。營，[井]塋，[蜀]刻塋。

索　穿域蹴鞠徐氏云穿地爲營域蹴鞠書有域説篇又以杖打亦有限域也今之　○[耿][慶][中統][彭][凌][殿]無此注三十字。

索　躝鞠　○躝，[耿][慶][中統][彭][凌][殿]蹋。下同。

索　知有材力也　○[耿][慶][中統][彭][凌][殿]無「力」字。

索　漢書作躝鞠　○[耿][慶][中統][彭][凌][殿]無此注五字。

索　以爲戲　○[耿][慶][中統][彭][凌][殿]以毛爲戲故云鞠戲。

〔大將軍爲人仁善退讓〕 瀧三一·九，慶一五左五，殿一四右九，凌一五左三。○善，南化楓棭三喜。

〔以和柔自媚於上〕 瀧三一·一〇，慶一五左五，殿一四右一〇，凌一五左四。○柔，井築。按：誤。

〔象祁連山〕 瀧三二·三，慶一五左八，殿一四左三，凌一五左七。○象，景井蜀蜀刻耿慶彭凌殿像。

索 冢上有豎石 豎，耿慶凌殿竪。

〔并武與廣地曰景桓侯〕 瀧三二·四，慶一五左一〇，殿一四左四，凌一五左九。

索 謚法布義行剛曰景 ○耿慶中統彭凌殿無「曰景」二字。

索 又曰 ○耿慶中統彭凌殿無此注二字。

索 辟土服遠曰桓 ○耿慶中統彭凌殿無「曰桓」二字。

索 曰景桓侯 ○侯，耿慶中統彭凌殿也，南化校記「地」。

〔國除〕 瀧三二·八，慶一六右四，殿一四左九，凌一六右四。○南化楓棭三後國除。

〔伉弟二人〕 瀧三二·一〇，慶一六右六，殿一四左一〇，凌一六右五。○紹伉侯弟二人。

〔自大將軍圍單于之後十四年而卒〕 瀧三三·三，慶一六右九，殿一五右二，凌一六右八。○井紹蜀刻無「軍」字。年，楓三歲。

〔而方南誅兩越〕 瀧三三·五，慶一六右一〇，殿一五右四，凌一六右九。○蜀刻無

「南」字。

〔大將軍以其得尚平陽公主〕　瀧三三・六，慶一六左一，殿一五右五，凌一六右一〇。〇井 蜀 紹 耿 中統 毛 金陵——平陽長公主。札記 宋本、中統、游、毛本有「長」字，它本脱。

〔故長平侯伉代侯〕　瀧三三・六，慶一六左三，殿一五右六，凌一六左二。〇慶 彭無「伉」字。南化校補「伉」。

〔左方兩大將軍及諸裨將名〕　瀧三三・一〇，慶一六左四，殿一五右八，凌一六左四。〇方，彭 凌右。

〔凡萬一千八百户〕　瀧三四・四，慶一六左六，殿一五右一〇，凌一六左六。〇一，景二。

〔侯千三百户〕　瀧三四・四，慶一六左七，殿一五右一〇，凌一六左七。〇侯，景 井 紹 蜀 刻 耿 慶 中統 彭 毛二，南化校記「侯」。札記 凌本與漢書合，宋本、中統、王、柯、毛本，「侯」作「二」，游本作「三」，皆誤。

〔以從大將軍侯者九人〕　瀧三四・五，慶一六左八，殿一五左一，凌一六左八。〇九，耿凡。

按：因字形相似而訛。

〔其裨將及校尉已爲將者十四人〕　瀧三四・六，慶一六左九，殿一五左二，凌一六左八。

索　此李廣一人自有傳　〇耿 慶 中統 彭 凌 殿——自有傳者。

索　若漢書則七人自有傳　○耿慶中統彭凌殿無「若」字。

〔賀父渾邪〕　瀧三五・一，慶一七右二，殿一五左六，凌一七右三。○邪，井紹邢，中統邪。

〔武帝爲太子時舍人〕　瀧三五・三，慶一七右四，殿一五左七，凌一七右四。○南化楓棭三爲武帝爲自太子時舍人。太，耿天。

〔後四歲〕　瀧三五・七，慶一七右八，殿一六右二，凌一七右八。○南化無「四歲」二字。歲，井紹蜀刻年。

〔無功〕　瀧三五・八，慶一七右九，殿一六右二，凌一七右九。

集　元鼎六年　○耿「元鼎」二字作「太初」。

索　沮音子餘反　○索無此五字注。

〔至武帝立八歲〕　瀧三六・四，慶一七左四，殿一六右六，凌一七左四。○井蜀刻無「帝」字。札記宋本脱「帝」字。

〔後三歲〕　瀧三六・六，慶一七左五，殿一六右七，凌一七左五。○後，毛從。按：毛本誤。

〔以因杅將軍築受降城〕　瀧三七・四，慶一八右二，殿一六左四，凌一八右二。○井蜀刻以因杅將軍築受降士城。札記宋本「降」下衍「士」字。

〔七歲〕　瀧三七・五，慶一八右三，殿一六左四，凌一八右三。○南化楓棭三後七歲。

〔亡居民間五六歲〕　瀧三七・八，慶一八右五，殿一六左六，凌一八右五。○紹無「間」字。

〔復繫〕　瀧三七・八，慶一八右五，殿一六左六，凌一八右五。○繫，景井紹慶擊，南化校記「繫」。按：景印慶元本改「繫」。札記宋本訛「擊」。

〔爲平陵侯〕　瀧三八・八，慶一八左七，殿一七右六，凌一八左七。○南化楓棭三封爲平陵侯。

〔冢在大猶鄉〕　瀧三九・一，慶一九右一，殿一七右九，凌一九右一。○冢，景井蜀蜀刻耿慶彭凌殿家。下「冢」在漢中同。札記宋本、王、凌「冢」作「家」。

〔後三歲〕　瀧三九・四，慶一九右五，殿一七左三，凌一九右五。○耿慶中統彭凌殿無「後」字。南化楓三校補「後」。

〔祋祤人也〕　瀧三九・六，慶一九右八，殿一七左六，凌一九右七。○景殿「祋祤」二字作「祋祤」。

〔爲龍頟侯〕瀧三九・一〇，慶一九左四，殿一七左一〇，凌一九左四。○南化楓棭三封爲龍頟侯。

〔爲按道侯〕　瀧四〇・二，慶一九左五，殿一八右二，凌一九左五。○南化楓棭三封爲按道侯。

〔毋功〕　瀧四〇・六，慶一九左一〇，殿一八右五，凌一九左九。○毋，凌殿無，札記毋字，宋本、中統、王、柯、毛本同。

〔侍中〕　瀧四〇・九，慶二〇右一，殿一八右六，凌二〇右一。

正　以善御求見也　〇善，慶彭書，南化校記「善」。按：景印慶元本改「善」。

〔以元封三年爲左將軍擊朝鮮〕　瀧四〇・一〇，慶二〇右二，殿一八右七，凌二〇右二。〇紹「爲」字移在「封」字下。

〔斬捕首虜十一萬餘級〕　瀧四〇・一〇，慶二〇右五，殿一八右一〇，凌二〇右五。〇耿慶中統彭凌殿「首虜」二字互倒。札記宋本、毛本「首虜」，它本誤倒。

〔其校吏有功爲侯者〕　瀧四一・六，慶二〇右八，殿一八左三，凌二〇右八。〇楓無「者」字。

〔凡六人〕　瀧四一・六，慶二〇右八，殿一八左三，凌二〇右九。〇耿凡下有「監本無凡」雙行注。

〔而後爲將軍二人〕　瀧四一・七，慶二〇右八，殿一八左三，凌二〇右九。〇南化楓三而後爲將軍者二人。

〔平州人〕　瀧四一・八，慶二〇右一〇，殿一八左四，凌二〇右一〇。

正　按西河郡今汾州　〇郡，慶彭凌都。按：景印慶元本改「郡」。汾，慶彭凌殿邠，札記「郡」訛「都」。「汾」訛「邠」。考證據唐志改。

〔封爲從驃侯〕　瀧四二・三，慶二〇左五，殿一八左一〇，淩二〇左五。○驃，井騎。

〔後一歲〕　瀧四二・三，慶二〇左六，殿一九右一，淩二〇左六。○一，紹二。

〔攻胡至匈河水〕　瀧四二・四，慶二〇左六，殿一九右一，淩二〇左六。○河，慶彭奴，南化楓棭三校記「河」。按：景印慶元本改「河」。

〔破奴生爲虜所得〕　瀧四二・七，慶二〇左一〇，殿一九右四，淩二〇左九。○景，慶彭無「破奴」二字，南化校補「破奴」二字。札記王、柯本無「破奴」二字。

〔復與其太子安國亡入漢〕　瀧四二・八，慶二一右一，殿一九右五，淩二〇左一〇。

集　以太初二年入匈奴　○二，彭三。

集　涉四年　○涉，紹漢。

〔其後枝屬爲五侯〕　瀧四二・一〇，慶二一右三，殿一九右七，淩二一右二。○紹無「五」字。

〔而天下之賢士大夫毋稱焉〕　瀧四三・三，慶二一右六，殿一九右九，淩二一右四。○景井蜀紹蜀刻耿慶中統彭淩殿金陵無「士」字。

〔其爲將如此〕　瀧四四・二，慶二一右一〇，殿一九左四，淩二一右九。

索　忽升戎行　○忽，慶淩勿，南化校記「忽」。按：景印慶元本改「忽」。升，慶中統彭揔，淩殿總。

索 寵榮斯僭 ○榮，慶 中統 凌營，南化校記「榮」。按：景印慶元本改「榮」。

索 取亂彝章 ○彝，中統屏。

索 嫖姚繼踵 ○嫖，慶 中統 彭 凌 殿剽。

史記會注考證校補卷一百十二

平津侯主父列傳第五十二

〔齊菑川國薛縣人也〕 瀧二・五，慶一右二，殿一右七，淩一右三。○毛「齊」字、「國」字並無。

索 後割入齊也 ○入，慶人，南化校記「入」。按：景印慶元本改「入」。

索 案薛縣屬魯國 ○耿 慶 中統 彭 淩 殿案薛縣本屬魯。無「國」字。

〔臣已嘗西應命〕 瀧三・一〇，慶一右一〇，殿一左四，淩一左一。○已，毛以。

〔以不能罷歸〕 瀧四・一，慶一左一，殿一左五，淩一左二。○南化 楓 棭 三無「歸」字。

〔天子擢弘對爲第一〕 瀧四・三，慶一左三，殿一左七，淩一左四。○對，毛策。

＊**正** 其策在漢書弘傳此一節今在緣飾字上也 南化 梅。

〔巴蜀民苦之〕 瀧四・四，慶一左四，殿一左八，淩一左五。○紹無「蜀」字。

〔弘爲人恢奇多聞〕 瀧四・五，慶一左六，殿一左九，凌一左七。○楓無「恢奇」二字。

〔人臣病不儉節〕 瀧四・六 慶一左七，殿一左一〇，凌一左七。○毛「儉節」二字互倒。

〔至左内史〕 瀧四・一〇，慶二右一，殿二右四，凌二右二。

集 一云一歲 ○毛無上「一」字。

〔有不可〕 瀧五・二，慶二右二，殿二右四，凌二右二。○南化楓棭三有所不可。

〔不庭辯之〕 瀧五・二，慶二右二，殿二右四，凌二右二。○不，紹者。按：紹本訛。

〔嘗與主爵都尉汲黯請閒〕 瀧五・三，慶二右二，殿二右五，凌二右三。○嘗，耿毛常。

〔以弘爲御史大夫〕 瀧五・八，慶二右九，殿二右一〇，凌二右九。○南化楓棭三上以弘爲御史大夫。

〔弘不得一〕 瀧六・一，慶二左二，殿二左三，凌二左二。

索 按韋昭以弘之才非不能得一以爲不可不敢逆上故耳 ○耿慶中統彭凌殿無此注二十二字。

〔夫九卿與臣善者〕 瀧六・五，慶二左七，殿二左七，凌二左七。○臣，楓三弘。

〔亦上僭於君〕 瀧六・八，慶二左九，殿二左一〇，凌二左九。

＊**正** 擬音儗僭也 南化幻梅狩瀧。

〔封平津侯〕 瀧七・四，慶三右五，殿三右四，凌三右四。

集 高成之平津鄉也 ○鄉，毛侯。

索 六百五十户 ○五，中統三。

〔雖詳與善〕 瀧七・九，慶三右八，殿三右八，凌三右八。○詳，蜀紹陽，凌引一本作「陽」。

〔脱粟之飯〕 瀧七・一〇，慶三右一〇，殿三右九，凌三右一〇。○索無「之」字。

〔今諸侯有叛逆之計〕 瀧八・四，慶三左四，殿三左三，凌三左四。○叛，景井蜀紹蜀刻耿慶中統彭毛殿金陵畔，札記凌本「畔」作「叛」。

〔無以塞責〕 瀧八・五，慶三左五，殿三左四，凌三左五。

索 今若一朝病死 ○今，耿慶中統彭凌殿臣。

〔臣聞天下之通道五〕 瀧八・五，慶三左六，殿三左五，凌三左六。○索無「之」字。

〔所以行之者三〕 瀧八・六，慶三左七，殿三左五，凌三左七。

索 今見禮記中庸篇 ○耿慶中統彭凌殿無「記」字。

〔智仁勇〕 瀧八・九，慶三左八，殿三左七，凌三左八。○智，毛知。下「好問近乎智」句同。札記宋本、毛本作「知」。

〔知此三者〕 瀧九・一，慶三左一〇，殿三左九，凌三左一〇。○此，毛斯。

〔素有負薪之病〕 瀧九・七，慶四右七，殿四右四，凌四右六。○病，南化楓棭三景井蜀紹蜀刻耿中統毛殿疾，札記宋本、中統、毛本作「疾」。

〔遭遇右武〕　瀧九・一〇，慶四右九，殿四右六，凌四右八。○遇，紹禍。

〔君若謹行〕　瀧一〇・三，慶四左二，殿四右九，凌四左二。○南化楓棭三君若兹謹行。

〔君不幸罹霜露之病〕　瀧一〇・五，慶四左二，殿四右九，凌四左二。○罹，楓羅。

〔何恙不已〕　瀧一〇・五，慶四左三，殿四右九，凌四左二。

索　言罹霜露寒凉之疾　○耿慶中統彭凌殿以言——。

〔是章朕之不德也〕　瀧一〇・六，慶四左五，殿四左一，凌四左四。○德，井毛得。

〔今事少閒〕　瀧一〇・七，慶四左五，殿四左一，凌四左四。○今，毛令。

〔竟以丞相終〕　瀧一〇・八，慶四左七，殿四左三，凌四左六。

索　漢書云　○慶中統彭凌殿此注三字作「案弘」二字。

索　凡爲御史丞相六歲　○索「御史」二字「丞相」二字互易。

〔游齊諸生閒〕　瀧一一・五，慶五右二，殿四左八，凌五右一。○紹游齊諸需生閒。

〔孝武元光元年中〕　瀧一一・七，慶五右四，殿四左一〇，凌五右三。○楓三無下「元」字。

〔上不召〕　瀧一二・四，慶五右六，殿五右一，凌五右五。○上，毛書。按：毛本誤。

〔所以不忘戰也〕　瀧一三・一，慶五左四，殿五右八，凌五左二。

集　氣弱未全　○南化楓三「未全」二字作「木金」。

索　按宋均云宗本仁義助少陰少陽之氣因而教以簡閱車徒　○耿慶凌殿無此注二十三字。

索「少陰」二字、「少陽」二字互易。

〔昔秦皇帝〕　瀧一三・五，慶五左八，殿五左二，凌五左七。○南化楓棭三昔秦始皇帝。

〔遷徙鳥舉〕　瀧一三・八，慶六右一，殿五左四，凌五左九。○鳥，彭易，楓三校記「鳥」。

札記　遊本、吴校宋本「鳥」作「易」。

〔不可役而守也〕　瀧一三・一〇，慶六右三，殿五左六，凌六右一。○役，南化楓棭三臣。守，南化楓棭三使。

〔靡敝中國〕　瀧一四・一，慶六右四，殿五左七，凌六右二。○敝，索弊，金陵獘。

〔快心匈奴〕　瀧一四・一，慶六右四，殿五左七，凌六右二。○快，南化楓棭三甘。

〔非長策也〕　瀧一四・一，慶六右四，殿五左七，凌六右二。

索　靡音縻獘猶凋敝也　○縻，耿慶中統彭凌殿靡。獘，索弊，凌殿敝。凋，索彫。

〔終不能踰河而北〕　瀧一四・六，慶六右八，殿六右一，凌六右七。○楓三——而北也。

〔起於黄腄琅邪負海之郡〕　瀧一四・九，慶六右一〇，殿六右三，凌六右八。○黄，景井紹蜀刻耿慶中統彭毛凌殿東。札記　索隱本與漢書合，各本作「東腄」，誤。

〈轉輸北河〉 瀧一四・九，慶六左一，殿六右四，凌六右九。○中統「北」、「河」二字互倒。

索 注音縋 ○耿 慶 中統 彭 凌 殿 注音縋其音同。

〈御史成進諫曰〉 瀧一五・四，慶六左六，殿六右七，凌六左四。○史，彭 吏，楓 棭 校記「史」。

〈高帝不聽〉 瀧一五・六，慶六左八，殿六右九，凌六左五。○楓 棭 三 高皇帝不聽。

〈高皇帝蓋悔之甚〉 瀧一五・七，慶六左九，殿六右一〇，凌六左六。○蓋，南化 楓 棭 益。

〈夫秦常積衆暴兵數十萬人〉 瀧一五・九，慶七右一，殿六左二，凌六左八。○常，南化 楓 棭 三 嘗。

〈下敝百姓〉 瀧一六・一，慶七右三，殿六左四，凌七右一。○楓 下靡敝百姓。

〈上及虞夏殷周〉 瀧一六・三，慶七右五，殿六左六，凌七右三。○及，南化 楓 棭 自。

〈固弗程督〉 瀧一六・三，慶七右六，殿六左六，凌七右三。○固，南化 楓 棭 三 皆。

〈而下脩近世之失〉 瀧一六・四，慶七右七，殿六左七，凌七右四。○脩，南化 楓 棭 三 紹 循。

〈此臣之所大憂〉 瀧一六・五，慶七右七，殿六左七，凌七右五。○彭 此臣之所以大憂，棭 三 删去「以」字。

〔事苦則慮易〕　瀧一六・六，慶七右八，殿六左八，凌七右五。○慮，紹毛虞。按：紹、毛本誤。

〔靡敝愁苦〕　瀧一六・六，慶七右九，殿六左九，凌七右六。○索「愁苦」二字作「烓愁」而下有「上音焦」三字注。札記索隱本「黄腄」、「靡獘」二條下，「徐樂」條上出「烓愁」二字，注云「上音焦」。今史文無此，疑即「愁苦」二字之異文，蓋小司馬據本與今不同。

〔是時趙人徐樂〕　瀧一六・一〇，慶七左三，殿七右三，凌七右一〇。○樂，中統岳。

〔俱上書言世務〕　瀧一七・一，慶七左四，殿七右三，凌七左一。○索無「俱」字。

〔各一事〕　瀧一七・一，慶七左四，殿七右三，凌七左一。

索　按嚴安本姓莊　○耿慶中統彭凌「按」字、「安」字並無。

索　避明帝諱　○避，耿慶中統彭凌殿者。

索　後並改　○耿慶中統彭凌殿後並改姓。

索　安及徐樂　○樂，中統岳。

〔徐樂曰〕　瀧一七・三，慶七左五，殿七右四，凌七左二。○南化「徐樂」二字作「其辭」。

〔而天下從風〕　瀧一七・七，慶七左一〇，殿七右九，凌七左七。

索　棘矜下音勤矜今戟柄棘戟也　○耿慶中統彭凌殿無此十二字注。

〔先帝之德澤未衰〕　瀧一八・五，慶八右八，殿七左五，凌八右四。○未，中統此。按：中統本誤。

〔而安土樂俗之民衆〕　瀧一八・五，慶八右八，殿七左六，淩八右四。○土，中統上。按：中統本誤。

〔金石絲竹之聲〕　瀧一九・七，慶九右三，殿八右八，淩八左八。○南化 楓 棭 三金石絲竹鐘鼓之聲。

〔寬仁之資〕　瀧一九・一〇，慶九右六，殿八右一〇，淩九右一。○資，南化 楓 棭 三質。

〔則湯武之名不難侔〕　瀧一九・一〇，慶九右六，殿八左一，淩九右二。○南化 楓 棭無「之名」二字。

〔而成康之俗可復興也〕　瀧二〇・一，慶九右七，殿八左一，淩九右二。○可，南化 楓 棭 三不。

〔其敝足以安〕　瀧二〇・四，慶九右一〇，殿八左四，淩九右五。○紹其敝猶足以霸。「安」字作「霸」。

〔安則陛下何求而不得〕　瀧二〇・五，慶九左一，殿八左五，淩九右六。○紹脱「安」字。

〔何征而不服乎哉〕　瀧二〇・六，慶九左一，殿八左五，淩九右六。○哉，毛載。按：毛本誤。

〔成康其隆也〕　瀧二〇・七，慶九左三，殿八左七，淩九右八。○其，南化 楓 棭 三甚。

〔五伯者〕　瀧二〇・九，慶九左四，殿八左八，淩九右九。○景 井 紹無「五」字。札記宋本無「五」字。

〔興利除害〕　瀧二〇・九，慶九左四，殿八左八，凌九右九。○紹脱「除」字。

〔弱國備守〕　瀧二一・二，慶九左八，殿九右一，凌九左三。○備，南化楓脩。

〔主海内之政〕　瀧二一・四，慶九左一〇，殿九右三，凌九左五。○主，慶十，南化校記「主」。楓棭三壹，南化景井蜀紹耿慶中統毛殿一。按：景印慶元本改「主」。

〔示不復用〕　瀧二一・五，慶一〇右二，殿九右四，凌九左六。

索　鄒氏本作鐻音同　○索無「氏」字。鐻，凌據。彭——音亦同。

〔下智巧〕　瀧二一・七，慶一〇右四，殿九右七，凌九左九。

索　謂智巧爲下也　○耿慶中統彭凌殿下謂以智巧爲下也。

〔秦不行是風〕　瀧二一・八，慶一〇右六，殿九右八，凌九左六。○是，楓此。

〔南攻百越〕　瀧二二・二，慶一〇左一，殿九左二，凌一〇右五。

索　音徒何反　○何，耿河。

〔深入越〕　瀧二二・四，慶一〇左二，殿九左三，凌一〇右六。○札記舊刻「越」作「粤」。

〔秦乃使尉佗將卒以戍越〕　瀧二二・五，慶一〇左三，殿九左四，凌一〇右七。○佗，毛陀。

札記毛本訛「陀」，下南越傳「佗」字並同誤。

〔丁女轉輸〕　瀧二二・八，慶一〇左五，殿九左六，凌一〇右九。○丁，紹女。按：紹本訛。

〔苦不聊生〕　瀧二二・八，慶一〇左五，殿九左六，凌一〇右九。○苦，紹若。按：紹本訛。

〔陳勝吳廣舉陳〕 瀧二二・九，慶一〇左七，殿九左七，凌一〇左一。

索 謂勝廣舉兵於陳 〇於，耿慶中統彭凌殿據。

索 或音據 〇或，索又。

〔項梁舉吳〕 瀧二二・一〇，慶一〇左八，殿九左八，凌一〇左二。〇梁，紹毛渠。按：紹、毛本誤。

〔景駒舉郢〕 瀧二二・一〇，慶一〇左八，殿九左九，凌一〇左二。〇駒，慶彭凌騎，南化楓棭三校記「駒」。按：景印慶元本「騎」改「駒」。

〔應時而皆動〕 瀧二三・三，慶一一右一，殿一〇右一，凌一〇左五。〇紹「皆」、「動」二字互倒。

〔至于霸王〕 瀧二三・四，慶一一右二，殿一〇右二，凌一〇左六。〇王，毛主。

〔時教使然也〕 瀧二三・四，慶一一右二，殿一〇右二，凌一〇左六。

集 長進益也 〇長，景井蜀蜀刻耿慶中統彭凌壤，殿「長」字作「壤地」二字。札記注：「長」誤「壤」，依漢書注改。

〔故周失之弱秦失之彊〕 瀧二三・六，慶一一右四，殿一〇右四，凌一〇左八。〇彊，景井蜀紹蜀刻毛强。

〔燔其蘢城〕 瀧二三・七，慶一一右六，殿一〇右六，凌一〇左一〇。〇蘢，紹龍。

索 又皮逼反 ○皮，[索]父。

索 即古濊貊國也 ○貊，[慶][中統][凌][殿]陌。

索 燔燒也 ○燔，[凌]譌。

〔橋箭累弦〕 瀧二四・四，慶一一左二，殿一〇左一，凌一一右六。○橋，[南化][楓][棭][三]矯。

〔或幾千里〕 瀧二四・六，慶一一左四，殿一〇左三，凌一一右八。○或，[南化][楓][棭]封。

〔旁脅諸侯〕 瀧二四・六，慶一一左六，殿一〇左四，凌一一右一〇。○脅，[井][紹]脅。按：井、紹本誤。

〔非公室之利也〕 瀧二四・六，慶一一左六，殿一〇左四，凌一一右一〇。

集 言所東在郡守 ○東，[毛]束。

〔欲大無窮也〕 瀧二四・九，慶一一左八，殿一〇左六，凌一一左二。○大，[南化][楓][棭][三]甚。

〔非特閭巷之資也〕 瀧二四・一〇，慶一一左一〇，殿一〇左七，凌一一左三。○閭，[井][紹]闕。

〔以遭萬世之變〕 瀧二五・一，慶一一左一〇，殿一〇左八，凌一一左四。○遭，[三]逢。

〔則不可稱諱也〕 瀧二五・一，慶一二右一，殿一〇左九，凌一一左四。○[南化][楓][棭][三]

無「稱」字。

〔何相見之晚也〕　瀧二五・三，慶一二右二，殿一〇左一〇，凌一一左五。

集　此旁所篹者　○篹，景井蜀刻慶中統毛凌殿纂。

集　皆取漢書耳　○慶彭凌無「皆」字。

〔偃數見上疏言事〕　瀧二六・二，慶一二右四，殿一一右二，凌一一左八。○景井蜀紹蜀刻耿慶中統彭凌殿金陵無「偃」字。南化楓棭三校補「偃」。疏，中統書。

〔古者諸侯不過百里〕　瀧二六・四，慶一二右六，殿一一右三，凌一一左九。○南化楓棭三古者諸侯地不過百里。按：南化本標記「地」字下有「漢書」二字。

〔前日鼂錯是也〕　瀧二六・七，慶一二右九，殿一一右六，凌一二右二。○鼂，景井蜀紹蜀刻耿慶中統彭朝。札記中統、遊、王、柯本「鼂」作「朝」。

〔天下豪桀并兼之家〕　瀧二七・一，慶一二左四，殿一一右一〇，凌一二右七。○桀，慶中統凌殿傑。

〔蓋偃有功焉〕　瀧二七・四，慶一二左七，殿一一左三，凌一二右一〇。○景井蜀紹蜀刻耿慶中統彭毛凌殿無「蓋」字。

〔主父曰〕　瀧二七・五，慶一二左八，殿一一左四，凌一二左一。○南化楓棭三主父偃曰。

〔故倒行暴施之〕　瀧二七・八，慶一三右一，殿一一左六，凌一二左四。

索　按偃言　○言，索語。

索　須急暴行事以快意也　○耿慶中統彭凌殿當須急暴行——。

索　今此本作暴暴者　○索不重「暴」字。

〔上覽其説〕　瀧二八・五，慶一三右五，殿一一左一〇，凌一二左七。○覽，南化楓棭三賢。

〔秦時常發三十萬衆築北河〕　瀧二八・六，慶一三右六，殿一一左一〇，凌一二左八。○常，南化楓棭三嘗。

〔上竟用主父計〕　瀧二八・七，慶一三右七，殿一二右二，凌一二左一〇。○南化楓棭三上竟用主父偃計。

〔上拜主父爲齊相〕　瀧二八・八，慶一三右八，殿一二右三，凌一三右一。○南化楓棭三上拜主父偃爲齊相。

〔遍召昆弟賓客〕　瀧二八・九，慶一三右八，殿一二右三，凌一三右一。○遍，毛徧。

〔散五百金予之〕　瀧二八・九，慶一三右九，殿一二右三，凌一三右二。○予，毛與。

〔或千里〕　瀧二八・一〇，慶一三左一，殿一二右五，凌一三右三。○南化楓棭三或數千里。

〔王以爲終不得脱罪〕 瀧二九・二，慶一三左二，殿一二右六，淩一三右五。○得，毛能。

〔主父始爲布衣時〕 瀧二九・三，慶一三左四，殿一二右七，淩一三右六。○南化楓棭三主父偃始爲布衣時。

〔及爲齊相出關〕 瀧二九・五，慶一三左六，殿一二右九，淩一三右八。○南化楓棭三及其爲齊相出關。關，毛闕。按：毛本訛。

〔主父服受諸侯金〕 瀧二九・七，慶一三左九，殿一二左二，淩一三左一。○服，中統偃。

〔實不劫王令自殺〕 瀧二九・八，慶一三左九，殿一二左二，淩一三左一。○王，中統又。

〔上欲勿誅〕 瀧二九・八，慶一三左一〇，殿一二左二，淩一三左二。○蜀刻「欲」、「勿」二字互倒。

〔乃遂族主父偃〕 瀧二九・一〇，慶一四右二，殿一二左五，淩一三左四。○蜀無「偃」字。

〔主父方貴幸時〕 瀧三〇・一，慶一四右二，殿一二左五，淩一三左四。○蜀殿主父偃方貴幸時。

〔太皇太后詔大司徒大司空〕 瀧三〇・八，慶一四右九，殿一三右二，淩一四右二。○札記宋本、中統、舊刻、游、王、柯本並連上。毛本空一格，淩本另行低格，今依秦記例。

索 按徐廣云 ○耿中統彭此四字作「按廣雅云」。慶淩殿作「按廣所云」。

〔治之盛也德優矣〕 瀧三一・六，慶一四左六，殿一三右八，淩一四右八。○治，慶淩殿始，[凌]一本作「治」。[札記]宋本、毛本「治」，它本作「始」。

〔子率以正〕 瀧三二・一〇，慶一四左一〇，殿一三左一，凌一四左三。○以，[景][井][紹][蜀][刻][耿][慶][中統][彭][毛][金陵]而。

〔未有若故丞相平津侯公孫弘者也〕 瀧三二・二，慶一五右二，殿一三左三，凌一四左五。○[紹]無「有」字。故，[慶][彭]效，[井]汝，[南化][楓][棭][三]校記「故」。

〔此可謂減於制度而可施行者也〕 瀧三二・五，慶一五右六，殿一三左七，凌一四左八。○減，[南化]滅。

〔孝武皇帝即制曰〕 瀧三二・七，慶一五右八，殿一三左九，凌一五右一。○制，[中統]詔。

〔牛酒雜帛〕 瀧三二・九，慶一五右一〇，殿一四右一，凌一五右三。○雜，[慶][彭]羅，[南化][楓][棭]校記「雜」。按：景印慶元本「羅」改「雜」。

〔竟以善終于相位〕 瀧三二・九，慶一五左一，殿一四右二，凌一五右四。○于，[慶][彭]至，[南化][楓][棭][三]校記「于」。

〔朕親臨拜焉〕 瀧三三・三，慶一五左六，殿一四右六，凌一五右八。○[南化][楓][棭][三]朕將親臨拜焉。

〔困於燕雀〕 瀧三三・四，慶一五左七，殿一四右七，凌一五右九。

集 若燕雀不知鴻鵠之志也　○志，[景]至。按：景本訛。

索 按謂公孫弘等未遇 ○[耿][中統][凌]無「弘」字。

索 是燕雀安知鴻鵠之志也 ○[耿][慶][中統][彭][凌][殿]無此注十字。

〔府庫充實〕 瀧三三・八，慶一六右一，殿一四左一，凌一五左五。

索 乂理也 ○[索]無此注三字。

〔始以蒲輪迎枚生〕 瀧三三・一〇，慶一六右三，殿一四左三，凌一五左六。

索 漢始迎申公 ○迎，[慶][彭][凌][殿]詔。

索 蓋畫蒲於輪以爲榮飾也 ○[耿][慶][中統][彭][凌][殿]「蓋畫蒲於輪」五字作「盖或畫續」四字。

〔羣臣慕嚮〕 瀧三四・二，慶一六右五，殿一四左五，凌一五左九。○臣，[南化][楓][棭][三]士。按：南化本標記「士」字下有「漢書」二字。

〔弘羊擢於賈豎〕 瀧三四・三，慶一六右六，殿一四左六，凌一五左一〇。○豎，[中統]竪。

〔斯亦曩時版築飯牛之朋矣〕 瀧三四・四，慶一六右七，殿一四左七，凌一六右一。○朋，[景][井][蜀][蜀刻][中統][毛]明。

〔歷數則唐都落下閎〕 瀧三四・八，慶一六左二，殿一五右一，凌一六右六。○歷，[慶]曆。

史記會注考證校補卷一百十三

南越列傳第五十三

〔南越列傳第五十三〕 瀧一・九，慶一右一，殿一右六，凌一右二。○景井蜀紹蜀刻慶中統彭毛凌殿南越尉佗列傳第五十三。南化楓三刪去「尉佗」二字。

〔略定揚越〕 瀧二・四，慶一右四，殿一右九，凌一右五。○揚，景蜀蜀刻慶凌金陵楊。下注同。札記毛本「楊」作「揚」。

〔置桂林南海象郡〕 瀧二・五，慶一右五，殿一右一〇，凌一右六。

索 武帝更名鬱林 ○耿慶中統彭凌殿武帝更名桂林曰鬱林。

索 案本紀 ○案，耿慶中統彭凌殿秦。

索 以爲南海桂林象郡 ○桂，耿慶中統彭凌殿鬱。

索 武帝更名日南 ○日，耿慶中統彭凌殿曰。

〔以謫徙民〕　瀧二・六，慶一右六，殿一左一，凌一右八。○徙，景徒。

〔與越雜處十三歲〕　瀧二・六，慶一右七，殿一左二，凌一右八。

集　至二世元年六年耳　○耳，毛也。

索　謫音直革反　○直，耿慶中統彭凌殿陟。

〔秦時用爲南海龍川令〕　瀧二・七，慶一右八，殿一左三，凌一右一〇。

索　縣名屬南海也　○耿慶中統彭凌殿「縣名」二字作「龍川」。

正　即穴流泉　○慶彭凌殿即穴流東泉。札記「流」下各本有「東」字，蓋即「泉」字之訛，今依漢書注刪。

〔待諸侯變〕　瀧三・四，慶一左六，殿一左一〇，凌一左七。○待，毛侍。

索　案蘇林云新道　○耿中統無「林云新道」四字。

〔且番禺負山險〕　瀧三・五，慶一左六，殿一左一〇，凌一左八。○紹無「禺」字。

〔行南海尉事〕　瀧三・八，慶一左九，殿二右三，凌二右一。

索　矯詐作詔書　○耿慶中統彭凌殿無「作」字。

〔佗即移檄告橫浦陽山湟谿關曰〕　瀧三・九，慶一左一〇，殿二右四，凌二右二。

索　南野縣大庾嶺三十里　○耿慶中統彭凌殿無「縣」字。

索　有秦時關　○有，索在。

索　湼谿鄒氏劉氏本並作湼　○慶殿無「湼谿」二字。

索　史記作涅　○涅，[耿][慶][中統][彭][凌][殿]涯。

索　今本作湟涅及涯　○作，[耿][慶][中統][彭][凌][殿]有。涯，[金陵]湟。

索　良由隨聞則輒改故也　○[耿][慶][中統][彭][凌][殿]「良」字作「蓋」字。「聞則」二字作「見」字。

〔以其黨爲假守〕　瀧四・五，慶二右五，殿二右九，凌二右八。

索　案謂他立其所親黨　○[耿][慶][中統][彭][凌][殿]無「親」字。

〔遣陸賈〕　瀧四・九，慶二右九，殿二左二，凌二左一。○[楓][三]「陸賈」二字作「使」字。

〔別異蠻夷〕　瀧五・三，慶二左二，殿二左五，凌二左四。○蠻，[毛]變。

〔會暑溼士卒大疫〕　瀧五・七，慶二左六，殿二左八，凌二左八。○溼，[景]涇。士，[井]土。

景、井景本訛。

〔佗因此以兵威邊〕　瀧五・八，慶二左七，殿二左一〇，凌二左九。○[楓][三]「兵」字作「士卒」二字。

〔財物賂遺閩越西甌駱〕　瀧五・八，慶二左八，殿二左一〇，凌二左一〇。○[南化][楓][三]以財物——。駱，[景]路。

〔東西萬餘里〕　瀧五・九，慶三右一，殿三右三，凌三右三。

索　駱越也　○[紹]無「越」字。

索　鄒氏云又有駱越　○[耿][慶][中統][彭][凌][殿]無此注七字。

索　姚氏案廣州記云　○[索]「廣州記」二字作「益州傳」。

索　名爲駱人　○人，耿慶中統彭凌殿侯。

索　有駱王駱侯　○耿慶中統彭凌殿無此注五字。

索　即今之令長也　○耿慶中統彭凌殿無「長也」二字。

索　令二使典主交阯九真二郡人　○阯，慶凌殿趾。凌下「二」作「一」。耿慶中統彭凌殿無「人」字。

索　尋此駱即甌駱也　○耿慶中統彭凌殿無「尋此駱」三字。

〔與中國侔〕　瀧六・一，慶三右一，殿三右三，凌三右四。

※正　纛音導又音獨薜□南化本「綜」。云纛南化、梅本「纛」作「蠢」。以旄幻本「旄」作「旌」。牛尾置馬頭上也　南化幻梅狩瀧。

〔歲時奉祀〕　瀧六・五，慶三右四，殿三右五，凌三右六。○中統歲時奉祭祀。祀，楓三祠。

〔舉可使南越者〕　瀧六・六，慶三右五，殿三右六，凌三右七。○紹可舉可使南越者。

〔平言好時陸賈〕　瀧六・六，慶三右五，殿三右七，凌三右七。○南化楓棭三平等言好時陸賈。

〔先帝時習使南越〕　瀧六・六，慶三右六，殿三右七，凌三右七。○習，景可。

〔前日高后隔異南越〕　瀧六・九，慶三右九，殿三右一〇，凌三右一〇。○南化楓棭三前日高后時隔異南越。

〔犯長沙邊境〕　瀧七・一，慶三右一〇，殿三左一，凌三左二。○境，【景】用。按：景本誤。

〔甌駱裸國亦稱王〕　瀧七・二，慶三左二，殿三左二，凌三左四。○裸，【南化】【楓】【三】躶。

索　躶國音和寡反　○【耿】【慶】【中統】【彭】【凌】【殿】「躶國」二字作「裸」字。

索　躶露形也　○躶，【耿】【慶】【中統】【彭】【凌】【殿】裸。

〔自今以後〕　瀧七・六，慶三左六，殿三左六，凌三左七。○以，【毛】已。後，【楓】【三】來。

〔遂至孝景時〕　瀧七・七，慶三左七，殿三左七，凌三左八。○時，【中統】帝。

〔使人朝請〕　瀧七・七，慶三左七，殿三左七，凌三左八。○人，【凌】入。

〔今閩越興兵侵臣〕　瀧八・三，慶四右二，殿四右一，凌四右三。○興，【南化】【楓】【棭】【三】擅。

〔且先王昔言〕　瀧八・一〇，慶四右九，殿四右八，凌四左一。○王，【慶】【彭】生，【南化】校記「王」。按：景印慶元本「生」改「王」。【札記】王、柯本訛「生」。

〔即藏其先武帝璽〕　瀧九・四，慶四左四，殿四左一，凌四左四。

索　李奇云去其僭號　○【耿】【慶】【中統】【彭】【凌】【殿】此注七字作「李邵云藏其僭號之璽」九字。

〔漢數使使者風諭嬰齊〕　瀧九・七，慶四左七，殿四左四，凌四左七。○【蜀】無「嬰齊」二字。

〔嬰齊尚樂擅殺生自恣〕　瀧九・八，慶四左七，殿四左四，凌四左八。○尚，【南化】【楓】【三】猶。

〔遂不入見〕　瀧九・九，慶四左八，殿四左六，凌四左九。○【井】【紹】【蜀刻】【耿】【中統】【毛】無

「入」字。

〔宗族官仕爲長吏者七十餘人〕 瀧一一・三，慶五左二，殿五右八，淩五左三。○官，[楓][三]宦。

〔及蒼梧秦王有連〕 瀧一一・四，慶五左四，殿五右九，淩五左四。

集 連親婚也 ○婚，[中統]姻。

索 越中王自名爲秦王 [耿][慶][中統][彭][淩][殿]無「越中王自名爲」六字。

索 故云有連 ○[耿][慶][中統][彭][淩][殿]「故云」二字、「連」字並無。

〔王弗聽〕 瀧一一・七，慶五左七，殿五左二，淩五左七。○[慶][彭]無「王」字。[札記]王本無「王」字。

〔使者皆注意嘉〕 瀧一一・八，慶五左八，殿五左三，淩五左八。○[紹]無「使者」二字。

〔王王太后亦恐嘉等先事發〕 瀧一一・八，慶五左八，殿五左三，淩五左八。○[井]無「等」字。[札記]宋本無「等」字。

〔謀誅嘉等〕 瀧一一・九，慶六右一，殿五左六，淩六右一。

集 恃使者爲介冑也 ○恃，[景]持。

索 然二家之説皆通 ○[耿][慶][中統][淩][殿]無此注七字。

索 韋昭以介爲恃 ○[慶]韋昭曰以介爲恃。按：景印慶元本脱「曰」字。以，[彭]曰。

索 以言閒恃漢使者之權 ○[耿][慶][中統][彭][淩][殿]無「者」字。

索　意即得云恃爲介胄則非也　○耿慶中統彭凌殿意即得矣然云恃——。爲，索以。

〔王北鄉〕　瀧一二·二，慶六右二，殿五左六，凌六右三。○蜀無此三字。

〔稱病不肯見王及使者〕　瀧一二·七，慶六右八，殿六右二，凌六右八。

索　介被也恃也　○恃，耿甲。

〔願得勇士二百人〕　瀧一三·五，慶六左七，殿六右一〇，凌六左七。○二，毛三。

〔必斬嘉以報〕　瀧一三·五，慶六左八，殿六右一〇，凌六左七。

集　音古洽反　○洽，慶毛凌治。按：景印慶元本改「洽」。札記毛、柯、凌本「洽」訛「治」。

〔將二千人往〕　瀧一三·七，慶六左九，殿六左一，凌六左八。○蜀刻此五字作「將士二千往」。

〔立明王長男越妻子術陽侯建德爲王〕　瀧一四·二，慶七右五，殿六左七，凌七右四。

*__正__　術陽侯漢所封　南化幻梅狩瀧。

〔發兵守要害處〕　瀧一四·七，慶七右一〇，殿七右一，凌七右九。

索　案南康記以爲大庾名塞上也　○慶凌殿——大庾嶺名塞上也。

〔封其子廣德爲龍亢侯〕　瀧一四·一〇，慶七左三，殿七右三，凌七左二。

索　漢書作龔侯　○龔，慶凌殿龔。

索　服虔音卬　○音，耿慶中統彭凌殿作。

索　晉灼云古龍字　○耿無「字」字。

〔乃下赦曰〕 瀧一五・一，慶七左四，殿七右四，凌七左三。○赦，南化 楓 棭 三 詔。

〔今呂嘉建德等反〕 瀧一五・三，慶七左五，殿七右五，凌七左四。

＊正 謂識密之臣事見春秋 梅。

〔出桂陽下匯水〕 瀧一五・五，慶七左七，殿七右八，凌七左七。

索 或本作滙 ○耿 慶 中統 彭 凌 殿無此注四字。

〔爲戈船下厲將軍〕 瀧一五・八，慶七左一〇，殿七左一，凌七左一〇。○戈，慶弋，南化校記「戈」。按：景印慶元本「弋」改「戈」。

〔或抵蒼梧〕 瀧一五・八，慶八右三，殿七左四，凌八右三。

集 瀨水流沙上也 ○瀨，彭賴。沙，景 井 紹 蜀刻 慶 毛 凌 殿 金陵 涉，中統 注。

〔下牂牁江〕 瀧一六・三，慶八右五，殿七左五，凌八右五。○景 井 蜀 蜀刻 耿 慶 中統 彭 毛 凌「牂牁」二字作「牂柯」。牁，金陵 柯。

〔破石門〕 瀧一六・五，慶八右七，殿七左七，凌八右六。

索 在番禺縣北三十里 ○三，耿 慶 中統 彭 凌 殿 二。

索 積石鎮江 ○鎮，耿 慶 中統 彭 凌 殿 於。

索 名曰貪泉 ○耿 慶 中統 彭 凌 殿 無「曰」字。

索 乃爲之歌云也 ○耿 慶 中統 彭 凌 殿「之」字「云」字並無。

〔樓船自擇便處〕 瀧一六・一〇，慶八右一，殿八右一，凌八右一〇。○自，中統 因。擇，

蜀刻 懌。

〔伏波居西北面〕　瀧一六・一〇，慶八右二，殿八右二，凌八左二。〇楓 棭 三 而伏波居西北面。

〔會暮〕　瀧一六・一〇，慶八左二，殿八右二，凌八左二。〇南化 楓 棭 三 會日暮。

〔復縱令相招〕　瀧一七・二，慶八左四，殿八右四，凌八左四。〇縱 紹 從。

〔樓船力攻燒敵〕　瀧一七・三，慶八左五，殿八右四，凌八左五。〇南化 楓 棭 三 樓船以力攻燒敵。南化本標記「云」，正義以「敵」字屬上。按：正義即正義本。

〔城中皆降伏波〕　瀧一七・三，慶八左六，殿八右五，凌八左五。

集　漢書犂旦爲遲日　〇各本「日」作「旦」，瀧川本訛。

索　犂即比義　〇耿 慶 中統 彭 凌 殿 犂即比義不煩更釋。

索　天未明尚黑時也　〇耿 慶 中統 彭 凌 殿 天未明而尚黑殿本「黑」下有「時」，各本無。也。

索　漢書亦作遲明　〇慶 凌 漢書史記亦作遲明。

索　亦犂之義也　〇耿 此注五字作「犂亦遲義也」。

〔蒼梧王趙光者〕　瀧一七・九，慶九右三，殿八左二，凌九右三。〇毛 曰蒼梧王趙光者。

〔自定屬漢〕　瀧一七・一〇，慶九右五，殿八左四，凌九右五。

索　定揭陽令　〇索 無「陽」字。

〔諭甌駱屬漢〕瀧一八・二，慶九右六，殿八左五，凌九右六。○南化楓棭三諭告甌駱屬漢。

〔皆得爲侯〕瀧一八・三，慶九右六，殿八左五，凌九右七。

索 封爲隨桃侯 ○耿慶中統彭凌殿無「隨」字。南化校補「隨」。

索 揭陽令史定爲安道侯 ○耿慶中統彭凌殿無「史定」二字。

索 越將畢取爲膫侯 ○畢，南化凌軍。

索 隨桃安道膫三縣 ○耿慶中統彭凌殿無「隨」字。縣，索者。

〔戈船下厲將軍兵〕瀧一八・四，慶九右八，殿八左七，凌九右九。○南化楓三無「兵」字。

〔遂爲九郡〕瀧一八・五，慶九右一〇，殿八左八，凌九右一〇。○爲，南化楓棭三置。

集 鬱林日南合浦交阯 ○鬱，紹桂。日，蜀刻曰。合，慶彭凌谷。按：景印慶元本「谷」改「合」。阯，毛趾。

〔樓船將軍兵以陷堅〕瀧一八・六，慶九左一，殿八左九，凌九左一。○毛無「兵」字。以，中統已。

〔自尉佗初王後〕瀧一八・七，慶九左二，殿八左一〇，凌九左二。○佗，毛陀。下同。

〔隆慮離溼疫〕瀧一八・九，慶九左四，殿九右一，凌九左四。○南化楓棭三隆慮侯離溼疫。

〔譬若糾墨〕　瀧一九・三，慶九左七，殿九右五，凌九左七。○墨，[南化][楓][棭][三]纆。

索　漢事西驅　○驅，[慶][凌]馳。

索　越權南裔　○權，[慶][彭][凌][殿]推。

索　樛后内朝　○樛，[索][金陵]嫪。

索　卒從剿弃　○弃，[慶][中統][彭][凌][殿]絶。

史記會注考證校補卷一百十四

東越列傳第五十四

〔東越列傳第五十四　史記一百十四〕　瀧一・七，慶一右一，殿一右六，凌一右二。○按：靜嘉堂藏元中統本此傳明時之補刻，今以中統表之。

〔姓騶氏〕　瀧二・一，慶一右三，殿一右八，凌一右五。

集　東越之別名　○名，慶各。南化校記「名」。按：景印慶元本改「名」。

索　故字從虫閩音旻　○耿慶彭殿——閩聲音旻。按：「聲」字衍。旻，中統民。

索　徐廣云騶一作駱是上云甌駱不姓騶　○耿慶中統彭凌殿此注十五字作「徐廣説是上云甌駱此別云閩不姓騶也」十六字。

〔以其地爲閩中郡〕　瀧二・六，慶一右五，殿一右一〇，凌一右六。

集　今建安侯官是　○侯，井蜀慶中統候。

索 徐廣云本建安侯官是案爲閩州案下文都東冶韋昭以爲在侯官 ○[耿][慶][中統][彭][凌][殿]此注二十六字作「小顏以爲即中統本「即」誤「郎」。今之泉州建安也」十二字。

〔無諸搖率越歸鄱陽令吳芮〕 瀧二・九，慶一右九，殿一左一，凌一右八。○[南化][楓]

[三]——搖率閩越——。

〔以故不附楚〕 瀧二・一〇，慶一右九，殿一左三，凌一右一〇。

集 主號令諸侯 ○令，[凌]命。

〔世俗號爲東甌王〕 瀧三・四，慶一左四，殿一左八，凌一左五。○爲，[三]曰。

索 韋昭曰今永寧 ○[耿][慶][中統][彭][凌][殿]無此注六字。

索 水出永寧山 ○[耿][慶][中統][彭][凌][殿]無「永」字。

〔吳王濞反〕 瀧三・七，慶一左五，殿一左九，凌一左六。○濞，[紹]軍。

〔常勸閩越擊東甌〕 瀧三・九，慶一左七，殿二右一，凌一左九。○常，[耿][中統]嘗。

〔東甌食盡〕 瀧三・一〇，慶一左九，殿二右二，凌一左一〇。○東，[蜀刻]食。按：涉下而誤。

〔又數反覆〕 瀧四・二，慶一左一〇，殿二右四，凌二右一。○[紹]又數反數反覆。按：紹本衍。

〔何乃越也〕 瀧四・四，慶二右三，殿二右六，凌二右四。○乃，[中統]必。[札記]中統、游本「乃」作「必」。

〔今小國以窮困來告急天子〕 瀧四・五，慶二右三，殿二右六，凌二右四。○[札記]中統無

「困」字。

〔彼當安所告愬〕　瀧四・五，慶二右四，殿二右七，凌二右五。○景 井 蜀 蜀刻 耿 慶 中統 彭 毛 凌 殿無「彼」字。札記舊刻有「彼」字。

〔會稽太守欲距不爲發兵〕　瀧四・一〇，慶二右七，殿二右九，凌二右七。○蜀刻脱「稽」字。距，耿 中統 拒。

〔遂發兵〕　瀧五・一，慶二右八，殿二右一〇，凌二右八。○南化 楓 棭 三 遂爲發兵。

〔大農韓安國出會稽〕　瀧五・五，慶二左二，殿二左四，凌二左三。○南化 楓 棭 三 大司農——。

〔閩越王郢發兵距險〕　瀧五・六，慶二左三，殿二左五，凌二左四。○距，凌 歫。

〔其弟餘善乃與相宗族謀曰〕　瀧五・七，慶二左四，殿二左五，凌二左四。○紹「與相」二字倒。

〔終滅國而止〕　瀧五・八，慶二左六，殿二左七，凌二左六。○滅，中統 威。按：中統本明之補刻，然札記亦謂中統「滅」作「威」。

〔今殺王以謝天子〕　瀧五・九，慶二左六，殿二左七，凌二左七。○殺，楓 三 背。

〔固一國完〕　瀧五・九，慶二左七，殿二左八，凌二左七。○完，井 皃。按：井本訛。

〔即縱殺王使使奉其頭致大行大行曰〕　瀧五・一〇，慶二左八，殿二左九，凌二左八。○蜀不重「大行」二字。

索　劉氏又音窗　○[耿][慶][中統][彭][凌][殿]無「又」字。

〔所爲來者誅王〕　瀧六・一，慶二左九，殿二左一〇，凌二左九。○[南化][楓][棭][三]所以爲——。爲，[毛]謂。按：毛本誤。

〔今王頭至〕　瀧六・一，慶二左九，殿二左一〇，凌二左一〇。○今，[中統]令。按：中統本訛。

〔不戰而耘利莫大焉〕　瀧六・二，慶二左一〇，殿二左一〇，凌二左一〇。

集　漢書作殞　○殞，[景][蜀][紹][蜀刻][耿][慶][中統][毛]運。[彭]無「殞」字。

集　耘義當取耘除　○當，[凌]書。

索　耘音云耘除也漢書作隕音于粉反　○[耿][慶][中統][彭][凌][殿]無此注十四字。

〔告大農軍〕　瀧六・四，慶三右一，殿三右二，凌三右一。○[南化][楓][棭][三]告大司農軍。

〔而使使奉王頭馳報天子〕　瀧六・四，慶三右二，殿三右二，凌三右一。○[紹]不重「使」字。

〔威行於國〕　瀧六・七，慶三右五，殿三右五，凌三右五。○威，[紹]成。按：紹本訛。

〔國民多屬〕　瀧六・七，慶三右五，殿三右五，凌三右五。○[南化][楓][棭][三]國中民——。

〔兵至揭揚〕　瀧七・一，慶三右一〇，殿三右一〇，凌三右一〇。○揚，[井][紹][慶]楊，[耿][中統][毛][殿]陽。

〔令諸校屯豫章梅嶺待命〕　瀧七・五，慶三左三，殿三左二，凌三左三。○豫，[井][紹][毛]

預。嶺，金陵領。札記中統本「領」，它本作「嶺」。

索 今案豫章三十里 ○慶彭凌殿「今」、「案」互倒。

索 在洪崖山足 ○慶凌殿「洪崖」二字作「供崔」。崖中統崔。耿慶中統彭凌殿無「足」字。

索 此文云 ○云，耿慶彭又。按：景印慶元本「又」改「云」。

〔漢兵臨境且往〕 瀧七・八，慶三左六，殿三左五，凌三左六。○往，南化征。

〔入白沙武林梅嶺殺漢三校尉〕 瀧七・九，慶三左八，殿三左六，凌三左八。○中統無「漢」字。按：靜嘉堂藏中統本是明之補刻，札記亦謂中統無「漢」字。

索 有小水入湖 ○索無「小」字。

索 名曰白沙阬 ○阬，慶中統彭凌殿沙耿沉，索坑。

索 今當閩越入京道 ○入，耿慶中統彭凌殿之。

〔是時漢使大農張成〕 瀧八・一，慶三左一〇，殿三左九，凌三左一〇。○南化楓棭

三——大司農——。

〔故山州侯齒將屯〕 瀧八・二，慶三左一〇，殿三左九，凌三左一〇。○州，毛川。按：訛。

〔浮海從東方往〕 瀧八・五，慶四右四，殿四右一，凌四右四。

索 鄭氏句音勾 ○勾，耿慶中統彭凌殿鉤。

索 會稽縣也 ○中統「會」、「稽」互倒。按：誤。

〔出若邪白沙〕　瀧八・七，慶四右五，殿四右三，凌四右五。

正　越州有若耶山若耶溪　○凌下「耶」作「邪」。

正　蓋從如此邪　○邪，慶耶。

〔樓船將軍率錢唐轅終古〕　瀧九・三，慶四右九，殿四右六，凌四右九。○唐，中統塘。終，慶凌絡。南化校記「終」。按：景印慶元本改「終」。凌一本「絡」作「終」。札記王、柯、凌本「終」訛「絡」。按：下注同。

〔從建成侯敖〕　瀧九・七，慶四左三，殿四左一，凌四左四。○紹脱「敖」字。

〔與其率從繇王居股謀曰〕　瀧九・七，慶四左四，殿四左一，凌四左四。○率，景蜀蜀刻卒。股，紹服。下同。

〔自歸諸將〕　瀧九・九，慶四左五，殿四左三，凌四左六。○中統無「自」字。札記中統無「自」字。

〔以其衆降橫海將軍〕　瀧九・九，慶四左六，殿四左三，凌四左六。

集　敖亦東越臣　○凌殿無「亦」字。

〔故封繇王居股爲東成侯〕　瀧九・一〇，慶四左七，殿四左四，凌四左七。○成，南化楓三城。

〔封建成侯敖爲開陵侯〕　瀧一〇・一，慶四左八，殿四左四，凌四左八。

索　開陵屬臨淮　○開，中統陽。按：静嘉堂藏中統本此注以下非明之補刻。

〔封横海將軍説爲案道侯〕　瀧一〇・二，慶四左九，殿四左六，凌四左九。○案，景井紹蜀刻慶毛殿按。

〔舊從軍無功〕　瀧一〇・四，慶五右二，殿四左八，凌五右二。○舊，南化楓棭三紹毛奮。

〔以宗室故侯〕　瀧一〇・四，慶五右二，殿四左八，凌五右二。

索　服虔云嫈音榮縣名　○耿慶中統彭凌殿此注八字作「繚嫈耿、中統本「嫈」作「縈」。凌本「繚嫈」作「音繚」。縣名服虔殿本有「曰」字。嫈音瑩」九字。

索　劉伯莊云繚音遼下音紆營反成陽王子也　○成，索城。耿慶中統彭凌殿此注十七字作「劉伯莊音紆營殿本「營」作「縈」。反」七字。

〔弃其軍降〕　瀧一〇・六，慶五右四，殿四左一〇，凌五右四。○降，紹祭。按：紹本訛。

〔封爲無錫侯〕　瀧一〇・六，慶五右四，殿四左一〇，凌五右四。

索　李奇云多軍名　○耿慶中統彭凌殿無此注六字。

〔閩越悍數反覆〕　瀧一〇・八，慶五右五，殿五右一，凌五右五。○悍，南化楓棭三捍。

〔猶尚封爲萬户侯〕　瀧一一・三，慶五右一〇，殿五右五，凌五右九。○侯，慶彭封，南化

楓 棭 三 校記「侯」。按：景印慶元本改「侯」。

〔蓋禹之餘烈也〕　瀧一一·四，慶五右一〇，殿五右六，凌五右九。

索　實因秦餘　〇實，索 寔。

史記會注考證校補卷一百十五

朝鮮列傳第五十五

〔朝鮮列傳第五十五　史記一百十五〕　瀧一・七，慶一右一，殿一右六，凌一右二。○中統——一百二十五。按：中統本衍。下注「案，朝音潮，云云。瀧川本『索隱』誤作『集解』」。

集　朝鮮有濕水洌水汕水　○各本「洌」字作「洌」，紹本作「列」。按：紹本下同。汕，紹沙。

〔故燕人也〕　瀧二・三，慶一右五，殿一右一〇，凌一右六。○景井蜀紹蜀刻無「也」字。札記宋本無「也」字。

索　擊破朝鮮而自王之　○耿慶中統彭凌殿——朝鮮王而——。

〔爲置吏築鄣塞〕　瀧二・五，慶一右七，殿一左三，凌一右九。

集　番音普寒反　○寒，毛塞，殿蓋。按：毛、殿本訛。

索　徐氏據地理志而知也至應劭云玄菟本眞番國三十九字　○耿慶中統彭凌殿此注三十九字作「常略二國以屬己也應劭云玄菟本眞番國徐氏云遼東有番汗縣者據地理志而知也」三十四字。

〔屬燕〕瀧二・九，慶一右一○，殿一左五，凌一左一。

集　浿音備沛反　○備，景井蜀紹蜀刻耿慶中統彭毛凌殿滂，金陵傍。

〔魋結蠻夷服〕瀧三・三，慶一左一，殿一左六，凌一左三。○札記舊刻「魋」訛「魁」。

〔渡浿水〕瀧三・三，慶一左二，殿一左六，凌一左三。○渡，毛度。

〔都王險〕瀧三・五，慶一左四，殿一左八，凌一左六。○按：正義本「王險」作「主險」。

索　遼東險瀆縣　○耿慶中統彭凌殿遼東有險瀆縣。

索　王險城　○耿慶中統彭凌無「王」字。

*正　臣瓚曰主險南化「險」下有「城」字。在樂浪郡也　南化幻梅謙狩瀧。按：各古本標記「臣瓚」上有「正義作主險」五字。

〔遼東太守即約滿爲外臣〕瀧三・七，慶一左六，殿一左一○，凌一左七。○蜀無「太」字。

〔眞番旁衆國〕瀧四・三，慶二右二，殿二右六，凌二右四。○衆，井辰，蜀刻展。札記宋本「衆」作「辰」。南化幻梅狩有「衆正義作辰」五字。按：正義本作「辰」。蜀刻本訛。

〔又擁閼不通〕瀧四・三，慶二右三，殿二右六，凌二右四。○凌一本「擁」作「雍」。

*正　後漢書朝鮮有三韓一曰馬韓二曰辰韓三曰弁韓魏志云韓有帶方國南化、幻、梅本「國」作「聞」。東西以

海南化、梅本「海」下有「爲」。限南與倭接南化、幻、梅「倭接」二字作「接」。方可四千里馬韓在西辰韓在中弁韓在東括地志曰新羅百濟在西馬韓之地雜南化、梅本「雜」作「新」。羅在東辰韓弁韓之地也　[南化][幻][梅][狩][瀧]古本標記「魏志」云「括地志曰並提行疑」，非正義。

〔漢使涉何譙諭右渠終不肯奉詔〕　瀧四・六，慶二右三，殿二右七，凌二右五。○譙，[景][蜀][紹][蜀刻][耿][慶][中統][彭][毛][凌][殿]誘。**索**　説文云　○[耿][慶][中統][彭][凌][殿]誘一作譙説文云。

〔使御刺殺送何者朝鮮裨王長〕　瀧四・七，慶二右五，殿二右八，凌二右六。○裨，[殿]裨。殿本下注同。

〔即渡馳入塞〕　瀧四・九，慶二右六，殿二右一〇，凌二右八。○渡，[紹][毛]度。

〔殺朝鮮將〕　瀧四・九，慶二右七，殿二左一，凌二右九。○[南化][楓][棭][三]殺朝鮮裨將。

〔左將軍卒正多〕　瀧五・四，慶二左二，殿二左五，凌二左四。○左，[中統]右。[札記]中統、游本「左」訛「右」。

〔乃使衛山因兵威往諭右渠〕　瀧五・九，慶二左七，殿二左九，凌二左九。○諭，[耿]踰。

〔宜命人毋持兵〕　瀧六・二，慶三右二，殿三右三，凌三右三。○命，[南化][楓][棭][三]令。

〔太子亦疑使者左將軍詐殺之〕　瀧六・二，慶三右二，殿三右三，凌三右三。○詐，[紹]詳。

〔樓船亦往會〕　瀧六・四，慶三右五，殿三右五，凌三右六。○往，[毛]住。會，[紹]命。按：

紹、毛本訛。

〔右渠遂堅守城〕　瀧六・五，慶三右五，殿三右六，凌三右六。○南化「守」、「城」互倒。

〔以故兩將不相能〕　瀧七・二，慶三左二，殿三左二，凌三左三。○相，紹見。

〔疑其有反計〕　瀧七・三，慶三左四，殿三左三，凌三左四。○反，紹又。按：訛。

〔天子曰將率不能前及使衛山諭降右渠〕　瀧七・四，慶三左四，殿三左四，凌三左五。○及，楓　梜　三　又。札記　漢書作「天子爲兩將未有利乃使衛山」，疑史有誤。「及」則訛字也。

〔使濟南太守公孫遂往征之有便宜得以從事〕　瀧七・七，慶三左七，殿三左六，凌三左七。○南化　楓　梜　三　使故濟南——。札記　志疑云：「漢書作『正之』。通鑑考異曰『征字誤』」。

*正　征南化、幻、梅、謙本有「之」字而下「爲」字作「之」字。漢書作正爲是　南化　幻　梅　謙　狩　瀧。

〔恐爲大害〕　瀧七・九，慶三左一〇，殿三左九，凌三左一〇。○大，毛太。按：毛本誤。

〔即命左將軍麾下〕　瀧八・一，慶四右二，殿四右一，凌四右二。○命，南化　楓　梜　三　令。

〔以報天子〕　瀧八・二，慶四右三，殿四右一，凌四右三。○子，毛下。按：誤。

〔天子誅遂〕　瀧八・二，慶四右三，殿四右一，凌四右三。○紹「誅」、「遂」互倒。遂，毛逐。

〔王又不肯降〕　瀧八・五，慶四右八，殿四右六，凌四右八。

集　戎狄不知官紀　○官，毛管。按：訛。

集　唊音頰　○頰，紹也。按：訛。

索　其國宰相　○耿慶中統彭凌殿無「宰」字。

索　唊音頰一音協　○耿慶中統彭殿無「音頰」二字。凌無「音頰一」三字。

*正　已上至路人凡野本無「至路人凡」四字。四人　南化幻梅狩野瀧。按：南化、梅本標記亦有「此注漢書音義曰凡四人」十字。

〔復攻吏〕　瀧八・一〇，慶四左一，殿四右八，凌四右一〇。○吏，紹史。

〔誅成已〕　瀧九・一，慶四左一，殿四右一〇，凌四左二。

集　長路音各　○路，景井蜀紹蜀刻慶中統凌路。

索　案漢書表云長路音各　○耿慶中統彭凌無此注九字。殿無此注九字而有「路音姑落反」五字。路，索路。

索　子最路人子也名最　○耿慶中統彭凌殿此注八字作「最名路人之子也」七字。金陵無「子最」二字。

〔封參爲澅清侯〕　瀧九・三，慶四左三，殿四左一，凌四左三。○澅，凌澅。按：凌本誤。

〔陰爲荻苴侯〕　瀧九・四，慶四左四，殿四左二，凌四左四。○荻，蜀刻井慶凌殿萩。

索　荻音狄　○慶凌殿此三字作「萩音秋」。耿彭此三字作「狄作秋」三字。中統本印刻不明。

〔最以父死頗有功〕　瀧九・六，慶四左六，殿四左三，凌四左五。○紹——頗爲有功。

〔爲涅陽侯〕　瀧九・六，慶四左六，殿四左三，凌四左六。○涅，景 井 蜀 紹 蜀刻 耿 慶 中統 彭 毛 凌 殿 金陵 温，南化 楓 三 校記「涅」。攷異 當從表作「涅陽」，漢書亦作「涅陽」。

〔左將軍徵至〕　瀧九・七，慶四左六，殿四左四，凌四左六。○徵，南化 楓 三 徵。

〔坐爭功相嫉乖計〕　瀧九・七，慶四左七，殿四左四，凌四左七。○計，南化 楓 棭 三 言。

〔樓船將軍亦坐兵至洌口〕　瀧九・八，慶四左七，殿四左四，凌四左七。○洌，景 井 蜀 紹 蜀刻 耿 慶 中統 彭 毛 凌 殿 列。下索隱同。札記 索隱本「洌」，各本訛「列」。

〔樓船將狹〕　瀧一〇・二，慶五右一，殿四左七，凌五右一。○樓，凌 謱。按：凌本誤。

〔兩軍俱辱將率莫侯矣〕　瀧一〇・四，慶五右六，殿四左一〇，凌五右四。○率，紹 卒。

索　右渠首差　○差，慶 彭 殿 羌，凌 羗。中統本印刻不明。

索　涉何謌上　○謌，慶 彭 網。按：景印慶元本改「謌」。

史記會注考證校補卷一百十六

西南夷列傳第五十六

〔夜郎最大〕 瀧二・一，慶一右二，殿一右七，凌一右三。

索 荀悅云 ○悅，索説。

索 以竹爲姓也 ○耿慶中統彭凌殿以竹而爲姓也。

〔滇最大〕 瀧二・五，慶一右五，殿一右一〇，凌一右七。

集 顛馬出其國也 ○顛，殿滇。

案 越巂太守所理也 ○耿慶中統彭凌殿屬越——。

正 靡在姚州北 ○慶殿靡非在姚州北 凌靡莫在姚州北。

〔其外西自同師以東〕 瀧二・八，慶一右九，殿一左三，凌一右一〇。

索 漢書作桐師 ○師，耿慶中統彭凌索殿鄉。

〔北至楪榆〕　瀧二・一〇，慶一右九，殿一左四，凌一左一。

正　上音葉　〇葉，慶彭凌殿楪。札記「葉」訛「楪」，依集解、索隱正。

正　楪澤在靡北百餘里　〇楪，慶彭凌殿楪。札記「楪」亦訛「楪」，今正。

正　漢楪榆縣　〇楪，慶彭楪。

正　在澤西益都靡非　〇非，凌莫。

正　本葉榆王屬國也　〇慶彭此注七字作「本桑榆生王國也」七字。凌作「本桑榆生屬國也」。殿作「本桑榆王屬國也」。札記「葉」訛「桑」，今正。

〔名爲嶲昆明〕　瀧三・一，慶一左一，殿一左五，凌一左三。

正　今澧州也　〇澧，慶凌體，彭躰，金陵嶲。札記「嶲」誤「體」，蓋因上音髓而轉訛也。今據郡縣志改。

〔地方可數千里〕　瀧三・四，慶一左三，殿一左八，凌一左五。

正　奮許又反　〇又，殿六。

〔徙筰都最大〕　瀧三・五，慶一左四，殿一左九，凌一左六。

索　徙縣屬蜀　〇屬，耿慶中統彭凌殿在。

〔其俗或土著〕　瀧三・八，慶一左八，殿二右三，凌二右一。〇著，井紹慶中統毛金陵箸。札記宋、中統、毛本「箸」，它本作「著」。

〔在蜀之西〕　瀧三・八，慶一左九，殿二右三，凌二右二。

正　冄駹其山有六夷七羌九氐　○氐，慶彭凌殿蠻。札記「氐」誤「蠻」，考證據後漢書改。

〔使將軍莊蹻將兵循江上略巴蜀黔中以西〕　瀧四・二，慶二右二，殿二右六，凌二右五。○循，中統徇。札記中統、游本「循」作「徇」。

〔故楚莊王苗裔也〕　瀧四・三，慶二右三，殿二右七，凌二右六。

索　蹻音炬灼反　○炬，耿慶中統彭凌殿矩。

〔地方三百里〕　瀧四・六，慶二右四，殿二右八，凌二右七。○索無「地」字。

索　而更淺狹　○札記案：後漢書作「而末更淺狹」，此失「末」字，義不可通。下正義同。

索　有似倒流　○倒，慶中統彭到。按：景印慶元本改「倒」。

正　故謂滇池　○池，慶彭也。按：景印慶元本改「池」。

〔秦時常頞略通五尺道〕　瀧五・一，慶二右九，殿二左二，凌二左二。○常，南化楓三嘗。頞，楓三頗。

〔南越食蒙蜀枸醬〕　瀧五・八，慶二左六，殿二左九，凌二左九。

集　徐廣曰　○徐，中統云。按：中統本誤。

集　枸一作蒟音窶　○蒟，耿苟。窶中統蔞。

集　其葉如桑葉　○如，景蜀殿似。

索　蒟案晉灼音矩　○矩，中統巨。耿慶中統彭凌殿「蒟」字作「枸」而移在「音」字上。「蒟」作「枸」，下同。

索　又云蒟　○耿慶中統彭凌殿此三字作「小顔云枸者」五字。

索　缘樹而生非木也　○耿慶中統彭凌殿「樹」字、「木」字互易。

索　實似桑椹　○耿慶中統彭凌殿此注四字作「實不長二三寸」六字。

索　味辛似薑不酢　○辛，耿酸。

索　又云取葉此注又云葉似桑葉非也　○耿慶中統彭凌殿無此十四字而有「劉説非也」四字。

〔道西北牂牁〕　瀧六・一，慶二左九，殿三右二，凌三右三。　○牁，南化景井蜀紹毛金陵柯。下文同。　楓棭三——牂牁江。

〔出番禺城下〕　瀧六・二，慶三右一，殿三右四，凌三右五。

正　乃改其名爲牂牁　○乃，慶凌仍。

〔食重萬餘人〕　瀧七・三，慶三右一〇，殿三左二，凌三左四。

索　案食貨輜重車也　○耿慶中統彭凌殿案食糧「貨」作「糧」。　及輜輜中統本作「輕」。　重車也。

索　音持用反　○持，中統恃，索時。

〔從巴蜀筰關入遂見夜郎侯多同〕　瀧七・四，慶三左一，殿三左三，凌三左四。　○蜀，殿屬。

按：南化、幻、梅本標記云正義作「符關」。

*正　地理志云瀧本無「云」。　犍爲郡有符離縣按蓋狩、瀧本無「蓋」字。　符關在符縣犍爲郡今戎州也　南化梅狩幻瀧。

〔乃且聽蒙約還報〕　瀧七・一〇，慶三左四，殿三左五，凌三左七。〇南化楓棭三乃且聽蒙等約蒙南化本無「蒙」字。還報。

〔自僰道指牂牁江〕　瀧八・一，慶三左五，殿三左六，凌三左八。

索　繫船杙也　〇杙，慶中統彭凌筏。按：景印慶元本改「栈」。耿「杙也」二字作「後」字。

索　此牂牁江　〇此，中統北。

〔士罷餓離溼死者甚衆〕　瀧八・六，慶三左一〇，殿三左一〇，凌四右三。〇溼，景井蜀紹慶中統凌殿濕。按：古本標記云正義「離溼」作「離濕」。

＊**正**　濕音温除瀧本，各本「温」作「濕」，瀧本誤。　言士卒歷暑熱氣而死者衆多也　南化幻梅狩瀧。

〔耗費無功〕　瀧八・七，慶四右一，殿四右一，凌四右四。〇耗，慶毛凌殿耗。

〔還對言其不便〕　瀧八・八，慶四右二，殿四右二，凌四右五。〇札記舊刻「其」下有「甚」字。

〔以據河逐胡〕　瀧八・九，慶四右三，殿四右三，凌四右六。〇札記舊刻「逐」誤「北」。

〔專力事匈奴〕　瀧八・九，慶四右四，殿四右四，凌四右六。〇紹脱「匈」字。

〔上罷西夷〕　瀧八・一〇，慶四右四，殿四右四，凌四右七。〇南化楓棭三上許罷西夷。

〔稍令犍爲自夷就〕　瀧九・一，慶四右五，殿四右五，凌四右八。〇夷，景井蜀紹慶中統彭毛凌殿金陵葆。

〔有身毒國〕瀧九・六，慶四右一〇，殿四右一〇，凌四左四。

索 一本作乾毒漢書音義一名天竺也 〇耿慶中統彭凌殿無此注十四字，而有「小顔亦曰捐篤也」七字。

***正** 身毒即東天竺國 南化幻梅狩瀧。

〔患匈奴隔其道〕 瀧九・八，慶四左一，殿四左一，凌四左四。〇慶無「奴」字。南化校補「奴」。

〔於是天子乃令王然于柏始昌呂越人等〕 瀧九・九，慶四左二，殿四左二，凌四左五。〇楓棭三無「柏始」以下七字。

〔西指求身毒國〕 瀧九・一〇，慶四左四，殿四左三，凌四左七。〇指，中統猶。按：中統誤。

〔西十餘輩〕 瀧一〇・一，慶四左五，殿四左四，凌四左八。

集 嘗一作賞 〇賞，紹留。

〔莫能通身毒國〕 瀧一〇・二，慶四左六，殿四左五，凌四左九。

集 爲昆明所閉道 〇閉，耿中統閑。按：耿、中統訛。

正 在今嶲州南昆縣是也 〇凌無「是也」二字。

〔滇王與漢使者言曰〕 瀧一〇・三，慶四左六，殿四左五，凌四左九。〇滇，中統漢。按：中統本誤。

〔殺使者及犍爲太守〕 瀧一〇・七,慶五右二,殿四左一〇,凌五右四。

索 後縣屬牂柯 ○耿 慶 中統 彭 凌 殿 後爲縣——。

〔漢乃發巴蜀罪人嘗擊南越者八校尉擊破之〕 瀧一〇・九,慶五右二,殿四左一〇,凌五右五。○嘗,南化 楓 棭 三 當。

〔遂平南夷爲牂牁郡〕 瀧一一・三,慶五右五,殿五右三,凌五右七。○南化 楓 棭 三——夷以爲——。

〔會還誅反者〕 瀧一一・四,慶五右六,殿五右四,凌五右八。○紹無「還」字。

〔筰都爲沈犂郡〕 瀧一一・六,慶五右九,殿五右六,凌五左一。○犂,中統黎。按:中統訛。

〔皆同姓相扶〕 瀧一一・九,慶五左二,殿五右九,凌五左四。○扶,南化 棭 蜀 杖。南化一本「杖」,正義本亦同。

〔勞浸靡莫〕 瀧一一・九,慶五左二,殿五右九,凌五左五。○浸,索寖。

〔數侵犯使者吏卒〕 瀧一一・一〇,慶五左三,殿五右一〇,凌五左五。○吏,紹使。

*正 杖直亮反颜幻無「颜」字。師古曰杖猶倚也相倚爲援南化、幻、梅本「援」下有「而」字。不聽滇王入朝 南化 幻 梅 狩 瀧。

〔滇王始首善〕 瀧一二・二,慶五左四,殿五左一,凌五左六。○札記游本「首」誤「守」。

〔復長其民〕 瀧一二・四,慶五左六,殿五左三,凌五左八。○民,耿氏。按:耿本訛。

〔獨夜郎滇受王印〕　瀧一二・五，慶五左七，殿五左三，淩五左九。○南化 楓 棭 三——滇王受——。

〔滇小邑最寵焉〕　瀧一二・六，慶五左七，殿五左四，淩五左九。○楓 三 景 而滇小邑——。按：景本行十九字，但此注二十字。

〔剽分二方〕　瀧一三・一，慶六右三，殿五左八，淩六右四。

集　漢書音義曰　○景 井 紹 耿 慶 中統 淩「漢書」二字作「史記」。彭無「漢書」二字。

集　揃前翦　○翦，耿剪。

索　言西夷後被揃迫逐　○耿 慶 中統 彭 淩 殿「迫逐」二字作「割」字。

正　杖直亮反顔師古云杖猶倚也相倚爲援不聽漢王　○此正義諸本並無，瀧川氏稿本亦無，因上正義佚文而重複。

〔卒爲七郡〕　瀧一三・二，慶六右四，殿五左八，淩六右六。○札記王本脱此四字，秦、藩本同。

集　沈犂　○犂，中統黎。

索　勞浸靡莫　○浸，索寑。

史記會注考證校補卷一百十七

司馬相如列傳第五十七

〔司馬相如列傳第五十七　史記一百十七〕　瀧一・九，慶一右一，殿一右六，凌一右三。

索　司馬相如汲鄭列傳不宜在西夷之下　○索金陵無此注十五字。蔡慶彭「司馬相如汲鄭列傳」八字作「右」字。凌作「古本」二字而無「不」字。殿作「右」字而「西」下有「南」字。按：景印慶元本「西」下增「南」字。

〔學擊劍〕　瀧二・三，慶一右四，殿一右八，凌一左四。

索　善以短乘長是也　○蔡慶中統彭凌殿無「善」字。

〔故其親名之曰犬子〕　瀧二・四，慶一右五，殿一右九，凌一左五。○索無「之曰」二字。犬，紹大。

〔相如既學〕　瀧二・五，慶一右五，殿一右一○，凌一左五。

索　案秦宓云　○宓，蔡慶凌窑，索金陵密。

〔非其好也〕　瀧二・八，慶一右八，殿一左二，凌一左八。

＊正　藺相如六國時南化、幻本「時」字下有「趙」字。　人義而有勇也以貲爲郎以貲財多得拜爲郎　南化　幻　梅　狩　瀧。

〔客游梁〕　瀧三・二，慶一左二，殿一左六，凌二右二。

集　字夫子　○夫，蔡失。

索　徐廣郭璞皆云名忌字夫子　○蔡　慶　中統　彭　凌　殿無此注十一字。

索　此則夫子是美稱　○蔡　慶　中統　彭　凌　殿「此」、「則」二字倒。

索　時人以爲號　○蔡　慶　中統　彭　凌　殿——爲號爾而徐廣云字爲非。

〔長卿久宦遊不遂〕　瀧三・六，慶一左五，殿一左八，凌二右五。○宦，蜀　紹官。

〔於是相如往舍都亭〕　瀧三・六，慶一左五，殿一左九，凌二右五。○慶　彭脱「是」字。　南化　楓　棭　三校補「是」字。　按：景印慶元本補「是」字。　往，毛乃。　札記王脱「是」字。

〔相如初尚見之〕　瀧三・七，慶一左七，殿一左一〇，凌二右七。○凌無「相如」二字。

〔吉愈益謹肅〕　瀧三・八，慶一左七，殿二右一，凌二右七。

＊正　臨邛縣郭下「郭下」，南化、幻、梅、狩本無。　之亭南化、幻、梅、狩本「亭」下有「名」字。　也　南化　幻　梅　狩　瀧。

〔程鄭亦數百人〕　瀧三・九，慶一左八，殿二右二，凌二右八。

＊正　貨殖傳卓氏之先趙人秦時被遷卓氏獨夫妻推輦而行曰吾聞汶山之下有蹲鴟乃求遷致之臨邛程鄭山東遷虜　南化　幻　梅　狩　瀧。

〔願㠯自娛〕 瀧四·四，慶二右三，殿二右六，凌二左三。○㠯，毛以。

〔爲鼓一再行〕 瀧四·五，慶二右四，殿二右六，凌二左三。

索 案樂府長歌行短歌行 ○蔡慶中統彭凌殿案古樂府——。

索 行者曲也 ○蔡慶中統彭凌殿此注四字作「皆曲引也」。

*正 行者鼓琴瑟曲也 南化幻梅狩瀧。

〔而以琴心挑之〕 瀧四·六，慶二右六，殿二右八，凌二左五。

索 挑音徒了反 ○挑，索嬈。

索 嬈音奴了反 ○嬈，索挑。奴，慶蔡中統彭凌殿如。

索 何由交接爲鴛鴦也 ○接，凌妾。

索 「又曰鳳兮鳳兮從皇栖」至「中夜相從別有誰」三十字 ○蔡中統索無此注三十字。札記單本、蔡本、中統、游本皆無此注三十字。

索 得託子尾永爲妃 ○託，慶彭凌殿托。

〔雍容閒雅甚都〕 瀧四·一〇，慶二右九，殿二左一，凌二左九。○札記王本「甚」訛「是」。

集 甚得都邑之容也 ○都，井紹蔡慶中統彭新，南化校記「都」。按：景印慶元本改「都」。

集 恂美且都 ○恂，蜀殿洵。

〔文君夜亡奔相如〕 瀧五·二，慶二左二，殿二左四，凌三右二。

索 婚不以禮爲亡也 ○亡，蔡慶中統彭凌殿節。札記「亡」疑當作「奔」。

〔相如乃與馳歸成都〕 瀧五・四，慶二左三，殿二左五，凌三右三。○慶彭凌殿無「成都」二字。 南化楓棭三校補「成都」二字。 札記 蔡本、中統、游、毛本，襍志引宋本，及文選左思詠史詩注引史，警引吴汪校柯本眉上擧白鹿本並有「成都」二字。舊刻及王、柯、凌本並脱。

〔不分一錢也〕 瀧五・七，慶二左五，殿二左七，凌三右五。○錢，紹文。

〔長卿第俱如臨邛〕 瀧五・八，慶二左六，殿二左八，凌三右六。○第，景井蜀紹索弟。索無「俱」字。 札記 索隱本無「俱」字，疑後人依漢書增。

〔何至自苦如此〕 瀧五・九，慶二左八，殿二左九，凌三右八。

索 弟語辭 ○蔡慶中統彭凌殿此注三字作「第發語之急耳」六字。

＊正 第但也俱共也 南化幻梅狩瀧。

〔而今文君當鑪〕 瀧五・一〇，慶二左九，殿二左一〇，凌三右九。○札記 王脱「當」字。

＊正 顔云賣酒之處累土爲鑪以居酒瓮四邊微起其一面高形如鍛鑪幻本作「鍜」字。故名曰鑪南化、幻、梅本無「故名曰鑪」四字。耳而俗之學者皆謂當鑪爲對南化、幻、梅本「對」下有「鑪」字。温酒火鑪失其義也 南化幻梅狩瀧。

〔滌器於市中〕 瀧六・三，慶三右一，殿三右三，凌三左一。

集 今三尺布作形如犢鼻 ○慶彭凌無「布」字。 按：景印慶元本「形」上增「布」字。

集 謂之甬 ○景井蜀紹蔡慶中統彭毛凌此注三字作「調之南方」四字。殿謂之甬南方。[札記]官本與方言合，各本「謂」訛「調」，脫「甬」字。

〔所不足者非財也〕　瀧六・六，慶三右三，殿三右五，凌三左四。○財，[毛]材。

〔獨奈何相辱如此〕　瀧六・八，慶三右六，殿三右七，凌三左六。

＊**正**　諸公謂臨邛之長者也非財言非是錢財倦疲也梅本「非財」以下十字無。　[南化][幻][梅][狩][瀧]。

〔文君乃與相如歸成都買田宅爲富人〕　瀧六・一〇，慶三右七，殿三右八，凌三左七。○乃，[井][紹][毛]及。

〔上許令尚書給筆札〕　瀧七・四，慶三左三，殿三左三，凌四右三。

＊**正**　説文札牒也按木簡之薄小者也此時未用紙也　[南化][幻][梅][狩][瀧]。

〔爲齊難〕　瀧八・一，慶三左五，殿三左五，凌四右四。

集　烏一作惡　○[中統]烏有一作惡。[札記]中統、游本作「烏有」，一作「惡」。此蓋集解單行本出「烏有」二字而著注也。

集　詰難楚事也　○詰，[中統]語。

〔明天子之義〕　瀧八・一，慶三左六，殿三左六，凌四右五。

集　以爲折中之談也　○談，[紹]説。

〔故空藉此三人爲辭〕　瀧八・二，慶三左六，殿三左六，凌四右六。○藉，[索]借。

〔以推天子諸侯之苑囿〕　瀧八・二，慶三左七，殿三左七，凌四右七。

索　借音假借　○[蔡][慶][中統][彭][凌][殿]上「借」字作「藉」字。

〔子虛過詫烏有先生〕　瀧八・五，慶三左一〇，殿三左一〇，凌四右一〇。○詫，[井][毛]詑。

〔而無是公在焉〕　瀧八・五，慶四右一，殿四右一，凌四左一。○在，[楓][三]存。

集　詫誇也　○誇，[紹]誂。

索　誇詫是也　○[蔡][慶][中統][彭][凌][殿]無此注四字。

〔僕樂齊王之欲夸僕以車騎之衆〕　瀧八・八，慶四右三，殿四右二，凌四左二。○車，[紹]専。按：紹本誤。

〔而僕對以雲夢之事也〕　瀧八・八，慶四右四，殿四右三，凌四左三。

*__正__　夢在江南華容雲在江北安陸而名雲夢已解南化、幻、梅本「已」作「以」。　在夏本紀　[南化][幻][梅][狩][瀧]。

〔王駕車千乘〕　瀧八・九，慶四右五，殿四右四，凌四左三。○[紹]無「千」字。

〔射麋脚麟〕　瀧九・一，慶四右七，殿四右五，凌四左六。

集　轔音吝　○吝，[紹]各。

集　轔車轢　○轢，[紹]而。按：紹興本誤。

索　謂持其一脚也　○[蔡][慶][中統][彭][凌][殿]無「其」字。

索　脚掎也　○掎，[索]椅。下同。

索　偏引一脚也　○偏，[中統]徧。

〔鶩於鹽浦〕　瀧九・二，慶四右八，殿四右七，凌四左七。○鶩，[井]鶩。

〔割鮮染輪〕　瀧九・三，慶四右八，殿四右七，凌四左八。

集　音而悅反　○悅，井毛兑，紹兖。札記毛本「悅」作「兑」，疑「兖」字之訛。

索　李奇云鮮生肉也染濡也切生肉濡鹽而食之　○蔡慶中統彭凌殿無此注十八字。

索　與下文脟割輪染意同也　○染，蔡慶中統彭凌殿金陵淬。脟，索膊。

〔未覩其餘也〕　瀧一〇・一，慶四左六，殿四左四，凌五右六。

＊**正**　唯唯恭應也　南化幻梅狩瀧。

〔蓋特其小小者〕　瀧一〇・一，慶四左七，殿四左五，凌四右六。○紹不重「小」字。

〔名曰雲夢〕　瀧一〇・二，慶四左七，殿四左五，凌五右七。○蜀紹無「雲夢」二字。

索　華容縣又有巴丘湖　○丘，殿邱。

索　指巴湖也　○巴，蔡慶中統彭凌殿此。

索　今安陸東見有雲夢城雲夢縣　○蔡慶中統彭凌殿今案安陸——。

〔雲夢者方九百里〕　瀧一〇・四，慶四左一〇，殿四左八，凌五右一〇。○紹無「雲夢」二字。

〔岑巖參差〕　瀧一〇・五，慶五右二，殿四左九，凌五左一。○岑，紹岺。

〔罷池陂陁〕　瀧一〇・六，慶五右三，殿五右一，凌五左三。○陂，紹跛。

〔下屬江河〕　瀧一〇・六，慶五右四，殿五右一，凌五左三。

＊**正**　岪音佛郭璞曰南化、幻、梅本「曰」下有「言」字。相樛結而峻屈竦起也　南化幻梅狩瀧。

〔雌黄白坿〕瀧一一・一，慶五右五，殿五右三，凌五左五。

集 白坿白石英也　○坿，景井蜀紹慶中統毛凌殿符。

索 張揖曰白石英也　○蔡慶中統彭凌殿無此注七字。

索 郭璞音符也　○蔡慶中統彭凌殿無此注五字。

〔照爛龍鱗〕瀧一一・二，慶五右七，殿五右五，凌五左七。

*****正** 采南化、幻、梅本「采」字作「綵」字而上有「言」字。色相曜間雜若龍鱗　南化幻梅狩瀧。

〔則赤玉玫瑰〕瀧一一・三，慶五右八，殿五右五，凌五左八。

集 赤玉赤瑾也　○井慶彭毛凌殿無「赤玉」二字。札記舊刻本「有此」二字，各本脱。

〔琳瑉琨珸〕瀧一一・四，慶五右八，殿五右六，凌五左九。

集 珉石次玉者　○珉，中統琝。次，中統似。

索 石之次玉者　○者，蔡慶中統彭凌殿也。

索 名昆吾石　○蔡慶中統彭凌殿「昆吾」二字作「琨珸」。

索 光明昭如水精　○蔡慶中統彭凌殿無「昭」字。

〔瑊玏玄厲〕瀧一一・六，慶五右一〇，殿五右八，凌六右一。○厲，紹畜。

〔瑌石武夫〕瀧一一・六，慶五左一，殿五右九，凌六右二。

*****正** 武夫赤色南化、幻、梅本「色」字作「地」字。白采葱龍白黑不分出長沙　南化幻梅狩瀧。

〔其東則有蕙圃〕瀧一一・七，慶五左二，殿五右一〇，凌六右三。

索　薰草一名蕙　○蕙，中統尊。

索　魏武帝以此燒香　○魏，中統漢。

索　今東下田有此草　○蔡慶中統彭凌殿無「此」字。

〔衡蘭芷若〕　瀧一一・八，慶五左二，殿五右一〇，凌六右三。

集　其臭如蘪蕪　○臭，井蜀紹慶中統毛梟。蘪，井慶毛凌殿麋。

索　生下田山　○蔡慶中統彭凌殿此注四字作「東下田有草生天帝之山」十字。

索　天帝之山有草　○蔡慶中統彭凌殿無此注六字。

索　其根一似細辛　○蔡慶中統彭凌殿此注六字作「味亂細辛」四字。

索　故藥對亦爲似細辛是也　○蔡慶中統彭凌殿——亦以爲似細辛無「是」字。也。

索　蘭張揖云秋蘭　○蔡慶中統彭凌殿無「張揖云」三字。

索　芷若張揖云若杜若芷白芷也　○蔡慶中統彭凌殿無此注十二字。

索　本草云一名茝　○蔡慶中統彭凌殿本草云芷一名茝。

索　埤蒼云齊曰茝　○蔡慶中統彭凌殿無「曰」字。

索　晉曰虈　○蔡慶中統彭凌殿此注三字作「一曰囂」三字。

索　茝音昌亥反又音昌里反　○索此注十字作「茝音充在反」五字。

索　虈音火嬌反　○嬌，蔡慶中統彭凌殿高。

索　古今名號不同　○今，中統令。

〔穹窮昌蒲〕　瀧一二・四，慶五左三，殿五右一〇，凌六右三。〇毛索「穹窮」二字作「芎藭」。

〔諸蔗猼且〕　瀧一二・四，慶五左九，殿五左七，凌六右一〇。〇蔗，索柘。猼，索搏，凌傅。

集　猼音匹沃反　〇匹，殿四。按：殿本誤。

集　似蛇床而香　〇床，景井蜀毛牀。

索　芎藭司馬彪云　〇彭無此六字。

索　今歷陽呼爲江離　〇江，中統法。

索　臨海縣海水中生江離　〇蔡慶中統彭索下「海」字作「開」字。

索　孟康云麋蕪蘄芷也似蛇床而香　〇蔡慶中統彭凌殿無此注十三字。芷，索延。下同。

索　一名麋蕪　〇名，中統云。

索　又藥對以爲麋蕪一名江離　〇蔡慶中統彭凌殿無「又」字。

索　非是一物也　〇非，蔡慶中統彭凌殿備。

索　諸柘張揖云諸柘甘柘也　〇蔡慶中統彭凌殿無此注十字。

索　搏且上音並卜反　〇蔡慶中統彭凌殿「並卜」二字作「普各」二字。

索　漢書作巴且　〇且，索蕉。

索　文穎云巴蕉也　〇索無此注六字。

索　郭璞云搏且蘘荷屬　○蔡慶中統彭凌殿「搏且」二字作「以爲」二字。

〔案衍壇曼〕瀧一三・一，慶六右三，殿六右二，凌六左六。

索　衍音弋戰反　○蔡慶中統彭凌殿衍音弋單「戰」作「單」。反壇音徒旦反。弋，索戈。

〔限以巫山〕瀧一三・二，慶六右四，殿六右三，凌六左七。

集　今在建平巫縣也　○今，井令。按：井本譌。

〔則生葴蔪苞荔〕瀧一三・三，慶六右五，殿六右四，凌六左八。○蔪，索析。

集　馬藍也　○藍，毛監。按：毛本譌。

集　蔪或曰草生水中　○蔪，紹薪。按：紹本譌。

索　葴析音針斯二音　○蔡慶中統彭凌殿此注七字作「蔪音斯」三字。

索　孟康曰葴馬藍也　○蔡慶中統彭凌殿無此注七字。

索　葴酸漿　○漿，蔡慶中統彭凌殿醬南化楓三校記「漿」。

索　埤蒼又云生水中華可食　○蔡慶中統彭凌殿無此注十字。

索　皆如中國燕麥是也　○蔡慶中統彭凌殿無「如」字。「國」下有「苗」字。

〔薛莎青薠〕瀧一三・五，慶六右七，殿六右六，凌六左一〇。

集　薛音先結反　○先，紹別。按：紹與本誤。

集　青薠似莎而大也　○薠，慶彭蘋，楓棭三校記「薠」。按：景印慶元本改「薠」。

〔其卑溼〕瀧一三・六，慶六右八，殿六右七，凌七右一。○卑，索痺。下注同。

〔東薔雕胡〕　瀧一三・六，慶六右九，殿六右七，凌七右二。○雕，索彫。

集　實如葵子　○實，紹寔。

集　十月熟　○月，彭日。熟，井孰。

集　蒹薕也　○蒹，蜀薕。

索　庳音婢庳下也　○蔡慶中統彭凌殿「庳」字並作「卑」。

索　狼尾似茅　○狼，蔡慶中統彭凌殿莨。

索　以藋而細小　○以，蔡慶中統彭凌殿似。

索　高數尺　○蔡慶中統彭凌殿無此注三字。

索　江東人呼爲烏蓲　○蓲，蔡慶中統彭凌索殿燕。

索　東薔案續漢書云東薔似蓬草實如葵子十一月熟　○蔡慶中統彭凌殿無此注二十字。

案　河西語云　○語，蔡慶中統彭凌殿記。

索　儐我白粱也　○白，索曰。

〔菴藺軒芋〕　瀧一三・一〇，慶六左三，殿六左二，凌七右六。○景井紹毛「菴藺」二字作「奄閭」。

集　軒芋蕕草也　○蜀空「蕕」字。

索　菴閭蒿子　○慶蔡中統彭凌殿無「蒿」字。

索　軒芋生水中　○芋，索于。

〔則有湧泉清池〕　瀧一四・二，慶六左五，殿六左三，淩七右八。○湧，井毛涌，蜀浦。

〔外發芙蓉蔆華〕　瀧一四・三，慶六左五，殿六左四，淩七右九。○蔆，毛菱。

〔瑇瑁鼈黿〕　瀧一四・四，慶六左七，殿六左六，淩七左一。

正　小頭細頸　○慶彭淩殿此注四字作「小細頭」三字。

正　似蜥蜴而大　○蜥，慶彭淩殿蚚。

正　可以飾器物也　○札記王、柯「飾」誤「節」。

〔其北則有陰林巨樹〕　瀧一四・六，慶六左八，殿六左七，淩七左二。

集　郭璞曰林在山北陰地　○林，蜀休。在，淩有。地，蜀北，中統也。殿無此注九字。

〔楩枏豫章〕　瀧一四・七，慶六左九，殿六左七，淩七左三。

集　郭璞曰至乃可知也二十四字　○彭無此集解二十四字。

〔桂椒木蘭〕　瀧一四・八，慶六左一〇，殿六左九，淩七左四。

正　光浄　○浄，慶彭淩殿金陵静　札記「静」疑當作「浄」。

正　蓋二色桂樹　○彭蓋是二色桂樹也。

正　皮辛可食葉冬夏榮常以冬華　○慶彭淩殿「榮」字、「華」字並無，而「以」字作「似」字。葉，淩菓。

正　其實如小柿　○其，南化楓棭青。柿，慶彭殿甘。札記蜀都賦注作「柿」。

〔蘗離朱楊〕　瀧一四・一〇，慶七右二，殿七右一，淩七左七。○蘗，毛檗。下注同。

集 徐廣曰蘗音扶戾反　○中統彭此注八字移在「木蘭」之下。

集 漢書音義曰離　○離，紹雛。

〔樝梸梬栗〕　瀧一五・一，慶七右四，殿七右二，凌七左九。○樝，紹楂。　梬，蜀紹蔡慶中統彭凌殿樗。下注同。

***正** 梬栗音赦赦而善反字亦作𢮪音同　南化幻梅狩。

〔則有赤猨蠷蝚〕　瀧一五・三，慶七右六，殿七右四，凌七左一〇。○蠷，紹毛蠼。

正 蠷音劬蝚音柔　○慶彭凌殿此注六字作「蠷蠷劬蝚蝚柔」六字。札記各本誤重「蠷蝚」二字、二「音」字，吴改。

〔鵷雛孔鸞〕　瀧一五・三，慶七右六，殿七右五，凌八右一。○鵷，景井紹中統鴆，毛鴛。　雛，景井蜀紹慶中統彭鶵。下注同。

〔騰遠射干〕　瀧一五・四，慶七右七，殿七右五，凌八右二。

索 張揖云射干似狐能緣木　○蔡慶中統彭凌殿無此注十字。

〔則有白虎玄豹〕　瀧一五・五，慶七右八，殿七右七，凌八右四。○玄，殿元。按：殿本諱「玄」。

〔蟃蜒貙犴〕　瀧一五・五，慶七右九，殿七右七，凌八右四。○貙，井貙。　豻，索犴。下注同。

集 長百尋　○尋，中統尺。

索 郭璞云至似狐而小黑喙 ○[慶][蔡][中統][彭][凌][殿]無此注二十九字。

〔窮奇獌㹤〕 瀧一五・七，慶七左一，殿七右一○，凌八右七。○獌，[蜀]蟃。

正 俗呼爲江猨 ○[南化][楓][三]野犀俗呼爲江猨。

〔手格此獸〕 瀧一五・九，慶七左二，殿七右一○，凌八右七。

＊**正** 專諸刺吳王僚者也 [南化][幻][梅][狩][瀧]。

〔乘雕玉之輿〕 瀧一五・一○，慶七左三，殿七左二，凌八右九。

集 騆擾也 ○擾，[蜀]優。按：蜀本訛。

集 食虎豹 ○[景][井][蜀][紹][蔡][慶][中統][彭][毛][凌]無「豹」字。[札記]官本與漢書、文選注合，各本脱「豹」字。

集 擾而駕之以當騆馬也 ○[景][井][蜀][紹][蔡][慶][中統][彭][毛][凌]無「擾」字。[殿]無「擾而」二字。

〔靡魚須之橈旃〕 瀧一六・一，慶七左三，殿七左二，凌八右九。○須，[蜀]鬚。

〔建干將之雄戟〕 瀧一六・三，慶七左五，殿七左三，凌八右一○。

索 戟中小孑刺者 ○[索]「小孑」二字作「尖」字。

索 胡其孑也 ○孑，[索]子。

索 又禮圖 ○[蔡][慶][中統][彭][凌][殿]又周禮圖。

索 謂戟支曲下爲胡也 ○支，[蔡][慶][中統][彭][凌][殿]反。

〔左烏嗥之雕弓〕　瀧一六・五，慶七左八，殿七左七，凌八左四。○嗥，索號。

索　黄帝上仙　○蔡慶中統彭凌殿張揖云黄帝乘龍上仙小臣不得上挽持龍髯髯拔墮黄帝弓。

索　羣臣擧弓抱之而號　○蔡慶中統彭凌殿羣臣抱弓「擧弓抱之」四字作「抱弓」二字。而號中統本作「哭」字。故名慶、彭本「名」作「鳴」，南化本校記「名」。烏號。

索　韓詩外傳云　○蔡慶中統彭凌殿又韓詩——。

索　此弓大山南烏號之柘　○蔡慶中統彭凌殿此弓是大凌本「大」作「泰」。山——。

索　復起號呼其上　○號，慶中統彭凌標，蔡殿摽。

索　皆同此説也　○同，索因。

〔右夏服之勁箭〕　瀧一六・七，慶七左一〇，殿七左一〇，凌八左七。○右，索古，索無「勁」字。

集　夏羿也　○羿，毛屏，紹習。

集　步叉謂之服也　○叉，紹久。

索　箭室之名　○蔡慶中統彭凌殿此注四字作「箭之室」三字。

索　即繁弱箭服是也　○蔡慶中統彭凌殿無「是」字。

〔纖阿爲御〕　瀧一六・九，慶八右二，殿八右二，凌八左九。

集　僊人陵陽子　○景井紹蔡慶中統彭毛凌殿「陵」、「陽」互倒。

索　服虔云陽子仙人陵陽子也　○蔡慶中統彭凌殿無此注十一字。
索　服虔云纖阿爲月御　○蔡慶中統彭凌殿無此注八字。
索　月歷岩度　○岩，蔡慶中統彭凌殿數。
索　因名月御也　○蔡慶中統彭凌殿因爲「名」作「爲」。月御也郭璞云纖阿古之善御者。

〔即陵狡獸〕　瀧一七・一，慶八右五，殿八右四，凌九右三。
索　案轡徐行得節　○徐，蔡慶中統彭凌殿而。
索　故曰未舒之也亦曰未得也　○蔡慶中統彭凌殿此注十一字作「故曰未舒亦爲得也」八字。

〔蹵距虛〕　瀧一七・二，慶八右六，殿八右五，凌九右三。
集　似馬而色青　○景井蜀紹蔡中統彭毛無「色」字。色，慶而。按：慶本誤。凌「而」、「色」互倒。札記蔡本、中統、游、王、毛本脱「色」字。柯本空，凌本「而」、「色」倒。
集　變文互言之　○互，毛五。按：毛本訛。
集　穆天子傳曰　○紹重「穆」字。按：紹本衍。

〔軼野馬而轊騊駼〕　瀧一七・四，慶八右七，殿八右六，凌九右五。○轊，索轊。
索　轊騊駼上音衛轊車軸頭也謂車軸衝殺之騊駼野馬　○蔡慶中統彭凌殿此注二十一字作「轊殿本「轊」作「轊」。音衛謂軸頭轊而殺之騊音陶駼音塗」十六字。

〔乘遺風而射游騏〕　瀧一七・六，慶八右八，殿八右八，凌九右六。

索　騠如馬一角爾雅云巂無角曰騠　○蔡慶中統彭凌殿此注十三字作「騠如馬無角」五字。

索　非麒麟之騠　○騠，殿麒。

索　巂音攜　○攜，蔡慶中統彭索凌携殿攜。

〔儵耼凄浰〕　瀧一七・七，慶八右一〇，殿八右一〇，凌九右八。○耼，南化楓棭三毛金陵眒，中統聊，凌耼，蜀眒，紹眒。札記毛本「眒」與文選、玉篇目部引子虛賦合。宋本、王本訛「耼」，柯、凌訛「耼」，中統、舊刻、游本訛「聊」，漢書訛「眒」，字類引同。漢書、文選、玉篇引子虛賦「凄」作「倩」。

集　徐廣曰　○中統「徐廣」二字作「服虔」。

〔靁動熛至〕　瀧一七・八，慶八左一，殿八左一，凌九右九。○熛，南化楓棭三颷。

〔絶乎心繫〕　瀧一七・一〇，慶八左二，殿八左二，凌九左一。○繫，景擊。

〔獲若雨獸〕　瀧一七・一〇，慶八左二，殿八左二，凌九左一。○獸，紹戰。

〔於是楚王乃弭節裴回〕　瀧一八・一，慶八左三，殿八左二，凌九左一。

集　今之所杖信節也　○杖，紹扶。

〔翺翔容與〕　瀧一八・一，慶八左四，殿八左四，凌九左二。○紹毛「翺翔」二字作「翺翺」二字。

〔徼䚡受詘〕　瀧一八・三，慶八左五，殿八左五，凌九左四。○䚡，紹欲。下注同。

〔彈睹衆物之變態〕瀧一八・四，慶八左七，殿八左七，凌九左六。

索　徼遮也　○索無此注三字。

索　燕人謂勞爲欸　○索無「爲」字。

〔於是鄭女曼姬〕瀧一八・六，慶八左八，殿八左七，凌九左六。

正　楚武王夫人鄧曼　○慶彭「鄧曼」二字作「鄤」字。凌殿無「曼」字。按：景印慶元本「鄤」改「鄧」。

札記「曼」字考證增。

〔揄紵縞〕瀧一八・八，慶八左一○，殿八左九，凌九左九。○揄，井紹蔡中統榆。下注同。

正　韋昭曰　○慶無「昭」字。札記王、柯無「昭」字。

〔鬱橈谿谷〕瀧一八・一○，慶九右二，殿九右一，凌一○右一。○橈，蜀紹撓。

集　其中文理　○理，紹璆。

集　茀鬱迟曲　○迟，景井蜀紹蔡慶中統彭凌殿廻，毛回。

索　小顏云　○蔡慶中統彭凌殿小顏云此說非也。

索　襞積今之裙襵　○蔡慶中統彭凌殿「裙襵」二字作「帬攝」。

索　古謂之素積　○蔡慶中統彭凌殿古謂之皮弁素積是也。

索　縮蹙之是也　○蔡慶中統彭凌殿無「是也」二字。

索　緰音側救反　○索無此注五字。

索　齰音叉革反　○叉，[蔡][慶][中統][彭][凌][殿]助。

索　鬱橈谿谷孟康曰至有似于谿谷也二十二字　○[蔡][慶][中統][彭][凌][殿]無此注二十二字。

索　迟字林音丘亦反　○[慶][中統][彭][凌][殿]「迟」字作「曲」，「亦」字作「欲」。丘，[殿]邱。亦，[蔡]欲。

〔揚袘卹削〕　瀧一九・四，慶九右四，殿九右四，凌一〇右四。○卹，[索]戌。

集　徐廣曰袘音迤　○袘，[井]施。

集　衣袖也　○袖，[紹]神。

集　裁制貌也　○[紹]無「裁」字。

索　揚袘戌削張晏曰揚舉也袘衣袖也卹削裁制貌也　○[蔡][慶][中統][彭][凌][殿]無此注二十字，而有「張揖云揚舉也卹削刻除貌也」十二字。

〔扶與猗靡〕　瀧一九・八，慶九右六，殿九右六，凌一〇右六。○與，[南化][景][蜀][凌][殿]輿。集解「與」字亦同。[札記]柯、凌作「輿」。

集　淮南所謂曾折摩地　○摩，[中統][凌]靡。

集　扶與猗委也　○猗，[景]倚。

〔噏呷萃蔡〕　瀧一九・九，慶九右七，殿九右七，凌一〇右七。○蔡，[索]粲。

索　孟康曰噏呷衣起張也　○[蔡][慶][中統][彭][凌][殿]無此注九字。

索　萃粲孟康云萃粲衣聲也　○[蔡][慶][中統][彭][凌][殿]無此注十字。

索　郭璞曰萃粲猶璀璨也　○蔡 慶 中統 彭 凌 殿「粲」字作「蔡」，「璨」字作「璨」。

〔錯翡翠之威蕤〕　瀧二〇・一，慶九右九，殿九右九，凌一〇右九。○威，凌葳。札記王、柯、凌「威」作「葳」。

〔繆繞玉綏〕　瀧二〇・二，慶九右一〇，殿九右九，凌一〇右一〇。

正　下摩蘭蕙　○摩，慶 凌靡。

正　謂飛纖也　○纖，殿纖。

〔若神仙之仿佛〕　瀧二〇・五，慶九左三，殿九左三，凌一〇左三。○仙，毛僊。佛，中統佛。毛「仿佛」二字作「彷彿」二字。

正　言似神仙也　○仙，彭遷。

〔嫛珊勃窣上金隄〕　瀧二〇・七，慶九左五，殿九左五，凌一〇左六。○索「嫛珊勃窣」四字作「盤跚勃猝」。

索　盤跚勃猝韋昭曰　○蔡 慶 中統 彭 凌 殿無此注七字。

索　盤跚匍匐上下也　○跚，蔡 慶 凌 殿珊。

案　猝音素忽反　○猝，蔡 慶 中統 彭 凌 殿窣。

〔射鵕鸃〕　瀧二〇・九，慶九左六，殿九左五，凌一〇左七。○鸃，紹鵝。

〔連駕鵝〕　瀧二〇・一〇，慶九左八，殿九左八，凌一〇左九。○駕，景 蔡 凌 金陵鴐。

札記中統、游、毛本「駕」作「鴐，」與索隱本合。

〔玄鶴加〕　瀧二一・二，慶九左九，殿九左九，凌一〇左一〇。

正　又加玄鶴之上也　〇鶴，慶彭凌殿鳥。

〔浮文鷁〕　瀧二一・四，慶一〇右一，殿一〇右一，凌一一右三。

集　畫其象於船首　〇畫，井晝。

〔揚桂枻〕　瀧二一・四，慶一〇右二，殿一〇右二，凌一一右四。〇揚，景慶彭蔡楊，南化楓棭校記「揚」。桂，南化楓棭三旗。

〔釣紫貝〕　瀧二一・五，慶一〇右三，殿一〇右三，凌一一右五。〇釣，慶彭鈎，楓校記「釣」。

正　其白質如玉　〇玉，殿五。

正　今九真交趾以爲杯盤實物也　〇慶彭凌無「交」字。南化楓棭三校補「交」。按：景印慶元本補「交」字。札記官本有「交」字，各本脱。趾，金陵阯。

正　貨殖傳云貝寶龜是也　〇札記貨殖傳無此文，語亦有脱誤。

〔摐金鼓〕　瀧二一・七，慶一〇右五，殿一〇右五，凌一一右七。〇摐，毛樅。下注同。

〔涌泉起〕　瀧二一・八，慶一〇右七，殿一〇右七，凌一一右九。〇涌，中統湧。

〔礧石相擊〕　瀧二一・九，慶一〇右七，殿一〇右七，凌一一右九。〇礧，殿礌。

〔若靁霆之聲〕　瀧二一・九，慶一〇右七，殿一〇右七，凌一一右九。〇凌重「之」字。

〔勺藥之和具而後御之〕　瀧二三·四，慶一〇左一，殿一〇左一，凌一一左三。

*正　文穎曰勺藥五味之（幻、梅本無「之」字。）和也顔云芍藥草名其根主安和五藏又辟毒氣故合之於蘭桂五味以助調食因呼五味和爲芍藥耳今人食馬腸馬肝者猶合芍藥而煮之豈非古之（南化、幻、梅本無「之」字。）遺法乎伏儼云芍藥以蘭桂調食　南化 幻 梅 狩 瀧。

〔乃欲戮力致獲〕　瀧二三·一，慶一〇左七，殿一〇左六，凌一一左九。〇戮，景 井 蜀 紹 蔡 中統 金陵 勠。札記 宋本、中統本「勠」，它本作「戮」。

〔先生之餘論也〕　瀧二三·二，慶一〇左八，殿一〇左八，凌一一左一〇。

*正　先生言（南化、幻、梅本「言」字作「即」字。）子虚也（南化、幻本「也」下有「論盧頓反」四字。）　南化 幻 梅 狩 瀧。

〔且齊東陼巨海〕　瀧二三·八，慶一一右四，殿一一右二，凌一二右五。〇陼，井 蜀 紹 蔡 慶 中統 彭 毛 凌 殿 有。札記 索隱本「陼」，與漢書、文選合，各本作「有」，因注而誤。

索　陼蘇林音渚　〇蔡 慶 中統 彭 凌 殿 此注五字作「有作陼蘇林云陼音渚」九字。

索　小洲曰陼　〇陼，蔡 慶 中統 彭 索 凌 殿 渚。下亦同。

〔觀乎成山〕　瀧二三·九，慶一一右六，殿一一右四，凌一二右七。〇乎，索 於。

索　郭璞云言在山下遊　〇蔡 慶 中統 彭 凌 殿 此注八字作「郭璞言在小遊」六字。

索　觀音館也　〇蔡 慶 中統 彭 凌 殿 此注四字作「觀音一喚反」五字。

*正　張揖説非也　南化 幻 梅 狩 瀧。

〔浮勃澥〕 瀧二四・二，慶一一右九，殿一一右七，凌一二左一。○勃，毛渤。

〔邪與肅慎爲鄰〕 瀧二四・三，慶一一右一〇，殿一一右九，凌一二左三。

正 亦曰挹婁 ○婁，慶彭摟，凌樓。

〔右以湯谷爲界〕 瀧二四・四，慶一一左二，殿一一右一〇，凌一二左五。

正 水中十日所浴 ○日，慶彭凌月，南化楓棭三校記「日」。按：景印慶元本改「日」。浴，慶彭凌落。札記官本與山海經合。各本「日」訛「月」，「浴」訛「落」。

正 許慎云 ○慎，慶彭填，南化楓棭校記「慎」。

〔秼田乎青丘〕 瀧二四・六，慶一一左三，殿一一左二，凌一二左六。○景井蜀紹蔡中統毛此句下有「郭璞曰青丘山名上井、紹、蔡本「上」作「亦」。有田井、蜀本「田」作「國」。出九尾狐在海外矣」紹本無「矣」字。十八字。札記王、柯、凌本無，蓋以與索隱、正義複而刪之，今仍補入。

索 郭璞云山名出九尾狐也 ○蔡慶中統彭凌殿無此注十字。

正 在海東三百里 ○在，慶彭凌東，慶彭凌無「百」字。南化楓棭三校補「千」。按：景印慶元本補「百」。札記官本如此，各本「在」誤「東」，脱「百」字。

正 郭璞云 ○慶無「璞」字。札記王、柯本脱「璞」字。

正 在海外 ○札記王本「外」作「東」。

〔傍偟乎海外〕 瀧二四・六，慶一一左三，殿一一左二，凌一二左六。○慶彭無此五字。

按：景印慶元本補此五字。札記王、柯本、吳校宋板無此句。

〔曾不蔕芥〕　瀧二四·七，慶一一左五，殿一一左四，凌一二左八。

索　郭璞云言不覺有也　○凌無此注八字。

〔若乃俶儻瓌偉〕　瀧二四·八，慶一一左六，殿一一左四，凌一二左九。○毛脱「若」字。

〔契不能計〕　瀧二四·九，慶一一左七，殿一一左六，凌一二左一〇。

*正　俶儻猶非常也　南化幻梅狩瀧。

〔先生又見客〕　瀧二五·一，慶一一左一〇，殿一一左八，凌一三右二。

索　見賓客禮待故也　○待，凌持。

索　是賓客之也　○札記文選注無「賓之」二字，疑衍。

〔是以王辭而不復〕　瀧二五·二，慶一一左一〇，殿一一左九，凌一三右三。○景井蜀紹蔡慶中統彭毛凌殿——不能復。

〔齊亦未爲得也〕　瀧二五·四，慶一二右三，殿一一左一〇，凌一三右六。

集　郭璞曰听笑貌也　○景井蜀重听字毛——听然笑貌也。

索　説文云听笑貌　○慶蔡中統彭凌殿無此注六字，而有「听音斷又音牛隱反」。

〔所以述職也〕　瀧二五·五，慶一二右三，殿一二右一，凌一三右七。

集　郭璞曰至見孟子十九字　○殿無此注十九字。

〔所以禁淫也〕　瀧二五·六，慶一二右五，殿一二右二，凌一三右八。

集　郭璞曰禁絶淫放也　○殿無此注八字。放，中統欲。

＊**正**　郭云天子有道守在四夷立境界幻本無「界」字。者欲以禁絶淫放非禦幻本「禦」字作「御」。捍　南化幻梅狩瀧。

〔今齊列爲東藩〕　瀧二五·七，慶一二右五，殿一二右二，凌一三右八。○中統「今」字空。

札記游本無「今」字，中統本空。

〔故未可也〕　瀧二五·八，慶一二右六，殿一二右三，凌一三右九。○故，景井紹毛固，

札記舊刻、毛本「故」作「固」。

＊**正**　越海而田言瀧川本「言」下有「其」字，各本無。度海田獵於青丘　南化幻梅狩瀧。

〔君未睹夫巨麗也〕　瀧二六·二，慶一二右七，凌一三左三。○夫，紹大。

按：紹興本因字形近而訛。

〔右西極〕　瀧二六·三，慶一二左一，殿一二右八，凌一三左四。

集　西極邠國也　○井紹蔡慶中統毛凌殿無「邠」字。

集　見爾雅　○慶彭凌殿無此注三字。

〔終始霸滻出入涇渭〕　瀧二六·六，慶一二左五，殿一二左一，凌一三左八。○霸，索灞。

索　灞出藍田西北而入渭滻亦出藍田谷北至霸陵入灞　○索無此注二十一字。

索　至霸陵入灞　○灞，蔡慶中統彭凌殿霸。下同。

索　出安定涇陽縣笄頭山　○笄，蔡慶中統彭凌开。

索　出隴西首陽縣鳥鼠同穴山　○蔡慶中統彭凌殿無「同穴」二字。

〔酆鄗潦潏紆餘委蛇經營乎其内〕　瀧二六・八，慶一二左七，殿一二左三，凌一四右一。

○索「酆鄗」二字作「豐鎬」二字。

索　豐水出鄠縣南山豐谷北入渭　○蔡慶中統彭凌殿——入涇渭。

索　潏涌出聲也　○涌，凌殿通。

索　又有潏水　○蔡慶中統彭凌殿無「又有」二字。

索　今名沈水　○沈，蔡慶沉，凌沈，殿沉。

索　晉灼曰從丹水下則有九從灞以下則七　○蔡慶中統彭凌殿此注十六字作「晉灼則云計從丹水以下至潏除潦爲行潦凡九從霸慶、彭、凌本「霸」作「云」。滻以下爲數凡七」二十八字。　按：景印慶元本「云」改「霸」。

索　除丹紫二川　○蔡慶中統彭凌殿此注五字作「除丹水紫淵」五字。二，索三。　按：索隱本誤。

索　自涇渭以下　○蔡慶中統彭凌殿此注五字作「自霸以下」四字。

索　適足八川　○蔡慶中統彭凌殿通數適足八川。

索　上林賦所謂八川分流　○流，索疏。　按：索隱本誤。

〔行乎洲淤之浦〕　瀧二七・三，慶一三右四，殿一三右一，凌一四右八。　○淤，景井蜀游。下集解、汪同。　札記舊刻訛「游」。

索　楚詞曰馳椒丘且焉止息也案兩山俱起象雙闕　○[蔡][慶][中統][彭][凌][殿]此注十九字作「案兩山俱起象雙闕故云椒丘之闕楚詞曰馳椒丘且焉（蔡本「焉」作「烏」。）止息是也」二十六字。

〔過乎泱莽之野〕　瀧二七・四，慶一三右七，殿一三右三，凌一四左一。

集　山海經所謂大荒之野　○野，[井][紹]也。

*正　顔云凡言此者著（除瀧川本，各本「者著」二字無。）水流之長遠也（南化、幻本無「也」字。）[南化][幻][梅][狩][瀧]。

〔觸穹石激堆埼〕　瀧二七・七，慶一三右八，殿一三右五，凌一四左三。

集　穹隆大石貌　○[景]「大石」二字作「伏以」二字。大，[井][蜀][紹][中統][毛]伏。

集　音祁　○祁，[井][蜀][蔡][慶][中統][彭][凌][殿]祈，[景]析。

〔洶涌滂潰〕　瀧二七・九，慶一三右九，殿一三右六，凌一四左四。○[索]「滂潰」二字作「澎湃」二字。

集　洶音許勇反　○勇，[中統]涌。

索　澎湃相戾也　○[蔡][慶][中統][彭][凌][殿]此五字作「澎潰波相淚（殿本「捩」，凌本「戾」。）也」六字。

按：景印慶元本「淚」改「捩」。

〔湢測泌瀄〕　瀧二八・一，慶一三左一，殿一三右八，凌一四左六。

集　逼側筆櫛四音　○側，[凌]測。按：訛。

索　相迫也　○[索]無「相」字。

〔澎濞沆瀣〕　瀧二八・二，慶一三左三，殿一三右九，凌一四左八。○[索]「澎」字作「滂」，

「瀯」字作「溉」。紹「沆瀯」二字作「流滙」。

索　溉亦作瀯　○蔡慶中統彭凌殿此注四字作「瀯亦作溉」四字。

索　水流聲也　○蔡慶中統彭凌殿無「流」字。

〈穹隆雲撓〉　瀧二八・三，慶一三左四，殿一三左一，凌一四左九。○隆，索崇。撓，井索橈。

索　水旋還作泉也　○蔡慶中統彭凌殿此注六字作「水急旋回如雲屈曲也」九字。

〈蜿蟺膠戾〉　瀧二八・四，慶一三左五，殿一三左一，凌一四左一〇。

索　邪屈也　○屈，蔡慶中統彭凌殿曲。

索　音婉善交戾四音也　○婉，蔡慶中統彭凌殿宛。

正　蟺音善　○蟺，慶彭凌金陵蟬。按：景印慶元本「蟬」作「蟺」。札記據此，是張所見本作「蜿蟬」。

〈踰波趨浥〉　瀧二八・五，慶一三左六，殿一三左二，凌一五右一。○踰，索隃。

索　隃波後陵前也　○隃，蔡慶中統彭凌殿踰。

索　浥音焉浹反　○蔡慶中統彭凌殿無此注五字。

〈莅莅下瀨〉　瀧二八・六，慶一三左七，殿一三左三，凌一五右二。

索　莅莅水聲也　○蔡慶中統彭凌殿無「水」字。

〈批壧衝壅奔揚滯沛〉　瀧二八・六，慶一三左七，殿一三左四，凌一五右三。○壧，景井蜀蔡慶毛凌殿巖，紹嚴。衝，毛衝。

〔臨坻注壑〕　瀧二八八，慶一三左九，殿一三左五，凌一五右四。坻，[蜀]抵。

〔瀺灂霣墜〕　瀧二八・八，慶一三左一〇，殿一三左六，凌一五右五。

索　水小聲也　〇[蔡][慶][中統][彭][凌][殿]水之小聲也。

正　小沚曰坻　〇[慶][彭][凌][殿]「小沚」二字作「水阯」二字。[札記]訛「水阯」，依爾雅改。

〔潏潏淈淈湁潗鼎沸〕　瀧二八・一〇，慶一四右二，殿一三左八，凌一五右七。〇[索]「潏潏淈淈」四字作「潏淈」二字。

集　湁音勑立反　〇勑，[景][井][蔡][慶][中統][彭][凌][殿]敕，[蜀]敕。

索　皆水微轉細涌貌　〇涌，[蔡][慶][中統][彭][凌][殿]湧。

索　湁音勑力反潗音緝　〇[蔡][慶][中統][彭][凌][殿]無此注八字。

〔汩潝漂疾〕　瀧二九・二，慶一四右四，殿一三左一〇，凌一五右一〇。〇潝，[毛]濦。

索　許立反　〇許，[索]詳。

〔安翔徐佪〕　瀧二九・四，慶一四右六，殿一四右二，凌一五左二。〇佪，[井][紹][蜀][毛]佪。

〔翯乎滈滈〕　瀧二九・四，慶一四右七，殿一四右二，凌一五左二。

索　滈音鎬　〇滈，[慶]高。鎬，[蔡][慶][凌][殿]縞。

索　詩曰白鳥翯翯　〇[中統]上「翯」字作「翯」字。

〔東注大湖〕　瀧二九・五，慶一四右七，殿一四右三，凌一五左三。〇大，[凌]太。[札記]當依沈存中說作「河」，與下「池」、「螭」、「離」爲韻。正義以爲蘇州太湖，謬。

〔蚊龍赤螭〕 瀧二九・八，慶一四右八，殿一四右四，凌一五左四。○各本「蚊」字作「蛟」，瀧川本誤。

索 文穎曰龍子曰螭張揖云雌龍也 ○慶彭凌殿無此注十三字。

正 案虬螭皆龍類 ○慶彭凌無「螭」字。殿「虬螭」二字作「此」字。 按：景印慶元本「虬」改「此」，與殿本同。

〔䱭鰽螹離〕 瀧二九・九，慶一四右九，殿一四右五，凌一五左五。○螹，毛漸。

集 螹音漸 ○漸殿斬。

集 音亘蓸螹離未聞 ○景井蜀紹——未聞音恒蓸也。疑四字衍。螹，紹漸。

〔鰅鱅鰬魠〕 瀧三〇・一，慶一四左一，殿一四右七，凌一五左七。

集 鰅音娛匈反 ○井紹蔡慶中統彭毛凌殿無「匈反」二字。

集 哆口魚 ○哆，慶彭毛凌多。 按：景印慶元本改「哆」。札記：蔡本、中統、游本「哆」，它本訛「多」。

集 鱅似鰱而黑 ○似，景鰬，慶彭以。 按：景印慶元本改「似」。景本誤。蜀鱅鰬似鰱而黑。

〔禺禺鱋納〕 瀧三〇・二，慶一四左二，殿一四右八，凌一五左九。

集 鱋一作魼音納一作鰨音榻 ○鰨，毛[魚聶]。 按：毛本訛。蔡慶中統彭凌殿「音榻」二字移在「魼」字下。景井毛蜀紹「音榻」二字移在「魼」字下，而「納」字作「榻」字，「鰨」字作「[魚聶]」字。

集　魶鯷魚　○鯷，景蜀殿鯢。

〔振鱗奮翼〕　瀧三〇・三，慶一四右九，凌一五左一〇。○振，毛搌。

正　魚背上鬣也　○鬣，慶彭鱲。按：景印慶元本改「鬣」。札記王、柯「鬣」訛「鱲」，不成字。

〔玓瓅江靡〕　瀧三〇・五，慶一四左五，殿一四右一〇，凌一六右一。○索「玓瓅」二字作「的皪」二字。

索　靡邊也　○蔡慶中統彭凌殿無此注三字。

索　張揖曰靡涯也郭璞曰的皪照也　○蔡慶中統彭凌殿無此注十三字。

〔叢積乎其中〕　瀧三〇・七，慶一四左七，殿一四左三，凌一六右四。

*正　皆玉石符采映耀南化、幻、梅本「耀」下有「聚積」二字。於水中也　南化幻梅狩瀧。

〔鴐鵝鸀鳿〕　瀧三〇・八，慶一四左八，殿一四左三，凌一六右四。

集　鸀鳿　○鸀，蜀紹鸀。

集　長頸赤目　○頸，景慶鵛。按：景印慶元本改「頸」，下正義注「長頸」亦同。

索　鳿似鴈無後指　○慶蔡中統彭凌殿鳿似鴈而無後指。

正　長頸赤目　○慶彭凌「頸」字作「鵛」而無「目」字。南化楓棭三校補「目」。按：景印慶元本補「目」字。札記「頸」訛「鵛」，脱「目」字，官本與集解合。

正　紫紺色辟水毒生子在深谷澗中　○紺，慶紨。澗，慶彭間。按：景印慶元本改「澗」。

正　鳴雌者生子　○鳴，慶彭凌殿鴨。

〔鵁鶄䴉目〕瀧三〇・一〇，慶一四左一〇，殿一四左六，凌一六右七。

索　其色紅白　○慶中統彭凌殿無「其」字。

索　深目目旁毛長而旋　○蔡慶中統彭凌殿——毛皆長而旋。

索　此其旋目乎　○蔡慶中統彭凌殿「旋目」二字作「是」字。

索　䴉音旋　○蔡慶中統彭凌殿䴉音旋漢書亦作旋目。

正　郭云鵁鶄　○慶彭殿「鵁鶄」二字作「交青」二字。

〔煩鶩鷛鸈〕瀧三一・二，慶一五右二，殿一四左八，凌一六右一〇。○鸈，索渠。

索　鷛渠一名章渠也　○蔡慶中統彭凌殿上「渠」字作「鸈」。

〔鷏嶋鵁鸕〕瀧三一・三，慶一五右三，殿一四左九，凌一六左一。○鷏，索葴。

集　鸕鸕鷀也　○鷀，蔡慶中統彭凌殿嶋。札記蔡、中統、游、柯、凌本作「嶋」。

索　張揖云葴嶋　○葴，蔡慶中統彭殿鷏，凌「葴嶋」二字作「鷏鳥」。

索　作鴟嶋也　○鴟，慶蔡中統彭凌殿鵝。

〔汎淫泛濫隨風澹淡〕瀧三一・四，慶一五右五，殿一五右一，凌一六左三。

索　汎汎氾氾浮也　○蔡慶中統彭凌殿——羣浮也。索「氾」字不重。

〔掩薄草渚〕瀧三一・五，慶一五右七，殿一五右二，凌一六左五。

索　張揖云掩覆也草叢生曰薄也　○蔡慶中統彭凌殿無此注十二字。

〔咀嚼菱藕〕瀧三一・六，慶一五右九，殿一五右四，凌一六左七。

索 蘋蘩蘊藻　○蘊，[殿]薀。

正 喋文甲反　○文，[金陵]丈。[札記]「丈」訛「文」，依玉篇改。

〔摧崣崫崎〕　瀧三二·二，慶一五左三，殿一五右八，凌一七右一。

集 音魚晚反　○[紹]音魚晚山反。

索 崫崣崛崎郭璞云至崎音倚　○[蔡][慶][中統][彭][凌][殿]此注二十七字作「陒音豸皆隆屈衆凌本「衆」作「窊」。折貌崎音倚崛音掘」十五字。

〔蹇産溝瀆〕　瀧三二·五，慶一五左四，殿一五右九，凌一七右三。

索 振猶灑也　○[蔡][慶][中統][彭][凌][殿]振猶灑之也。

〔谽呀豁閜〕　瀧三二·六，慶一五左五，殿一五左一，凌一七右四。○谽，[索]谺。下注同。

集 皆澗谷之形容也　○澗，[紹]潤。

索 豁閜空虛也　○[索]無「豁」字。

〔皇陵別島崴磈嵔瘣〕　瀧三二·八，慶一五左七，殿一五左二，凌一七右六。○阜，[景][井][蜀][紹]自，[中統][毛]𠂤。島，[井][蜀][金陵]㠀。[札記]中統、游、毛「自」作「𠂤」。

正 大陸曰阜　○[慶][彭][凌][殿][金陵]大陸曰阜大阜曰陵。按：瀧川本因大字誤脱。

〔丘虛崫礨〕　瀧三二·九，慶一五左八，殿一五左三，凌一七右七。○虛，[井][蜀][蔡][慶][毛][凌][殿]墟。礨，[毛]藟。

〔陂池貏豸〕　瀧三三·一，慶一五左一〇，殿一五左五，凌一七右九。

索　貏音衣被之被　○蔡慶中統彭凌殿無「衣被之」三字。

〔散渙夷陸〕　瀧三三・二，慶一六右一，殿一五左七，凌一七左二。○渙，井泱。

索　夷陸平地　○蔡慶中統彭凌殿此注四字作「夷平也廣平曰陸」七字。

〔靡不被築〕　瀧三三・四，慶一六右二，殿一五左七，凌一七左二。

集　言爲亭候於皋隰　○皋，井𦤎。

集　皆築地令平　○築，井槩。

〔被以江離〕　瀧三三・七，慶一六右四，殿一五左九，凌一七左四。

正　菉一名玉蘅　○菉，慶葉。按：景印慶元本改「菉」。札記王、柯「菉」訛「葉」。

〔糅以蘪蕪雜以流夷〕　瀧三三・八，慶一六右四，殿一五左九，凌一七左四。

*正　留夷幻本有「音夷」二字。　香草也　南化幻梅狩瀧。

〔尃結縷〕　瀧三三・九，慶一六右五，殿一五左一〇，凌一七左五。○尃，景慶中統毛殿專。按：景印慶元本改「專」。札記中統、游、王、柯、毛「尃」訛「專」。南化、幻、梅本標記云：「正義作『尃』。」按：正義即正義本。

集　一作布　○布，井蜀紹蔡慶彭毛凌殿怖，楓中統拺。札記舊刻「布，」中統、游訛「拺」，它皆訛「怖」。

〔欑戾莎〕　瀧三三・一〇，慶一六右六，殿一六右一，凌一七左六。○欑，景蔡中統凌殿攢。札記蔡、中統、游本「欑」作「攢」。

〔揭車衡蘭稾本射干〕　瀧三三・一〇，慶一六右六，殿一六右二，凌一七左六。○稾，蔡慶索凌稾。

集　一名乞輿　○輿，蜀蔡中統毛與。

索　苗似穹窮也　○窮，蔡慶中統彭凌殿藭。

〔茈薑蘘荷〕　瀧三四・一，慶一六右八，殿一六右三，凌一七左八。

索　張晏云　○晏，蔡慶中統彭凌殿揖。

索　案四民月令云　○民，殿人。

正　若芙蓉　○芙，殿夫。

正　可以爲菹　○菹，慶凌葅。

正　又治蠱毒也　○蠱，慶蟲。

〔葴橙若蓀〕　瀧三四・二，慶一六右九，殿一六右四，凌一七左九。

索　張揖云葴持闕郭璞云橙柚也　○蔡慶中統彭凌殿無此注十二字。

索　非橙也　○蔡慶中統彭凌殿非橙柚也漢書作葴持。

索　持當爲符　○蔡慶中統彭凌殿持當爲符字之誤爾。

索　符鬼目也　○目，中統月。

索　謂金登草也　○蔡慶中統彭凌殿無「金」字。

索　張揖云蓀香草　○蔡慶中統彭凌殿無此注六字。

〔鮮枝黃礫〕瀧三四・四，慶一六左一，殿一六右六，凌一八右二。○黃，蜀紹袖。

索 皆草也未詳 ○蔡慶中統彭凌殿無「未詳」二字。

索 鮮支支子 ○慶蔡中統彭凌殿鮮支凌本作「枝」。即今支子。

〔蔣苧青薠〕瀧三四・六，慶一六左二，殿一六右八，凌一八右三。○苧，蔡茅。按：蔡本訛。薠，紹蘋。

索 蔣菰也郭璞苧音佇又云三稜苧 ○蔡慶中統彭凌殿無此注十三字。

〔布濩閎澤〕瀧三四・六，慶一六左三，殿一六右九，凌一八右四。○濩，慶蔡彭凌獲，楓三校記「濩」。按：景印慶元本改「濩」。札記蔡、王、柯、凌訛「獲」。

〔肸蠁布寫晻曖苾勃〕瀧三四・八，慶一六左五，殿一六右一〇，凌一八右六。○蜀「晻曖」二字作「晻曖」二字。景「晻曖」二字作「䮒曖」二字。

正 肸蠁盛也寫吐也司馬彪云若蠁蟲之布吐也 南化幻梅狩瀧。

〔芒芒怳忽〕瀧三五・一，慶一六左七，殿一六左二，凌一八右八。

集 瞋音丑人反 ○丑，凌殿田。

集 昐一作緡 ○緡，凌旄。

〔入於西陂〕瀧三五・三，慶一六左八，殿一六左三，凌一八右九。

案 日朝出苑之東池 ○苑，中統宛。

〔其南則隆冬生長〕瀧三五・四，慶一六左九，殿一六左四，凌一八右九。○景其南則隆於冬生長。

〔獸則犞旄獏犛〕　瀧三五・五，慶一六左九，殿一六左四，凌一八右一○。○南化其獸則犞旄獏犛。

集　庳脚鋭頭　○庳，紹車，金陵痺。

集　犛牛　○犛，毛犁。

索　犞犞牛　○凌「犞」字並作「⿰犭庸」字。

索　音容　○蔡慶中統彭凌殿無此注二字。

索　案今之犎牛也　○案，蔡慶中統彭凌殿即。犎，慶蔡凌犛，中統索殿犂。

索　旄旄牛　○中統上「旄」字作「毛」字。

索　狀如牛　○蔡慶中統彭凌殿其狀如牛。

索　庳脚鋭頭　○頭，蔡慶中統彭凌殿髻。庳，索痺。

索　又音茅　○茅，中統芧。

索　犛牛黑色出西南徼外　○蔡慶中統彭凌殿無此注九字。

索　毛可爲拂　○拂，蔡慶中統彭凌殿翿。

〔沈牛麈麋〕　瀧三五・七，慶一七右二，殿一六左七，凌一八左三。○麈，中統麈。札記中統、游本「麈」作「麈」。

〔窮奇象犀〕　瀧三五・八，慶一七右三，殿一六左八，凌一八左四。

索　張揖云窮奇狀如牛而蝟毛其音如嘷狗食人　○蔡慶中統彭凌殿無此注十八字。

索　頭似豬庳脚　○庳，索痺。

〔涉冰揭河〕　瀧三五・一〇，慶一七右五，殿一六左一〇，凌一八左六。

集　地坼裂也　○坼，蔡慶殿拆，景凌折。

〔獸則麒麟〕　瀧三五・一〇，慶一七右六，殿一七右一，凌一八左七。○麒，紹毛騏。麟，紹慶毛驎。

集　有五采　○采，蔡慶中統彭凌殿綵。

集　腹下黄色也　○蔡慶中統彭凌殿腹下有黄色也。

〔角䚡〕　瀧三六・一，慶一七右六，殿一七右一，凌一八左七。

索　張揖云音端　○蔡慶中統彭凌殿無「音端」二字。

索　角䚡似牛　○蔡慶中統彭凌殿角端「䚡」作「端」。似牛角可以爲弓。

集　郭璞云至遺蘇武二十六字　○蔡慶中統彭凌殿無此注二十六字。

〔駃騠驢騾〕　瀧三六・三，慶一七右九，殿一七右四，凌一八左一〇。

正　驒騱顛奚二音　○慶彭凌無驒字。按：景印慶元本補「驒」字。札記官本有「驒」字，它本脱。

〔華榱璧璫輦道纚屬〕　瀧三六・八，慶一七左一，殿一七右六，凌一九右三。○榱，井紹欀。璧，索壁。

索　裁玉爲璧　○索「玉」字作「金」字，「璧」字作「壁」字。下「璧」亦同。

索　以璧爲瓦當　○蔡慶中統彭凌殿以璧爲瓦之當也。

〔步櫩周流〕　瀧三六・一○，慶一七左二，殿一七右七，凌一九右四。○步，紹涉。

〔長途中宿〕　瀧三六・一○，慶一七左三，殿一七右八，凌一九右五。

集　言長遠也　○也，蜀者。

〔巖突洞房〕　瀧三七・一，慶一七左四，殿一七右九，凌一九右六。○巖，毛嚴。突，蜀紹毛突。按：毛本訛，蜀紹。

集　在巖穴底爲室　○巖，毛岩。穴，景空。

索　如淳云⿱宀叟山名也　○蔡慶中統彭凌殿無此注七字。

索　禮曰至灊通臺上二十一字　○蔡慶中統彭凌殿無此注二十一字。

索　冬有突廈夏屋寒　○蔡慶中統彭凌殿無「夏」字，「屋」字作「室」字。

〔俛杳眇而無見〕　瀧三七・五，慶一七左六，殿一七左一，凌一九右八。○眇，景沙。

〔宛虹拖於楯軒〕　瀧三七・七，慶一七左七，殿一七左二，凌一九右九。

正　謂申加於上也　○申，慶彭殿金陵中。

〔象輿婉蟬於西清〕　瀧三七・九，慶一七左九，殿一七左四，凌一九左一。○婉，紹椀。

正　蚴一糾反　○糾，凌紀。下「力糾反」之「糾」亦同。

〔靈圉燕於閒觀〕　瀧三八・二，慶一七左一○，殿一七左五，凌一九左三。○圉，中統圍。

集　仙人名也　○仙，毛僊。

索　騎飛龍從淳圉　○蔡慶中統彭凌殿——淳圉是也。

索　許慎曰淳圉仙人也　○蔡慶中統彭凌殿無此注八字。

〔偓佺之倫暴於南榮〕　瀧三八・五，慶一八右一，殿一七左六，凌一九左四。

索　追走馬也　○追，蔡慶中統彭凌殿逮。

索　高誘云　○高，蔡慶中統彭凌索金陵七。

索　飛榮似鳥舒翼是也　○蔡慶中統彭凌殿無「翼」字。似，蔡以。

索　暴偃卧日中也　○索無「日」二字。

〔槃石裖崖〕　瀧三八・七，慶一八右四，殿一七左九，凌一九左八。○槃，索盤。崖，索厓。

集　裖音賑　○賑，金陵振。札記誤作「脣」。無此音，依索隱改。

索　盛多也　○殿無「多」字。多，慶彭凌皮。按：景印慶元本改「多」字。

〔刻削崢嶸〕　瀧三八・九，慶一八右七，殿一八右二，凌一九左一〇。

集　峩一作池　○池，蜀地。

索　下魚揖反　○殿「魚揖」二字作「五楫」二字。凌脱「魚」字。

索　磼才帀反　○帀，慶蔡中統彭凌殿匝。

索　礏五帀反　○帀，索凌殿匝。

〔玟瑰碧琳〕　瀧三九・一，慶一八右七，殿一八右二，凌二〇右一。○玟，蔡慶中統彭凌殿玫。

〔瑱編文鱗〕　瀧三九・二，慶一八右九，殿一八右四，凌二〇右三。○編，[紹]褊。下同。

〔赤瑕駁犖〕　瀧三九・四，慶一八右九，殿一八右四，凌二〇右三。○駁，[索]駮。

〔雜臿其閒〕　瀧三九・四，慶一八右一〇，殿一八右五，凌二〇右四。

集　臿一云還　○臿，[井][蔡][慶][中統][毛][凌]插，[蜀][紹]無「臿」字。

〔盧橘夏孰〕　瀧三九・八，慶一八左三，殿一八右八，凌二〇右七。○孰，[索]熟。

集　或如拳　○拳，[井][紹]卷。

索　青鳥之所有　○鳥，[蔡][慶][中統][彭][凌][殿]馬。

索　九月結實正赤　○正，[中統]王。

索　更青黑夏孰　○[慶][彭][凌]無「夏」字。孰，[蔡][索]熟。

索　盧即黑是也　○[蔡][慶][中統][彭][凌][殿]盧即黑色是也。

〔楷杷橪柿〕　瀧四〇・一，慶一八左六，殿一八左二，凌一二左一。

索　橪橪支　○[中統]上「橪」字作「然」。

索　徐廣曰橪棗也而善反　○[蔡][慶][中統][彭][凌][殿]此注九字作「此說爲近」四字。

〔楟奈厚朴〕　瀧四〇・二，慶一八左八，殿一八左四，凌二〇左三。○奈，[景][井][蜀][紹][蔡][慶][中統][彭][凌][殿]㮈。下注同。

集　山梨　○梨，[中統]黎。

索　張揖云楟奈山梨也　○[蔡][慶][中統][彭][凌][殿]無此注八字。

索　楟奈棕熟也　○蔡慶中統彭凌殿無「奈」字。札記句有誤，合刻本注無「奈」字。

〔楟棗〕　瀧四〇・四，慶一八左九，殿一八左五，凌二〇左四。

索　上音弋井反　○井，凌升。按：凌本誤。

〔楊梅〕　瀧四〇・四，慶一八左九，殿一八左五，凌二〇左四。

索　其大小似穀子而有核　○蔡慶中統彭凌殿「其大小」三字作「楊梅實」三字。

索　其實外肉著核　○肉，蔡慶中統彭凌殿內。著，索着。

〔櫻桃〕　瀧四〇・五，慶一九右一，殿一八左六，凌二〇左六。

索　呂氏春秋爲鸎鳥所含　○爲，蔡慶中統彭凌殿云。

索　爾雅云爲荊桃也　○蔡慶中統彭凌殿「云爲」二字作「謂之」二字。

〔榙㯧荔枝〕　瀧四〇・六，慶一九右二，殿一八左八，凌二〇左七。○索此四字作「答遝離支」四字。

集　榙㯧似李　○榙，景井蜀紹中統毛荅。

集　隱夫未聞　○瀧本「未」字誤「末」。

索　郭璞云荅遝似李出蜀　○蔡慶中統彭凌殿無此注九字。

索　晉灼曰離支　○蔡慶中統彭凌殿「離支」二字作「荔枝」。

索　廣異志云　○蔡慶中統彭凌殿無「異」字。

索　離字或作荔　○蔡慶中統彭凌殿「離」、「荔」互易。

*正　隱夫未詳　南化幻梅狩瀧。

〔揚翠葉〕　瀧四〇・一〇，慶一九右五，殿一九右一，凌二一右一。〇揚，井慶彭凌楊，南化楓梜校記「揚」。

〔杌紫莖〕　瀧四〇・一一，慶一九右六，殿一九右一，凌二一右一。〇杌，紹柀。

〔照曜鉅野〕　瀧四一・一，慶一九右七，殿一九右二，凌二一右二。〇曜，蜀耀。

〔沙棠櫟櫧〕　瀧四一・一，慶一九右七，殿一九右二，凌二一右三。〇棠，蜀樘。

集　櫧似柃葉　〇柃，景蜀紹蔡慶中統彭毛凌殿樜。札記誤「樜」，考證據漢書注改。

〔華氾㮇櫨〕　瀧四一・二，慶一九右八，殿一九右四，凌二一右四。〇氾，索楓。

索　華楓㮇櫨張揖曰華皮可以爲索　〇蔡慶中統彭凌殿無此注十三字。揖，索藉。

索　合樺之木　〇蔡慶中統彭凌殿「之木」二字作「也」字。

索　楓木厚葉弱支善搖　〇蔡慶中統彭凌殿無此注八字。

索　郭璞云似白楊　〇蔡慶中統彭凌殿郭璞云楓似白楊。

索　葉圓而岐　〇葉，蔡慶中統彭凌殿素。

索　有脂而香　〇索有脂而香出。

索　厚葉弱莖　〇索無「厚」字。

索　故曰楓爾雅云一名欇㮇枰即平仲木也　〇蔡慶中統彭凌殿此注十六字作「故曰欇㮇欇㮇平仲木也」十字。

索　櫨今黄櫨不也　○蔡慶中統彭凌殿此注六字作「亦云火橐木」五字。

索　食其子得仙也　○南化彭殿食其子得爲神仙也。

〔留落胥餘〕　瀧四一・四，慶一九右一〇，殿一九右六，凌二一右六。○餘，索邪。

〔仁頻并閭〕　瀧四一・四，慶一九右一〇，殿一九右六，凌二一右七。

索　留落未詳　○落，蔡慶中統彭凌殿闕。

索　郭璞曰落檴也中作器索胥邪似并閭　○蔡慶中統彭凌殿無此注十五字。索，索素。

索　繫在顛　○顛，中統頻。

索　張揖云并閭皮可爲索　○蔡慶中統彭凌殿無此注九字。

〔欃檀木蘭〕　瀧四一・八，慶一九左三，殿一九右九，凌二一右一〇。○欃，索攙。

〔豫章女貞〕　瀧四一・八，慶一九左四，殿一九右一〇，凌二一左一。

索　檀別名也　○蔡慶中統彭凌殿無此注四字。

索　名爲女貞葉冬不落　○蔡慶中統彭凌殿無「葉冬不落」四字。

〔崔錯癹骫〕　瀧四二・三，慶一九左六，殿一九左二，凌二一左三。○骫，蔡慶彭凌殿骩。札記毛本「骫」，各本訛「骩」。

〔阬衡閜砢〕　瀧四二・三，慶一九左七，殿一九左三，凌二一左四。○阬，紹阮。

索　楚詞云林木癹音跋骫音委　○蔡慶中統彭凌殿無此注十一字。

索　郭璞云掲孽傾欹貌　○蔡慶中統彭凌殿無「郭璞云」三字。欹，蔡慶中統彭殿敵。按：景印慶元本改「欹」。

〔落英幡纚〕　瀧四二・六，慶一九左八，殿一九左四，凌二一左五。

索　張晏云飛揚貌　○【蔡】【慶】【中統】【彭】【凌】【殿】無「張晏云」三字，而「飛」上有「皆」字。

〔旖旎從風〕　瀧四二・七，慶一九左九，殿一九左五，凌二一左七。○旖，【紹】旖，【索】猗。

〔瀏莅苹吸〕　瀧四二・九，慶一九左一〇，殿一九左六，凌二一左七。○吸，【索】歙。

集　莅音栗　○栗，【紹】乘。

索　又音栗也　○【蔡】【慶】【中統】【彭】【凌】【殿】無此注四字，而有「苹古卉字吸音翕」七字。

〔柴池茈虒〕　瀧四三・一，慶二〇右二，殿一九左八，凌二一左一〇。

索　柴音差　○柴，【蔡】【慶】【中統】【彭】【凌】【殿】茈。

索　虒音惻氏反　○惻，【蔡】【慶】【中統】【彭】【凌】【殿】側。

〔雜遝累輯〕　瀧四三・二，慶二〇右三，殿一九左九，凌二三右一。○遝，【紹】還。

〔於是玄猨素雌〕　瀧四三・三，慶二〇右五，殿二〇右一，凌二三右一。○猨，【蔡】【慶】【中統】【彭】【凌】【殿】猿。【札記】蔡、毛本「猨」，它本作「猿」。按：今所見蔡本作「猿」，與札記所引蔡本不合。

〔蜼玃飛鸓〕　瀧四三・四，慶二〇右四，殿二〇右一，凌二三右三。○鸓，【索】蝙。飛，【井】【蜀】蜚。玃，【蔡】【慶】【中統】【彭】蠼。按：景印慶元本改「玃」。

集　似獮猴　○獮，【井】【蜀】彌。猴，【紹】候。

集　以其頷飛　○頷，【蜀】頜，【紹】願。

索 張揖曰至以其頷飛 ○蔡慶中統彭凌殿無此注三十四字。

索 郭璞曰蝠飛鼠也 ○飛，蔡慶中統彭凌殿鼯。

索 毛紫赤色 ○蔡慶中統彭凌殿「毛」、「紫」互倒。

索 飛且生 ○且，蔡慶旦。

索 蜼音遺 ○蔡慶中統彭蜼音贈遺之遺。

索 玄猨猨之雄者色也 ○蔡慶中統彭凌殿玄猿猿「猨」並作「猿」。之雄者黑色也。

索 素雌猨之雌者色也 ○蔡慶中統彭凌殿素雌猿「猨」作「猿」。之雌者素色也。

索 玃音钁 ○蔡慶中統彭凌殿「音钁」二字作「音古約反」四字。

索 蜼似猴 ○蔡慶中統彭凌殿此注三字作「蜼今狖」三字。

索 便以尾窒鼻兩孔 ○蔡慶彭凌殿插，中統捶。

索 能攫搏人 ○攫，蔡玃。

〔蛭蜩蠷蝚〕 瀧四三・六，慶二〇右八，殿二〇右四，凌二二右七。○蠷，蜀蠷，索蠼，札記舊刻「蠷」訛「蠼」。

集 蠷蝚似獮猴而黃 ○猱，景井蔡慶中統彭毛凌殿蝚。

索 蛭蜩蠼蝚司馬彪云至如淳曰蛭音質 ○蔡慶中統彭凌殿此四十二字作「張揖云蛭蟣也蜩蟬也蠼猱獮猴也」十四字。

索 玃音塗卓反 ○玃，蔡慶中統彭凌殿玃。

索　皋塗山下有獸　○皋，蔡慶中統彭凌殿鼻，楓校記「皋」。札記「皋」訛「鼻」，依山海經改。

索　馬足人首　○首，蔡中統索手。

索　名爲玃　○玃，蔡慶中統彭凌殿蠷，索蠼。

索　玃猱即此也　○玃，蔡慶中統彭凌殿玃，索蠼。

索　字作玃　○蔡慶中統彭凌殿「作」上有「或」字，而「玃」字作「蠼」。

索　蛭音質　○蔡慶中統彭凌殿無此注三字。

〔蟖胡縠蛫〕　瀧四三·九，慶二〇左二，殿二〇右八，凌二二左一。○蟖，索獑。

集　似猨黑身　○猨，毛猿。

索　頭上有髦　○髦，蔡慶彭凌殿髮。

索　縠似鼯而大　○鼯，蔡慶彭凌殿鼬。

索　縠白狐子也　○蔡慶彭凌殿無此注五字。

索　姚氏案山海經　○慶彭凌殿無「海」字。

索　白身赤首　○首，中統眉。

索　獑胡　○獑，中統蟖。

索　似握柘也　○蔡慶中統彭凌殿握柘二字作掘板二字　札記「板」訛「柘」，今改。說文作「版」，集解、類篇引說文同。　按：札記「板」字、「柘」字當互易。

〔夭蟜枝格〕瀧四四・二，慶二〇左五，殿二〇左二，凌二二左五。〇蟜，景井蜀蔡慶中統毛蟜，紹嬌，井紹無「格」字。

〔偃蹇杪顛〕瀧四四・三，慶二〇左六，殿二〇左二，凌二二左五。〇杪，井景紹蔡慶彭抄。按：景印慶元本改「杪」。

〔騰殊榛〕瀧四四・四，慶二〇左七，殿二〇左四，凌二二左七。

正 木叢生爲榛也　〇叢，慶彭凌殿藂。

〔捷垂條〕瀧四四・五，慶二〇左八，殿二〇左四，凌二二左八。

正 持懸垂之條　〇持，慶彭凌殿特。札記訛「特」，依漢書、文選注改。

〔踔稀閒〕瀧四四・五，慶二〇左八，殿二〇左五，凌二二左八。

集 踔懸蹢也　〇蹢，紹踦。

集 託釣反　〇託，毛記。

〔爛曼遠遷〕瀧四四・六，慶二〇左九，殿二〇左五，凌二二左九。

正 奔走崩騰狀也　〇狀，慶彭走。

〔宮宿館舍〕瀧四四・八，慶二一右一，殿二〇左七，凌二二左一〇。〇舍，蔡慶中統彭毛凌殿客，南化楓棭狩校記「舍」。

〔百官備具〕瀧四四・九，慶二一右二，殿二〇左八，凌二三右二。

正　庖之言苞也　○[殿]無「之」字。[慶][彭]「庖」、「之」互倒。按：景印慶元本「之庖」改「庖之」。

〔六玉虯〕　瀧四五・二，慶二一右三，殿二〇左九，凌二三右三。

集　以玉爲飾　○[蜀][紹]無「玉」字。

〔拖蜺旌〕　瀧四五・三，慶二一右四，殿二〇左一〇，凌二三右四。

正　染以五采　○采，[殿]綵。

〔靡雲旗〕　瀧四五・四，慶二一右五，殿二一右一，凌二三右五。

正　畫熊虎於旌　○[慶][彭]「熊」字作「能」字，「虎」字作「於」字。按：景印慶元本「能」改「熊」，「於」改「虎」。

[札記]王、柯「熊」訛「能」，「虎」誤「於」。

〔衛公驂乘〕　瀧四五・六，慶二一右七，殿二一右三，凌二三右七。

索　孫叔鄭氏云至大將軍驂乘也　○[蔡][慶][中統][彭][凌][殿]無此注三十一字。

〔扈從橫行出乎四校之中〕　瀧四五・九，慶二一右八，殿二一右四，凌二三右八。

集　言跋扈縱恣　○縱，[慶][彭][凌][殿]從。恣，[井]志。

索　張揖曰跋扈縱橫不案鹵簿也　○[蔡][慶][中統][彭][凌][殿]無此注十二字。

索　一校隨天子乘輿也　○[蔡][慶][中統][彭][凌][殿]無「校」字。

〔鼓嚴簿縱獠者〕　瀧四六・一，慶二一右九，殿二一右五，凌二三右九。

集　騆謂鼓嚴於林薄之中　○薄，[蜀]簿。

索　張揖曰至於鹵簿中也二十字　○[蔡][慶][中統][彭][凌][殿]無此注二十字。

〔泰山爲櫓〕　瀧四六・三，慶二一右一〇，殿二一右六，凌二三左一。

集　因山谷遮禽獸爲陆　○山，紹曰。

集　音去車反　○音，慶者。車，景蜀魚。

〔隱天動地〕　瀧四六・四，慶二一左一，殿二一右四，凌二三左二。

＊正　隱猶震也　南化梅狩瀧。

〔先後陸離離散別追〕　瀧四六・五，慶二一左一，殿二一右七，凌二三左二。

＊正　陸離分散也言各有所追也　南化幻梅狩瀧。

〔淫淫裔裔〕　瀧四六・六，慶二一左二，殿二一右八，凌二三左二。

＊正　郭璞曰各有所逐　南化幻梅狩。

〔雲布雨施〕　瀧四六・六，慶二一左二，殿二一右八，凌二三左三。

＊正　郭璞曰言徧山野也　贄異瀧。

〔生貔豹〕　瀧四六・六，慶二一左三，殿二一右八，凌二三左三。○札記「豹」，柯訛「豿」。

〔搏豺狼〕　瀧四六・七，慶二一左三，殿二一右九，凌二三左三。

正　説文云狼屬　○屬，慶彭凌殿金陵爪。按：瀧川本依鳳文館史記評林。

〔手熊羆〕　瀧四六・七，慶二一左四，殿二一右九，凌二三左四。

正　始春而出也　○始，慶殿沿，凌治。按：彭本印刻不明。札記王本始訛「沿」，柯、凌訛「治」，依類聚九十五引詩義疏改。

〔足野羊〕　瀧四六・八，慶二一右一〇，殿二一左五，凌二三左五。

集　謂拍蹹殺之　〇拍，蔡柏。之，井蔡慶中統彭毛人。

〔蒙鶡蘇〕　瀧四六・九，慶二一左五，殿二一左一，凌二三左六。

索　鶡似雉　〇慶蔡中統彭凌殿鶡似雉雞。

索　謂覆而取之　〇索謂覆覆而取之。

〔絝白虎〕　瀧四六・一〇，慶二一左七，殿二一左三，凌二三左八。〇絝，慶凌袴。札記王、柯、凌「絝」作「袴」。

集　絝音袴　〇袴，殿絝。

索　著白虎文絝　〇文，凌殿之。

〔被豳文〕　瀧四六・一〇，慶二一左七，殿二一左三，凌二三左九。〇豳，索斑。

集　著班衣　〇班，慶毛凌殿金陵斑。

索　被班文文穎曰著斑文之衣　〇班，索金陵斑。按：瀧川本誤。蔡慶中統彭凌殿無此注十一字。

索　輿服志云　〇服，楓地。

索　被虎文單衣　〇蔡慶中統彭凌殿此注五字作「鶡冠武文」四字。

索　單衣即此斑文也　〇文，凌衣。

〔跨野馬〕　瀧四七・一，慶二一左八，殿二一左四，凌二三左一〇。

索　跨壄馬案壄音野　○蔡慶中統彭凌殿無此注七字。

〔下磧歷之坻〕　瀧四七・二，慶二一左九，殿二一左五，凌二三左一○。

集　阪名也　○阪，景蜀陂。

〔徑陖赴險〕　瀧四七・三，慶二一左一○，殿二一左六，凌二四右二。○徑，蔡慶凌殿徑。陖，南化楓三陵。

〔椎蜚廉〕　瀧四七・四，慶二二右一，殿二一左七，凌二四右二。○椎，景慶蔡中統彭凌殿金陵推。

索　椎蜚廉郭璞曰至椎音直追反二十五字　○蔡慶中統彭凌殿無此注二十五字。

索　象在平樂觀　○觀，索館。

〔弄解豸〕　瀧四七・五，慶二二右一，殿二一左七，凌二四右三。

索　張揖曰至言今可得而弄也三十一字　○蔡慶中統彭凌殿無此注三十一字。

索　豸音丈妳反　○丈，索大。

索　又音丈介反　○蔡慶中統彭凌殿無此注五字。

〔格瑕蛤鋋猛氏〕　瀧四七・七，慶二二右二，殿二一左八，凌二四右四。○瑕，景蜀蝦。下集解注同。

索　格蝦蛤鋋猛氏孟康曰蝦蛤猛氏皆獸名　○蔡慶中統彭凌殿無此注十六字。

索　晉灼曰　○灼，蔡焉。

〔弓不虛發〕瀧四七・一〇，慶二三右五，殿二三右二，凌二四右七。○發，中統張。

〔應聲而倒〕瀧四七・一〇，慶二三右六，殿二三右二，凌二四右八。

索　脰頸也　○頸，慶 蔡 中統 彭 凌 殿項。

〔覽將率之變態〕瀧四八・一，慶二三右七，殿二三右三，凌二四右九。

＊正　睆五計反睆遠視也梅本此下有「續漢書百官志五將軍營五部校尉一人部下有曲曲有軍侯一人也」。南化本此下有「續漢書百官志云將軍部領皆有部曲大將軍營五部校尉一人部下有曲曲有軍侯一人也」。南化 幻 梅 狩 瀧。

〔然後浸潭促節〕瀧四八・二，慶二三右七，殿二三右三，凌二四右九。○後，景后。潭，南化 楓 三 狩潯。

〔儵夐遠去〕瀧四八・二，慶二三右八，殿二三右四，凌二四右一〇。○札記下文大人賦、索隱引此作「倏奐」。

索　浸潭猶漸荐也　○荐，蔡 慶 中統 彭 凌 殿冉。

索　潭音尋　○蔡 慶 中統 彭 凌 殿無此注三字。

＊正　儵夐分散也　南化 梅 狩 瀧。

〔捷狡兔〕瀧四八・四，慶二三右九，殿二三右五，凌二四左一。

集　一作惠也　○惠，蜀 紹專，凌有。札記「惠」疑「轉」之爛文。漢書正作「轊」。

〔出宇宙〕瀧四八・七，慶二三左一，殿二三右七，凌二四左三。

集　張揖云　○慶無「揖」字。札記王、柯無「揖」字。

〔櫟蜚虡〕 瀧四八・一〇，慶二三左四，殿二三右一〇，凌二四左七。○虡，井蜀虡。下集解注同。

集 似人長脣 ○人，中統大。

集 蜚虡鹿頭龍身 ○蜚，景井蜀慶蔡中統彭毛凌殿飛。

〔藝殪仆〕 瀧四九・一，慶二三左五，殿二三左一，凌二四左八。

集 射準的曰藝 ○準，井蜀准。

〔然後揚節而上浮〕 瀧四九・二，慶二三左六，殿二三左二，凌二四左九。○揚，蔡慶中統彭楊。按：景印慶元本作「揚」。

*正 上浮蜚南化、幻、梅本「蜚」字作「騰」字。遊 南化幻梅狩瀧。

〔歷駭飇〕 瀧四九・三，慶二三左六，殿二三左二，凌二四左九。○飇，景蜀蔡慶凌殿颷，井紹飄。札記各本訛「颷」，今改。文選作「猋」，與爾雅合。

正 爾雅云 ○爾，慶彭凌小。

正 扶搖暴風 ○慶彭凌無「搖」字。殿無「扶搖」二字而有「謂」字。札記「搖」字依爾雅補。

〔與神俱〕 瀧四九，四，慶二三左七，殿二三左三，凌二四左一〇。

正 與天通靈 ○天，慶殿元。

〔亂昆雞〕 瀧四九・五，慶二三左八，殿二三左四，凌二五右一。

正 轔音吝 ○吝，慶彭凌殿忞。

〔促鵕鸃〕 瀧四九・六，慶二二左九，殿二二左五，凌二二五右二。○鸃，紹 鵝。

〔拂鷖鳥〕 瀧四九・六，慶二二左九，殿二二左五，凌二二五右二。○鷖，井 蜀 紹 翳。下集解注同。

〔捎鳳皇〕 瀧四九・六，慶二二左九，殿二二左五，凌二二五右三。

集 遒秦由反鷖烏鷄反張云 ○景 井 蜀 蔡 中統 毛 無此注十字。札記 中統、游、毛本脱此十字。

〔捷鴛雛〕 瀧四九・八，慶二三右二，殿二二左八，凌二二五右六。○雛，井 蜀 紹 慶 蔡 中統 彭 鶵。

〔掩焦明〕 瀧四九・八，慶二三右二，殿二二左八，凌二二五右六。○掩，索 揜。

集 鷦明似鳳 ○鷦，毛 金陵 焦。明，慶 彭 凌 鳴，南化 校記「明」。按：景印慶元本改「明」。

索 焦明似鳳 ○蔡 慶 中統 彭 凌 殿 此四字作鷦明二字。下「焦」字亦作「鷦」字。

索 西方鳥 ○蔡 慶 中統 彭 凌 殿 西方之鳥也。

索 樂叶圖徵曰 ○叶，蔡 慶 中統 彭 凌 殿 汁。圖，慶 中統 圈。按：景印慶元本改「圖」。

正 案長喙疏翼員尾 ○慶 彭 凌 殿「疏」字作「踈」字，「員」字作「覔」字。札記 各本「員」訛「覔」，依續漢五行志引樂叶圖徵改。

〔閭乎反鄉〕 瀧五〇・一，慶二三右五，殿二三右一，凌二二五右九。

*正 日晚南歸也 南化 幻 梅 狩 瀧。

〔望露寒〕　瀧五〇・三，慶二三右六，殿二三右二，凌二五右一〇。

集　皆甘泉宮左右觀名也　○毛脱「宮」字。

*正　歷息也　南化 幻 梅 狩 瀧。

〔息宜春〕　瀧五〇・五，慶二三右七，殿二三右三，凌二五左一。

正　在雍州萬年縣西南三十里　○慶 彭 凌 無縣字，南化 楓 三 校補「縣」。札記 官本有「縣」字。各本脱。

〔濯鷁牛首〕　瀧五〇・五，慶二三右八，殿二三右四，凌二五左二。

集　在上林苑西頭　○上，殿 山。按：誤。

*正　艗鷁首之船也　南化 幻 梅 狩 瀧。

〔掩細柳〕　瀧五〇・七，慶二三右九，殿二三右六，凌二五左四。○細，井 綑。

〔鈞獠者之所得獲〕　瀧五〇・八，慶二三右一〇，殿二三右六，凌二五左五。○獠，毛 獵。札記 舊刻「鈞」訛「鉤」。毛本「獠」作「獵」。

*正　勤略言觀南化、幻、梅本「觀」字作「巡行」二字。士大夫之懃功南化、梅本「功」字作「巧」。智略也　南化 幻 梅 狩 瀧。

〔人民之所蹈躤〕　瀧五〇・一〇，慶二三左二，殿二三右八，凌二五左六。○躤，蜀 紹 躤。

〔佗佗籍籍〕　瀧五一・二，慶二三左四，殿二三右九，凌二五左八。○井 蜀 紹「籍籍」二字作「藉藉」。　按：籍、藉古通。

〔填阬滿谷〕　瀧五一・二，慶二三左四，殿二三右九，凌二五左八。○阬，景井蜀紹蔡慶中統毛彭凌殿坑。

〔置酒乎昊天之臺〕　瀧五一・四，慶二三左五，殿二三右一〇，凌二五左九。

索　張揖云臺高上干皓天也　○索無此注十字。皓，殿昊。

〔聽葛天氏之歌〕　瀧五一・七，慶二三左八，殿二三左三，凌二六右二。

集　三人操牛尾　○三，井王。

集　投足以歌　○投，紹殺。

索　三皇時君號也　○皇，索王。

索　一曰載人　○蔡慶中統彭凌殿「載人」二字作「戴民」二字。

索　二曰玄鳥　○鳥，蔡慶中統彭凌殿身。

〔巴俞宋蔡淮南于遮〕　瀧五二・一，慶二四右二，殿二三左七，凌二六右六。○俞，凌榆。

札記案：王、柯、凌本「俞」作「榆」。

集　獠人居其上　○上，慶彭人。

集　漢高募取以平三秦　○取，慶彭凌殿此，毛無「取」字。札記蔡、中統、游本與索隱引合。王、柯、凌「取」作「此」。

集　後使樂府習之　○樂，中統蔡。

集　因名巴俞舞也　俞，殿渝。

索　淮南鼓員四人　○蔡慶中統彭凌殿無「鼓」字。

〔文成顛歌〕　瀧五二・四，慶二四右四，殿二三左一〇，凌二六右九。

索　顛即滇也　○也，蔡慶中統彭凌殿字。

〔鏗鎗鐺合〕　瀧五二・六，慶二四右六，殿二四右二，凌二六左一。○鎗，中統毛鏘。

〔韶漢武象之樂〕　瀧五二・七，慶二四右七，殿二六右二，凌二六左二。○濩，景井蜀紹蔡慶中統彭凌護，札記官本「濩」，各本作「護」。

〔激楚結風〕　瀧五二・八，慶二四右八，殿二四右三，凌二六左三。

索　文穎曰激楚激急風也　○蔡慶中統彭凌殿「文穎曰」三字、下「激」字並無。楚，索金陵衝。

索　回亦急風也　○蔡慶中統彭凌殿無「回」字。

索　然歌樂者　○然，中統烈。

〔所以娛耳目而樂心意者〕　瀧五三・四，慶二四右一〇，殿二四右六，凌二六左六。○娱，毛娛。按：毛本訛。

〔麗靡爛漫於前〕　瀧五三・四，慶二四左一，殿二四右六，凌二六左六。○索此六字及其注與「靡曼美色」及其注互易。漫，中統慢。札記中統本「慢」，游本「熳」。

〔靡曼美色於後〕　瀧五三・五，慶二四左二，殿二四右七，凌二六左七。

索　曼澤也　○澤，中統懌。

索　韓子曼服皓齒也　〇中統——齒者也。

〔若夫青琴宓妃之徒〕　瀧五三・六，慶二四左三，殿二四右八，凌二六左八。

索　伏儼曰　〇儼，中統嚴。

〔絶殊離俗〕　瀧五三・七，慶二四左四，殿二四右九，凌二六左一〇。〇索此四字及其注與「姣冶嫺都」及其注互易。

〔姣冶嫺都〕　瀧五三・八，慶二四左五，殿二四右一〇，凌二六左一〇。〇姣，景井蜀蔡慶中統毛凌妖。嫺，索閑。

索　小雅曰都盛也　〇蔡慶中統彭凌殿無此注六字，而有「漢書本作閑」五字。

〔靚莊刻飭〕　瀧五三・九，慶二四左六，殿二四左一，凌二九右二。〇飭，中統毛飾。

〔便嬛綽約〕　瀧五三・九，慶二四左六，殿二四左一，凌二九右二。〇綽，井蔡慶彭中統毛婥。

集　靚莊　〇靚，毛艷。

〔柔橈嬛嬛〕　瀧五三・一〇，慶二四左七，殿二四左二，凌二七右二。

索　郭璞曰　〇蔡慶中統彭凌殿無此注三字。

〔娬媚姌嫋〕　瀧五四・一，慶二四左八，殿二四左三，凌二七右三。〇索此四字作「嫵媚孅弱」四字。

索 郭璞云孅弱弱貌埤蒼曰孅弱謂容體纖細柔弱也 ○蔡慶中統彭凌殿此注二十字作「郭璞云姌嫋細弱也小顔曰細弱揔殿本、凌本作「總」字。謂骨體也」十八字。

〔抴獨繭之褕袘〕 瀧五四・二，慶二四左九，殿二四左四，凌二七右五。○索「抴」字作「曳」字，「袘」字作「袣」字。

索 褕襜褕也袣袖也 ○蔡慶中統彭凌殿此注七字作「袘袖也」三字。

索 一繭絲也 ○蔡慶中統彭凌殿無「一」。

〔眇閻易以戌削〕 瀧五四・三，慶二四左一〇，殿二四左五，凌二七右六。○戌，索恤。

索 眇閻易以恤削郭璞曰至言如刻畫作也二十二字 ○蔡慶中統彭凌殿無此注二十二字。

〔與世殊服〕 瀧五四・五，慶二五右二，殿二四左七，凌二七右八。

集 衣服婆娑貌 ○娑，井婆。

正 媥白眠反 ○眠，慶彭殿服，彭「白眠」二字作「匹連」二字。札記「眠」訛「服」，今改。

〔宜笑的皪〕 瀧五四・六，慶二五右二，殿二四左八，凌二七右九。○的，景蜀紹蔡慶索凌殿的。下索隱亦同。

〔微睇緜藐〕 瀧五四・八，慶二五右三，殿三四左九。凌二七右一〇。

索 遠視貌也 ○蔡慶中統彭凌殿「遠」、「視」互倒。

〔心愉於側〕 瀧五四・九，慶二五右五，殿二四左一〇，凌二七左一。○側，索惻。

索 愉悅也 ○蔡慶中統彭凌殿無「愉」字。

〔無事弃日〕　瀧五五・二，慶二二五右七，殿二二五右二，凌二二七左四。

＊正　言聽政餘暇不能棄日也　[南化][梅][狩][瀧]。

〔時休息於此〕　瀧五五・三，慶二二五右八，殿二二五右三，凌二二七左四。

＊正　郭云謂苑囿南化、梅、狩本「囿」下有「之」字。中也　[南化][梅][狩][瀧]。

〔地可以墾辟〕　瀧五五・五，慶二二五右一〇，殿二二五右四，凌二二七左六。○[景][井][蜀][紹]無「以」字。

〔以贍萌隸〕　瀧五五・六，慶二二五右一〇，殿二二五右五，凌二二七左七。○萌，[楓][三]氓。

＊正　邑外曰郊言於郊野之中營農梅本「營農」二字重。事也　[南化][梅][狩][瀧]。

〔使山澤之民得至焉〕　瀧五五・七，慶二二五左一，殿二二五右五，凌二二七左七。○澤，[井]澌。

[札記]「至」游本誤「志」。

＊正　言南化、幻、梅本「言」下有「重」字。得芻牧樵采也　[南化][幻][梅][狩][瀧]。

〔虛宮觀而勿仞〕　瀧五五・八，慶二二五左二，殿二二五右六，凌二二七左八。

正　勿令人居止　○止，[慶][彭][殿]上。

〔鳴玉鑾〕　瀧五六・二，慶二二五左六，殿二二五右一〇，凌二二八右二。

＊正　朝衣南化、幻、梅本「衣」字作「服」字。謂衮龍南化、幻、梅、狩本「衮龍」二字作「襲衮」二字。之服也法駕六馬也　[南化][幻][梅][狩][瀧]。正義佚文出「朝服」。按：正義本「衣」作「服」。

〔騖乎仁義之塗〕　瀧五六・三，慶二二五左七，殿二二五左一，凌二二八右三。○乎，[紹]于。

〔兼騶虞〕　瀧五六・五，慶二一五左八，殿二一五左二，凌二一八右四。

集　禮射義曰　〇禮，井禮。

集　樂官備也　〇官，蜀紹宮。

＊**正**　說文云騶虞白虎黑文尾長於身南化、幻、梅、狩本「尾長於身」四字作「犀身長」三字。太平乃至天子射以爲節山海經云如虎五采日行千里周禮云狩本無「周禮云」三字。九除瀧本，各本「九」作「凡」。射王以騶虞幻本無「以騶虞」三字。爲節諸侯以貍首爲節大夫以采蘩爲節鄭云樂章名也禮射義云騶虞者樂官備也貍首者樂會時也采蘋者樂循法也采蘩者樂不失職也是故天子以備官爲節諸侯以時會天子爲節卿大夫以循法度除瀧本各本無「度」字。爲節士以不失職爲節按貍首逸詩南化、幻、梅本「詩」下有「節士以不失職爲節名」九字。騶虞邵南之卒章　南化幻梅狩瀧。

〔載雲罕〕　瀧五六・九，慶二一五左九，殿二一五左三，凌二一八右六。

索　罕畢也　〇畢，蔡慶中統彭凌殿車。

索　文穎曰即天畢星名　〇蔡慶中統彭凌殿無此注八字。

索　非也　〇蔡慶中統彭凌殿皆非也。

＊**正**　鶴古或反禮射義作鵠音同射義云孔子曰射者發而不失正鵠者其賢者乎正之侯中朱次白次蒼次黃玄居其外三正損玄黃二正去蒼白而盡以朱綠其外之廣皆居侯中黃侃云虎侯之道九十弓長六尺每准弓取二寸中央方一丈八尺三分之一爲鵠鵠方六尺制皮云尺也熊侯之道七十弓弓取二寸二七十四中央方一丈四尺三分之一爲鵠鵠方四尺七寸皮亦如之豹侯五十弓弓取二寸二五一十

中央方一丈三分之一爲鵠鵠方三尺三寸皮亦如之六耦十二人四耦八人三耦六人獲者執旌之後射中唱獲之者各以旌指之容隱也正音征正者盡射朶囲也鵠者佔虎熊豹皮於正中心若令鹿齊也前以朝玄鶴又解酒罷獠其獵既意豈弋鳥哉爲先賢不以此爲正鵠義故廣引釋之弋亦射也「射義」云

以下據南化本補。[南化][幻][梅][狩][瀧]。

〔揜羣雅〕　瀧五七・三，慶二一五左九，殿二一五左三，凌二一八右六。

索　言雲罕載之於車以捕羣雅之士　○[蔡][慶][中統][彭][凌][殿]無此注十三字。

〔悲伐檀〕　瀧五七・四，慶二一六右一，殿二一五左五，凌二一八右八。

＊**正**　伐檀魏國之詩刺在位貪鄙也　[南化][幻][梅][狩][瀧]。

〔樂樂胥〕　瀧五七・五，慶二一六右二，殿二一五左六，凌二一八右九。

索　毛詩云　○[蔡][慶][中統][彭][凌][殿]毛詩桑扈云。

索　受天之祐　○祐，[索][金陵][殿]祜。按：景印慶元本作「祜」。受，[索]授。

索　使之在位　○[蔡][慶][中統][彭][凌][殿]無「之」字。

索　故天與之福祿也　○與，[中統]受。

索　胥音先呂反　○[蔡][慶][中統][彭][凌][殿]胥音先呂反樂音洛。

〔翺翔乎書圃〕　瀧五七・六，慶二一六右三，殿二一五左七，凌二一八左一。○乎，[景][井][蜀][紹][蔡][慶][中統][彭][毛][凌][殿]于。

〔放怪獸〕　瀧五七・八，慶二一六右五，殿二一五左九，凌二一八左三。

正 張揖云 ○[慶]無「揖」字。[札記]王、柯本無「揖」字。

正 苑中奇怪之獸不復獵也 ○復[慶][彭][凌]伏。按：景印慶元本改「復」。

〔坐清廟〕 瀧五七・八，慶二六右六，殿二五左一〇，凌二八左三。

正 王者朝諸侯之處 ○[慶][彭]無「諸」字。按：景印慶元本補「諸」。[札記]王、柯本脱「諸」字。

〔刑錯而不用〕 瀧五八・一，慶二六右九，殿二六右三，凌二八左七。

索 漢書作屮 ○[蔡][慶][中統][彭][凌][殿]漢書作屮然猶欻然也。

〔功羨於五帝〕 瀧五八・二，慶二六右一〇，殿二六右三，凌二八左七。○羨，[毛]美。

*[正] 羨饒也 [南化][幻][梅][狩][瀧]。

〔抏士卒之精〕 瀧五八・三，慶二六左二，殿二六右五，凌二八左九。○抏，[景][中統]抏，[索]抏。按：景、中統、索隱單本誤。

*[正] 抏挫也蔽也 [南化][幻][梅][狩][瀧]。

〔於是二子愀然改容〕 瀧五八・九，慶二六左七，殿二六右一〇，凌二九右五。○改，[井]故。按：井本訛。

〔故刪取其要歸正道而論之〕 瀧五九・五，慶二七右二，殿二六左四，凌二九右九。

索 小顔云刪要 ○要，[蔡][慶][中統][彭][凌][殿]取。

索 而説者謂此賦已經史家刊剟 ○家，[索]學。

索 失之也 ○[蔡][慶][中統][彭][凌][殿]「之」字作「其意」二字。

〔會唐蒙使略通夜郎西僰中〕瀧五九・八，慶二一七右五，殿二一六左六，凌二一九左二。

索　今爲郎中　○蔡　慶　中統　彭　凌　殿無「今」字。

索　皆南夷　○蔡　慶　中統　彭　凌　殿皆西南夷　南，索　金陵　西，札記各本作「皆西南夷」，疑單本脱「南」字。

索　後以爲夜郎屬牂柯僰屬犍爲　○蔡　慶　中統　彭　凌　殿此注十二字作「後以爲牂牱凌本作「牂牁」。犍爲二郡」九字。

〔發巴蜀吏卒千人〕瀧五九・一〇，慶二一七右七，殿二一六左八，凌二一九左四。

索　案巴蜀二郡名　○郡，殿都。

〔乃使相如責唐蒙〕瀧六〇・二，慶二一七右九，殿二一六左一〇，凌二一九左六。　○南化　楓　棭　三　景　蜀　紹　蔡　中統　毛——唐蒙等。

〔右弔番禺太子入朝〕瀧六一・一，慶二一七左四，殿二一七右五，凌三〇右一。

索　南海郡理也　○索無「南海」二字。

索　故言右至也　○蔡　慶　中統　彭　凌　殿故言右至非也。

索　令弔番禺故遣太子入朝弔非至也　○蔡　慶　中統　彭　凌　殿此注十四字作「南越蒙天子德惠故遣太子入朝所以云弔爾非訓至也」二十二字。

〔故遣中郎將往賓之〕瀧六一・六，慶二一七左九，殿二一七右一〇，凌三〇右七。

*正　賓往賓服而賜之也南化、幻、梅本無「也」字。　南化　幻　梅　狩　瀧。

〔憂患長老〕 瀧六一・九，慶二八右二，殿二七左二，凌三〇右九。

索 謂起軍法制也 ○蔡慶中統彭凌殿此注六字作「謂起軍法誅渠帥也」八字。

索 而用軍興法制也 ○蔡慶中統彭凌殿——法制故驚懼蜀人也。

〔郡又擅爲轉粟運輸〕 瀧六二・一，慶二八右三，殿二七左三，凌三〇左一。○郡，毛却。

〔聞烽舉燧燔〕 瀧六二・二，慶二八右五，殿二七左五，凌三〇左三。○燧，景遂。索「燧燔」二字作「熢燧」二字。

集 烽如覆米䉛 ○䉛，中統莫。米，井采。

集 縣著桔槔頭 ○槔，井蜀紹皋。桔，紹枯。

集 燧積薪 ○燧，井遂。

索 熢燧韋昭曰至燧主夜三十八字 ○蔡慶中統彭凌殿無此注三十八字。

索 漉米籔也 ○漉，凌鹿。

索 又纂要云 ○蔡慶中統彭凌殿無「又」字。

索 此注是孟康説 ○蔡慶中統彭凌殿此注六字作「逢見敵則舉燧有難則焚烽主晝燧主夜」十六字。

〔荷兵而走〕 瀧六二・五，慶二八右七，殿二七左七，凌三〇左五。

索 攝弓上音奴頰反 ○奴，蔡慶中統彭凌殿女。

〔析珪而爵〕 瀧六二・九，慶二八左二，殿二八右一，凌三〇左九。○珪，索圭。

〔居列東第〕　瀧六二·九，慶二八左二，殿二八右二，凌三〇左一〇。〇第，井蜀紹弟。〇喻，

〔曉喻百姓以發卒之事〕　瀧六三·八，慶二九右二，殿二八右一〇，凌三一右九。〇喻，中統諭，毛「曉」、「喻」互倒。

〔讓三老孝弟以不教誨之過〕　瀧六三·九，慶二九右三，殿二八左一，凌三一右一〇。

＊正　百官表云十里一亭亭（南化、幻本不重「亭」字。）有長十亭一鄉鄉有三老有秩（南化、幻、梅本「有」、「秩」互倒。）嗇夫游徼（南化、幻、梅本無「游」字而「徼」字。作「撽」字。）三老掌教化嗇夫職聽訟（南化、幻、梅本「訟」字作「詔」字。）收賦稅游徼（南化、幻、梅本「徼」字作「撽」字。）備盜賊（南化、幻本有「也」字。）　南化幻梅狩瀧。

〔唯毋忽也〕　瀧六四·三，慶二九右六，殿二八左四，凌三一左三。〇毋，毛無。

〔費以巨萬計〕　瀧六四·五，慶二九右九，殿二八左六，凌三一左六。

索　是大數也鬻子曰十萬爲億　〇蔡慶中統彭凌殿無此注十一字。

＊正　物故死也如衆物之故而零落也（幻本無「也」字。）　南化幻梅狩瀧。

〔多言其不便〕　瀧六四·一〇，慶二九右一〇，殿二八左七，凌三一左七。

索　案謂公孫弘也　〇慶蔡中統彭凌殿「公孫弘也」四字作「公卿所言也」五字。

〔得賞賜多〕　瀧六五·一，慶二九左二，殿二八左九，凌三一左九。

索　今爲定笮縣　〇笮，中統筰。

索　皆屬越巂郡　〇皆，中統者。

＊正　邛筰二國在蜀西（南化、幻、梅本「西」下有「以」字。）解在西南夷傳也　南化幻梅狩瀧。

〔道亦易通〕 瀧六五・四，慶二九左四，殿二九右一，凌三二右一。

正 拜駹一國在蜀西解在南化本無「在」字。西南夷傳也 南化梅狩瀧。

〔愈於南夷〕 瀧六五・五，慶二九左五，殿二九右二，凌三二右二。

索 西夷謂越嶲益州 ○夷，殿南。按：殿本誤。

*****正** 愈勝也 南化幻梅狩瀧。

〔建節往使〕 瀧六五・七，慶二九左七，殿二九右四，凌三二右五。

索 張揖曰秩四百石 ○蔡慶中統彭凌殿無「張揖曰秩」四字。秩，索移 按：索隱本訛。

〔以賂西夷〕 瀧六五・一〇，慶二九左九，殿二九右五，凌三二右六。○西，毛四。

〔至蜀〕 瀧六五・一〇，慶二九左一〇，殿二九右六，凌三二右七。

索 充國爲鴻臚卿也 ○蔡慶中統彭凌殿充國爲大鴻臚卿。

〔縣令負弩矢先驅〕 瀧六六・一，慶二九左一〇，殿二九右六，凌三二右七。○驅，索駈。

索 案亭吏二人 ○蔡慶中統彭凌殿此注五字作「案亭吏名亭長」六字。

索 且負弩亦守宰無定 ○亦，蔡慶中統彭凌殿是。

索 或隨輕重耳 ○蔡慶中統彭凌殿或隨時輕重耳。

索 平原君負韊矢 ○韊，蔡慶中統彭凌爛。按：景印慶元本改「韊」。

索 迎公子於界上 ○蔡慶中統彭凌殿迎公子於界上是也。

〔蜀人以爲寵〕 瀧六六・三，慶三〇右二，殿二九右八，凌三二右一〇。○索無「人」字。

索　蜀大城北十里有升仙橋　○仙，蔡慶中統彭凌殿僊。

索　有送客觀也　○蔡慶中統彭凌殿無「有」字。

〔與男等同〕　瀧六六・七，慶三〇右六，殿二九左二，凌三二左四。

索　本或作當也　○蔡慶中統彭凌殿本或作當，無「也」字。蓋後人改爾。

〔皆請爲内臣〕　瀧六六・八，慶三〇右八，殿二九左三，凌三二左五。

索　斯俞國也　○蔡慶中統彭凌殿斯俞才俞國也。

索　謂之斯臾　○臾，蔡慶中統彭凌殿叟。下同。

*__正__　斯渝國在蜀南解在西南夷傳　南化梅狩瀧。南化、梅本不冠「正義曰」三字。

〔南至牂柯爲徼〕　瀧六七・二，慶三〇左一，殿二九左六，凌三二左九。○毛「牂柯」二字作「牂牁」。

〔以通邛都〕　瀧六七・四，慶三〇左二，殿二九左八，凌三二左一〇。○邛，索笮。

索　通南夷　○夷，蔡慶中統彭凌殿中。

索　置越嶲郡　○置，索開。

〔不敢〕　瀧六七・八，慶三〇左六，殿三〇右一，凌三三右四。

索　謂本由相如立此事也　○蔡慶中統彭凌殿——此事無「也」字。故不敢更諫。謂，索誼。

〔籍以蜀父老爲辭〕　瀧六七・九，慶三〇左六，殿三〇右二，凌三三右五。

*__正__　籍音借　南化幻梅狩瀧。

〔湛恩汪濊〕 瀧六八・二，慶三〇左一〇，殿三〇右四，凌三三右八。

*正 紛紜南化、幻、梅本「紜」下有「言」字。威武盛也汪濊深廣也 南化幻梅狩瀧。

〔羣生澍濡洋溢乎方外〕 瀧六八・三，慶三〇左一〇，殿三〇右五，凌三三右八。 〇溢，凌益。 札記柯、凌本「溢」訛「益」。

*正 顧野王云時雨所以澍萬南化、梅、狩本「萬」上有「生」字。物也 南化梅狩瀧。

〔舉苞滿〕 瀧六八・五，慶三一右三，殿三〇右七，凌三三左一。

索 滿字或作蒲也 〇字，慶彭凌一。

〔結軼還轅〕 瀧六八・六，慶三一右三，殿三〇右七，凌三三左一。 〇軼，景井蜀紹蔡慶中統彭毛凌殿軌。

〔至于蜀都〕 瀧六八・六，慶三一右四，殿三〇右八，凌三三左二。 〇于，毛於。

索 結軼下音轍漢書作軌 〇蔡慶中統彭凌殿無此注九字。

索 結屈也 〇蔡慶中統彭凌殿結屈也軌車迹也。

〔其義羈縻勿絶而已〕 瀧六八・九，慶三一右六，殿三〇右一〇，凌三三左四。

索 縻牛韁也 〇縻，中統索。 韁，蔡慶中統彭凌殿紖。

〔不可記已〕 瀧六九・四，慶三一左一，殿三〇左四，凌三三左九。

*正 言邛筰西僰立國以來與中國年月等不可記録 南化幻梅狩瀧。

〔意者其殆不可乎〕 瀧六九・五，慶三一左二，殿三〇左五，凌三三左一〇。

*正　言自古帝王南化幻梅本無王字。雖仁治不能招來雖强力不能并兼以其路遠殆南化、幻本無「殆」字。不可通　[南化][幻][梅][狩][瀧]。

〔弊所恃以事無用〕　瀧六九・七，慶三一左三，殿三〇左六，凌三四右一。

*正　所恃「恃」，梅、狩本「持」，幻本「特」。南化、幻「齊」上有「即」字，梅本「齊」作「即」。齊民言帝王依恃梅本「恃」誤「持」。無用謂夷狄也　[南化][幻][梅][狩][瀧]。

〔而巴不化〕　瀧六九・八，慶三一左五，殿三〇左七，凌三四右二。

*正　言巴蜀蠻夷本椎髻左衽今從中國服俗也若西南夷不可通即巴蜀服俗不應變改　[南化][幻][梅][狩][瀧]。

〔請爲大夫矗陳其略〕　瀧七〇・一，慶三一左七，殿三〇左一〇，凌三四右五。○矗，[景][井][紹][蜀][蔡][慶][中統][彭][殿][金陵]粗。下或同。請，[毛]且。

〔固常人之所異也〕　瀧七〇・三，慶三一左九，殿三一右二，凌三四右七。○[景][井][蔡][慶][中統][彭][索][凌][殿][金陵]無「人」字。[南化][楓][三]校補「人」字。

〔黎民懼焉〕　瀧七〇・五，慶三一左一〇，殿三一右二，凌三四右八。○民，[索]人。

〔氾濫衍溢〕　瀧七〇・六，慶三一右二，殿三一右四，凌三四右九。○衍，[井]愆。

〔決江疏河〕　瀧七〇・七，慶三一右三，殿三一右五，凌三四左一。○江，[殿]流。

〔漉沈贍菑〕　瀧七〇・七，慶三一右三，殿三一右五，凌三四左一。○贍，[索]澹。

索　漢書作澌沈澹灾　○澌，[蔡][慶][中統][彭][凌][殿]灑。

索 解者云澌作灑 ○蔡慶中統彭凌殿無「澌作灑」三字。

索 音所綺反 ○綺，蔡慶中統彭凌殿宜。

〔豈唯民哉〕 瀧七〇・一〇，慶三二右七，殿三一右七，凌三四左三。○民，索人。

〔而身親其勞〕 瀧七一・一，慶三二右六，殿三一右八，凌三四左四。○親，井貌。

〔躬胝無胈〕 瀧七一・一，慶三二右六，殿三一右八，凌三四左四。○胈，紹肢，索此四字作「躬奏胝無胈」五字，而有「注厭睡上音烏篁反下音竹垂反」十三字注。

〔膚不生毛〕 瀧七一・一，慶三二右七，殿三一右八，凌三四左四。

集 胈踵也 ○踵，蔡慶中統凌殿種，景蜀腄，井彭腫。

集 膚理也 ○理，紹里。

索 奏作戚 ○奏，蔡慶中統彭凌殿腠。

索 戚腠理也 ○腠，蔡慶中統彭凌殿湊。

索 胈其中小毛也 ○其，蔡慶中統彭凌殿戚。

索 胝音丁私反 ○蔡慶中統彭凌殿「丁私」二字作「真尸」二字。南化楓「真」，校記「直」。

索 禹腓無胈 ○腓，蔡慶中統彭凌殿胝。

〔聲稱浹乎于茲〕 瀧七一・三，慶三二右九，殿三一左一，凌三四左七。

*正 浹徹也 南化幻梅狩瀧。

〔豈特委瑣握齱〕　瀧七一・四，慶三二右一〇，殿三一左一，凌三四左八。〇瑣，索瑣。

〔當世取說云爾哉〕　瀧七一・五，慶三二左一，殿三一左二，凌三四左九。

索　委瑣細碎　〇瑣，蔡慶中統彭凌殿瑣。

＊**正**　拘文牽俗言武帝常南化、幻、梅、狩本「常」字作「當」。　拘繫脩法之文牽引隨俗之化　南化幻梅狩瀧。

〔莫非王土〕　瀧七一・八，慶三二左四，殿三一左五，凌三五右二。〇非，慶彭毛凌匪。

〔有不浸潤於澤者〕　瀧七一・一〇，慶三二左六，殿三一左七，凌三五右四。〇潤，索淫。

〔賢君恥之〕　瀧七一・一〇，慶三二左七，殿三一左八，凌三五右五。

索　案浸淫　〇淫，蔡慶中統彭凌殿潯。

＊**正**　六合天地四方八方四方南化、幻本無「四方」二字。　及四維也　南化幻梅狩瀧。

〔係纍號泣〕　瀧七二・六，慶三三右一，殿三二右二，凌三五右九。〇纍，毛累。

＊**正**　纍南化、幻、梅本「纍」字作「累」字，下同。　音力追反言爲人掠獲而係纍爲奴離別號泣內向怨天子化不至也　南化幻梅狩瀧。

〔德洋而恩普〕　瀧七二・八，慶三三右二，殿三二右三，凌三五右一〇。〇慶德洋而而恩普。按：慶元本衍「而」字。　凌此句下有「洋溢貌」三字注。

〔又惡能已〕　瀧七二・一〇，慶三三右五，殿三二右五，凌三五左三。

索　很戾之夫也　〇很，蔡慶中統彭凌殿狼，索恨。

〔南馳使以誚勁越〕 瀧七三・二，慶三三右六，殿三二右六，凌三五左三。○馳，井紹騎。

〔鏤零山梁孫原〕 瀧七三・四，慶三三右八，殿三二右八，凌三五左六。○南化、梅、狩本標記云：正義「零」作「靈」。按：正義本作「靈」，下正義佚文亦當爲證。

*正 鑿靈山通南化、幻本「山」、「通」互倒。以關也 南化幻梅狩瀧。

〔遠撫長駕使疏逖不閉〕 瀧七三・六，慶三三右九，殿三二右九，凌三五左七。

*正 遠南化、幻、梅本「遠」上有「言」字。撫安長駕御言帝德廣被南化本「被」作「彼」。若親臨 南化幻梅狩瀧。

〔阻深闇昧〕 瀧七三・六，慶三三右一〇，殿三三右一〇，凌三五左八。○索「阻深」二字作「曶爽」二字。

索 曶爽闇昧 ○蔡慶中統彭凌殿此注四字作「阻深漢書作曶爽」七字。

索 曶音昧 ○昧，蔡慶中統彭凌殿妹。

〔中外提福〕 瀧七三・九，慶三三左二，殿三二左二，凌三五左一〇。○中，景紹守。提，索禔。

〔不亦康乎〕 瀧七三・一〇，慶三三左三，殿三二左二，凌三六右一。

集 一作禔 ○毛無「一」字。

〔反衰世之陵遅〕 瀧七四・一，慶三三左四，殿三二左三，凌三六右二。○遅，蜀遲。

〔又惡可以已哉〕 瀧七四・二，慶三三左五，殿三二左四，凌三六右三。

*正　惡音烏言漢奉至尊休德救民沈溺繼周之絕南化無「之」字，幻本無「之絕」二字，梅本無「之」字而「絕」字作「紀」。業反陵夷南化、幻、梅本「夷」字作「遲」字。之衰代是天子之急事百姓雖勞苦何以止住哉　南化 幻 梅 狩 瀧。

〔合在於此矣〕　瀧七四・五，慶三三左七，殿三二左六，凌三六右五。

索　在於憂勤佚樂之中也　○蔡 慶 中統 彭 凌 殿合在——。佚，彭失。

〔上咸五下登三〕　瀧七四・七，慶三三左九，殿三二左七，凌三六右六。○咸，南化 楓 三 索滅。

集　登三王之上　○王，紹 毛五　按：紹、毛本訛。

索　故云滅五登三也　○蔡 慶 中統 彭 凌 殿——登三此說非也。

索　虞憙志林云　○憙，蔡 慶 中統 彭 凌 殿喜。

索　相如欲滅五帝之一以漢盈之　○索「相如」二字作「漢德」二字。

索　今本滅或作咸　○索此注六字作「今或作滅或作咸」七字。

索　是韋昭之說也　○蔡 慶 中統 彭 凌 殿是與韋昭之說符也。

〔猶鷦明已翔乎寥廓〕　瀧七四・九，慶三四右二，殿三二左一〇，凌三六右一〇。○札記舊刻「明」作「鳴」，凌引一本同。

〔悲夫〕　瀧七四・一〇，慶三四右三，殿三三右一，凌三六左一。

*正　廖廓天上寬廣之處　南化 幻 梅 狩 瀧。

〔於是諸大夫芒然喪其所懷來〕 瀧七五・一，慶三四右三，殿三三右一，淩三六左一。○來，紹夾。

〔因遷延而辭避〕 瀧七五・四，慶三四右五，殿三三右四，淩三六左二。○楓三「遷延」二字作「遵循」。

索 案敞罔失容也 ○敞，彭敬，楓校記「敞」。

〔其進仕宦〕 瀧七五・七，慶三四右八，殿三三右六，淩三六左三。○宦，紹中統官。

〔稱病閒居〕 瀧七五・八，慶三四右九，殿三三右七，淩三六左七。○南化楓三景井紹中統蜀常稱病閒居 毛嘗稱病閒居。

〔常從上至長楊獵〕 瀧七五・八，慶三四右一〇，殿三三右七，淩三六左七。○常，南化楓三蜀紹嘗。

〔其辭曰〕 瀧七五・一〇，慶三四左二，殿三三右九，淩三六左一〇。○辭，蔡毛詞。

〔故力稱烏獲〕 瀧七六・一，慶三四左三，殿三三右一〇，淩三六左一〇。○各本「烏」字作「鳥」，瀧川本誤。

〔捷言慶忌〕 瀧七六・一，慶三四左三，殿三三左一，淩三七右一。

索 吴王僚之子 ○子，蔡字。按：蔡本訛。

〔勇期賁育〕 瀧七六・二，慶三四左四，殿三三左一，淩三七右二 ○賁，毛奮。

正　孟賁古之勇士　○慶彭凌無「孟」字。札記官本有「孟」字，各本脱。

〔卒然遇軼材之獸〕　瀧七六・四，慶三四左六，殿三三左三，凌三七右四。○卒，索猝。

索　猝暴也　○猝，蔡慶中統彭凌殿卒。

索　音倉兀反　○兀，蔡慶中統彭凌殿没。

〔犯屬車之清塵〕　瀧七六・六，慶三四左八，殿三三左四，凌三七右六。

集　古者諸侯貳車九乘　○諸，景者。按：景本誤。

集　秦滅九國　○滅，中統減。

集　故大駕屬車八十一乘　○乘，紹黎。

〔雖有烏獲逢蒙之伎〕　瀧七六・七，慶三四左九，殿三三左六，凌三七右八。○札記舊刻「逢」作「逄」，集解同。

〔力不得用〕　瀧七六・七，慶三四左一〇，殿三三左六，凌三七右八。

索　盡羿之道也　○慶蔡中統彭凌殿——道是也。

〔胡越起於轂下〕　瀧七六・九，慶三五右一，殿三三左八，凌三七右九。○胡，紹朝。

〔猶時有銜橛之變〕　瀧七七・一，慶三五右三，殿三三左一〇，凌三七左一。

索　橜音巨月反　○蔡慶中統彭凌殿無此五字，而有「是也」二字。

*正　橛南化、幻、梅本作「蹷」字。　謂車鉤心也言馬銜或斷鉤心或出則致傾敗以傷人也　南化幻梅狩瀧。南化、幻、梅本此下有「按二説未詳也」六字，疑非正義。

〔其爲禍也不亦難矣〕 瀧七七・五，慶三五右七，殿三四右三，凌三七左五。○南化 楓 三 其爲禍灾也不亦難矣。

〔禍固多藏於隱微〕 瀧七七・八，慶三五右一〇，殿三四右六，凌三七左八。○固，蜀 故。

〔家累千金〕 瀧七七・九，慶三五左一，殿三四右七，凌三七左九。○景 井 紹 蔡 慶 中統 彭 毛 家累千金者。 札記 蔡、中統、游、王、柯、毛本下並有「者」字，凌本無，與漢書、文選合。

〔坐不垂堂〕 瀧七七・九，慶三五左一，殿三四右七，凌三七左九。

索 垂邊也恐墮墜之也 ○蔡 慶 中統 彭 凌 殿 垂邊也近堂边恐其墮墜無「之」字。 也非謂畏簷瓦。

〔還過宜春宮〕 瀧七八・二，慶三五左三，殿三四右八，凌三八右一。

正 在宮之東杜之南 ○杜，慶 彭 凌 社。按：景印慶元本改「杜」。

〔登陂阤之長阪兮〕 瀧七八・四，慶三五左五，殿三四左一，凌三八右四。○阤 井 紹 地。

索 陂音普何反 ○陂，中統 彼。

索 阤音徒何反 ○阤，中統 他。 徒，中統 徙。

〔望南山之參差〕 瀧七八・六，慶三五左七，殿三四左四，凌三八右七。

索 隑即碕 ○蔡 慶 中統 彭 凌 殿 隑即碕字。

索 張揖曰隑長也苑中有曲江之象中有長州 ○蔡 慶 中統 彭 凌 殿 無此注十七字。

索 又有宮閣路　○蔡慶中統彭凌殿無「又」字。

索 謂之曲江　○蔡慶中統彭凌殿今猶謂之曲江。

索 樂游原在北　○蔡慶中統彭凌此注五字作「樂游廣在西北」六字。按：景印慶元本「廣」改「原」。殿樂游原在西北。

〔通谷𧮰兮谽燗〕　瀧七八・七，慶三五左一〇，殿三四左六，凌三八右九。○𧮰，景蜀谾。燗，景井蜀紹蔡慶中統彭毛凌殿金陵⿰谷閒，索⿰谷闌。按：瀧川本誤。

索 谾音苦江反　○苦，蔡慶中統彭凌殿古。

〔注平皋之廣衍〕　瀧七八・九，慶三六右二，殿三四左七，凌三八左一。○平，景乎。

索 減音域　○蔡慶中統彭凌殿此注三字作「汩減」二字。

索 靸輕舉意也　○蔡慶中統彭凌殿靸然輕——。

〔覽竹林之榛榛〕　瀧七九・一，慶三六右三，殿三四左八，凌三八左二。

索 薆音愛謂隱也　○蔡慶中統彭索無此注六字。

*正 榛榛盛貌也　南化幻梅狩瀧。

〔北揭石瀨〕　瀧七九・二，慶三六右三，殿三四左九，凌三八左二。

索 說文云瀨水流沙上也　○蔡慶中統彭索無此注九字。

〔宗廟滅絕〕　瀧七九・四，慶三六右五，殿三四左一〇，凌三八左四。

索 容與游戲貌也　○蔡慶中統彭索無此注六字。

〔拾九天而永逝嗚呼哀哉〕　瀧七九・六，慶三六右七，殿三五右三，淩三八左七。○札記舊刻「拾」作「捨」。

正　太玄經云至九爲成天四十三字　○慶彭無此注四十三字。札記王本脱。

〔相如見上好僊道〕　瀧七九・九，慶三六右九，殿三五右五，淩三八左一〇。○僊，毛仙。

〔未就請具至居山澤間〕　瀧七九・一〇，慶三六左二，殿三五右八，淩三九右二。○慶此正文十九字及索隱注重複。南化删去。　按：景印慶元本删去。今葉行以景印本記之，下同。

〔相如以爲列僊之傳〕　瀧八〇・一，慶三六左二，殿三五右八，淩三九右三。○僊，索仙。南化、幻、梅本標記云：正義曰「作列仙之儒」，注曰「儒，柔也」云云。按：正義本「傳」作「儒」。

〔居山澤間〕　瀧八〇・一，慶三六左二，殿三五右八，淩三九右三。○索無「間」字。

索　小顔及劉氏並作儒　○劉，中統顔。

索　儒柔也　○蔡慶中統彭淩殿此注三字作「讀云儒柔」四字。

索　術士之稱非　○淩——稱皆非也。

*正　儒柔也凡有道術皆爲儒　南化幻梅狩瀧。

〔形容甚臞〕　瀧八〇・三，慶三六左三，殿三五右九，淩三九右四。○臞，蔡慶索淩殿金陵臒。

〔此非帝王之僊意也〕　瀧八〇・三，慶三六左四，殿三五右一〇，淩三九右五。

索　舍人云臞瘦也　○蔡慶中統彭淩殿無此注六字。

索 文子云堯癯 ○癯，蔡慶中統彭凌殿臞。

〔悲世俗之迫隘兮〕 瀧八〇·七，慶三六左六，殿三五左二，凌三九右七。○索無「之」字。

〔揭輕舉而遠游〕 瀧八〇·七，慶三六左七，殿三五左二，凌三九右八。

索 如淳曰 ○如，慶彭大。按：景印慶元本改「如」。

〔垂絳幡之素蜺兮載雲氣而上浮〕 瀧八〇·八，慶三六左七，殿三五左三，凌三九右九

○南化、幻、梅本標記云：「垂」，正義曰作「乘」。張云「乘，用也」云云。按：正義本作「乘」字。

*****正** 張揖曰南化、幻、梅、狩本「揖曰」二字作「云」字。 乘用也赤氣爲幡綴以白氣也如淳曰絳氣以虹蜺幻本無「蜺」字。 爲幡 南化幻梅狩瀧。

〔垂旬始以爲幓兮〕 瀧八一·二，慶三六左一〇，殿三五左六，凌三九左一。○幓，景紹中統慘。

〔抴彗星而爲髾〕 瀧八一·二，慶三六左一〇，殿三五左六，凌三九左一。○抴，蜀紹枻。

集 縣於葆下以爲旒也 ○蜀紹無「爲」字。

〔掉指橋以偃蹇兮〕 瀧八一·三，慶三七右一，殿三五左七，凌三九左三。○橋，蜀撟。下注同。

〔又旖旎以招搖〕 瀧八一·四，慶三七右二，殿三五左七，凌三九左三。

索 指音居桀反 ○蔡慶中統彭凌殿無此注五字。

索 橋音矯 ○蔡慶中統彭凌殿「矯」字作「居夭反」三字。

索　張揖曰指矯隨風指靡　○蔡慶中統彭凌殿無此注九字。

索　應劭云旌旗屈撓之貌　○蔡慶中統彭凌殿此注九字移在下文「靡屈虹而爲綢」句下。

〔攬欃槍以爲旌兮〕　瀧八一・五，慶三七右三，殿三五左八，凌三九左四。　○景蜀紹蔡慶中統彭凌殿「欃槍」二字作「攙搶」二字。

〔靡屈虹而爲綢〕　瀧八一・六，慶三七右四，殿三五左九，凌三九左五。

集　以斷虹爲旌杠之韜　○杠，毛旍。

索　綢音籌　○蔡慶中統彭凌殿此注三字作「綢音直留反」五字。

正　天欃長四丈　○丈，慶彭尺。按：景印慶元本改「丈」。

〔紅杳渺以眩湣兮〕　瀧八一・七，慶三七右五，殿三六右一，凌三九左七。　○渺，景井蜀紹眇。下注同。　索「渺」字作「眇」，「眩」字作「泫」。

〔猋風涌而雲浮〕　瀧八一・八，慶三七右五，殿三六右一，凌三九左七。　○猋，慶彭凌殿焱。札記蔡、中統、毛本「猋」，它本訛「焱」。

集　杳渺眩湣　○渺，蔡慶中統彭凌殿眇。

索　泫音炫　○泫，蔡慶中統彭凌殿眩。

索　湣音麪　○麪，中統麵。

索　杳眇深遠　○眇，蔡慶中統彭凌殿渺。

索　泫湣混合也　○泫，蔡慶中統彭凌殿眩。

〔驂赤螭青虬之蚴蟉蜿蜒〕　瀧八一・一〇，慶三七右八，殿三六右三，凌三九左九。○蚴，凌⿰虫兆。札記柯、凌「蚴」誤「⿰虫兆」。

*正　文穎曰有翼曰應龍其最南化、幻、梅本無「最」字。神妙者也瑞應圖云虬龍神無鱗甲女媧時時服應龍驂青虬幻本「虬」作「糺」。是也顏云蠖略委麗蚴蟉宛蜒梅本「蜒」字作「蜈」字。皆其幻本無「其」字。行南化、幻、梅本「行」字作「闕」字。步進止梅本「止」字作「上」字。之貌也　南化幻梅狩瀧。

〔低印夭蟜〕　瀧八二・二，慶三七右八，殿三六右四，凌三九左一〇。○毛脱「夭」字。

〔据以驕驁兮〕　瀧八二・二，慶三七右八，殿三六右四，凌三九左一〇。

索　据直項也　○項，慶蔡中統彭殿須。

〔蠼以連卷〕　瀧八二・三，慶三七右九，殿三六右五，凌四〇右一。○蠼，景井紹蜀蔡慶中統彭索毛躩。

*正　据直項也驕驁縱恣也詘折委曲也崇窮舉髻也蠼南化、幻、梅本「蠼」字作「躍」字。跳也連卷句蹄也　南化幻梅狩瀧。

〔沛艾赳螑〕　瀧八二・六，慶三七右一〇，殿三六右六，凌四〇右二。○艾，紹災。

〔仡以佁儗兮〕　瀧八二・六，慶三七右一〇，殿三六右六，凌四〇右二。

集　申頸低印也　○頸，毛頭，紹項。

集　佁儗不前也　○景蜀紹慶蔡中統彭凌殿無「佁」字。

索　孟康曰赳螑申頸低頭　○蔡慶中統彭凌殿無此注九字。

索　赳螑牙跳也　○索赳螑之牙跳也　札記單本「螑」下衍「之」字。「牙」，疑當作「㸦」。

索　螑音許救反　○救，蔡赦。

索　佁儗不前也　○蔡慶中統彭凌殿無此注五字。

索　佁音勑吏反　○佁，索仡。

*正　沛艾駊騀也　南化幻梅狩瀧。

〈驤以孱顏〉　瀧八二·九，慶三七左二，殿三六右八，凌四〇右四。

*正　畔岸南化、幻本無「岸」字。　自縱之貌張云驤舉也孱顏不舉也下十字依南化、梅本補。　南化幻梅狩瀧。

〈跮踱輵螛〉　瀧八二·一〇，慶三七左三，殿三六右九，凌四〇右五。　○螛，索磍。

〈綢繆偃蹇〉　瀧八二·一〇，慶三七左四，殿三六右九，凌四〇右六。　○索「綢繆」二字作「蜩蟉」二字。

〈怵臭以梁倚〉　瀧八二·一〇，慶三七左四，殿三六右九，凌四〇右六。

集　跮踱乍前乍卻也　○景井蔡慶中統彭「跮踱」二字作「跮踱」二字。

集　螛音曷　○螛，毛輵。

集　怵臭走也　○走，紹是。

索　跮踱疾行貌輵磍前卻也　○蔡慶中統彭凌殿此注十字作「跮踱疾行互前却也輵螛搖目吐舌也」十五字。

索　轕音烏葛反　○蔡慶中統彭凌殿「烏葛反」三字作「遏」字。

索　磍音曷　○磍，蔡慶中統彭凌殿轄。

索　蜩音徒弔反　○蜩，楓綢。

索　蟉音勑弔反　○蔡慶中統彭凌殿無此注五字。

索　卻距也　○距，蔡慶中統彭凌殿器。

索　夭蟜之貌　○蔡慶中統彭凌殿「之貌」二字作「也」字。

索　張揖曰怵奐奔走梁倚相著　○蔡慶中統彭凌殿無此注十一字。

索　奐音笞略反　○索無「反」字。

索　倏奐遠去　○倏，蔡慶中統彭凌殿修。

索　奐視也　○視，蔡慶中統彭凌殿袂。

〔糾蓼叫奡〕　瀧八三・三，慶三七左七，殿三六左三，凌四〇右一〇。○叫，景蜀紹叫，毛叶。按：毛本訛「叶」。

〔蹋以艐路兮〕　瀧八三・四，慶三七左七，殿三六左三，凌四〇右一〇。○蹋，索踏。

索　高舉貌　○蔡慶中統彭凌高舉之貌。

索　古屆字也　○屆，蔡慶中統彭索凌殿界。

〔蔑蒙踊躍〕　瀧八三・五，慶三七左九，殿三六左四，凌四〇左二。○蔑，索篾。

〔騰而狂趡〕　瀧八三・五，慶三七左九，殿三六左四，凌四〇左二。

索　䉶蒙張揖曰䉶蒙飛揚也趡走貌　○蔡慶中統彭凌殿無此注十三字。○熛，紹煙。

〔熛至電過兮〕　瀧八三・六，慶三七左一〇，殿三六左五，凌四〇左三。

〔霍然雲消〕　瀧八三・七，慶三七左一〇，殿三六左六，凌四〇左三。

＊正　莅颯飛相及也卉幻本作赤字。　翕走相追也　南化幻梅狩瀧。

〔與真人乎相求〕　瀧八三・八，慶三八右一，殿三六左六，凌四〇左四。

集　邪度東極而升北極者也　○邪，景井紹郊。升，井外。

〔橫厲飛泉以正東〕　瀧八三・九，慶三八右二，殿三六左八，凌四〇左五。

正　飛泉谷也　○慶彭「飛」、「泉」互倒。札記「飛」、「泉」，王、柯倒。

〔部乘衆神於瑤光〕　瀧八三・一〇，慶三八右三，殿三六左九，凌四〇左六。

集　北斗杓頭第一星　○北，紹五。杓，慶彭凌標。按：景印慶元本改「杓」。

＊正　靈圉仙人也　南化幻梅狩瀧。

〔使五帝先導兮〕　瀧八四・一，慶三八右四，殿三六左一〇，凌四〇左七。

正　遵導應云　○殿此注四字作「導導引也」四字。

正　五帝五時　○時，慶殿時，札記王、柯訛「時」。

〔前陸離而後潏湟〕　瀧八四・五，慶三八右八，殿三七右三，凌四一右一。

＊正　陸離漢書作長離如淳曰長離朱爵也　南化幻梅狩瀧。

〔厮征伯僑而役羨門兮〕　瀧八四・六，慶三八右八，殿三七右三，凌四一右二。○伯，慶彭凌殿北，南化楓棭三校記「伯」。札記蔡本、中統、舊刻、游本與索隱本合，它本「伯」誤「北」。

集 形解而仙也　○仙，慶彭凌殿征毛僊。按：景印慶元本改「仙」。也，井蜀化。

索 漢書郊祀志作正伯僑　○正，索征。

索 此當別人　○蔡慶中統彭凌殿此當是別人。

正 碣石山上仙人羡門高也　○凌「正義曰」之「正」字誤「張」字。南化楓棭三——羡門高誓也。

〔祝融驚而蹕御兮〕　瀧八四・九，慶三八左一，殿三七右七，凌四一右五。○驚，南化楓棭三警。按：南化、梅本標記云：正義作「警」。

〔綷雲蓋而樹華旗〕　瀧八五・一，慶三八左三，殿三七右九，凌四一右七。

索 綷合也合五綵雲爲蓋也　○蔡慶中統彭凌殿此注十字作「蓋有五綵也」五字。

〔雜遝膠葛以方馳〕　瀧八五・五，慶三八左七，殿三七左三，凌四一左二。○葛，索輵。

索 膠輵驅馳也　○輵，蔡慶中統彭凌殿葛。

〔騷擾衝蓯〕　瀧八五・六，慶三八左八，殿三七左三，凌四一左二。○衝，索毛衝。

〔其相紛挐兮〕　瀧八五・六，慶三八左八，殿三七左三，凌四一左二。○挐，凌拏。

〔壇以陸離〕　瀧八五・八，慶三八左一〇，殿三七左五，凌四一左四。

集 徐廣曰壇音坦　○毛脱此集解。

〔經入靁室之砰磷鬱律兮〕瀧八五・一〇，慶三八左一〇，殿三七左五，凌四一左五。〇徑，井蔡中統俓。鬱，紹慰。

〔洞出鬼谷之崫礨嵬𥗼〕瀧八五・一〇，慶三九右一，殿三七左六，凌四一左五。

集 楚辭曰贅鬼谷于北辰也 〇贅，楓栻三兀自暬，毛楚辭有曰——。按：毛本衍。

〔徧覽八紘而觀四荒兮〕瀧八六・三，慶三九右二，殿三七左七，凌四一左七。〇兮，殿夸。按：殿本誤。

〔朅渡九江而越五河〕瀧八六・三，慶三九右三，殿三七左八，凌四一左八。

正 仙經云 〇慶彭凌殿無「經」字。札記「經」字警依漢書注增。

〔杭絶浮渚而涉流沙〕瀧八六・五，慶三九右七，殿三八右二，凌四二右二。

集 漢書音義曰至流沙中渚也十八字 〇慶彭凌無此注十八字。南化校補此集解。按：景印慶元本補。南化本標記云：小板有之。札記此集解王、柯、凌本並脱。

集 絶渡也 〇渡，景井蜀紹中統毛度。

正 崑崙之丘 〇丘，慶彭凌殿岳。

正 投物輒然 〇慶彭凌投物輒物然。札記各本「輒」下衍「物」字，官本無。

正 東去一里 〇東，慶彭凌車。按：景印慶元本改「東」。札記官本「東」，各本訛「車」。

正 其山爲天柱 〇慶彭此注五字作「其主爲主」四字。凌作「其山爲主」四字。殿無此注五字。札記王、柯誤作「其主爲主」四字。凌本同。惟「山」字不誤。今補正。

〔奄息總極氾濫水嬉兮〕　瀧八六・七，慶三九右七，殿三八右三，凌四二右三。○濫，慶彭涇　南化　楓　棭　三　校記「濫」　按：景印慶元本改「濫」。

*正　括地志嶺山在京西九千八百六十里蔥茂於常故云蔥嶺其山東至于滇南化、幻、梅本「滇」字作「闐」字。國西踰罽賓南化、幻、梅、狩本「賓」下有「國」字。云　南化　幻　梅　狩　瀧。

〔西望崑崙之軋沕洸忽兮〕　瀧八七・三，慶三九左二，殿三八右七，凌四二右七。　○洸，井　紹　恍。

正　面九井　○南化　棭　三　面有九井。

正　崑崙在肅州酒泉縣南八十里　○慶　彭　凌　殿「在」字移在「崑」字上。札記「在」字錯「崑崙」上。

正　十六國春秋後魏昭成帝建國十年　○彭　凌「春秋」二字作「秦亡」二字，而無下「國」字。慶「春秋」二字作「秦云」二字，而無下「國」字。南化「云」字作「亡」字。　按：景印慶元本「秦云」改「春秋」而補「國」。　札記　王誤「秦云」，柯、凌誤「秦亡」。

正　樂而忘歸　○樂，南化　彭　家。

正　在臨羌之西　○羌，慶　彭　凌　差。　按：景印慶元本改「羌」。

正　又阿傉達山亦名建末達山　○慶　彭　凌　上「達」字作「建」字，「末」字作「山」字。　南化　楓　棭　三「建」，校記「達」。　按：慶、彭、凌本誤，景印慶元本「建」改「達」，「山」改「末」。

正　恒河出其南吐師子口　○師，凌　獅。

正　出於崑崙西北隅　○慶彭凌殿此注七字作「出書於西河北隅」七字。札記誤作「出書於西河北隅」。

正　黃河　○河，慶彭凌殿海。札記「河」誤「海」。以上官本並不誤。崑崙、黃河二條亦見考證。

*正　軋沕洸忽南化、幻、梅本「忽」字作「惚」字。不分南化、幻、梅本無「分」字。明貌　南化幻梅狩瀧。

〈舒閬風而摇集兮〉　瀧八七・一〇，慶四〇右一，殿三八左七，凌四二左八。○舒，南化楓三登。

〈吾乃今目睹西王母〉　瀧八八・二，慶四〇右四，殿三八左九，凌四三右一。○目，南化楓三景井蜀日。

〈皬然白首〉　瀧八八・三，慶四〇右四，殿三八左一〇，凌四三右一。

索　皬音鶴也　○蔡慶中統彭凌殿「鶴也」二字作「鸖」字。

〈載勝而穴處兮〉　瀧八八・四，慶四〇右五，殿三九右一，凌四三右三。○札記舊刻「穴」、「處」誤倒。

集　勝玉勝也　○玉，蔡慶彭一南化玉。按：南化標記云：小板一作「玉」。景印慶元本改「玉」。

正　勝婦人首飾也　○慶彭凌殿金陵勝代婦人——。札記漢書注無「代」字，疑涉下而衍。

〈亦幸有三足烏爲之使〉　瀧八八・四，慶四〇右六，殿三九右二，凌四三右四。○亦，蔡慶彭赤南化校記「亦」。按：景印慶元本改「亦」。

正　青烏也　○烏，殿鳥。按：景印慶元本作「鳥」。

正　在昆墟之北　○殿「昆墟」二字作「崑崙」二字。

〈呼吸沆瀣〉　瀧八八・八，慶四○右九，殿三九右五，凌四三右七。○瀣，景蜀紹蔡慶中統彭凌殿瀣。

〈餐朝霞兮〉　瀧八八・八，慶四○右九，殿三九右五，凌四三右七。○餐，景蜀紹蔡慶中統彭毛凌殿飡。

〈噍咀芝英兮嘰瓊華〉　瀧八八・八，慶四○右一○，殿三九右五，凌四三右七。

*__正__　幽都山名在北方海内經云北海之内有山名曰幽都　南化幻梅狩瀧。

〈嬐侵潯而高縱兮〉　瀧八八・一○，慶四○右一○，殿三九右六，凌四三右八。○侵，索浸。

〈紛鴻涌而上厲〉　瀧八八・一○，慶四○左一，殿三九右六，凌四三右九。

索　漢書嬐作僸僸仰也　○蔡慶中統彭殿「僸」字並作「襟」字。

索　音襟　○襟，蔡慶中統彭凌殿禁。

〈涉豐隆之滂沛〉　瀧八九・二，慶四○左二，殿三九右八，凌四三右一○。

集　漢書音義曰　○蜀重「音義」二字。

集　天閃也　○閃，蜀凌殿門。

正　案豐崇將雲雨　○案，慶彭凌殿接。豐，凌風。崇，楓棭三隆。

〈馳游道而脩降兮〉　瀧八九・四，慶四○左三，殿三九右九，凌四三左二。○馳，楓三景井蜀紹騁。脩，景蜀紹蔡慶中統毛循，南化校記「脩」。

〈鶩遺霧而遠逝〉瀧八九・五，慶四〇左四，殿三九右一〇，凌四三左二。

＊**正** 鶩遺霧言馳車從長路而下馳遺棄其霧而遠逝幻本「逝」字作「近」字。也 南化幻梅狩瀧。

〈舒節出乎北垠〉瀧八九・七，慶四〇左五，殿三九右一〇，凌四三左三。〇節，中統即。札記中統、游本訛「即」。

〈上寥廓而無天〉瀧八九・一〇，慶四〇左七，殿三九左二，凌四三左五。〇寥，紹毛家，凌廖。

〈超無友而獨存〉瀧九〇・一，慶四〇左八，殿三九左三，凌四三左六。〇友，殿有。

〈飄飄有淩雲之氣〉瀧九〇・六，慶四〇左九，殿三九左三，凌四三左八。〇南化楓棭三無「之」字。淩，金陵凌。

〈似游天地之閒意〉瀧九〇・六，慶四〇左一〇，殿三九左五，凌四三左八。〇似，南化楓棭三以。

〈家居茂陵〉瀧九〇・七，慶四〇左一〇，殿三九左五，凌四三左九。〇家，井蒙。

〈使所忠往〉瀧九〇・九，慶四一右二，殿三九左七，凌四三左一〇。

索 張揖曰使者姓名見食貨志 〇慶彭凌殿無此注十一字。

〈家無書〉瀧九〇・一〇，慶四一右三，殿三九左八，凌四四右一。〇南化楓棭三家無遺書。

〔言封禪事〕　瀧九一・三，慶四一右六，殿三九左一〇，凌四四右四。

*正　封禪國之大禮故曰南化、幻、梅、狩本「曰」字作「云」，下同。札南化、幻、梅、狩本「札」字作「禮」。書顏云書於札南化、幻、梅、狩本無「於」字，重「札」字。而留之故曰遺札恐非　南化 幻 梅 狩 瀧。

〔奏所忠〕　瀧九一・三，慶四一右六，殿三九左一〇，凌四四右四。　〇忠，紹 忘。

〔歷撰列辟〕　瀧九一・五，慶四一右八，殿四〇右二，凌四四右五。　〇撰，索 選。

〔以迄于秦〕　瀧九一・五，慶四一右八，殿四〇右二，凌四四右六。

集　選數之也　〇蔡 慶 中統 彭 凌 殿 無「之」字。

〔率邇者踵武〕　瀧九一・六，慶四一右八，殿四〇右二，凌四四右六。

集　循省近世之遺迹　〇景 井 蜀 紹 蔡 慶 中統 彭 毛 金陵「近」、「世」二字倒。

索　則繼跡可知也　〇蔡 慶 中統 彭 凌 殿「繼跡」二字作「踵蹈者」三字。

〔逖聽者風聲〕　瀧九一・七，慶四一右九，殿四〇右四，凌四四右八。

集　聽察遠古之風聲　〇聽，紹 德。

索　風聲至在風雅之聲也二十一字　〇索 無此二十一字。

〔紛綸葳蕤〕　瀧九一・八，慶四一右一〇，殿四〇右五，凌四四右九。　〇葳，索 威。

〔堙滅而不稱者〕　瀧九一・八，慶四一左一，殿四〇右五，凌四四右九。　〇者，紹 有。

〔不可勝數也〕　瀧九一・九，慶四一左一，殿四〇右五，凌四四右九。

索　綸没也　○綸，慶凌殿淪。札記綸無没義。各本作「淪没也」。然則小司馬本正文從「水。」

〔續昭夏〕　瀧九一・一〇，慶四一左二，殿四〇右六，凌四四右一〇。○昭，景蔡慶彭中統毛韶，南化校記「昭」。

〔略可道者七十有二君〕　瀧九一・一〇，慶四一左二，殿四〇右六，凌四四右一〇。

集　七十有二人　○毛「有」字移在「七十」上。

索　韓詩外傳及封禪書皆然　○蔡慶中統彭凌殿「韓」上有「見」字，而「皆然」二字作「世」字。

〔疇逆失而能存〕　瀧九二・二，慶四一左四，殿四〇右八，凌四四左二。

集　疇誰也　○誰，毛諸。

〔維見可觀也〕　瀧九二・四，慶四一左六，殿四〇右一〇，凌四四左五。

索　六六經也　○蔡慶中統彭凌殿無此注四字。

〔爰周郅隆〕　瀧九二・八，慶四一左九，殿四〇左三，凌四四左八。

集　王季徙郢　○慶彭凌殿「徙郢」二字作「宅程」二字。郢，景蜀蔡中統程，札記舊刻、游本「郢」，各本作「程」，下並同。案：此以「郢」、「郅」形近，故疑爲「郢」。若「程」字，則不相及矣。

集　故周書曰　○周，毛漢。按：毛本訛。

集　維王季宅郢　○郢，景井蜀紹蔡慶中統彭毛凌殿程。下同。宅，井從。

集　孟子稱文王生於畢郢　○[紹]無「生」字。

集　或者郢字宜爲郢乎　○宜，[毛]其。乎，[蜀][紹]字。[札記]毛本「宜」作「其」，舊刻「乎」作「字」。

集　或爲晊　○晊，[景][蔡][慶][中統][彭][凌][殿][金陵]脛。

索　隆盛也　○[蔡][慶][中統][彭][凌][殿]無「隆」字。隆，[索]崇。

索　應劭曰郅至也　○[蔡][慶][中統][彭][凌][殿]無此注六字。

〔大行越成〕　瀧九二・一〇，慶四二右二，殿四〇左六，凌四五右一。

集　行道也　○[紹]行道也色道也。

集　太平之道　○[紹]無「道」字。

索　案行道也至而成之也十四字　○[蔡][慶][中統][彭][凌][殿]此注十四字作「應劭云大行謂以言道德大行也」十三字。

〔故軌迹夷易〕　瀧九三・六，慶四二右二，殿四〇左九，凌四五右四。○迹，[毛]於。按：誤。

〔易繼也〕　瀧九三・六，慶四二右七，殿四〇左一〇，凌四五右六。

*正　軌迹夷易言軌法蹤迹（南化、梅、狩本「迹」作「跡」，幻本無。）　平易易遵奉也濛遍布也涌出也　[南化][幻][梅][狩][瀧]。

〔而崇冠于二后〕　瀧九三・八，慶四二右七，殿四一右一，凌四五右六。

*正　博物志云襁織縷爲廣八寸長大尺以約小兒於背上也呂氏春秋云緥小兒被　[南化][梅][狩]。

〔逢涌原泉〕　瀧九四・二，慶四二左一，殿四一右四，凌四五右一〇。○逢，[景][井][蜀][蔡]

慶中統彭毛凌殿逄。下集解之「逄」亦同。索此四字作「逄源泉」三字。

〔汩濦漫衍〕瀧九四·二，慶四二左一，殿四一右四，凌四五左二。

索　喻其德盛若遇泉源之流也　○源，慶中統彭凌殿原。

索　又作峰讀曰烽　○慶蔡中統彭凌殿無「曰烽」二字。

*正　汩濦漫衍言漢恩梅本「恩」下有「法」字。廣大也狩本「也」下有「音勿」二字。梅本「正義曰」下有「音勿」二字。南化本「正義曰」上有「音勿」二字。　南化幻梅狩瀧。

〔雲尃霧散〕瀧九四·五，慶四二左二，殿四一右六，凌四五左二。○尃，景專。

〔下泝八埏〕瀧九四·六，慶四二左三，殿四一右七，凌四五左三。

集　埏音延　○井紹蔡慶中統彭毛凌殿無此三字而有「埏若八埏」四字。

集　地之際也　○景蜀地之八際也。

集　下流於地之八際也　○景井蜀無「八」。

〔邇陜游原〕○瀧　九四·七，慶四二左五，殿四一右九，凌四五左五。陜，南化陿。

〔回首面內〕瀧九四·一○，慶四二左七，殿四一左一，凌四五左七。

*正　澤音懌文穎曰凱懌皆樂也　南化幻梅狩瀧。

〔徼麋鹿之怪獸〕瀧九五·一，慶四二左八，殿四一左二，凌四五左八。

*正　騶虞義獸也白虎黑文不食生物有至信之德南化、幻、梅本「德」字作「法」字。則應之案以此故曰南化、幻、梅本「曰」字作「言」字。珍群將充囿「囿」，南化、梅本作「圃」，幻本作「國」。也　南化幻梅狩瀧。

〔䆃一莖六穗於庖〕 瀧九五・三，慶四二左九，殿四一左三，凌四五左九。○䆃，紹䆃。索「䆃」字作「䆃」，「穗」字作「蕙」。

索 鄭玄云 ○玄，蔡慶中統彭凌殿德。

索 䆃擇也 ○蔡慶彭「擇也」二字作「澤水」二字。 按：景印慶元本改「擇也」。

索 禾一莖六蕙謂之䆃也 ○蕙，蔡慶中統彭凌殿穗。

〔犧雙觡共抵之獸〕 瀧九五・五，慶四三右一，殿四一左四，凌四六右一。

集 底本也 ○底，殿抵。

〔獲周餘珍收龜于岐〕 瀧九五・六，慶四三右二，殿四一左六，凌四六右二。○收，毛牧。

按：毛本因字形相似誤。

〔招翠黃乘龍於沼〕 瀧九五・八，慶四三右三，殿四一左七，凌四六右三。

集 黃帝乘之而登仙 ○慶彭凌殿無「之」字。

集 訾黃其何不來下 ○景井蜀紹蔡慶中統彭毛殿此注七字作「紫黃湛河不下來」七字。凌「來」、「下」互倒。札記「訾」訛「紫」，「其」訛「湛」，「何」訛「河」，考證據漢書改。

索 龍翠色又云即乘黃也乘四龍也 ○蔡慶中統彭凌殿此注十三字作「乘龍四龍也翠黃孟説是也」十一字。

〔賓於閒館〕 瀧九五・一〇，慶四三右五，殿四一左九，凌四六右六。

集 故靈圉爲賓旅于閒館矣 ○閒，景井蜀紹蔡慶中統彭凌殿閑。

集　郭璞曰　○璞，慶彭朴，凌村，金陵樸，楓校記「璞」。

〔休之以燎〕　瀧九六・四，慶四三右八，慶四二右二，凌四六右九。

索　白魚入于王舟　○慶蔡中統彭凌殿無「于」字。

〔其何爽與〕　瀧九六・七，慶四三右一〇，殿四二右四，凌四六左一。○索「其」、「何」倒。

集　言周未可封禪而封禪　○慶彭凌殿無「而封禪」三字。

索　言周未可封而封至皆差之也二十二字　○蔡慶中統彭凌殿此注二十二字作「言漢周進讓之道皆差也」十字。

〔陛下仁育羣生〕　瀧九六・九，慶四三左二，殿四二右六，凌四六左三。○育，中統有，札記中統、游本訛「有」。

〔不特創見〕　瀧九七・一，慶四三左四，殿四二右八，凌四六左六。

索　不獨一物造次見之　○蔡慶中統彭凌殿「造次見之」四字作「初創見也」四字。

〔設壇場望幸〕　瀧九七・二，慶四三左六，殿四二右一〇，凌四六左八。○索設壇場望幸華。

索　案諸本或作望華蓋　○蔡慶中統彭凌殿無「諸」字。諸，索謂。

索　今言望華蓋太帝耳且言設壇場望幸者　○蔡慶中統彭凌殿無「望華」至「望幸者」十四字。言，蔡慶害，南化校記「言」。　按：景印慶元本改「言」。

索　而摯虞流別集則唯云　○蔡慶中統彭索凌殿「鷙」、「虞」倒。札記原誤倒，今正。

索　望幸當是也　○望，蔡慶中統彭凌殿幸。

索　於義亦通　○亦，索金陵易。

索　直以後人見幸下有蓋字　○幸，索華。

索　又幸字似華字因疑惑　○字，蔡慶中統彭凌殿故。

索　遂安華字　○安，蔡慶中統彭凌殿定。

索　使之誤也　○蔡慶中統彭凌殿無「之」字。

〔蓋號以況榮〕　瀧九七・四，慶四三左六，殿四二右一〇，凌四六左八。

索　揆其榮而相比況而爲號也　○蔡慶中統凌殿下「而」字作「以」字。彭無下「而」字。

索　蓋語辭也　○蔡慶中統凌殿此四字作「蓋欲也」三字。彭無此四字。

索　言蓋欲紀功立號　○蔡慶凌殿此七字作「言欲化功立號」六字。中統作「言欲化功名號」六字。彭無「言蓋欲紀」四字。

〔羣臣恧焉〕　瀧九七・九，慶四四右四，殿四二左八，凌四七右七。

索　應劭作絶　○絶，索紀。

索　李奇韋昭作闕　○闕，蔡慶中統彭凌殿缺。

索　韋昭以爲上帝太山梁父　○蔡慶中統彭凌殿無此十字，而下「如淳說」下有「與韋不同」四字。

*正　挈猶持言漢帝執持三神之驩今乃不封禪（南化、幻、梅本「禪」下有「今」字。）缺王道之儀號孔文祥云三神

天地人也按三家說韋氏爲長（南化、梅本「長」下有「也」。） 南化幻梅狩瀧。

〔珍符固不可辭〕 瀧九八・一，慶四四右五，殿四二左九，凌四七右八。

索 孟康曰至不可辭讓也十八字 ○蔡慶中統彭凌殿無此注十八字。

〔而梁父靡幾也〕 瀧九八・三，慶四四右六，殿四二左一〇，凌四七右九。

集 無所庶幾 ○庶，景成。

*__正__ 符瑞盛而辭之則是太山無碑記梁父無望祭祀（南化、梅、狩本「祀」下有「云」字。）也 南化幻梅狩瀧。

〔咸濟世而屈〕 瀧九八・四，慶四四右七，殿四三右二，凌四七右一〇。○世，索代。

索 言自古封禪之帝王 ○蔡慶中統彭凌殿無「自」字。索「言」、「自」互倒。札記單本誤倒，各本遂刪「自」字。今正。

索 咸有濟代之勳 ○蔡慶中統彭凌殿「咸」字作「盛」，而「代」字作「世」。

索 使說者尚何稱述於後代也 ○蔡慶中統彭凌殿「於」字、「也」字並無。札記「也」字疑衍。

索 如上文云七十二君者哉 ○蔡慶中統彭凌殿此注十字作「而云七十二君乎」七字。如，索故，札記「如」訛「故」，今改。

〔發號榮〕 瀧九八・九，慶四四左三，殿四三右八，凌四七左七。○殿「號」、「榮」倒。

〔以展采錯事〕 瀧九九・三，慶四四左六，殿四三右一〇，凌四七左一〇。○展，蔡慶中統展。按：景印慶元本「展」改「展」。札記蔡、王本「展」訛「展」。

集 錯音厝　○音，中統晉。按：中統本訛。

集 采官也　○官，景宮。

集 得覩日月末光殊絶之用　○用，凌明。

集 以展其官職　○官，景宮。毛而以展其官職。

〔作春秋一藝〕　瀧九九·五，慶四四左七，殿四三左二，凌四八右二。

集 因兼正天時　○天，蜀大。

〔攄之無窮〕　瀧九九·八，慶四四左一〇，殿四三左四，凌四八右四。

集 臚敘也　○敘，蜀紹人。

*****正** 攄布南化、幻、梅、狩本「布」字作「飾」字。也　南化幻梅狩瀧。

〔騰茂實〕　瀧九九·九，慶四五右二，殿四三左六，凌四八右六。

索 飛揚英華之聲　○華，蔡慶中統凌殿偉彭英。

〔詩大澤之博〕　瀧一〇〇·三，慶四五右六，殿四三左一〇，凌四八右一〇。○大，毛犬。

按：毛本訛。

〔廣符瑞之富〕　瀧一〇〇·四，慶四五右六，殿四三左一〇，凌四八右一〇。

集 謂自我天覆雲之油油　○中統「油油」二字作「由由」。井紹不重「油」字。

集 廣符瑞之富　○毛「瑞之」二字作「符大」。按：毛本誤。

〔厥壤可游〕　瀧一〇〇・六，慶四五右九，殿四四右三，凌四八左三。○札記「壤」字王訛「攘」。

〔何生不育〕　瀧一〇〇・七，慶四五右九，殿四四右三，凌四八左四。

集　色蔭反　○蔭，毛陰。

〔我穡曷蓄〕　瀧一〇〇・八，慶四五右一〇，殿四四右四，凌四八左五。○穡，紹穗。

〔氾尃濩之〕　瀧一〇〇・九，慶四五左二，殿四四右五，凌四八左六。○氾，景井我。尃，慶中統專，索布，南化校記「尃」。　按：景印慶元本改「尃」。　札記舊刻「氾」誤「我」。中統、游、王、柯本「尃」訛「專」。

集　古布字作尃　○尃，慶中統專。

索　言雨澤非偏於我　○偏，中統徧。

索　普徧布散　○徧，蔡慶中統彭索殿遍。

索　無所不濩之也　○蔡慶中統彭凌殿無「之」字。

〔望君之來〕　瀧一〇一・一，慶四五左三，殿四四右七，凌四八左八。

集　大山也　○大，蜀紹中統太。

〔侯不邁哉〕　瀧一〇一・二，慶四五左四，殿四四右八，凌四八左八。

索　李奇云至侯維也二十七字　○蔡慶中統彭凌殿此注二十七字作「小顔云侯何也邁行也言君何不行封禪」十六字。

索　言君何不行封禪之事也　○君，索居。按：索隱本訛。

〔其儀可嘉〕　瀧一〇一・三，慶四五左六，殿四四右九，凌四八左一〇。

索　文彩之貌也　○彩，中統采。

〔旼旼睦睦〕　瀧一〇一・四，慶四五左六，殿四四右一〇，凌四九右一。○睦，中統睦。

〔君子之能〕　瀧一〇一・四，慶四五左六，殿四四右一〇，凌四九右一。○能，楓態，慶彭熊。

集　能一作態　○態，慶彭殿熊。

集　旻和穆敬言和且敬　○蜀紹重「旻」字。穆，彭凌殿睦，三校記「穆」。

〔虞氏以興〕　瀧一〇一・八，慶四五左九，殿四四左二，凌四九右三。

索　則騶虞亦在其中者已　○蔡慶中統彭凌殿「者已」二字作「也」字。

〔游彼靈畤〕　瀧一〇一・九，慶四五左一〇，殿四四左三，凌四九右四。

索　嬉遊貌　○貌，蔡慶中統彭凌殿也。

〔興德而升〕　瀧一〇二・一，慶四六右二，殿四四左六，凌四九右七。

*正　黄龍者四龍之長西方南化「方」下有「之」字。正色神靈之精能巨梅本「巨」下有「能」字。細剛柔文明章應和氣而游池沼南化、梅本「沼」下有「也」。　南化幻梅狩瀧。

〔熿炳煇煌〕　瀧一〇二・三，慶四六右三，殿四四左六，凌四九右八。○煇，景毛煌，蔡慶凌殿湟。札記舊刻、毛本「煌」，它本作「湟」。

〔云受命所乘〕 瀧一〇二・五，慶四六右四，殿四四左八，凌四九右九。

索 揆其比類 ○比，[殿]此。

索 黄龍爲之應 ○龍，[凌]尤。

〔不必諄諄〕 瀧一〇二・六，慶四六右六，殿四四左九，凌四九左一。

集 諄止純反 ○止，[彭]正。 純，[井]繼。

集 天之所命 ○天，[彭]不。 按：彭本訛。

集 表以符瑞 ○符，[井]筶。

〔依類託寓〕 瀧一〇二・七，慶四六右七，殿四四左一〇，凌四九左二。○託，[蔡][慶][中統][彭][毛][凌]記，[南化][楓][三]校記「託」。

〔諭以封巒〕 瀧一〇二・七，慶四六右七，殿四四左一〇，凌四九左二。○巒，[紹]蠻。下集解注同。

〔天人之際已交〕 瀧一〇二・八，慶四六右八，殿四五右一，凌四九左三。○已，[凌]以。

〔競競翼翼也〕 瀧一〇二・九，慶四六右九，殿四五右二，凌四九左四。○[金陵]「競」字兩作「兢」。[毛]無「也」字。

〔不失肅祇〕 瀧一〇三・一，慶四六右一〇，殿四五右三，凌四九左五。○失，[紹]大。

〔舜在假典〕 瀧一〇三・一，慶四六右一〇，殿四五右三，凌四九左五。○[札記]「在」字柯誤「尤」。

〔此之謂也〕　瀧一〇三・一，慶四六左一，殿四五右四，凌四九左六。

＊正　在察也　南化幻梅狩瀧。

〔司馬相如既卒〕　瀧一〇三・三，慶四六左一，殿四五右四，凌四九左六。

集　元狩五年也　〇也，慶彭狩，南化校記「卒」。　按：景印慶元本删去下「狩」字。

〔相如他所著〕　瀧一〇三・一〇，慶四六左四，殿四五右七，凌四九左九。〇紹無「他」字。

〔推見至隱〕　瀧一〇四・五，慶四六左七，殿四五右九，凌五〇右二。

集　推見事至於隱諱　〇事，毛争，札記「王本「事」訛「争」」。　按：札記所云「王本」者，毛本之誤也。

〔易本隱之以顯〕　瀧一〇四・七，慶四六左八，殿四五右一〇，凌五〇右三。〇殿「之」、「以」互倒。札記「之以」，漢書作「以之」，據索隱則所見史本與漢書同。今本誤倒，并單本所出正文而改之矣。

索　是推見以至隱也　〇蔡慶中統彭凌殿無「以」字。

索　是本隱以之明顯也　〇慶彭殿「是本」二字作「索」字。蔡「是」字空，而「本」字作「索」。凌無「本」字。

〔而德逮黎庶〕　瀧一〇四・九，慶四六左一〇，殿四五左二，凌五〇右六。

索　文穎曰大雅先言大人王公之德後及衆庶　〇蔡慶中統彭凌殿無此注十七字而有「張揖曰謂文王公劉在位大人之德下及衆民者也」二十字。及，索乃。

〔譏小己之得失〕　瀧一〇四・一〇，慶四七右一，殿四五左四，凌五〇右七。〇索無

「之」字。

〔其流及上〕 瀧一〇四・一〇，慶四七右二，殿四五左四，凌五〇右七。

集 小雅之人 ○之，景井蜀紹蔡慶中統彭毛凌殿云。札記「之」訛「云」，汪校改。

集 其流乃及上政之得失者 ○蜀無「者」字。

索 文穎曰至得失也二十七字 ○蔡慶中統彭凌殿此注二十七字作「張揖云已詩人自謂也已小有得失不得其所作詩流言以諷其上也」二十七字。

索 故禮緯云 ○禮，蔡慶中統彭凌殿詩。

*正 從傳至小雅所言（南化、幻、梅本無「所言」二字。） 殊異其合德化民若一用比相如虛詞浮濫後要歸於節儉與詩之諷諫同德也 南化幻梅狩瀧。

〔所以言雖外殊〕 瀧一〇五・三，慶四七右四，殿四五左六，凌五〇右九。○南化楓三無「外」字。

〔余采其語可論者著于篇〕 瀧一〇五・八，慶四七右七，殿四五左九，凌五〇左三。

索 四馬還邛 ○四，蔡慶中統彭凌殿駟。

索 遺文卓爾 ○卓，蔡彭慶凌殿悼。

史記會注考證校補卷一百十八

淮南衡山列傳第五十八

〔趙王敖弗敢内宫〕　瀧二、三，慶一右四，殿一右九，凌一右五。○宫，[紹]官。按：紹本訛。

〔繫之河内厲王母亦繫〕　瀧二・四，慶一右六，殿一左一，凌一右七。○[井][紹]「繫」字並作「擊」。

〔父世縣也〕　瀧二・一〇，慶一左二，殿一左五，凌一左二。

索　案漢書曰母家縣　○曰，[蔡][慶][中統][彭][凌][殿]作。

〔驕蹇數不奉法〕　瀧三・五，慶一左八，殿二右一，凌一左八。

＊**正**　驕蹇謂不（梅本無「不」字。）巽順也　[南北][幻][梅][狩][瀧]。

〔椎辟陽侯〕　瀧三・八，慶二右一，殿二右三，凌二右一。

索　案魏公子無忌　○[蔡][慶][中統][彭][凌][殿]「魏公子無忌」五字作「信陵君」三字。

索　使朱亥袖四十斤鐵椎槌之也　○蔡慶中統彭凌殿「椎槌之」三字作「鎚」字。

〔令從者魏敬剄之〕　瀧三・九，慶二右二，殿二右四，凌二右二。

正　謂刺頸　○頸，慶凌殿剄。

〔淮南王至長安丞相臣張倉〕　瀧四・一〇，慶二左五，殿二左六，凌二左五。○紹無「王」字。倉，中統蒼。

〔以其郎中春爲丞相〕　瀧五・五，慶二左九，殿二左九，凌二左九。○南化楓棭三以其郎中令春爲丞相。

〔欲以有爲〕　瀧五・八，慶三右二，殿三右二，凌三右二。

索　案謂有罪之人不得關内侯及二千石　○蔡慶中統彭凌殿無此注十五字。

〔大夫但〕　瀧六・一，慶三右三，殿三右三，凌三右三。

索　張揖曰　○揖，蔡中統凌殿晏。

索　案上云男子但　○蔡案上文云男子但。

索　此云大夫但及士伍開章　○伍，慶五。士，慶彭凌仕，南化楓三校記「士」。按：景印慶元本改「士」。

索　則知大夫是官也　○則，中統前。按：中統本訛。

〔士伍開章等七十人〕　瀧六・二，慶三右四，殿三右四，凌三右五。○伍，井紹蔡慶中統毛五。

集 稱士伍者也 ○伍，毛五。

〔使長安尉奇等往捕開章〕 瀧六・八，慶三右一〇，殿三右一〇，凌三右一〇。○尉，紹將。按：紹本訛。

〔與故中尉蕑忌謀〕 瀧六・八，慶三左一，殿三右一〇，凌三左一。○蕑，井紹毛索簡。下同。

〔殺以閉口〕 瀧六・九，慶三左一，殿三左一，凌三左一。○紹「閉口」二字作「問知」。

索 亦同音姦 ○蔡慶中統彭凌殿此四字作「字音亦同」四字。

〔爲棺槨衣衾〕 瀧六・九，慶三左二，殿三左二，凌三左二。○槨，景井蜀紹中統毛金陵椁，札記中統、游、毛「椁」，它本作「槨」。

〔葬之肥陵邑〕 瀧六・一〇，慶三左二，殿三左二，凌三左三。○葬，毛塟。

〔又詳聚士樹表其上曰〕 瀧七・二，慶三左二，殿三左四，凌三左五。○詳，景井蔡慶中統毛凌殿佯。

〔爲亡命弃市罪〕 瀧七・四，慶三左六，殿三左五，凌三左七。○景井蜀紹蔡慶中統彭凌殿無「亡」字。

〔劾繫治城旦舂以上十四人〕 瀧七・六，慶三左八，殿三左七，凌三左八。○繫，井擊。按：井本訛。

〔南海民王織上書獻璧皇帝〕　瀧八・四，慶四右五，殿四右三，凌四右五。○璧，[紹]辟，[中統]壁。按：紹、中統本並訛。

〔臣倉〕　瀧八・八，慶四右九，殿四右七，凌四右九。○倉，[殿]蒼。下同。

〔臣請處蜀郡嚴道邛郵〕　瀧九・三，慶四左五，殿四左二，凌四左四。

索　按嚴道蜀郡之縣也　○[蔡][慶][中統][凌][殿]無此注八字。

索　縣有蠻夷曰道嚴道有邛萊山　○萊，[蔡][慶][彭][凌][殿]來。[索]「嚴」字移在「曰」下。

索　有郵置　○置，[中統]亭。

〔遣其子母從居〕　瀧九・五，慶四左六，殿四左三，凌四左六。○[殿]遣其子子母從居。按：殿本與漢書合。

索　案欒産云　○産，[蔡][慶][中統][彭][殿]彥，[凌]諺。

〔皆廩食給薪菜鹽豉炊食器席蓐〕　瀧九・六，慶四左七，殿四左四，凌四左七。

*__正__　官給食也雜物並官供也　[南化][梅]。

〔酒二斗〕　瀧九・八，慶四左九，殿四左六，凌四左九。○斗，[蜀]升。

〔今復之〕　瀧一〇・四，慶五右五，殿五右一，凌五右四。○今，[凌]令。按：凌本誤。

〔至雍〕　瀧一〇・九，慶五右九，殿五右四，凌五右八。

正　岐州雍縣也　○[慶][彭][凌][殿]今岐州雍縣也。

〔盎曰不可奈何〕　瀧一〇・一〇，慶五右一〇，殿五右六，凌五右一〇。○[南化][楓][三]盎曰淮南王不可奈何。

〔上即令丞相御史逮考諸縣傳送淮南王不發封餽侍者〕　瀧一一・三，慶五左三，殿五右七，淩五左二。　○逮，景井蜀紹蔡慶中統彭淩殿遂。札記毛本「逮」，它本並訛「遂」。

〔子賜爲陽周侯〕　瀧一一・七，慶五左七，殿五左一，淩五左六。　○景井蜀紹蔡慶中統彭毛淩殿「陽」、「周」互倒。

〔不能相容〕　瀧一一・九，慶五左九，殿五左三，淩五左八。

集　況於兄弟而更相逐乎　○蜀「兄」、「弟」互倒。毛無「於」字。毛「更」、「相」互倒。　乎，中統也。

集　況以天下之廣而不能相容　○以，中統於。

〔乃徙城陽王王淮南故地〕　瀧一二・六，慶六右四，殿五左八，淩六右三。

集　景王章之子　○南化三景王章之子名喜。

〔徙淮南王喜復故城陽〕　瀧一二・八，慶六右六，殿五左一〇，淩六右六。

索　景王之子也　○之，蔡慶中統彭淩殿章。

〔陽周侯賜爲盧江王〕　瀧一三・一，慶六右九，殿六右二，淩六右八。　○景井蜀紹蔡慶中統彭毛淩殿「陽」、「周」互倒。紹無「爲」字。

〔東城侯良〕 瀧一三・二，慶六右一〇，殿六右三，凌六右九。〇中統東城侯侯良。

〔廬江王弗應〕 瀧一三・六，慶六左五，殿六右八，凌六左四。〇應，中統聽。札記中統、舊刻作「聽」。

〔大王親高皇帝孫〕 瀧一四・一〇，慶七右六，殿六左七，凌七右四。

正 武帝以安屬爲諸父　〇父，慶凌殿侯。

〔爲畔逆事〕 瀧一五・四，慶七右一〇，殿六左一〇，凌七右八。

索 安養士數千　〇蔡慶中統彭凌殿無「安」字。

索 高才者八人　〇才，蔡慶中統彭凌殿材。

索 陳由　〇蔡此二字作田由雷被四字慶中統彭凌殿此二字作「田由」。

索 伍被　〇伍，蔡五。

索 毛周　〇蔡慶中統彭凌殿此二字作「毛被」。

索 雷被　〇蔡無此二字。

〔或說王曰〕 瀧一五・七，慶七左一，殿七右一，凌七右九。〇曰，井田。按：井本訛。

〔諸辨士爲方略者〕 瀧一六・一，慶七左五，殿七右四，凌七左三。〇辨，井蔡中統毛辯。

〔慧有口辯〕 瀧一六・二，慶七左七，殿七右六，凌七左四。〇慧，蔡慶彭凌彗，楓棭校記「慧」。按：景印慶元本改「慧」。札記舊刻、毛本同，各本訛「彗」。

〔約結上左右〕　瀧一六・三，慶七左一〇，殿七右九，凌七左七。

集　伺候采察之名也　○札記下索隱引作「探察」，此「采」字疑訛。

集　與淮南王女陵通　○陵，蔡慶彭侯，南化楓三校記「陵」。按：景印慶元本改「陵」。

索　候也　○慶中統彭凌殿候之也。

〔上賜淮南王几杖不朝〕　瀧一六・六，慶七左一〇，殿七右九，凌七左八。○几，景井机。

〔王乃詳爲怨太子〕　瀧一六・一〇，慶八右四，殿七左三，凌八右二。○詳，蜀佯。

〔妄致繫人〕　瀧一七・三，慶八右七，殿七左五，凌八右五。○繫，紹擊。按：紹本訛。

集　一云毆擊　○毆，景井蔡慶毛歐。

〔聞郎中靁被巧〕　瀧一七・四，慶八右八，殿七左六，凌八右六。○南化聞郎中令靁被巧。

〔誤中太子〕　瀧一七・五，慶八右一〇，殿七左七，凌八右七。

索　樂産云　○産，蔡慶中統彭殿彦，凌諺。

索　初一讓至二讓　○蔡慶中統彭凌殿初一讓王至二讓。

索　故云一再讓而誤中　○蔡慶中統彭凌殿——誤中太子也。

〔會有詔即訊太子〕　瀧一七・一〇，慶八左六，殿八右三，凌八左四。

索　即就也訊問也就淮南案之　○蔡慶中統彭凌殿無「就也訊問也」五字。

〔淮南相怒壽春丞留太子逮不遣〕　瀧一八・一，慶八左七，殿八右四，凌八左五。○遣，紹違。下注同。

〔王旁有非是則刺殺之〕　瀧一八・六，慶九右二，殿八右九，凌八左一〇。○[南化]王旁有非是者則刺殺之。

〔而遣漢中尉宏即訊驗王〕　瀧一八・七，慶九右四，殿八右一〇，凌九右一。

索　姓殷也　○[札記]志疑云：「公卿表是殷容。」

〔當弃市〕　瀧一九・一，慶九右八，殿八左四，凌九右六。

索　而壅遏應募者　○[蔡][慶][凌][殿]而被壅遏應募者。

索　攱閣不行也　○[蔡][慶][凌][殿]謂攱閣不行也。攱，[蔡][慶][彭]岐，[中統]伎，[索]致，[殿]被。[札記]「攱」訛「致」，依梁孝王世家集解改。

〔公卿請削五縣〕　瀧一九・三，慶九右一〇，殿八左六，凌九右八。○五，[井]二。

〔詔削二縣〕　瀧一九・三，慶九右一〇，殿八左六，凌九右八。○二，[井][紹][蔡][慶][中統][彭]五，[楓][三]校記「三」。南化本標記云：通鑑十九「詔削二縣」。

〔諸使道從長安來〕　瀧一九・七，慶九左六，殿九右一，凌九左三。○[索]脱「從」字。

〔爲妄妖言〕　瀧一九・八，慶九左六，殿九右一，凌九左三。

索　姚承云　○承，[蔡][慶][中統][彭][凌][殿]丞。

〔案輿地圖〕　瀧二〇・一，慶九左九，殿九右四，凌九左六。○案，[毛]按。

〔部署兵所從入〕　瀧二〇・一，慶九左一〇，殿九右五，凌九左七。

索 漢家所畫 ○畫，[中統]獲。

索 非出遠古也 ○[蔡][慶][中統][彭][凌][殿]無「古」字。

〈不即常山王〉 瀧二○・三，慶一○右一，殿九右六，凌九左九。○即，[慶][彭]如，[楓][三]校記「即」。 按：景印慶元本改「即」。[札記]游、王本「即」誤「如」。

〈吾能忍之〉 瀧二○・六，慶一○右三，殿九右八，凌九左一○。

*正 漢書云武南化、幻、梅本無「武」字。帝以安屬爲諸父辯博善爲文辭甚尊重之每爲報書及賜常召司馬相如等視草迺遺南化、幻、梅本「遺」字作「遺」。南化、梅本「遺」下有「初」字。安入朝每宴見談論南化、幻、梅本「論」字作「説」字。得失昏暮然後罷 [南化][幻][梅][狩][瀧]。

〈臣今見麋鹿游姑蘇之臺也〉 瀧二○・一○，慶一○右七，殿九左一，凌一○右四。○游，[毛]遊。

〈王怒繫伍被父母〉 瀧二一・三，慶一○右八，殿九左二，凌一○右五。○繫，[紹]擊。

〈不直來爲大王畫耳〉 瀧二一・五，慶一○右九，殿九左三，凌一○右六。

*正 上音獲言畫計謀反 [南化][幻][梅][狩][瀧]。

〈故聖人萬舉萬全〉 瀧二一・六，慶一○右一○，殿九左四，凌一○右七。○全，[蔡][中統]全。[札記]蔡本、中統本作「全」，可知衛霍傳「誅全甲」之誤。蓋亦當時俗字也。

〈昔文王一動〉 瀧二一・六，慶一○左一，殿九左四，凌一○右八。○動，[中統]怒。

〔而功顯于千世〕　瀧二一·六，慶一〇左一，殿九左四，凌一〇右八。〇于，毛於。

〔昔秦絶聖人之道〕　瀧二一·一〇，慶一〇左五，殿九左八，凌一〇左二。〇慶彭凌殿「聖人」作「先王」。南化楓棭三校記「聖人」。札記：蔡、中統、游、王、毛本作「聖人」，它本作「先王」。

〔不足於糟穅〕　瀧二二·二，慶一〇左七，殿九左一〇，凌一〇左四。〇穅，景井蔡慶中統毛凌殿糠。

〔女子紡績〕　瀧二二·二，慶一〇左八，殿九左一〇，凌一〇左四。〇紡，蔡慶彭紛。

按：景印慶元本改「紡」。

〔流血頃畝〕　瀧二二·四，慶一〇左一〇，殿一〇右三，凌一〇左六。

*正　伍被傳作僵尸滿野流血千里　贇異瀧。

〔神曰〕　瀧二二·九，慶一一右六，殿一〇右七，凌一〇左九。〇曰，中統言。

〔秦皇帝大説〕　瀧二三·三，慶一一右七，殿一〇右九，凌一一右三。〇説，中統悦。

〔止王不來〕　瀧二三·五，慶一一右九，殿一〇右一〇，凌一一右五。

正　其土人有至會稽市易者　〇土，慶彭凌殿金陵上，南化楓三校記「土」。

〔尉佗知中國勞極止王不來〕　瀧二三·八，慶一一左三，殿一〇左三，凌一一右八。〇札記志疑云：漢書作「止王南越」。此因上「不來」而誤。

〔以爲士卒衣補〕　瀧二三・一〇，慶一一左三，殿一〇左四，凌一一右九。○衣，中統之。

〔高皇始於豐沛一倡〕　瀧二四・四，慶一一左七，殿一〇左六，凌一一左二。○南化楓三高皇帝始於豐沛一倡。

〔天下不期而響應者〕　瀧二四・五，慶一一左七，殿一〇左七，凌一一左三。○響，中統嚮。

〔此所謂蹈瑕候閒〕　瀧二四・五，慶一一左八，殿一〇左八，凌一一左三。○瑕，井暇。

〔百姓願之若旱之望雨〕　瀧二四・六，慶一一左九，殿一〇左八，凌一一左四。○願，毛怨。按：毛本因願、怨聲相近而訛。

〔地方數千里〕　瀧二四・一〇，慶一一右三，殿一一右二，凌一一左八。○方，中統封。按：中統本誤。

〔一船之載〕　瀧二五・二，慶一一右四，殿一一右三，凌一一左一〇。○蔡慶彭無「一船」二字。南化楓三校補「一船」。按：景印慶元本補「一船」二字。札記蔡、王本脱「一船」二字。

〔不能成功者何誠逆天道而不知時也〕　瀧二五・六，慶一一右八，殿一一右七，凌一一右四。○紹無「功者何誠」四字。時，井待。

〔有萬倍於秦之時〕　瀧二五・八，慶一一右一〇，殿一一右九，凌一一右六。○蔡慶中統毛凌殿「秦」字作「吳楚」二字。紹「於秦」二字作「吳楚」。井毛無「於」字。

〔願大王從臣之計〕　瀧二五・八，慶一二左一，殿一一右九，凌一二右六。○王，井三。

按：井本訛。

〔是痛紂之不用王子比干也〕　瀧二五・一〇，慶一二左三，殿一一左一，凌一二右八。○井無「子」字。南化楓棭三——比干之諫也。

〔王有孼子不害〕　瀧二六・七，慶一二左九，殿一一左六，凌一二左四。○井紹無「子」字。

〔常怨望太子不省其父〕　瀧二六・九，慶一三右一，殿一一左八，凌一二左五。

集　眼虔曰　○按：瀧川本「服」誤「眼」。

〔一爲太子〕　瀧二六・一〇，慶一三右二，殿一一左九，凌一二左七。○南化楓三一子爲太子。

〔以元朔六年上書於天子曰〕　瀧二七・三，慶一三右五，殿一二右二，凌一二左一〇。

索　莊芷漢書作嚴正也　○索此注八字移在「輿地圖按志林云云」之前。

〔乃深購淮南事於弘〕　瀧二七・九，慶一三左二，殿一二右八，凌一三右六。○購，毛構，南化楓三乃深購求淮南事於弘。

〔失援不振〕　瀧二八・九，慶一四右一，殿一二左六，凌一三左五。

*正　長榆今榆木塞也在勝州北　南化幻梅狩瀧。

〔山東即有兵〕　瀧二九・二，慶一四右三，殿一二左八，凌一三左七。○東，彭束。按：彭本訛。

〔卒盡已渡河乃渡〕　瀧二九・八，慶一四右一〇，殿一三右四，凌一四右四。○景井蜀紹毛渡字並作度。○蔡慶中統彭下「渡」字作「度」。

〔恐國陰事且覺〕　瀧二九・一〇，慶一四左二，殿一三右五，凌一四右六。○札記「且覺」二字，舊刻作「泄」。

〔欲發〕　瀧二九・一〇，慶一四左三，殿一三右六，凌一四右六。○南化楓欲發兵。

〔公以爲吳興兵〕　瀧三〇・一，慶一四左三，殿一三右六，凌一四右七。○札記舊刻「興」作「舉」。

〔男子之所死者一言耳〕　瀧三〇・四，慶一四左七，殿一三右九，凌一四右一〇。

集　一計耳　○一，殿二。按：殿本訛。

集　或有一言之交　○交，景井紹蔡慶彭云。

集　以死報之矣　○報，蔡慶執。按：蔡、慶本訛。

＊**正**　言男子出一言至死不南化、幻、梅、狩本「不」字作「無」字。改言反南化、幻、梅、狩本「反」上有「必」字。也　南化幻梅狩瀧。

〔且吳何知反〕　瀧三〇・五，慶一四左八，殿一三左一，凌一四左二。

＊**正**　言吳不解反故敗耳南化、幻、狩本「耳」字作「也」字。　南化幻梅狩瀧。

〔今我令樓緩先要成皋之口〕　瀧三〇・七，慶一四左一〇，殿一三左二，凌一四左三。

正　成皋故城　○慶彭凌無「城」字。殿無「故」字。

〔塞轘轅伊闕之道〕　瀧三〇・九，慶一五右二，殿一三左五，凌一四左六。○轘，井蜀紹慶彭中統毛環。

〔河南太守獨有雒陽耳〕　瀧三一・一，慶一五右四，殿一三左六，凌一四左八。○雒，景井蜀毛洛。

〔千人之聚起於大澤〕　瀧三一・八，慶一五左二，殿一四右三，凌一五右五。

*正　聚謂聚落也　南化幻梅狩瀧。

〔鐖鑿棘矜也〕　瀧三一・一〇，慶一五左五，殿一四右五，凌一五右八。○棘，紹敕。

索　下自洛反　○洛，蔡慶中統彭凌殿各。

索　注大鎌謂之剴　○蔡慶中統彭凌殿無此注六字。

索　剴音五哀反　○蔡慶中統彭凌殿無此注五字。

*正　矜音槿柄也言不如陳勝用謫戍棘矜等物　南化幻梅狩瀧。

〔收太半之賦〕　瀧三二・三，慶一五左七，殿一四右八，凌一五左一。○半，南化彭毛平。札記毛本、吴校宋本作「平」，誤。

〔天下熬然若焦〕　瀧三二・四，慶一五左九，殿一四右九，凌一五左二。○熬，凌敖。

索　音即消反　○音，楓息，慶彭凌無「即」字。　按：景印慶元本「音」改「即」。

〔不可徼幸邪〕　瀧三三・一，慶一六右六，殿一四左五，凌一五左九。○徼，井僥。

〔徙郡國豪桀任俠〕 瀧三三・三，慶一六右九，殿一四左八，凌一六右二。○桀，蔡 慶 中統 凌 傑。

〔産五十萬以上者〕 瀧三三・四，慶一六左二，殿一五右一，凌一六右五。○景 井 蜀 紹 毛 殿 家産——。殿考 一本「産」上有「家」字。 按：凌引一本與殿本、考證引一本同。

〔皆徙其家屬朔方之郡〕 瀧三三・五，慶一六左二，殿一五右一，凌一六右五。

集 應劭曰 ○劭，慶 彭 邵，楓 校記「劭」。

集 完其耏鬚 ○景 井 蜀 紹 蔡 慶 中統 彭 毛 凌 殿「耏鬚」二字作「耐鬚」二字。「耏」作「耐」，下同。

集 故曰耏古耏字從彡 ○蔡 慶 彭 此注八字作「故曰耐字與彡」「彭彡」作「髡」。六字。井 凌 殿 此注八字作「故曰耐古耐字與髡」八字。景 毛 此注八字作「故曰耐古耐字與彡」八字。札記 各本「耏」訛「耐」，「從」誤「與」。「彡」字舊刻、毛本不誤，它本並誤「髡」，今依漢書高紀注改。

集 杜林以爲法度之字 ○杜，景 井 蜀 紹 蔡 慶 中統 彭 毛 凌 殿 蘇。

集 耐音若能 ○能，蜀 態。

〔又僞爲左右都司空上林中都官詔獄書逮諸侯太子幸臣〕 瀧三三・八，慶一六左三，殿一五右二，凌一六右七。○井 蔡 慶 中統 彭 毛 凌 殿「書」、「逮」互倒。南化 楓 三「諸」字上校補「逮」字。景 蜀 紹 殿 ——詔獄逮書以逮諸侯——。札記 案：舊刻、毛本，凌引一本「逮書」下有「以逮」二字。　按：今所見毛本與札記所引毛本異。

〔儻可徼幸什得一乎〕　瀧三四・四，慶一六左六，殿一五右五，凌一六右九。

＊正　按辯武謂辯口而武所南化、梅本「所」字作「列」字。說必行也　南化 幻 梅 狩 瀧。

〔於是王乃令官奴入宮〕　瀧三四・五，慶一六左八，殿一五右六，凌一六右一〇。○宮，慶 彭 官，南化 校記「宮」。　按：景印慶元本改「宮」。札記 王、柯訛「官」。

〔欲知伍被計〕　瀧三四・七，慶一七右一，殿一五右九，凌一六左四。

索　一名獬廌冠　○廌，蔡 慶 中統 彭 凌 殿 豸。

〔事大將軍丞相〕　瀧三五・二，慶一七右二，殿一五右九，凌一六左五。

集　蘇林曰詐作罪人而西也　○殿 無此注十字。

〔如發蒙耳〕　瀧三五・四，慶一七右四，殿一五左一，凌一六左七。

集　如蒙巾發之甚易　○發，井 後。

〔殺相二千石至救火十六字〕　瀧三五・七，慶一七右六，殿一五左三，凌一六左九。○蜀

「殺相二千石」至「救火」十六字移在下文「南通勁越」之「南」字之下。

〔相二千石救火〕　瀧三五・七，慶一七右六，殿一五左四，凌一六左九。○慶 脱「石」字。

南化 校補「石」。　按：景印慶元本校補「石」字。

〔又欲令人衣求盜衣〕　瀧三五・八，慶一七右七，殿一五左四，凌一六左一〇。

＊**正** 求盜掌逐捕盜賊者解在高祖本紀 [南化][幻][梅][狩][瀧]。

〔守下雉之城〕 瀧三六・三，慶一七左一，殿一五左八，凌一七右四。

索 音徐爾反 ○徐，[蔡][慶][中統][彭][凌][殿]全。

索 在江夏 ○夏，[蔡][慶][中統][彭][凌][殿]南。

〔屈彊江淮閒〕 瀧三六・五，慶一七左五，殿一六右一，凌一七右八。○[毛]無「江」字，「淮」下有「南」字。 按：毛本誤。

＊**正** 屈求勿反彊其兩幻本「兩」字作「翻」字。反 [南化][幻][梅][狩][瀧]。

〔淮南王聞〕 瀧三六・八，慶一七左八，殿一六右四，凌一七左一。○[紹]無「王」字。

〔皆前繫〕 瀧三七・三，慶一八右三，殿一六右九，凌一七左六。○繫，[紹]人。

〔臣願會逮〕 瀧三七・四，慶一八右四，殿一六右九，凌一七左七。

＊**正** 會逮謂追捕以應逮書 [南化][梅]。

〔太子即自剄不殊〕 瀧三七・五，慶一八右五，殿一六右一〇，凌一七左七。

＊**正** 顏師古云殊絶也雖自刑殺而身首不絶 [南化][幻][梅][狩][瀧]。

〔上下公卿治所連引〕 瀧三七・八，慶一八右八，殿一六左三，凌一八右一。○[南化][楓][椷][三]——辭所連引。

〔與淮南王謀反列侯二千石豪傑數千人〕 瀧三七・八，慶一八右九，殿一六左四，凌一八右一。〇傑，紹桀。

〔與諸侯王列侯會肄丞相者議〕　瀧三八・一，慶一八左二，殿一六左七，凌一八右四。〇肄，南化景井肆。景井蜀紹蔡慶中統彭毛凌殿「者」字作「諸侯」二字。〇南化楓棭三校記「者」。

集　詣都座就丞相共議也　〇座，凌至。

索　會肄丞相者　〇札記案：如索隱本，則「諸侯議」三字衍。蓋「諸」即「者」字之訛，後人因加「侯議」字也。舊刻「肄」訛「肆」。

〔列侯臣讓等四十三人議〕　瀧三八・三，慶一八左三，殿一六左八，凌一八右六。〇讓，紹有。

〔臣無將將而誅〕　瀧三八・七，慶一八左七，殿一七右一，凌一八右九。

＊**正**　將將帶群衆也　南化梅狩瀧。

〔當皆免官削爵〕　瀧三九・二，慶一九右一，殿一七右四，凌一八左三。〇官，景井蜀紹蔡慶彭毛殿削。

〔毋得宦爲吏〕　瀧三九・三，慶一九右二，殿一七右五，凌一八左三。〇宦，中統官。

〔他贖死金二斤八兩〕　瀧三九・三，慶一九右二，殿一七右五，凌一八左四。

集　非吏故曰他　〇殿以非吏故曰他。

〔毋敢復有邪僻倍畔之意〕　瀧三九・四，慶一九右三，殿一七右七，凌一八左五。○敢，紹敵。

〔淮南王安自剄殺〕　瀧三九・六，慶一九右五，殿一七右八，凌一八左七。

集　即位凡四十二年　○二，蜀三。

集　元狩元年十月死　○狩，凌符。

〔被首爲王畫反謀〕　瀧三九・八，慶一九右八，殿一七右一○，凌一八左九。○王，慶彭凌之南化楓棭三校記「王」。謀，南化楓棭三景井蜀紹中統毛計。札記游、凌本「王」作「之」。中統、舊刻、游、毛本「謀」作「計」。

〔國除爲九江郡〕　瀧三九・九，慶一九右九，殿一七左一，凌一八左一○。

集　又爲六安國以陳縣爲都　○札記拾遺云：「陳縣，淮陽國都。六合不得有其地。」又據漢志，六安國乃衡山故地。此注當在衡山王傳末。案：拾遺此條，刊本誤入汲鄭傳，亦傳寫誤也。

〔王怒故劾慶死罪〕　瀧四○・五，慶一九左六，殿一七左八，凌一九右七，○故，蔡慶彭死，南化楓棭校記「故」。按：景印慶元本改「故」。札記王本「故」誤「死」。

〔内史治言王不直〕　瀧四○・七，慶一九左七，殿一七左九，凌一九右九。○紹無「内史」二字。

〔王又數侵奪人田〕　瀧四○・七，慶一九左八，殿一七左一○，凌一九右九。○毛無「奪」

字。田，毛曰　按：毛本譌。

〔壞人冢以爲田〕　瀧四〇・八，慶一九左八，殿一七左一〇，凌一九右一〇。〇冢，蔡慶中統彭家，南化楓棭三校記「冢」。　按：景印慶元本改「冢」。札記蔡、中統、游、王、柯本「冢」譌「家」。

〔天子不許〕　瀧四〇・八，慶一九左九，殿一八右一，凌一九左一。〇許，蔡慶彭計，南化楓棭三校記「許」。　按：景印慶元本改「許」。

〔爲置吏二百石以上〕　瀧四〇・八，慶一九左九，殿一八右一，凌一九左一。〇上，蔡慶彭人，南化校記「上」。　按：景印慶元本改「上」。札記蔡、王本誤「人」。

〔求能爲兵法候星氣者〕　瀧四一・五，慶二〇右一，殿一八右二，凌一九左三。〇星，紹風。

集　漢儀注　〇注，蜀法。

集　吏四百石以下　〇以，蜀紹已。

按：紹本譌。

〔密謀反事〕　瀧四一・五，慶二〇右二，殿一八右三，凌一九左四。

集　徐廣曰　〇曰，慶日，南化校記「曰」。　按：景印慶元本改「曰」。

集　密豫作計校　〇豫，毛預。

＊**正**　從子勇反容讀曰勇從容謂勸奬也　南化幻梅狩瀧。

〔立徐來爲王后〕　瀧四一・六，慶二〇右一，殿一八右四，凌一九左四。〇后，紹忘。

〔太子妄惡言〕　瀧四三・三，慶二一右二，殿一九右一，凌二〇左三。○紹無「惡」字。

〔王奇孝材能〕　瀧四三・四，慶二一右三，殿一九右二，凌二〇左四。○材，凌林。按：凌本誤。

〔乃佩之王印〕　瀧四三・四，慶二一右四，殿一九右二，凌二〇左四。○王，楓三玉。

〔多給金錢〕　瀧四三・五，慶二一右四，殿一九右三，凌二〇左五。○給，南化楓三結。

〔王乃使孝客江都人救赫陳喜作輣車鏃矢〕　瀧四三・六，慶二一右六，殿一九右四，凌二〇左六。○輣，中統軿。按：中統本誤。

〔將相軍吏印〕　瀧四三・七，慶二一右八，殿一九右六，凌二〇左八。

索　救漢書作枚　○枚，蔡慶故，中統彭政。索下音赫，無「救」字。漢書作「枚」。

索　易家有救氏注也　○蔡慶中統彭凌殿「氏注」二字作「民之注」三字。

〔王日夜求壯士如周丘等〕　瀧四三・八，慶二一右八，殿一九右六，凌二〇左八。○丘，殿邱。

＊**正**　周丘下邳人吴王反時請得漢節下下邳者　南化幻梅狩瀧。

〔以爲淮南已西〕　瀧四四・一，慶二一右一〇，殿一九右八，凌二一右一。○已，毛巴。

按：毛本誤。

〔上賜書〕　瀧四四・四，慶二一左四，殿一九左一，凌二一右四。○上，紹王。

〔衡山王使人上書〕 瀧四四・五，慶二一左四，殿一九左一，凌二一右四。○蔡慶彭凌殿無「王」字。

〔吏捕嬴〕 瀧四四・八，慶二一左七，殿一九左四，凌二一右七。○捕，蔡慶彭稱，南化校記「捕」。 按：景印慶元本改「捕」。札記蔡、王本「捕」誤「稱」。

〔事下沛郡治〕 瀧四四・一〇，慶二一左九，殿一九左六，凌二一右九。○郡，彭群，楓校記「郡」。

〔求捕所與淮南謀反者未得〕 瀧四五・一，慶二一左一〇，殿一九左七，凌二一右一〇。○札記舊刻「者」作「漸」，疑本作「所與淮南謀反者漸得」，寫者誤耳。

〔得陳喜於衡山王子孝家〕 瀧四五・三，慶二二右一，殿一九左七，凌二一左一。○紹脱「得」字。

〔又疑太子使白嬴上書發其事〕 瀧四五・五，慶二二右三，殿一九左九，凌二一左三。○疑，凌擬。 按：凌本誤。

〔及太子爽坐王告不孝〕 瀧四六・一，慶二二左一，殿二〇右六，凌二一左一〇。○景井紹蔡慶中統彭毛無「坐」字。 蜀凌殿「王」、「告」二字倒。 告，毛后。

〔諸與衡山王謀反者皆族〕 瀧四六・二，慶二二左一，殿二〇右六，凌二二右一。○紹脱「與」字。

〔信哉是言也〕　瀧四六·三，慶二二左三，殿二〇右八，凌二三右二。○蔡慶彭凌殿無「言」字。南化楓棭校補「言」。殿考一本作「信哉是言也」。

〔不務遵蕃臣職〕　瀧四六·四，慶二二左五，殿二〇右九，凌二三右三。○札記舊刻「蕃」作「藩」。

〔好作亂〕　瀧四六·八，慶二二左八，殿二〇左二，凌二三右七。○紹無「作」字。

〔乃自古記之矣〕　瀧四六·八，慶二二左八，殿二〇左二，凌二三右七。

索　檻車致禍　○檻，蔡慶中統彭凌殿轞，索轞。

史記會注考證校補卷一百十九

循吏列傳第五十九

〔循吏列傳第五十九〕　瀧一・八，慶一右一，殿一右六，凌一右二。

索　案謂本法循理之吏也　○本，殿奉。札記此索隱，中統、游本在首行題下，與單本合，蓋猶舊式。

〔施教導民〕　瀧三・一，慶一右九，殿一左四，凌一左一。○札記舊刻脱「施教」二字。

〔春夏以水〕　瀧三・三，慶一左一，殿一左六，凌一左二。○南化楓棭三春夏下以水

〔更以小爲大〕　瀧三・五，慶一左二，殿一左七，凌一左四。○殿「以」、「小」互倒。

〔皆去其業〕　瀧三・五，慶一左三，殿一左八，凌一左四。

＊正　幣謂幣帛之屬　南化狩梅瀧。

〔今市令來言曰〕　瀧三・八，慶一左六，殿一左一〇，凌一左七。○今，蜀凌令。涉下而訛。

〔近者視而效之〕　瀧四・四，慶二右三，殿二右七，凌二右四。○效，蜀効。

〔三去相而不悔〕　瀧四・五，慶二右五，殿二右八，凌二右六。○悔，毛侮。按：毛本訛。

〔知非己之罪也〕　瀧四・五，慶二右五，殿二右八，凌二右六。

集　孫叔敖冢　○慶彭無「叔」字。　按：景印慶元本補「叔」字。

集　在南郡江陵故城中白土里　○白，慶彭凌殿曰。

集　去故楚都郢城北三十里所　○三，景井蔡慶中統彭毛殿二。

〔子產者〕　瀧四・七，慶二右八，殿二左一，凌二右九。○中統彭鄭子產者。

〔鄭之列大夫也〕　瀧四・七，慶二右八，殿二左一，凌二右九。

索　按有管晏列傳至循吏之篇　○索金陵無此注三十二字。

索　其國僑羊舌肸　○蔡慶中統彭凌殿——舌肸等。

索　合著管晏之下　○蔡慶中統彭凌殿合著在管晏之下。

〔以所愛徐摯爲相〕　瀧四・九，慶二右九，殿二左二，凌二右一〇。

索　簡公封子產以六邑　○蔡慶中統彭凌殿「簡公」、「子產」並無。

索　子產受其半　○蔡慶中統彭凌殿無此注五字。

索　蓋別有所出　○蓋，蔡慶中統彭凌殿抑。

〔大宮子期言之君〕　瀧五・一，慶二左一，殿二左四，凌二左二。○宮，索官。

〔以子產爲相〕　瀧五・一，慶二左一，殿二左四，凌二左三。

索　案系家鄭相子駟子孔　○蔡慶中統彭凌殿「子駟子孔」四字作「子西子駟之子」六字。

〔僮子不犁畔〕　瀧五・三，慶二左四，殿二左六，凌二左五。

＊正　狎南化、幻、梅本「狎」下有「謂」字。輕侮之言各肅謹也　南化幻狩梅瀧。

〔市不豫賈〕　瀧五・四，慶二左四，殿二左六，凌二左五。

索　下音價　○價，索嫁。

索　不豫定也　○也，蔡慶中統彭凌殿賈。

＊正　賈音嫁謂實陳瀧川本無上二字。其數不虛豫廣索狩本無「索」字。也　南化幻梅狩瀧。

〔喪期不令而治〕　瀧五・七，慶二左六，殿二左九，凌二左八。

＊正　言士民自遵五服之制也　南化幻梅狩瀧。

〔子產去我死乎〕　瀧五・八，慶二左八，殿二左一〇，凌二左九。○索此六字作「子產死」三字。

〔民將安歸〕　瀧五・八，慶二左八，殿二左一〇，凌二左九。

索　婦人捐其佩玦也　○捐，慶彭凌損。

〔以高弟爲魯相〕　瀧六・二，慶三右一，殿三右三，凌三右二。○弟，中統毛第。

〔今爲相〕　瀧六・六，慶三右五，殿三右六，凌三右六。○今，蜀令。按：蜀本訛。

〔見其家織布好〕　瀧六・八，慶三右七，殿三右八，凌三右七。○毛「布」、「好」互倒。

〔而疾出其家婦〕　瀧六・八，慶三右七，殿三右八，凌三右八。○疾，南化楲逐。

〔安所讎其貨乎〕　瀧六・九，慶三右八，殿三右九，凌三右九。

索　讎音售　○蔡慶中統彭凌殿無此注三字。

〔不奉主法〕　瀧七・五，慶三左四，殿三左四，凌三左五。　○主，中統毛王。

〔自刎而死〕　瀧七・六，慶三左五，殿三左五，凌三左六，○中統自刎而死也。　札記舊刻、中統、游本下有「也」字。

索　刎音亡粉反　○蔡慶中統彭凌殿無此注五字。

〔傳其罪下吏〕　瀧七・九，慶三左九，殿三左九，凌三左一〇。　○傳，慶彭中统傳。

〔故使爲理〕　瀧八・二，慶四右三，殿四右二，凌四右四。

索　服念五六日　○服，蔡索伏。

〔鄭民號哭〕　瀧八・五，慶四右五，殿四右四，凌四右六。　○民，中统入。　哭，中統泣。

札記「哭」字與「復」、「逐」爲韵。　中統、游本作「泣」非。

〔公儀子見好布〕　瀧八・五，慶四右六，殿四右五，凌四右七。　○子，詳節休。

〔晉文以正國法〕　瀧八・七，慶四右七，殿四右六，凌四右八。

索　良史述焉　○史，索所。

索　赦父非僁　○僁，殿愆，金陵僁。

史記會注考證校補卷一百二十

汲鄭列傳第六十

〔上使黯往視之〕　瀧二・七，慶一右六，殿一左二，凌一右七。○使，[毛]遣。

〔河内失火〕　瀧二・七，慶一右七，殿一左二，凌一右八　○内，[殿]南。

〔不足憂也〕　瀧二・八，慶一右七，殿一左三，凌一右九。

＊**正**　比近也師古曰言屋相近故連延而燒亡　[南化][幻][梅][狩][瀧]　按：「師古曰」以下非正義注文。

〔臥閨閤内〕　瀧三・六，慶一左七，殿一左一〇，凌一左七。○閤，[紹][中統]閣。[札記]中統、游本訛「閣」。

〔弘大禮不拘文法〕　瀧三・八，慶一左九，殿二右二，凌一左九。○禮，[景][井][蔡][慶][中統][凌][殿][金陵]體。[札記]漢書作「引大體」疑此訛。志疑説同。　按：札記引正文「弘大體」。

〔内行脩絜〕　瀧四・二，慶二右一，殿二右四，凌二右二。○絜，[毛]潔。

〔常慕傅柏袁盎之爲人也〕　瀧四・二，慶二右一，殿二右四，凌二右三。○柏，景井伯。

集　爲孝王將　○王，毛主。按：毛本誤。

索　柏名　○柏，凌相。按：凌本誤。

索　爲梁將也　○蔡慶中統彭凌殿無此注四字。

〔善灌夫鄭當時及宗正劉弃〕　瀧四・三，慶二右二，殿二右六，凌二右四。

索　漢書名弃疾　○蔡慶中統彭凌殿漢書見名弃疾。

〔常揖之〕　瀧四・六，慶二右七，殿二右九，凌二右七。○揖，毛損。按：毛本誤。

〔汲黯之戇也〕　瀧四・一〇，慶二右一〇，殿二左二，凌二左一。

索　音陟降反也　○陟，索下。

〔羣臣或數黯〕　瀧四・一〇，慶二左一，殿二左三，凌二左一。

*正　數責也　南化梅。

〔上常賜告者數終不愈〕　瀧五・二，慶二左四，殿二左五，凌二左四。○札記告舊刻訛誥。

集　杜欽所謂病滿賜告　○彭杜欽所謂病病滿賜告。按：彭本衍「病」字。

索　數音所角反　○索所角反三字作數字。按：索隱本誤。

索　按注賜告至不視事也　○蔡慶中統彭凌殿無此注十七字。

〔最後病莊助爲請告〕　瀧五・四，慶二左五，殿二左六，凌二左五。

集　最一作其也　○其，毛甚，中統奇。按：毛、中統本訛。

〔無以踰人〕 瀧五・五，慶二左七，殿二左八，凌二左七。

索 此作踰踰謂越過人也 ○蔡慶中統彭凌殿無此注九字。

〔上嘗坐武帳中〕 瀧六・二，慶三右二，殿三右二，凌三右二。○嘗，中統常。

集 孟康曰 ○康，殿東。按：殿本誤。

集 置兵闌五兵於帳中 ○闌，蔡中統毛金陵蘭。五，紹王。

〔黯數質責湯於上前〕 瀧六・四，慶三右五，殿三右五，凌三右五。

＊**正** 質對也 南化幻梅狩瀧。

〔非苦就行放析就功〕 瀧六・六，慶三右七，殿三右七，凌三右七。○札記「析」，游本作「折」。

＊**正** 唯若虛則就行之合放已分析者更就功勘貴 南化梅。

〔湯辯常在文深小苛〕 瀧六・一〇，慶三右一〇，殿三右九，凌三右九。○辯，毛辨。按：毛本訛。

〔乘上閒常言〕 瀧七・四，慶三左三，殿三左二，凌三左三。○乘，景井紹蔡慶中統毛殿承，彭無「乘」字。楓三校補「承」。札記蔡、游、毛本「乘」作「承」，中統一本亦剜改「承」。

＊**正** 間隙也 南化幻梅狩瀧。

〔吏民巧弄〕 瀧七・六，慶三左四，殿三左三，凌三左四。○巧，紹功。按：紹本訛。

索　弄音路洞反　○彭無此注五字。

〔湯等數奏決讞以幸〕　瀧七・六，慶三左五，殿三左四，凌三左五。

＊正　讞決南化、梅、狩本上二字倒。　獄也　南化 幻 梅 狩 瀧。

〔而刀筆吏專深文巧詆〕　瀧七・八，慶三左七，殿三左六，凌三左六。

＊正　巧詆巧爲毀辱也　南化 幻 梅 狩 瀧。

〔上愈益貴弘湯〕　瀧七・九，慶三左八，殿三左七，凌三左八。○慶 彭脱「湯」字。南化 楓 三 校補「湯」。　按：景印慶元本補「湯」。 札記 王脱「湯」字。

〔唯天子亦不說也〕　瀧七・一〇，慶三左九，殿三左七，凌三左八。○唯，南化 楓 三 雖。

〔然黯與亢禮〕　瀧八・三，慶四右二，殿四右一，凌四右二。○亢，中統 伉。 札記 中統、游本「亢」作「伉」。

＊正　應劭云長揖不拜　南化 幻 梅 狩 瀧。

〔反不重邪〕　瀧八・六，慶四右五，殿四右三，凌四右四。

＊正　言能降貴禮賢是益己之南化、幻、梅本無「之」字。　尊重也　南化 幻 梅 狩 瀧。

〔如發蒙振落耳〕　瀧八・八，慶四右八，殿四右五，凌四右七。

＊正　如發蒙覆及振欲落之物言其南化、幻、梅本無「其」字。　易也　南化 幻 梅 狩 瀧。

〔及弘湯稍益貴〕　瀧九・一，慶四右一〇，殿四右七，凌四右九。○稍，中統 稱。　按：訛。

〔故黯時丞史皆與黯同列〕　瀧九・二，慶四左一，殿四右八，凌四左一。○景 井 蔡 慶

中統 彭 毛 淩 殿 金陵故黯時丞相史皆與黯同列。南化 楓 三 刪去「相」。

〔從民貰馬〕 瀧九・九，慶四左六，殿四左二，淩四左五，〇貰。紹貸。

〔馬不具〕 瀧九・九，慶四左七，殿四左三，淩四左六。〇紹無「馬」字。

〔何至令天下騷動〕 瀧一〇・二，慶四左九，殿四左五，淩四左八。〇令。毛今。按：毛本訛。

〔及渾邪至〕 瀧一〇・三，慶五右一，殿四左六，淩四左九。〇南化 楓 及渾邪王至。

〔見高門曰〕 瀧一〇・四，慶五右二，殿四左七，淩四左一〇。

集 黃圖 〇殿 按三輔黃圖云。

集 未央宮中有高門殿 〇央，紹 吏。按：紹本訛。

〔皆以爲奴婢〕 瀧一〇・七，慶五右四，殿四左一〇，淩五右三。〇中統「奴」、「婢」互倒。札記 中統、游本倒。

〔是所謂庇其葉而傷其枝者也〕 瀧一一・三，慶五左一，殿五右六，淩五右一〇。〇庇，南化 狩 腐。

〔乃召拜黯爲淮陽太守〕 瀧一一・七，慶五左六，殿五右一〇，淩五左四。

*__正__ 郊謂郊道衝要之處也 南化 幻 梅 狩 瀧。

〔吾今召君矣〕 瀧一二・二，慶六右一，殿五左四，淩五左九。

索 今即今也　○蔡慶中統彭凌殿今猶即今也。

〔黯弃居郡〕　瀧一二・四，慶六右三，殿五左六，凌六右一。○南化楓三黯弃遂居郡。

〔務巧佞之語〕　瀧一二・六，慶六右五，殿五左八，凌六右三。○南化棭務辨巧佞之語。

〔外挾賊吏以爲威重〕　瀧一二・九，慶六右八，殿五左一〇，凌六右六。○挾，蔡狹。按：蔡本訛。

〔抵息罪〕　瀧一三・一，慶六左一，殿六右三，凌六右八。

＊**正** 抵當也　南化梅狩。

〔令黯以諸侯相秩居淮陽〕　瀧一三・二，慶六左一，殿六右三，凌六右八。

集 真二千石俸　○俸，景井蔡慶中統彭殿奉。

〔善宦〕　瀧一三・七，慶六左五，殿六右七，凌六左二，○宦，中統官。

〔濮陽段宏始事蓋侯信〕　瀧一四・一，慶六左六，殿六右九，凌六左四。○段，景蔡慶中統彭凌叚殿假。宏，索客。札記毛本「段」，與索隱本合。各本訛「叚」。各本下索隱同。殿本作「叚宏」。

〔脱張羽於戹〕　瀧一四・八，慶七右二，殿六左四，凌六左一〇。○羽，凌禹。

〔常恐不徧〕　瀧一五・一，慶七右六，殿六左八，凌七右四。

集 請賓客便　○便，紹使。

集 閑靜可以請賓客　○閑，毛間。

索　四面郊　○蔡慶中統彭凌殿無此注三字。

*正　姚承云邑外謂之郊言長安四面之郊也此言當時任俠與南化、幻、梅本無「與」字。賓客游於邑野每休下或請謝去故置馬於郊以往來速也言驛馬常去來不得停候也　南化幻梅狩瀧。

〔然其游知交〕　瀧一五・四，慶七右八，殿六左九，凌七右五。○南化然其交游知交。楓三然其游交知交。

〔不過算器食〕　瀧一六・一，慶七左四，殿七右四，凌七左一。

索　算音先管反　○蔡無此注五字。

〔其推轂士及官屬丞史誠有味〕　瀧一六・三，慶七左五，殿七右五，凌七左三。

*正　推轂謂薦擧人如車轂轉運無窮也南化本「也」字下有「言薦士及官屬丞史」八字。有味者言其推薦之辭甚美也　南化幻狩瀧。

〔其言之也〕　瀧一六・四，慶七左六，殿七右六，凌七左四。

*正　其言之也南化、梅本「也」下有「此」字。四字屬下句　南化幻梅狩瀧。

〔自請治行五日〕　瀧一六・七，慶七左九，殿七右九，凌七左六。

*正　治行謂莊嚴也　南化幻梅狩。

〔財用益匱〕　瀧一七・一，慶八右二，殿七左一，凌七左九。

*正　匱乏也　南化幻梅狩瀧。

〔爲大農僦人多逋負〕　瀧一七・一，慶八右三，殿七左二，凌七左一〇。

集　僦人蓋興生財利　○財，中統則。按：中統訛。

集　而任使其賓客　○使，毛和。

集　謂保任見舉者　○謂，毛爲。

索　僦音即就反　○即，蔡慶凌殿郎南化校記「即」。就，中統凌僦。按：「郎」，「即」之訛。「僦」，「就」之訛。

索　任賓客就人取庸直也　○就，蔡慶凌殿僦。

索　辜較字亦作酤榷　○索此注七字作「注辜較」三字。

索　言國家獨榷酤也　○索言國家獨酤榷酤也。

索　亦謂令賓客任人專其利　○索亦謂令賞賓客任人專其利。任，金陵在。

＊**正**　僦人傭載運之人莊爲大農任人及賓客等爲大農僦賃載運官多侵欺故瀧川本「故」下有「云」字。多逋負也　南化幻梅狩瀧。

〔頃之守長史〕　瀧一七・六，慶八右七，殿七左七，凌八右五。

集　丞相長史　○史，蔡慶彭凌也。按：景印慶元本補「史」字。

〔家貧賓客益落〕　瀧一七・八，慶八右一〇，殿七左九，凌八右七。

索　按落猶零落謂散也　○蔡慶中統彭凌殿此注八字作「落零落猶散落也」七字。

〔家無餘貲財〕　瀧一七・九，慶八左一，殿七左九，凌八右八。○貲，景井蜀紹貨。

〔夫以汲鄭之賢〕　瀧一八・二，慶八左三，殿八右一，凌八右一〇。○鄭，殿黯。

〔有勢則賓客十倍〕　瀧一八・二，慶八左三，殿八右一，凌八右一〇。○倍，紹信。按：紹本訛。

〔下邽翟公有言〕　瀧一八・三，慶八左四，殿八右二，凌八左一。

索　徐廣曰下邽作下邳　○蔡無此注八字。

〔門外可設雀羅〕　瀧一八・四，慶八左五，殿八右三，凌八左二。○外，詳節下。

〔翟公乃大署其門曰〕　瀧一八・五，慶八左六，殿八右四，凌八左三。○景無「乃」字。

〔悲夫〕　瀧一八・七，慶八左八，殿八右六，凌八左五。○詳節無此二字。

索　積薪興歎　○歎，索欲。

索　伉直愈堅　○伉，索抗。

史記會注考證校補卷一百二十一

儒林列傳第六十一

〔儒林列傳第六十一〕 瀧一・七，慶一右一，殿一右六，凌一右二。

正 儒林謂博士爲儒雅之林 ○慶彭凌殿金陵無上「林」字。按：瀧川氏以意補「林」字。

〔未嘗不廢書而歎也〕 瀧二・三，慶一右四，殿一右九，凌一右五。

索 即今學令是也 ○慶中統彭凌殿即今之學令是也。

〔是以仲尼干七十餘君無所遇〕 瀧二・一〇，慶一右九，殿一左四，凌一右一〇。

索 案家語等説云 ○云，蔡慶中統彭凌殿則

索 孔子歷聘諸國 ○蔡慶中統彭索無「諸」字。

索 謂周鄭齊宋曹衛陳楚杞莒匡等 ○蔡慶中統彭凌殿——匡等爾。

索 亦無七十餘國也 ○國，蔡慶中統彭凌殿君。

〔西狩獲麟曰〕 瀧三・三，慶一左二，殿一左六，凌一左三。

＊**正** 括地志云在鄆州鉅縣東十一里東去魯城可二百餘里 南化 梅。

〔以當王法〕 瀧三・四，慶一左三，殿一左七，凌一左四。○當，殿寓。王，詳節正。

＊**正** 因魯史記年月日（南化、梅本無「日」字。）而作春秋兼見諸國史所記之事 南化 幻 梅 狩 瀧。

〔散游諸侯〕 瀧三・六，慶一左四，殿一左八，凌一左五。○游，毛遊。

〔大者爲師傅傅相〕 瀧三・六，慶一左五，殿一左八，凌一左五。

索 子貢爲齊魯聘吳越 ○索——齊相魯——。按：索隱本衍。

索 餘未聞也 ○慶 中統 彭 凌 殿餘則未聞。無「也」字。

〔後陵遲以至于始皇〕 瀧四・五，慶二右一，殿二右四，凌二右二。○于，毛於。

〔然齊魯之間〕 瀧四・六，慶二右二，殿二右五，凌二右三。○間，紹 蔡 慶 彭 凌 殿門，南化 楓校記「間」。

〔孟子荀卿之列〕 瀧四・七，慶二右三，殿二右六，凌二右四。○列，南化 楓 棭 狩倫。

〔阮術士〕 瀧四・九，慶二右五，殿二右七，凌二右五。○阮，景 井 蜀 紹 蔡 慶 毛 凌坑。

〔六蓺從此缺焉〕 瀧四・九，慶二右八，殿二左一，凌二右九。

正 今新豐縣温湯之處 ○湯，慶 彭 殿陽。按：下「温湯」亦同。

正　温湯西南三里有馬谷　○慶彭凌殿——三百里——。札記「三」下衍「百」字。考證據漢書注刪。

正　古相傳以爲秦阬儒處也　○慶彭凌殿無「爲」字。札記「爲」字，考證增。

〔驅瓦合適戍〕　瀧五・四，慶二左一，殿三左三，凌二左二。

*正　言如衆瓦合 瀧本「合」誤「全」。聚蓋屋先無計謀也　南化幻梅狩瀧。

〔弦歌之音不絕〕　瀧六・二，慶二左五，殿二左七，凌二左六。○弦，景井蔡慶凌絃。

〔平定四海〕　瀧六・八，慶三右二，殿三右三，凌三右三。

正　相次反叛征討也　○次，慶彭凌以。札記官本「次」，它本誤「以」。按：景印慶元本改「次」。

〔孝惠呂后時〕　瀧六・八，慶三右三，殿三右四，凌三右四。○景井蔡慶中統彭毛凌殿金陵此五字移在「庠序之事也」之句下。

〔故諸博士具官待問未有進者〕　瀧七・一，慶三右六，殿三右七，凌三右七。

*正　具官言滿 瀧本「滿」字誤「備」。員而已　南化幻梅狩瀧。

〔於魯則申培公〕　瀧七・五，慶三右九，殿三右九，凌三右九。

集　一作陪　○陪，毛掊。

集　音扶尤反　○紹「扶尤反」三字作「挨丸切」。

〔於燕則韓太傅〕　瀧七・七，慶三右一〇，殿三左一，凌三左一。

*正　名嬰　南化幻梅狩瀧。

〔自濟南伏生〕　瀧七・八，慶三左一，殿三左一，凌三左二。

索　漢紀云　○蔡　慶　中統　彭　凌　殿「漢紀」二字作「紀年」。

〔自魯高堂生〕　瀧七・八，慶三左二，殿三左二，凌三左三。

索　亦先生省字呼之耳　○慶　彭　凌　殿　亦先生者省字——。

〔於齊魯自胡毋生〕　瀧七・一〇，慶三左四，殿三左五，凌三左五。○自。紹　國。

〔於趙自董仲舒〕　瀧七・一〇，慶三左五，殿三左四，凌三左五。

＊**正**　漢南化、幻、梅本無「漢」字。　藝文志事南化、幻、梅、狩本無「事」字而有「漢興魯申公爲記」七字。　爲春秋南化、幻、梅、狩本「春秋」二字作「秦」。　言爲尚書帝王靡不同之各本校記無「之」字。　仲尼思存各本校記無「存」字。　前聖之業以魯周公之國禮文備物史官有法各本校記「法」下有「何休云孔子還國史記集百二十國書」十五字。　故與左丘明視南化、幻、梅本「視」字作「觀」字。　其史記據幻本「據」字作「処」。　行事仍人南化、幻、梅本重「人」字。　道因興以立功就敗以成罰假日月以定歷數藉朝聘以正禮樂有所褒諱貶損不可書見口授弟子弟子退而異言丘明恐幻本無「恐」字。　弟子各安其意以失南化、幻、梅本無「各安其意以失」六字，而有「名」字。　其南化、幻、梅本「其」下有「意」字。　真故論本事而作傳明夫子不以空言説經也所貶損大人各本校記無「大人」二人。　有權威南化、幻、梅本「權」、「威」二字倒。　皆形於傳是以隱其書而不宣所以免時難也末代口南化、幻、梅本「口」字作「名」字。　説流行故有公羊穀梁鄒夾之傳七録曰漢興有「有」字南化、幻、梅本無。　公羊穀梁並立國南化、幻、梅本「國」字作「同」字。　學左氏始出乎張蒼家本無傳之者建武中鄒夾氏皆滅絶自漢末稍貴左氏服虔杜預二注與公羊穀梁俱立國學按左丘明魯史也夾音頰也　南化　幻　梅　狩　瀧。

〔殷曰序周曰庠〕　瀧九・八，慶四右六，殿四右四，凌四右六。○南化楓三景井蜀紹「序」、「庠」互易。

〔令相長丞上屬所二千石〕　瀧一〇・六，慶四左四，殿四左二，凌四左五。

索　上時兩反　○兩，殿雨。按：殿本訛。

*正　言好幻本「好」字作「爲」字。文學敬順出入不乖所聞者也令縣令相侯相長縣長丞縣丞也　南化幻梅狩瀧。

〔當與計偕詣太常〕　瀧一〇・一〇，慶四左六，殿四左三，凌四左六。○當，索常。按：與漢書合。

〔得受業如弟子〕　瀧一一・一，慶四左七，殿四左四，凌四左七。○得，紹補。

〔補文學掌故缺〕　瀧一一・二，慶四左八，殿四左五，凌四左八。

*正　掌故有缺而取瀧本誤脱「取」字。補之　南化幻梅狩瀧。

〔其高弟可以爲郎中者〕　瀧一一・二，慶四左八，殿四左五，凌四左八。○弟，蔡慶中統凌殿第。按：「弟」、「第」古通用。

〔太常籍奏〕　瀧一一・三，慶四左九，殿四左五，凌四左九。

*正　籍奏爲名籍而奏之　南化幻梅狩瀧。

〔臣謹案詔書律令下者〕　瀧一一・五，慶五右一，殿四左七，凌五右一。

*正　下者謂班行　南化幻梅狩瀧。

〔治禮次治掌故〕　瀧一一・八，慶五右四，殿四左九，凌五右三。○次，中統以，札記中統、游本「次」作「以」。

〔遷留滯〕　瀧一一・九，慶五右五，殿五右一，凌五右四。

＊**正**　言流瀧本「流」字誤「留」。滯者改遷也瀧本「也」字誤「之」。　南化幻梅狩瀧。

〔補左右內史大行卒史〕　瀧一二・三，慶五右六，殿五右二，凌五右六。

正　案左右內史　○案，慶彭凌補。

＊**正**　大行後改爲大鴻臚亦補其卒史南化、幻、梅、狩本「史」作「吏」。也　南化幻梅狩瀧。

〔補中二千石屬〕　瀧一二・五，慶五右八，殿五右四，凌五右八。

索　蘇林曰屬亦曹吏今縣官文書解云屬某甲　○慶中統彭凌殿無此注十七字。

〔補郡屬備員〕　瀧一二・六，慶五右九，殿五右四，凌五右九。

索　弟子射策甲科百人　○科，中統利。按：中統本訛。

＊**正**　備員者示梅本無「示」字。以升梅、狩本「以升」二字作「不叔」二字。擢之非籍其實用也　南化幻梅狩瀧。

〔佗如律令〕　瀧一二・九，慶五左一，殿五右六，凌五右一〇。○佗，毛他。

〔與劉郢同師〕　瀧一三・六，慶五左六，殿五左一，凌五左六。

索　呂太后時浮丘伯在長安　○索——時徵浮——。

索　申公與元王郢客俱卒學也　○慶中統彭凌殿「郢客」作「子郢」，而此句下有「郢即郢客」

四字。

〔令申公傅其太子戊〕　瀧一三・七，慶五左七，殿五左二，凌五左八。

集　子戊立　○蜀紹蔡毛子王戊立。

集　郢以呂后二年封上邽侯　○中統——封爲上——。二，毛三。

〔申公獨以詩經爲訓以教〕　瀧一四・二，慶六右二，殿五左六，凌六右三。○獨，慶濁，南化校記「獨」。按：景印慶元本改「獨」。

〔疑疑者則闕不傳〕　瀧一四・三，慶六右三，殿五左七，凌六右三。○毛不重「疑」字。

〔於是天子使使束帛加璧〕　瀧一四・八，慶六右八，殿六右二，凌六右八。○札記舊刻脱「是」字。

〔弟子二人至申公二十一字〕　瀧一四・九，慶六右九，殿六右三，凌六右九。○札記此二十一字舊刻脱。

集　徐廣曰馬車　○毛「馬」、「車」二字倒。

〔爲治者不在多言〕　瀧一五・一，慶六左一，殿六右四，凌六左一。○在，景井蜀紹蔡慶中統彭毛凌至。

〔是時天子方好文詞〕　瀧一五・一，慶六左二，殿六右五，凌六左一。○札記「詞」，舊刻作「辭」。

〔然已招致〕　瀧一五・二，慶六左二，殿六右五，凌六左二。○致，中統至。

〔碭魯賜至東海太守〕　瀧一五・八，慶六左九，殿六左一，凌六左八。○碭，景井陽。

按：訛。

〔鄒人闕門慶忌爲膠東内史〕　瀧一五・一〇，慶七右一，殿六左三，凌六左九。○闕，紹關。

〔言詩雖殊多本於申公〕　瀧一六・二，慶七右四，殿六左五，凌七右三。

*正　言詩於魯則申培公於齊則轅固生於燕則韓太傅申公爲詩訓詁南化、幻、梅本「詁」字作「故」字。而齊轅固燕韓各本校記無「燕韓」二字。生皆爲之各本校記無「之」字。傳或取采雜説南化、幻、梅本無「説」字。咸非其本義與不得已三家皆列於學官又有毛公之學自爲幻本無「爲」字。子夏所傳各本校記「傳」下有「而河間獻王好之末得立」十字。七録云毛公詩傳後鄭玄箋之諸儒各爲注幻本無「注」字。解其齊詩久亡魯詩亡各本校記無「亡」字。於西晉韓詩雖有無傳之者毛氏南化、幻、梅本「氏」字作「詩」字。鄭氏獨南化、幻、梅本「獨」字作「猶」字。立國學也　南化幻梅狩瀧。

〔反因過而誅之〕　瀧一七・三，慶七左三，殿七右四，凌七左二。○札記舊刻「反」訛「及」。

〔必若所云〕　瀧一七・四，慶七左四，殿七右五，凌七左三。○南化楓棭三必若君所云。

〔是高帝代秦〕　瀧一七・四，慶七左四，殿七右五，凌七左三。○代，景井蜀紹蔡慶彭中統伐。札記蔡、中統、游本「代」作「伐」。按：景印慶元本改「代」。

〔不爲愚〕　瀧一七・六，慶七左七，殿七右七，凌七左六。

＊**正**　言各本校記「言」上有「按」字。凡梅、狩無「凡」字。談論不説湯武放殺亦得爲談論猶如食肉不食馬肝未爲不知味　[南化][幻][梅][狩][瀧]。

〔此是家人言耳〕　瀧一七・一〇，慶七左九，殿七右九，淩七左七。○[索]無「是」字。

索　近而觀之　○[蔡][慶][中統][彭][淩][殿]雖微妙難通然近而——。

〔安得司空城旦書乎〕　瀧一八・五，慶七左一〇，殿七右一〇，淩七左九。

集　主刑徒之官也　○主，[紹]生。按：紹本訛。

＊**正**　虞喜志林云道家之法尚於無爲之教儒家動有所防竇太南化本無「太」字。后方之於律令故言得司空城旦書也　[南化][幻][梅][狩][瀧]。按：據南化本標記，則不冠「正義曰」三字，疑非正義佚文。

〔齊言詩〕　瀧一九・五，慶八右一〇，殿七左九，淩八右八。○[南化][楓][棭][三]齊言詩者。

〔爲常山王太傅〕　瀧一九・七，慶八左三，殿八右二，淩八左一。○[紹]脱「王」字。

〔伏生者濟南人也〕　瀧一九・一〇，慶八左七，殿八右六，淩八左五。

集　伏氏碑云　○碑，[紹]姓。

〔使掌故朝錯往受之〕　瀧二〇・四，慶八左一〇，殿八右九，淩八左八。○[札記]舊刻、游本「朝錯」作「晁錯」。

＊**正**　衛宏南化、幻、梅本「宏」下有「謂」字。詔定尚書南化、幻本「尚書」上有「古文」二字。序云徵之老不能行遣太各本校記作「大」。常掌故朝錯往讀之生年九十幻本「九」、「十」互倒。餘不能正言教錯齊人語多與潁川異錯所不知者凡十二三略南化、幻、梅本「略」字作「異」字。以其意屬讀而已　[南化][幻][梅][狩][瀧]。

〔即以教于齊魯之閒〕　瀧二〇・八，慶九右二，殿八右一〇，凌八左一〇。○于，[毛]於。

*正　各本校記有「藝文志云」四字。　孔子纂尚書上斷於堯下訖于秦凡百篇而爲之序言其作意秦燔書禁學濟南伏生獨壁藏之漢興求得二十九篇以教齊魯之間訖孝宣各本校記「宣」下有「之」字。　代有歐陽大小夏侯氏立於學官七録云魯恭王時壞孔子舊宅得古文尚書孔安國爲之傳以隸古寫之凡五十八篇其餘錯亂磨滅不可復知至漢明帝並傳歐陽氏書獨擅一代三家至西晉並亡今古文孫氏鄭玄注云列於國學也　[南化][幻][梅][狩][瀧]。

〔兒寬貧無資用〕　瀧二一・五，慶九右六，殿八左四，凌九右四。○資，[中統]貲。[札記]中統、游本「資」作「貲」。

〔常爲弟子都養〕　瀧二一・五，慶九右七，殿八左四，凌九右四。

索　謂倪寬家貧　○倪，[慶][中統][彭][凌][殿]兒。

〔以試第次〕　瀧二一・七，慶九右九，殿八左七，凌九右七。○第，[景][井][蜀]弟。按：「第」、「弟」古通用。

〔兒寬位至御史大夫〕　瀧二二・二，慶九左四，殿九右一，凌九左一。

集　元狩元年　○狩，[景][金陵]封。[札記]舊刻與名臣表合。各本誤「元狩」。按：札記引注文作「元封」。

〔然無有所匡諫於官〕　瀧二二・五，慶九左六，殿九右三，凌九左三。○官，[南化][楓][棭]朝。

〔孔氏有古文尚書〕　瀧二三二・九，慶九左九，殿九右五，凌九左六。○井紹「尚書」二字作「論語」。按：誤。

〔逸書得十餘篇〕　瀧二三二・一〇，慶九左一〇，殿九右六，凌九左七。

索　案孔臧與安國書云　○殿無「書」字。

索　唯聞尚書二十八篇　○唯，蔡慶中統彭凌殿臧。

索　何圖乃有百篇　○何，蔡慶中統彭索凌殿河。

索　即知以今讐古　○蔡慶中統彭凌殿耶即「即」作「耶」。知以今文讐古。

索　隸篆推科斗　○蔡慶中統彭凌殿「隸」、「篆」互倒。

索　藝文志曰二十九篇　○蔡慶中統彭凌殿藝文志曰安國悉得其書以考二十九篇。

索　得多十六篇　○索「十」、「六」互倒。得，中統府。

〔高堂生能言之〕　瀧二三三・一〇，慶一〇右五，殿九左一，凌一〇右三。

*正　謝丞云秦代有魯人高堂伯人也藝文志云易曰南化、幻、梅本無「曰」字。有夫婦父子君臣上下禮義有所錯而帝王質文世有損益至周曲爲之防事爲之制故曰禮經三百威儀三千及周衰諸侯將踰法度惡其害己皆滅去其籍自孔子時而不具至秦大壞漢興魯高堂生南化、幻、梅本「生」下有「傳」。士禮十七各本校記「七」作「餘」。篇訖孝南化本「孝」作「考」。宣代南化、梅本「代」作「世」。后蒼最明戴德戴聖慶普皆其弟子三家立於學官七録云自後漢諸儒多南化、幻、梅本「多」下有「爲」字。小戴訓即今禮記是也後又作各本校記「作」字作「爲」。曲臺記而慶氏傳之並亡大戴立於國學又古經出魯淹中皆南化、幻本「皆」字作

「其」。書周宗伯所掌五禮威儀之事梅本「事」字作「史」有五南化、幻、梅本「五」作「六」。十六篇無敢傳者後博士傳南化、幻、梅、本「傳」作「侍」。其書各本校記「書」字作「生」。得十七篇鄭玄注今之幻本無「之」字。儀禮是也餘篇皆南化、幻、梅本「皆」下有「已」字。亡幻、梅本「亡」字作「又」字。周官六篇周代所理天下之書也鄭玄注今二經立於國學案禮經周禮也威儀儀禮也 南化幻梅狩瀧。

〔而魯徐生善爲容〕 瀧二四・五，慶一〇右六，殿九左一，凌一〇右三。

＊**正** 言善爲容儀 狩梅瀧。

〔皆常爲漢禮官大夫〕 瀧二五・一，慶一〇左一，殿九左六，凌一〇右八。〇常，楓景井蜀紹毛金陵當。

〔而瑕丘蕭奮〕 瀧二五・一，慶一〇左一，殿九左六，凌一〇右八。〇瑕，毛叚。

〔商瞿傳易六世〕 瀧二五・三，慶一〇左四，殿九左八，凌一〇左一。〇世，索代。

〔至齊人田何字子莊〕 瀧二五・三，慶一〇左四，殿九左九，凌一〇左一。〇索至齊人六代田何字子莊。

索 商瞿授東魯橋庇子庸 〇慶中統彭凌殿無「東」字。

索 子庸授江東馯臂子弓 〇索無上「子」字。

索 子弓授燕周醜子家 〇索——子寒家。

索 子家授東武孫虞子乘 〇蔡慶中統彭凌殿——子乘子乘授何六代殿本「代」字作「傳」字。也。索無上「子」字。

索　仲尼弟子傳至是六代孫也　○[蔡][慶][中統][彭][凌][殿]此注二十八字作「仲尼弟子傳作瞿傳馯臂子弘弘傳江東人矯子庸疵疵傳燕人周子家豎豎傳淳于人光子乘羽羽傳齊人田子莊何與漢書不同馯音寒庇音必利反疵音自（中統「自」作「子」。）移反」六十四字。

〔子仲傳菑川人楊何〕　瀧二五・八，慶一〇左八，殿一〇右二，凌一〇左五。

索　同傳菑川楊何　○[慶][中統][彭][凌][殿]無「同」字。

〔齊人即墨成〕　瀧二五・一〇，慶一〇左九，殿一〇右四，凌一〇左七。

*__正__　即墨姓成名（南化、幻本「名」下有「也」字。）[南化][幻][梅][狩][瀧]。

〔下帷講誦〕　瀧二六・四，慶一一右四，殿一〇右七，凌一一右一。○帷，[井]惟。

〔未嘗不得所欲〕　瀧二六・一〇，慶一一右一〇，殿一〇左二，凌一一右六。○嘗，[毛]常。

〔是時遼東高廟災〕　瀧二七・一，慶一一左一，殿一〇左三，凌一一右七。○[索]無「高」字。

〔終不治産業〕　瀧二八・五，慶一二右一，殿一一右二，凌一一左七。○[中統]「産」、「業」互倒。　按：中統本誤。

〔以脩學著書爲事〕　瀧二八・五，慶一二右一，殿一一右二，凌一一左七。

*__正__　漢書云仲舒上疏條教凡百二十三篇而説春秋事得失有聞（各本校記「聞」作「間」字。）舉（南化、幻、梅本「舉」作「氣」字。狩本作「殺」字。）玉杯繁露清明竹林之屬數十篇（各本校記「篇」下有「十餘萬言皆傳於世」八字。）七録云春秋繁露十七卷春秋斷獄五卷　[南化][幻][梅][狩][瀧]。

〔以老歸教授齊之言春秋者〕　瀧二八・九，慶一二右四，殿一一右四，凌一一左一〇。

○南化楓棭三重「齊」字。

〔仲舒弟子遂者〕 瀧二九・一，慶一二右八，殿一一右七，凌一二右三。○遂，毛通。

〔褚大至梁相〕 瀧二九・三，慶一二右九，殿一一右八，凌一二右四。○褚，毛楮。按：訛。

〔以百數〕 瀧二九・六，慶一二左二，殿一一右一〇，凌一二右七。○百，慶彭言，南化校記「百」。札記王本「百」誤「言」。 按：景印慶元本「言」改「百」。

史記會注考證校補卷一百二十二

酷吏列傳第六十二

〔有恥且格〕 瀧二・九，慶一右三，殿一右八，凌一右四。

＊**正** 顏云論語載孔子之言也格至也言（南化、幻梅本「言」作「謂」。）御以政刑則人思苟免不恥於惡化以德禮則下知愧辱而至於治也 [南化][幻][梅][狩][瀧]。

〔盜賊多有〕 瀧三・一，慶一右五，殿一右九，凌一右六。

＊**正** 顏云老子道德經之言也上德體合自然是以有德下德務於修建更以喪之也法令繁滋則巧詐益起故多盜賊（南化本「盜」、「賊」倒。） [南化][幻][梅][狩][瀧]。

〔昔天下之網嘗密矣〕 瀧三・三，慶一右六，殿一左一，凌一右七。 ○網，[索]罔。

索 秦法密於凝脂 ○凝，[凌]疑。

〔至於不振〕 瀧三・四，慶一右八，殿一左二，凌一右九。

*正 顔云遁避也言吏避於君氓避於吏至乎（南化、幻本無「乎」。） 喪敗不可振救 [南化][幻][梅][狩][瀧]。

〔吏治若救火揚沸〕 瀧三・五，慶一右八，殿一左二，凌一右九。

*正 言網密令峻姦僞極生至于君臣相遁若救猛火及揚盛沸之湯言難止也 [南化][幻][梅][狩][瀧]。

〔溺其職矣〕 瀧三・七，慶一右一〇，殿一左四，凌一右九。

*正 顔云溺謂沈滯不舉也言敗亂之時武健嚴酷纔能薄快耳若以道德治則沒溺沈滯於政也

〔必也使無訟乎〕 瀧三・九，慶一左一，殿一左五，凌一左一。

*正 顔云論語（梅本「語」作「吾」。） 載孔子之言也言使我聽獄訟猶凡人耳然而立政行（南化、幻、梅本「行」作「於」。）德則其絶於爭（南化、梅本「爭」作「諍」。） 訟也 [南化][幻][梅][狩][瀧]。

〔破觚而爲圜〕 瀧四・一，慶一左二，殿一左五，凌一左二。○[索]無「而」字。

〔斲雕而爲朴〕 瀧四・二，慶一左三，殿一左七，凌一左四。○[索]此五字作「斲琱爲璞」四字。

索 削琱爲璞也 ○琱，[中統]雕。

〔網漏於吞舟之魚〕 瀧四・三，慶一左四，殿一左八，凌一左五。

*正 法令疏 [南化][幻][梅][狩][瀧]。

〔黎民艾安〕 瀧四・四，慶一左五，殿一左八，凌一左五。

*正 蒸蒸謂純一（南化、幻、梅本有「也」字。） [南化][幻][梅][狩][瀧]。

〔侵辱功臣〕 瀧四・六，慶一左六，殿一左一〇，凌一左七。○辱，[中統]奪。

〔遂禽侯封之家〕　瀧四・六，慶一左七，殿一左一〇，凌一左七。○札記志疑云「禽」當作「夷」。

〔其後有郅都寧成之屬〕　瀧四・九，慶一左九，殿二右二，凌一左九。○寧，景井慶彭凌殿甯。

〔楊人也〕　瀧四・九，慶一左一〇，殿二右三，凌二右一。

索　河東大陽人　○陽，蔡慶中統彭索凌楊。

正　唐初改爲洪洞　○洞，慶彭凌縣。

正　以故洪洞鎮爲名也　○以，慶彭北。札記王本「以」訛「北」。

〔野彘卒入廁〕　瀧五・二，慶二右五，殿二右七，凌二右六。○景毛野彘卒來入廁。

〔二千石莫能制〕　瀧五・六，慶二右一〇，殿二左二，凌二左一。

集　瞯音閒小兒癇病也　○景井紹蔡慶中統彭殿「瞯音閒」三字作「音」字。

索　荀悅音閑　○凌荀悅書音閑。

〔餘皆股栗〕　瀧五・八，慶二左一，殿二左三，凌二左二。

****正**　栗懼也　南化幻梅狩瀧。

〔而都禁吏不予〕　瀧六・九，慶二左九，殿二左一〇，凌二左一〇。

****正**　古者無紙筆用刀削木爲筆及簡牘而書之　南化楓棭三瀧。

〔怒以危法中都〕　瀧七・一，慶三右一，殿三右一，凌三右二。

索　謂以法中傷之　○慶中統彭凌殿讀謂以法中傷之。

*正　以危惡瀧川本誤「忍」字。之法中射於都令有罪也　南化幻梅狩瀧。

〔景帝乃使使持節拜都爲鴈門太守〕　瀧七・三，慶三右二，殿三右三，凌三右三。○殿無「都」字。

〔得以便宜從事〕　瀧七・三，慶三右三，殿三右四，凌三右四。

*正　言從家便往雁門上官不令至朝廷謝　南化梅狩瀧。

〔匈奴素聞郅都節〕　瀧七・四，慶三右四，殿三右四，凌三右四。○聞，中統間。

〔以郎謁者事景帝〕　瀧八・一，慶三右一〇，殿三右九，凌三右一〇。○郎，中統郡。

〔其畏郅都如此〕　瀧八・五，慶三左五，殿三左四，凌三左五。

索　數音所注反　○注，索主。

〔其治效郅都〕　瀧八・九，慶三左一〇，殿三左八，凌三左一〇。○效，紹放。

〔皆人人惴恐〕　瀧八・九，慶三左一〇，殿三左九，凌三左一〇。

*正　惴之瑞反怖懼　南化幻梅狩瀧。

〔詐刻傳出關歸家〕　瀧九・三，慶四右三，殿四右一，凌四右三。

索　上音紀買反　○買，索賣。

索　謂脱鉗鈦　○鉗，蔡鈦，彭鉠。鈦，蔡中統鉠，彭凌鉄。

〔乃貰貸〕　瀧九・五，慶四右五，殿四右二，凌四右五。○貰，凌貫。按：凌本誤。

索　貰貸也　○貰，凌 貫，金陵 賖。

〔役使數千家〕　瀧九・六，慶四右六，殿四右三，凌四右六。

*正　假貧民言假借貧民力營而分其利也　南化 幻 梅 狩 瀧。

〔出從數十騎〕　瀧九・七，慶四右七，殿四右四，凌四右七。○十，毛 千。按：毛本誤。

〔故因姓周陽氏〕　瀧九・八，慶四右九，殿四右六，凌四右九。

集　孝文六年國除　○景 井 紹 毛「國」、「除」互倒。札記 舊刻、毛本「國」、「除」倒。

正　在絳州聞縣東二十九里　○慶 彭 凌 殿 在絳州聞喜縣東二十九里。

〔與汲黯俱爲忮〕　瀧一〇・四，慶四左六，殿四左二，凌四左五。

集　堅忮也　○忮，紹 中統 技。

〔同車未嘗敢均茵伏〕　瀧一〇・六，慶四左七，殿四左三，凌四左七。

索　伏車軾也　○蔡 慶 中統 彭 凌 殿 無此注四字。

索　言二人與由同載一車　○二，中統 一。

索　尚不敢與之均茵軾也　○尚，蔡 慶 中統 彭 凌 殿 上。

索　漢書伏作憑也　○蔡 慶 中統 彭 凌 殿 此六字作「馮音凭」三字。

〔趙禹者斄人〕　瀧一一・一，慶五右三，殿四左九，凌五右三。

索　音胎斄縣屬扶風　○胎，索 怡，慶 中統 彭 凌 殿 無此注七字。

〔以佐史補中都官〕　瀧一一・二，慶五右三，殿四左一〇，凌五右四。

索　案謂京師諸官府吏　○[蔡][慶][中統][彭][凌][殿]無此注八字。

〔極知禹無害〕　瀧一一・四，慶五右六，殿五右二，凌五右六。

索　蘇林云言若無比也蓋云其公平也　○[蔡][慶][中統][彭][凌][殿]無此注十四字。

〔與張湯論定諸律令〕　瀧一一・七，慶五右九，殿五右四，凌五右八。

集　論一作編　○編，[凌]偏。

〔作見知吏傳得相監司〕　瀧一一・七，慶五右九，殿五右五，凌五右九。

*正　謂見南化、梅本「見」下有「有」。罪知有罪皆須擧之　[南化][幻][梅][狩][瀧]。

〔劾鼠掠治〕　瀧一二・三，慶五左三，殿五右八，凌五左三。○劾，[景]効。

〔訊鞫論報〕　瀧一二・四，慶五左三，殿五右八，凌五左三。○鞫，[楓]鞠。

集　以此書易其辭處　○辭，[慶][彭][凌]辟。按：景印慶元本「辟」改「辭」。

集　鞫一吏爲讀狀　○鞫，[殿]鞠。

〔周陽侯始爲諸卿時〕　瀧一三・二，慶五左八，殿五左三，凌五左八。

*正　按周陽前封趙兼國除今封田勝也　[南化][幻][梅][狩][瀧]。

〔偏見湯貴人〕　瀧一三・五，慶五左一〇，殿五左五，凌六右一。○偏，[蔡][慶]偏，[南化]校記偏。

〔治方中〕　瀧一三・六，慶六右二，殿五左六，凌六右二。

*正　服虔南化、幻本無「虔」。曰藏壙中長皆有丞尉中用地一頃餘又冢墓記南化、幻本無「記」。云築成南化、幻、

梅本「成」作「爲」。城然後錯石帶南化、梅、狩本「帶」作「葦」。白南化、幻、梅本「白」作「自」。沙及炭 南化幻梅狩瀧。

〔舞智以御之〕 瀧一四・八，慶六左二，殿六右五，凌六左二。○之，景井蔡慶凌殿金陵人。

〔始爲小吏乾没〕 瀧一四・八，慶六左二，殿六右六，凌六左二。

索 如淳曰得利爲乾失利爲没 ○蔡慶中統彭凌殿無此注十一字。

〔與長安富賈田甲魚翁叔之屬交私〕 瀧一五・三，慶六左四，殿六右七，凌六左四。

集 徐廣曰姓魚也 ○蜀無此注六字。

*__正__ 謂貸便財物也 南化幻梅狩瀧。

〔欲傅古義〕 瀧一五・五，慶六左七，殿六右一〇，凌六左七。

索 傅音附 ○彭無此注三字。

〔亭凝法〕 瀧一五・六，慶六左八，殿六左一，凌六左八。

集 均也 ○景井蜀紹蔡慶中統彭毛殿無此注二字。札記中統、王、柯、毛本無「均也」二字。

索 廷史廷尉之吏也亭平也 ○蔡慶中統彭凌殿無此注十字。

〔絜令揚主之明〕 瀧一五・九，慶六左一〇，殿六左三，凌六左一〇。

正 古以板書之 ○板，慶彭被。按：景印慶元本「被」改「板」。

〔必引正監掾史賢者〕　瀧一六・二，慶七右二，殿六左五，凌七右二。

正　本爲臣建議如上意　○議，慶識。按：景印慶元本「識」改「議」。札記王「議」訛「識」。

〔愚抵於此〕　瀧一六・四，慶七右五，殿六左六，凌七右五。

集　主坐不用諸掾語　○掾，慶凌椽。按：景印慶元本「椽」改「掾」。

〔聞即奏事上善之〕　瀧一六・四，慶七右五，殿六左八，凌七右六。○善，殿是。

〔上財察〕　瀧一六・九，慶七右一〇，殿七右二，凌七右一〇。

*正　顔云言下户羸弱湯欲佐助雖南化、梅本「雖」下有「具」。文奏之又口奏言南化、幻、梅本上四字作「而又口言」。雖律令之文合政此罪聽上裁察蓋爲此文南化、幻、梅本「文」作「人」。冀南化、幻、梅本「冀」作「希」。恩幻本「恩」作「息」。宥也於是上得湯此言往往釋幻本無「釋」。其人南化、幻、梅本無「人」。罪非幻本無「非」。未奏之前口豫言也財讀曰裁古字少幻本「字」、「少」倒。故也　南化幻梅狩瀧。

〔於是往往釋湯所言〕　瀧一七・一，慶七左一，殿七右三，凌七左一。

集　湯口所先言　○口，彭曰。按：彭本誤。

〔内行脩也通賓客飲食〕　瀧一七・二，慶七左二，殿七右四，凌七左二。○也，紹交。

〔伍被本畫反謀〕　瀧一七・六，慶七左七，殿七右八，凌七左七。○伍，紹五。

〔於是湯益尊任〕　瀧一七・九，慶七左一〇，殿七左一，凌七左一〇。○毛無「於」字。

按：毛本誤脱。

〔於是丞上指〕　瀧一八・一，慶八右三，殿七左三，凌八右二。○丞，南化殿承。

〔排富商大賈〕　瀧一八・一，慶八右三，殿七左四，凌八右三。

＊正　天下有鹽鐵之處皆籠合稅之令利入官也　南化幻梅狩瀧。

〔鉏豪彊并兼之家〕　瀧一八・二，慶八右六，殿七左七，凌八右六。

正　出此令　○令，慶中統凌今，南化校記「令」。按：景印慶元本「今」改「令」。

〔丞相取充位〕　瀧一八・七，慶八右八，殿七左八，凌八右七。

集　時李蔡莊青翟爲丞相　○李，凌臣。

〔姦吏並侵漁〕　瀧一八・八，慶八右九，殿七左九，凌八右九。○漁，南化楓三薄。

〔竟景帝不言兵〕　瀧一九・五，慶八左七，殿八右六，凌八左六。

＊正　盡景帝世不言伐匈奴也師古曰訖景帝之身更不議征伐之事也　南化。

〔居一障間〕　瀧二〇・二，慶九右四，殿八左二，凌九右三。

正　別築城置吏士守之　○士，慶彭上。

〔羣臣震慴〕　瀧二〇・四，慶九右七，殿八左四，凌九右五。

＊正　慴懼也　南化幻梅狩瀧。

〔湯爲御史大夫七歲敗〕　瀧二〇・七，慶九右九，殿八左六，凌九右八。○七，蔡十。

〔事下湯〕　瀧二一・三，慶九左三，殿八左九，凌九左一。○慶彭凌無「事」字。南化校補「事」。札記蔡、中統、游、毛本吴校元板並有「事」字。

〔湯治論殺文〕　瀧二一・三，慶九左三，殿八左一〇，凌九左一。○治，中統始。按：中統本誤。

〔湯詳驚曰〕　瀧二一・四，慶九左四，殿九右一，凌九左三。○詳，[蜀]佯。

〔趙國以治鑄爲業〕　瀧二一・五，慶九左六，殿九右二，凌九左四。○治，[中統]治。按：中統本誤。

〔湯常排趙王〕　瀧二一・五，慶九左六，殿九右三，凌九左五。○常，[中統]嘗。

〔而詳不省〕　瀧二一・一〇，慶一〇右一，殿九右六，凌九左九。○詳，[蜀]佯。

〔湯無與也〕　瀧二二・五，慶一〇右六，殿九左一，凌一〇右四。○無，[毛]弗。

〔欲陷之〕　瀧二二・八，慶一〇右八，殿九左三，凌一〇右六。○陷，[景][慶][殿]陷。下同。

*正　百官表南化、幻本「表」下有「云」。丞相有兩長史今此南化、幻、梅本無「此」。云三者蓋權守置之非正員也　[南化][幻][梅][狩][瀧]。

〔會稽人也〕　瀧二二・九，慶一〇右八，殿九左三，凌一〇右六。

正　此時蘇州爲會稽郡也　○蘇，[凌]曹。

〔買臣固心望〕　瀧二三・二，慶一〇左二，殿九左六，凌一〇右一〇。○[札記]舊刻「心望」作「怨望」。

〔買臣楚士〕　瀧二三・四，慶一〇左五，殿九左九，凌一〇左二。○士，[南化][楓]人。

正　故謂朱買臣爲楚士　○謂，[殿]爲。

〔常欲死之〕　瀧二三・六，慶一〇左六，殿九左一〇，凌一〇左三。○常，[凌]嘗。[札記]中統、游、毛本「常」，它本訛「嘗」。

〔邊通學長短〕　瀧二三・八，慶一〇左七，殿九左一〇，凌一〇左四。

集　用相激怒　〇怒，慶凌怨，南化校記「怒」。按：景印慶元本「怨」改「怒」。

〔常凌折之〕　瀧二四・一，慶一〇左一〇，殿一〇右三，凌一〇左七。〇凌，景慶殿凌。下同。

〔使吏捕案湯左田信等〕　瀧二四・三，慶一一右二，殿一〇右五，凌一〇左九。〇吏，蔡慶彭使，南化校記「吏」。按：景印慶元本「使」改「吏」。

正　言湯與田信爲左道之交　〇左，凌人。

〔湯又詳驚曰〕　瀧二四・七，慶一一右六，殿一〇右九，凌一一右四。〇詳，蜀佯。

〔嘗與張次公俱攻剽爲羣盜〕　瀧二六・四，慶一二右五，殿一一右五，凌一二右一。

索　又音敷妙反　〇又，慶彭凌殿人。

〔補上黨郡中令〕　瀧二六・七，慶一二右九，殿一一右九，凌一二右五。〇索無「郡」字。

〔縣無逋事〕　瀧二六・九，慶一二左一，殿一一左一，凌一二右七。

索　藉音才夜反　〇索此注五字作「藉音謝」三字。

〔遷爲長陵及長安令〕　瀧二七・一，慶一二左二，殿一一左一，凌一二右八。〇毛上「長」字作「安」。按：毛本誤。

〔爲岸頭侯〕 瀧二七・五，慶一二左六，殿一一左五，凌一二左二。

集 與淮南王女淩姦 ○淩，中統殿陵。

〔皆犇亡〕 瀧二八・三，慶一三右四，殿一二右二，凌一二左一〇。

集 二姓大族 ○二，景井蜀紹蔡慶中統彭毛三。札記 中統、游、王、柯、毛「二」訛「三」。

〔爲縱牙爪之吏任用〕 瀧二八・四，慶一三右六，殿一二右三，凌一三右一。○景井蔡慶中統彭殿「牙」、「爪」互倒。

〔縱一捕鞠曰〕 瀧二八・八，慶一三右九，殿一二右六，凌一三右四。○捕，蔡慶彭補。鞠，景井毛殿鞫。曰，紹同。

〔爲死罪解脱〕 瀧二八・八，慶一三右九，殿一二右七，凌一三右五。

集 私解脱桎梏鉗赭 ○鉗，景銷。

集 縱鞫相贍餉者二百人 ○鞫，蔡慶中統彭凌鞠。

〔是日皆報〕 瀧二八・一〇，慶一三左一，殿一二右八，凌一三右六。○報，南化楓棭三執。

〔殺四百餘人〕 瀧二八・一〇，慶一三左一，殿一二右八，凌一三右六。

＊**正** 言奏請得南化、幻、梅本「得」作「約」。報而殺之又一本報字作執 南化幻梅狩瀧。

〔猾民佐吏爲治〕　瀧二九・二，慶一三左二，殿一二右九，凌一三右七。○索「民」作「人」，「治」字作「理」。吏，紹史。

索　干豫吏政　○豫，彭預。

〔而縱以鷹擊毛爲治〕　瀧二九・四，慶一三左四，殿一二左一，凌一三右九。

集　鷙鳥將擊必張羽毛也　○井「羽」、「毛」互倒。

〔後會五銖錢白金起〕　瀧二九・五，慶一三左五，殿一二左一，凌一三右一〇。○南化 楓 棭 三 後會更五銖錢白金起。

〔直指始出矣〕　瀧二九・八，慶一三左八，殿一二左五，凌一三左三。

*正　應劭南化本無「劭」。曰漢官云御史中丞有繡衣直指出討姦也　南化 梅 狩 瀧。按：南化、梅、狩本並不冠「正義曰」三字，疑此注十九字非正義注文。

〔閻奉以惡用矣〕　瀧二九・一〇，慶一三左九，殿一二左五，凌一三左四。○奉，紹宰。

*正　閻奉以南化本無「以」。嚴惡之故而見任用言時南化本「時」作「特」。政尚急刻也　南化 幻 梅 狩 瀧。

〔已而卒起幸甘泉〕　瀧三〇・一，慶一三左一〇，殿一二左六，凌一三左五。○景 井 無「幸」字。

*正　鼎湖今虢州胡南化、幻、梅本無「胡」。城縣幻本無「縣」。也郊祀志云黄帝采首山之銅鑄鼎荆山之下有龍垂髯下接黄帝后人名其處曰鼎湖已止南化本重「止」。愈也卒急也南化、梅、狩本無上三字。　南化

幻梅狩瀧。

〔嗛之〕 瀧三〇・四，慶一四右二，殿一二左八，凌一三左七。

＊**正** 嗛合恨也 南化幻梅狩瀧。

〔至冬楊可方受告緡〕 瀧三〇・四，慶一四右二，殿一二左八，凌一三左七。

索 謂緡錢出入有不出算錢者 ○蔡慶中統彭凌殿此注十一字作「謂緡錢出等人有不以錢通者」十二字。入，索人。

〔部吏捕其爲可使者〕 瀧三〇・六，慶一四右四，殿一二左一〇，凌一三左九。○索「捕」字作「求」而無「其」字。

＊**正** 部吏内部中吏也使者揚可遊遣支信也 南化梅。

〔以爲廢格沮事〕 瀧三〇・七，慶一四右五，殿一三右一，凌一三左一〇。

索 應劭云沮敗已成之事 ○蔡慶中統彭凌殿無此注九字。

〔皆把其陰重罪〕 瀧三一・四，慶一四左二，殿一三右六，凌一四右七。

＊**正** 言擇廣平中豪强敢行威人即任用爲吏將爲南化、幻本「爲」作「作」。爪牙仍把南化、梅本「把」下有「其」，幻本「把」作「其」。未發大罪以防禦 南化幻梅狩瀧。

〔因其事夷之〕 瀧三一・六，慶一四左三，殿一三右八，凌一四右八。○因，南化楓三回。

〔令郡具私馬五十匹〕 瀧三一・九，慶一四左六，殿一三右一〇，凌一四左一。○匹，景紹蔡凌疋。

〔爲驛自河内至長安〕　瀧三一・一〇，慶一四左七，殿一三左一，凌一四左一。

*正　驛傳也以私馬相傳於境上來往相傳　南化幻梅狩瀧。

〔上書請大者至族〕　瀧三二・一，慶一四左九，殿一三左一，凌一四左三。〇族，中統滅。

〔黎來〕　瀧三二・六，慶一五右三，殿一三左六，凌一四左七。〇黎，景井蜀紹蔡慶中統彭凌殿梨。

索　黎音犁梨比也　〇黎，慶蔡中統彭凌殿梨。梨，慶犁，索金陵黎。

〔會春〕　瀧三二・七，慶一五右三，殿一三左六，凌一四左七。

*正　立春之後不復行刑　南化梅。

〔徙諸名禍猾吏與從事〕　瀧三二・九，慶一五右六，殿一三左八，凌一四左一〇。〇徙，索徙。諸，紹請。

索　案漢書作徙請召猜禍吏　〇索無「徙」字。

索　取吏名爲好猜疑人作禍敗者而使之　〇蔡慶中統彭凌殿無「名爲」二字。索此注下有「按漢書召作名」六字注。

〔而尹齊爲中尉〕　瀧三三・四，慶一五右九，殿一四右二，凌一五右四。〇紹無「爲中尉」三字。

〔東郡茌平人〕瀧三三・五，慶一五左一，殿一四右三，凌一五右五。○茌，紹在，慶彭凌茌。按：南化、梅、狩本並校記「正義茌作茌」五字。景印慶元本「茌」改「茌」。

〔张湯數稱以爲廉武〕瀧三三・五，慶一五左二，殿一四右四，凌一五右六。○南化——廉武帝。

〔聲甚於寧成〕瀧三三・七，慶一五左三，殿一四右五，凌一五右七。○寧，蔡甯。

〔使督盜賊關東〕瀧三四・二，慶一五左八，殿一四右一〇，凌一五左二。○東，毛中。

〔至於中尉則心開〕瀧三四・七，慶一六右四，殿一四左五，凌一五左八。

索 湣音昏 ○瀧川本「惽」誤「湣」。

〔爲方略〕瀧三四・九，慶一六右五，殿一四左六，凌一五左九。○方，慶彭萬，楓分。

按：景印慶元本「萬」改「方」。

〔投缿購告言姦〕瀧三四・一〇，慶一六右六，殿一四左七，凌一五左九。○缿，慶中統凌殿缿。下同。札記王、柯「缿」訛「缿」。

索 三倉音胡江反 ○倉，殿蒼。

*****正** 缿受錢器也古以瓦今以竹按以此器受投書南化、幻本「書」下有「也」。 南化幻梅狩瀧。

〔以牧司姦盜賊〕瀧三五・一，慶一六右八，殿一四左九，凌一六右二。○凌一本「牧」作「收」。

集　街陌屯落　○屯，紹巳。

〔貴戚必侵辱〕　瀧三五・五，慶一六右一〇，殿一五右一，凌一六右四。○南化楓雖貴戚必侵辱。

〔以君大豪〕　瀧三五・六，慶一六左一，殿一五右一，凌一六右五。○君，索燻。

索　案熏猶熏炙之　○索兩「熏」字作「燻」。

索　令案之　○令，索今。

〔其治中尉如此〕　瀧三五・八，慶一六左二，殿一五右二，凌一六右六。○紹無「尉」字。

〔抵罪免〕　瀧三六・二，慶一六左六，殿一五右六，凌一六右一〇。

＊**正**　不中天子意也　南化梅狩瀧。

〔得數萬人作〕　瀧三六・四，慶一六左八，殿一五右八，凌一六左二。

＊**正**　中尉部中脱漏之卒考校取之　南化幻梅狩瀧。

〔姦邪少禁〕　瀧三六・六，慶一六左九，殿一五右九，凌一六左三。○札記游本「少」作「小」。

〔會宛軍發〕　瀧三六・七，慶一六左一〇・殿一五右一〇，凌一六左四。

集　發兵伐大宛　○伐，毛代。按：毛本誤。

〔自殺〕　瀧三六・九，慶一七右二，殿一五左二，凌一六左六。

＊**正**　姚承云置騎有員數　南化幻梅狩瀧。

〔而王温舒罪至同時而五族乎〕　瀧三六・一〇，慶一七右四，殿一五左三，凌一六左八。

＊**正**　顔云温舒幻本「舒」作「舘」。與弟同三族而南化、幻、梅本無「而」。兩妻家各一故爲五也南化、幻、梅本無「也」。

[南化][幻][梅][狩][瀧]。

〔尸亡去歸葬〕　瀧三七・三，慶一七右七，殿一五左六，凌一七右一。○[札記]漢書「尸」作「妻」，疑史誤。然徐野民據本「已」作「尸」。

＊**正**　言妻將其尸亡逃而去歸家葬　[南化][幻][梅][狩][瀧]。

〔盜賊滋起〕　瀧三七・八，慶一七右一〇，殿一五左九，凌一七右三。

＊**正**　言酷暴者多故吏民不畏法南化、幻、梅本「法」作「罪」。[南化][幻][梅][狩][瀧]。

〔南陽有梅免白政〕　瀧三七・九，慶一七右一〇，殿一五左九，凌一七右四。○免，[南化][楓]兔。

〔楚有殷中杜少〕　瀧三七・九，慶一七左一，殿一五左九，凌一七右四。

集　人亦有姓假者也　○[彭]無「亦」字。

集　漢書白作百殷作段顔師古曰梅百皆姓也　○此注十七字是瀧川氏考證而誤爲集解。

〔及以法誅通行飲食〕　瀧三八・八，慶一七左八，殿一五右六，凌一七左一。○[景][井][紹][蔡][慶][中統][彭][凌][殿][金陵]無「行」字。[南化][楓]校補「行」。

〔無司奈何〕　瀧三九・三，慶一八右一，殿一六右八，凌一七左三。

＊**正**　渠大也　[南化][梅][狩][瀧]。

〔於是作沈命法〕　瀧三九・三，慶一八右一，殿一六右八，凌一七左四。

集　沈藏匿也　○中統沈藏匿者也。

〔主者皆死〕　瀧三九・五，慶一八右三，殿一六右一〇，凌一七左六。

＊正　品程限也言群盜起不發覺及發覺不捕並捉程限滿不獲者皆死也　南化 幻 梅 狩 瀧。

〔其後小吏畏誅〕　瀧三九・六，慶一八右三，殿一六右一〇，凌一七左六。○凌無「後」字。

按：凌本誤。

〔府亦使其不言〕　瀧三九・七，慶一八右四，殿一六左一，凌一七左七。

＊正　縣有盜賊府亦坐府使縣不言上故盜賊南化本「賊」下有「斷」。多孟康曰縣有盜賊府亦并坐使縣不言南化本「言」下有「之」。也　南化 幻 梅 狩 瀧。按：南化、梅本「孟康曰」以下提行而不冠「正義曰」三字，恐非正義。瀧本以狩本與上文合而爲正義。

〔官事辨〕　瀧四〇・四，慶一八右九，殿一六左六，凌一八右二。○辨，中統 金陵辦。

〔其治米鹽〕　瀧四〇・八，慶一八左三，殿一六左九，凌一八右五。

＊正　米鹽謂南化、幻本無「謂」。細碎南化、梅本「碎」下有「也」。　南化 幻 梅 狩 瀧。

〔自部署縣名曹實物〕　瀧四〇・九，慶一八左三，殿一六左九，凌一八右六。○實，南化 楓寶。

〔難以爲經〕　瀧四一・一，慶一八左六，殿一七右二，凌一八右八。

＊正　難以爲經言不可爲常法也　南化 幻 梅 狩 瀧。

〔宣下吏抵罪〕　瀧四一・五，慶一八左八，殿一七右四，凌一八左一。○抵，慶中統彭凌金陵詆。

〔杜周者南陽杜衍人〕　瀧四一・六，慶一八左一〇，殿一七右六，凌一八左三。○索此八字作「杜周杜衍人」五字。

〔所論殺甚衆〕　瀧四一・八，慶一九右三，殿一七右八，凌一八左六。

集　郡縣主守有所亡失也　○彭「亡」、「失」互倒。

***正**　謂邊郡被寇失亡人蓄（南化、梅本「蓄」作「畜」。）財物甲卒多故使按之　南化幻梅狩瀧。

〔外寬內深次骨〕　瀧四二・一，慶一九右四，殿一七右一〇，凌一八左七。

索　李奇曰其用法刻至骨　○慶中統彭凌殿無此注九字。

〔宣爲左內史〕　瀧四二・二，慶一九右五，殿一七左一，凌一八左八。○左，南化楓三右。

〔而善候伺〕　瀧四二・三，慶一九右六，殿一七左一，凌一八左九。

正　審察人主（南化、幻、梅本「人主」作「主上」。）之意。　南化幻梅狩瀧。

〔君爲天子決平〕　瀧四二・五，慶一九右八，殿一七左三，凌一九右一。○子，南化楓三下。

〔一歲至千餘章〕　瀧四二・一〇，慶一九左四，殿一七左八，凌一九右六。○紹無「一」字。

集 以章劾付廷尉治之 ○劾，[景][井]刻。下同。

＊**正** 言周爲廷尉用法刻深天子善（南化本「善」作「美」）。之郡吏太府有奏章詔皆付周治（南化、幻、梅本「治」作「法」）。之故詔獄一歲至千歲章也 [南化][幻][梅][狩][瀧]。

〔遠者數千〕 瀧四三・三，慶一九左五，殿一七左九，凌一九右七。○[南化][楓]遠者數千里。

〔以笞掠定之〕 瀧四三・四，慶一九左六，殿一七左一〇，凌一九右八。

＊**正** 服（南化、幻本「服」上有「劾」）。即以其罪狀推問不服即以笞掠猶今定服也 [南化][幻][梅][狩][瀧]。

〔大抵盡詆以不道以上〕 瀧四三・六，慶一九左八，殿一八右二，凌一九右一〇。○抵，[索]氏，詆[索]抵。

索 案大氏 ○氏，[蔡][慶][中統][彭][凌][殿]抵。

索 氏音至 ○[蔡][慶][中統][彭][凌][殿]此注三字作「盡詆者盡至也」六字。

〔吏所增加十萬餘人〕 瀧四三・八，慶一九左九，殿一八右三，凌一九左二。○十，[中統]千。

按：中統本誤。

〔周中廢〕 瀧四三・九，慶一九左一〇，殿一八右四，凌一九左二。○[札記]志疑云此下後人增入。

〔後爲執金吾〕 瀧四三・九，慶一九左一〇，殿一八右四，凌一九左二。

＊**正** 百官表曰御史中丞杜周爲廷尉十年免天漢（梅本「漢」誤「德」）。三年二月執金吾杜周（南化本無「杜周」）。爲御史太夫太始三（南化、幻、梅本「三」作「元」）。年卒 [南化][幻][梅][狩][瀧]。

〔逐盜〕　瀧四三・一〇，慶一九左一〇，殿一八右四，凌一九左三。○逐，凌遂。

〔及身久任事至三公列〕　瀧四四・七，慶二〇右四，殿一八右七，凌一九左六。○紹無「及」字。

〔人主與俱上下〕　瀧四五・一，慶二〇右八，殿一八右一〇，凌一九左一〇。

*正　知陰陽言知人主意旨南化、幻、梅本「旨」作「指」。　輕重　南化幻梅狩瀧。

〔官事寖以秏廢〕　瀧四五・四，慶二〇右一〇，殿一八左二，凌二〇右二。○秏，景蔡慶凌殿耗。

〔廣漢李貞擅磔人〕　瀧四五・八，慶二〇左五，殿一八左六，凌二〇右六。○擅，蔡慶中統彭凌檀，南化楓校記「擅」。按：景印慶元本「檀」改「擅」。

〔東郡彌僕鋸項〕　瀧四五・八，慶二〇左五，殿一八左七，凌二〇右七。

索　彌姓僕名　○蔡慶中統彭凌殿無此注四字。

〔天水駱璧推咸〕　瀧四五・九，慶二〇左五，殿一八左七，凌二〇右七。○璧，景璧。咸，景蜀紹蔡慶中統彭凌殿減。札記索隱本「咸」，各本作「減」。

索　一作成　○慶蔡彭凌殿無「一」字。

索　謂推繫之以成獄也　○札記襍志云「推繫」，「椎擊」之訛。

*正　推成言推掠以成罪也南化、幻、梅本無「也」。　南化幻梅狩瀧。

〔馮翊殷周蝮鷙〕　瀧四六・一，慶二〇左七，殿一八左九，凌二〇右九。

索　下音鷙鷹也　○鷙，[殿]至，[慶][中統][彭][凌]此注五字作「下音至也」四字。[蔡]作「鷙音至」三字。

索　言其酷比之蝮毒鷹攫　○[蔡][慶][中統][彭][凌]此注九字作「以言苛（殿本「苛」作「奇」）。酷比之蝮毒焉」。

〔朴擊賣請〕　瀧四六・二，慶二〇左八，殿一八左一〇，凌二〇右一〇。○朴，[景][蜀][蔡]扑。

〔何足數哉〕　瀧四六・三，慶二〇左八，殿一八左一〇，凌二〇右一〇。

索　蒼鷹側視　○蒼，[蔡][慶][中統][彭][凌]倉。

索　懷生何恃　○何，[慶][中統][凌][殿]可。

史記會注考證校補卷一百二十三

大宛列傳第六十三

〔大宛列傳〕　瀧一・九，慶一右二，殿一右六，凌一右二。

索　大宛列傳　○蔡慶中統彭索凌殿此注四字作「案此傳」三字。

索　宜在朝鮮之下　○蔡慶中統彭索凌殿此注字作「合在西南夷下」六字。

索　不合在酷吏游俠之間　○合，蔡慶中統彭索凌殿宜。

索　斯蓋司馬公之殘缺　○蔡慶彭中統凌殿斯蓋並司馬公之殘缺。

索　斯蓋司馬公之殘缺至幸不深尤焉二十字　○索無此注二十字，而有「今誤列于此也」六字。

〔見自張騫〕　瀧二・三，慶一右五，殿一右一〇，凌一左七。

索　宛音苑　○苑，蔡慶凌殿苑。

正　率都沙那國　○那，慶彭凌殿郍。下「沙那國」同。

〔張騫漢中人〕　瀧二・八，慶一右六，殿一左一，凌一左七。○索無「張」字。

〔以其頭爲飲器〕 瀧二・九，慶一右八，殿一左三，凌一左一〇。

索 椑音白迷反至案謂今之偏榼也十七字 ○慶 彭 凌 殿無此注十七字。

正 涼甘肅瓜沙等州 ○沙，凌涉。南化 彭按在涼甘肅——。殿在涼甘肅——。

正 本居敦煌祈連閒 ○祈，殿祁。下同。

正 共飲立盟 ○立，殿 金陵血。按：景印慶元本「立」改「血」。札記官本「血」字與漢書合，各本訛「立」。

***正** 椑榼上音蒲迷反下音苦盍反韋此説弓成法器虎子褻器用溲便者也按此説亦非 南化 梅。

〔經匈奴〕 瀧三・五，慶一左五，殿一左一〇，凌二右七。○經，索徑。

〔傳詣單于〕 瀧三・五，慶一左六，殿一左一〇，凌二右八。

索 下云 ○索無「下」字。

索 蓋後史家從省 ○蓋，索謂。從，蔡 慶 中統 彭 凌 殿徒。

索 甘或其姓號 ○蔡 慶 中統 彭 凌 殿「甘」、「或」互倒。

〔爲發導驛抵康居〕 瀧四・三，慶二右四，殿二右七，凌二左五。○導，索道。驛，蔡 慶 中統 彭繹，南化 楓 三校記「驛」。按：景印慶元本「繹」改「驛」。

索 發道 ○道，蔡 慶 中統 彭 凌 殿導。

正 居其尼反 ○尼，慶 彭 凌居。

〔立其太子爲王〕 瀧四・一〇，慶二右七，殿二右一〇，凌二左九。

集 夫人爲王 ○[索]立夫人爲王。

〔既臣大夏而居〕 瀧五・一，慶二右八，殿二左一，凌二左一○。○[紹]既臣大夏而居地。

[景][井][蜀][中統][索][毛]既臣大夏而居蜀本「居」作「君」。之。

索 既臣大夏而君之 ○[蔡][慶][中統][彭][凌][殿]此注七字作「居作君」三字。君，[索]居。

正 既盡也 ○盡，[慶]書。按：景印慶元本改「盡」。[札記]王本「盡」訛「書」。

〔竟不能得月氏要領〕 瀧五・五，慶二左一，殿二左四，凌三右三。○[索]無「能」字。

索 李奇云要領要契也 ○[蔡][慶][凌][殿]無此注八字。

索 小顏以爲衣有要領 ○[蔡][慶][中統][彭][凌][殿]此注八字作「小顏以爲要衣要領衣領凡持衣者必執要與領言騫不能得月氏意趣無以持歸於漢」三十四字。[南化][楓][三]「漢」字下校補「故以要領爲喻」六字。

正 其南山東出金城 ○南，[慶][彭]面，[南化][楓][三]校記南。按：景印慶元本「面」改「南」。

〔欲從羌中歸〕 瀧五・八，慶二左五，殿二左八，凌三右七。

正 東方貊從豸 ○[慶][彭][凌][殿]無「方」字。

〔單于死〕 瀧五・九，慶二左六，殿二左九，凌三右八。

集 元朔三年 ○[蔡]元朔三年一。

〔堂邑父爲奉使君〕 瀧五・一○，慶二左八，殿三右一，凌三左一。

*正 堂南化、幻、梅本「堂」上有「言」。邑父者史省文也 [南化][幻][梅][狩][瀧]。

〔而傳聞其旁大國五六〕　瀧六・五，慶三右二，殿三右四，凌三左四。○旁，毛傍。

〔具爲天子言之〕　瀧六・六，慶三右三，殿三右五，凌三左五。○蜀無「之」字。

〔其先天馬子也〕　瀧六・八，慶三右六，殿三右七，凌三左八。

索　外國稱天下有三衆　○索——天下有三衆云。

索　案外國傳云至月氏馬衆二十五字　○索表出「月氏與安息同」六字而有此注二十五字。

*正　按南化、梅本「按」下有「今」。有汗從前髆間出皆赤如血　南化幻梅狩瀧。

〔東則扜罙于窴〕　瀧七・二，慶三右九，殿三左一，凌四右一。○罙，毛采。下同。札記「扜」字索隱音汙，漢書注音烏，字當从于，而各本多作「扞」，非。「罙」，毛作「采」。下同。

集　漢紀曰　○紀景井蜀毛記。

索　音汙彌二音　○蔡慶中統彭凌殿音汙彌。無「二音」二字。窴音田，又音殿。

索　漢紀謂荀悅所譔　○譔，蔡慶中統彭凌殿說。

索　則拘彌與扜罙是一也　○蔡則拘彌與扜罙同是一名也。

索　窴音殿　○蔡慶中統彭凌殿無此注三字。

〔于窴之西〕　瀧七・七，慶三左一，殿三左三，凌四右三。○窴，景井蔡慶毛凌殿寘，札記各本訛「寘」，今正。

〔其東水東流注鹽澤〕　瀧七・七，慶三左二，殿三左三，凌四右四。

正　去玉門陽關三百餘里　○慶彭凌殿此注九字作「玉門關三百餘里」七字。札記「去」字、

「陽」字，考證據漢書增。

正　亦名輔曰海　○亦，彭殿一。名，彭各。

〔其南則河源出焉〕　瀧七・一○，慶三左五，殿三左六，凌四右八。

索　案漢書西域傳云　○蔡慶中統彭凌殿西域傳「三」字作「西南夷傳」四字。

索　河有兩源　○有，彭出。

索　一出蔥嶺　○慶蔡中統彭凌殿一出蔥嶺山。

索　泑澤即鹽澤也　○索無上「澤」字。

索　一出于闐南山下　○蔡慶中統彭凌殿此注七字作「于寘在南山下」六字。

索　蒲昌海在蒲類海東也　○索蒲昌海在于蒲類海東也。

〔在大宛東北可二千里〕　瀧九・一，慶四右二，殿四右三，凌四左五。○千，井十。

〔行國隨畜〕　瀧九・一，慶四右二，殿四右三，凌四左五。

*正　烏孫本塞種本釋字謂佛姓釋氏也胡語訛轉　南化幻梅狩瀧。

〔控弦者數萬〕　瀧九・三，慶四右三，殿四右六，凌四左六。○控，凌椌。

〔居嫣水北〕　瀧一○・一，慶四左三，殿四左四，凌五右七。

正　康泰外國傳云　○慶彭凌無「外」字，而「泰」字作「秦」。殿無「云」字。札記官本不誤，各本「泰」訛「秦」，脱「外」字。

正　大秦爲寶衆　○慶彭凌無「大」字。按：景印慶元本補「大」字。

〈過宛西擊大夏而臣之〉　瀧一〇・七，慶四左九，殿四左九，凌五左二。○南化楓過大宛西擊大夏而臣之。

〈在大月氏西可數千里〉　瀧一一・一，慶五右四，殿五右四，凌五左五。

正　從斯賓南行度河　○慶無「斯」字。彭殿無「從斯賓」三字。楓三校補「從斯賓」三字。

正　自此南乘海　○慶彭凌殿無「此南」二字。札記「此南」二字依後漢書補。

正　東烏弋山離　○弋，慶凌戈。按：景印慶元本改「弋」。札記「弋」訛「戈」，汪改與後漢書合。

正　臨嬀水土著　○著，慶彭凌着。按：景印慶元本「着」改「著」。

〈以銀爲錢錢如其王面〉　瀧一一・九，慶五右八，殿五右七，凌六右一。○蜀不重「錢」字。

〈輒更錢效王面焉〉　瀧一一・一〇，慶五右一〇，殿五右九，凌六右三。○蜀重「錢」字。札記御覽八百十二引「效」作「放」。

索　文獨爲王面　○索無此注五字。

索　幕爲夫人面　○索無「夫」字。

索　音漫包慢音慢　○蔡慶中統彭凌殿無「音漫」二字。慢，蔡曼。

〈以爲書記〉　瀧一一・一一，慶五右一〇，殿五右一〇，凌六右三。

索　外夷書皆旁　○書，索畫。

索　今扶南猶中國直下也　○蔡慶中統彭凌殿此注九字作「今南方林邑之徒中統本「徒」作「德」。書皆旁行不直下也」十五字。

〔其西則條枝〕　瀧一二·二，慶五左二，殿五左一，凌六右五。○其，毛共。按：毛本誤。

〔北有奄蔡黎軒〕　瀧一二·二，慶五左二，殿五左一，凌六右五。○有，中統則。黎，索犁。

索　漢書作犂靳　○犂，蔡犁。靳，殿靬。蔡慶中統彭凌牛。按：景印慶元本「牛」改「靬」。

索　西海環其國　○國，蔡慶中統彭凌殿西。

正　土多金銀奇寶　○多，慶凌殿地，彭地。札記訛「地」，考證據後漢書改。

正　有夜光璧　○慶彭凌「有」、「夜」互倒。按：景印慶元本改「有夜」。札記官本與後漢書合，各本有「夜」倒。

正　皆青水精爲礎　○慶彭殿無「礎」字。南化楓校補「礎」。

正　及五色水精爲壁　○凌無「及」字。精，殿晶。札記「及」字誤，或上脱「一」字。

正　琉璃爲牆壁　○牆，凌精，殿墻。按：牆、墻同。

正　海中斯調州上有木　○札記「州」當爲「洲」，御覽八百二十引異物志云「斯調國有大洲」。

正　與麻焦布無異　○焦，殿蕉。

正　則入火中便更清潔　○清，慶凌殿精。

正　定重參間門樹皮也　○間，慶彭凌問。

正　然火中有白鼠皮及樹皮　○札記上「皮」疑當作「毛」。

正　在安息條支西大海之西　○慶彭凌殿無「息」字。札記「息」字考證增。

正　有羊羔　○羔，慶彭黑。札記「羔」，王本訛「黑」。

正 築牆繞之　○牆，慶彭凌殿墻。按：牆、墻同。

正 恐獸所食　○南化彭殿恐爲獸所食。

正 皆大加瓜　○加，慶彭凌殿如。

正 植之滋息無極　○植，慶彭凌殿擲。札記「植」誤「擲」，考證改。

正 人纔三尺　○纔，慶裁。

〔暑溼〕　瀧一三・一，慶六右五，殿六右五，凌六左一〇。○溼，蜀慶中統彭凌殿濕。下同。

〔卵如甕〕　瀧一三・四，慶六右五，殿六右六，凌七右一。

正 條支出獅子犀牛孔雀大雀　○獅，慶凌師。支，殿枝。

正 安息王滿屈獻獅子大鳥　○獅，慶凌師。

正 鳥鴳鷹身蹄駱　○札記案：漢書注作「大爵及膺身似橐駝」，此似删節其文。然彼此皆有脱誤，彼文「膺」即此「鷹」字之訛。而此文「蹄」、「駱」二字當倒。

〔國善眩〕　瀧一三・六，慶六右八，殿六右八，凌七右四。

集 應劭曰　○劭，毛昭。按：毛本誤。

集 相詐惑　○惑，蜀感。

〔而未而嘗見〕　瀧一三・七，慶六右一〇，殿六右一〇，凌七右六。

索 括地圖云　○括，彭輿。圖，殿象。

正 其國西有弱水流沙 ○沙，慶彭凌殿水。札記「沙」誤「水」，考證改。

正 既是安息長老傳聞 ○慶凌殿既是安息長安耆老傳聞。

正 然先儒多引大荒西經云 ○札記考證云：「大荒西經無此文。」

正 俱出女國北阿耨達山 ○耨，慶褥。下同。

正 出崑崙山南 ○慶彭凌出崑崙山南女國北山崑崙山南。札記各本此下又衍「女國北山崑崙山南」八字，官本無。

正 在于窴國南二千七百里 ○窴，慶凌殿寘。下同。

正 于窴去京凡九千六百七十里 ○慶殿無「凡」字。札記王脱「凡」字。

〔善賈市〕 瀧一四・五，慶六左一〇，殿六左一〇，凌七左八。○市，蔡慶中統彭氏，南化楓三校記「市」。按：景印慶元本「氏」改「市」。札記蔡、王本誤「氏」。

〔其都曰藍市城〕 瀧一四・七，慶七右二，殿七右一，凌七左九。○市，景井毛氏。

〔其東南有身毒國〕 瀧一四・八，慶七右二，殿七右二，凌七左一〇。

集 身或作乾 ○作，紹伐。乾，景井蜀蔡慶中統彭毛凌殿乹。

正 其民弱於月氏 ○慶彭凌殿無「於」字。

正 頂有光明 ○頂，慶彭凌項。按：景印慶元本「項」改「頂」。札記官本「頂」，各本訛「項」。

正 浮屠經云 ○屠，殿圖。

正 臨兒國王生隱屠太子 ○兒，殿昆。札記「臨兒國」疑有誤。

正　從母右脅出　○脅，殿脇。

正　墮地能行七步　○墮，慶彭凌隨。札記官本「墮」，各本訛「隨」。

正　殿皆彫文刻鏤　○文，彭殳。

正　共九十種　○共，慶彭其。按：景印慶元本「其」改「共」。

正　隸屬凡二十一　○凌無「一」字。

正　一名恒伽河　○河，慶彭凌殿阿，楓三校記「河」。

正　即經稱河者也　○札記「河」上當脱「恒」字。

正　留役馳馬　○札記「役」字疑誤。

正　波斯匿王思欲見佛　○欲，慶彭凌殿飲，南化校記「欲」。札記「欲」訛「飲」，今正。

正　胡語曰耆闍崛山　○崛，慶彭凌㞭，南化楓三校記「崛」。下同。

正　佛一一以指畫石　○石，慶彭凌殿名。札記「石」訛「名」，警依水經注改。

正　其跡尚存　○札記王本「存」訛「有」。

〔见邛竹杖蜀布〕　瀧一六・一，慶七左一〇，殿七左一〇，凌八左一〇。

正　或寄生　○寄，慶凌奇。

〔吾賈人往市之身毒〕　瀧一六・二，慶八右一，殿八右一，凌九右一。○賈，殿國。

〔以騫度之〕　瀧一六・五，慶八右四，殿八右四，凌九右四。○紹無「以」字。

〔從蜀宜徑〕　瀧一六・七，慶八右七，殿八右七，凌九右七。○徑，景井逕。下同。

〔威德徧於四海〕　瀧一七・一，慶八左二，殿八左一，凌九左二。○徧，慶彭偏，南化楓三校記「徧」。按：景印慶元本「偏」改「徧」。

〔發閒使四道並出〕　瀧一七・三，慶八左四，殿八左三，凌九左四。

正　其連反　○慶彭凌無「反」字。按：景印慶元本補「反」字。札記官本有「反」字，它本脱。

〔出駹出冄〕　瀧一七・三，慶八左五，殿八左三，凌九左四。○駹，景駥。

〔出徙出邛僰〕　瀧一七・四，慶八左五，殿八左三，凌九左四。○紹無上「出」字。

〔皆各行一二千里〕　瀧一七・四，慶八左七，殿八左五，凌九左六。

集　徙屬漢嘉　○蔡慶凌殿無「徙」字。

〔其北方閉氐筰〕　瀧一七・五，慶八左七，殿八左五，凌九左七。

索　在越巂　○在，蔡慶中統彭凌殿屬。巂，蔡嶲。

索　音昨　○昨，慶彭殿胙。

索　以筰都爲沈黎郡　○蔡慶凌無「以」字。

正　筰白狗羌也　○狗，慶彭猗，凌荷。

〔然聞其西可千餘里〕　瀧一七・八，慶九右一，殿八左九，凌一〇右一。○西，毛四。

〔名曰滇越〕　瀧一七・九，慶九右一，殿八左九，凌一〇右一。

集　一作城　○城，毛絶。按：毛本誤。

正　其西南滇越越巂　○南，殿有。

〔於是漢以求大夏道〕　瀧一八・一，慶九右三，殿九右一，凌一〇右三。〇求，紹未。

〔是歲元朔六年也〕　瀧一八・四，慶九右八，殿九右五，凌一〇右八。

索　亦取斯義也　〇斯，凌新。

〔破匈奴西城數萬人〕　瀧一八・八，慶九左一，殿九右八，凌一〇左一。〇札記襍志云「城」當爲「域」字之誤，漢書作「破匈奴西邊殺數萬人」，史脱「殺」字。

〔聞烏孫王號昆莫〕　瀧一九・三，慶九左六，殿九左三，凌一〇左五。〇號，殿好。下同。

〔數有功〕　瀧一九・八，慶九左一〇，殿九左六，凌一〇左九。〇有，蔡月。按：蔡本誤。

〔令長守於西城〕　瀧一九・八，慶一〇右一，殿九左六，凌一〇左一〇。〇札記襍志云「城」亦「域」之訛。

〔控弦數萬〕　瀧一九・一〇，慶一〇右二，殿九左七，凌一一右一。〇南化楓控弦者數萬。

〔騫諭使指曰〕　瀧二〇・一〇，慶一〇左四，殿一〇右七，凌一一左二。

*正　諭曉以天子指意也　南化幻梅狩瀧。

〔不欲移徙〕　瀧二一・二，慶一〇左七，殿一〇右一〇，凌一一左五。〇移，景栘。按：景本誤。

〔大祿怒其不得代太子也〕　瀧二一・七，慶一一右二，殿一〇左四，凌一一左一〇。〇大，毛太。按：毛本誤。

〈而其大總取羈屬昆莫〉　瀧二二·一〇，慶一一右五，殿一〇左七，凌一二右三。○總，景蜀紹慶彭揔。

〈身毒于寘扜罙及諸旁國〉　瀧二三·一，慶一一右七，殿一〇左九，凌一二右五。○寘，景寶。罙，中統采。札記中統、游本「罙」作「采」。

〈因令窺漢知其廣大〉　瀧二三·三，慶一一右九，殿一一右一，凌一二右七。○中統此正文八字作「因令窺漢地廣大」七字。札記中統本吴校金板作「窺漢地廣大」。

〈然張騫鑿空〉　瀧二三·六，慶一一左三，殿一一右四，凌一二左一。

集　鑿開空通也　○彭殿「開」、「空」互倒。通，中統地。札記游本「開」、「空」倒。

〈若出其南〉　瀧二三·一〇，慶一一左八，殿一一右八，凌一二左五。○南，毛用。按：毛本誤。

〈抵大宛月氏相屬〉　瀧二三·一〇，慶一一左八，殿一一右九，凌一二左六。

集　若作及　○紹「若」字、「及」字並無。札記案：今漢書作「迺」，徐所據本蓋「乃」字之訛。

〈更名烏孫馬曰西極〉　瀧二四·五，慶一二右三，殿一一左三，凌一二左一〇。○南化楓三更名烏孫馬曰西極馬。曰，凌田。

〈大放博望侯時〉　瀧二四·九，慶一二右七，殿一一左七，凌一三右五。○放，紹於。

〈於是置益州越巂牂柯沈黎汶山郡〉　瀧二五·三，慶一二左一，殿一一左一〇，凌一三右八

○。景井蜀紹蔡慶中統彭毛凌殿「牂柯」二字作「牂牁」。

〔抵大夏〕　瀧二五・六，慶一二左四，殿一二右二，凌一三左一。

索　按謂越巂汶山等郡　○蔡慶中統彭凌此注八字作「初郡謂越巂岐山等郡也」十字。汶，索岐。

索　後背叛而併廢之也　○背，蔡慶中統彭凌殿皆。

〔往擊昆明之遮漢使者〕　瀧二五・九，慶一二左六，殿一二右五，凌一三左三。○景無「漢」字。

〔斬首虜萬人而去〕　瀧二五・九，慶一二左七，殿一二右五，凌一三左四。○南化楓斬首捕虜數萬人而去。

〔募吏民〕　瀧二六・四，慶一三右二，殿一二右九，凌一三左九。○募，景慕。按：景本誤。

〔及使失指〕　瀧二六・六，慶一三右三，殿一二左一，凌一三左一〇。

*__正__　失指失天子之本意也　南化幻梅狩瀧。

〔欲賤市以私其利外國〕　瀧二六・一〇，慶一三右八，殿一二左四，凌一四右四。

*__正__　縣官天子也言天子所齎物竊用之如己私有　南化幻梅狩瀧。

〔攻劫漢使王恢等尤甚〕　瀧二七・四，慶一三左二，殿一二左八，凌一四右八。

集　恢一作怪。○一，殿亦。

*__正__　空道孔道也　南化幻梅狩瀧。

〔於是酒泉列亭鄣至玉門矣〕　瀧二八・三，慶一四右一，殿一三右六，凌一四左七。

索　韋昭云　○蔡慶中統彭凌殿韋昭又云。

索　又有玉關在龍勒也　○蔡慶中統彭凌殿無此注八字。

〔以大鳥卵及黎軒善眩人獻于漢〕　瀧二九・一，慶一四右一○，殿一三左四，凌一五右六。○索「黎」字作「犂」而無「善」字。札記褋志云：「後人以上文云『善眩』，因加『善』字，漢書張騫傳無。索隱本出『犂軒眩人』四字，無『善』字明矣。」

索　犁靳多奇幻　○犁，蔡慶凌殿黎。靳，蔡慶中統彭凌殿軒。

索　小顏亦以爲植瓜等也　○蔡慶中統彭凌殿此注九字作「小顏亦以爲今之吞刀吐火植瓜種樹屠人截馬之術皆是也」二十四字。

〔其山多玉石采來〕　瀧二九・九，慶一四左四，殿一三左八，凌一五右一○。

集　漢使采取將持來至漢　○彭殿「將」、「持」互倒。

〔是時上方數巡狩海上〕　瀧三○・二，慶一四左六，殿一三左一○，凌一五左二。○巡，毛廵。

〔令外國客徧觀各倉庫府之積〕　瀧三○・五，慶一四左九，殿一四右三，凌一五左五。○各，景井蜀蔡慶中統彭毛凌名。

〔自此始〕　瀧三○・七，慶一五右一，殿一四右五，凌一五左七。

＊**正**　加其眩者之工言漢（瀧川本「漢」下衍「人」字。）幻人工妙更加於犂軒（瀧川本作「黎靬」。）　南化幻梅

狩 瀧。

〔則離宮別觀〕 瀧三一・九，慶一五左一，殿一四左三，凌一六右六。○觀，中統館。

〔匑盡種蒲萄苜蓿極望〕 瀧三一・九，慶一五左一，殿一四左三，凌一六右六。○萄，景 井 蔡 中統 彭 毛 殿 陶。

〔不知鑄錢器〕 瀧三二・二，慶一五左五，殿一四左六，凌一六右一〇。

集 又或作鐵字 ○中統無「或」字。

〔其少從率多進熟於天子〕 瀧三二・五，慶一五左七，殿一四左八，凌一六左二。

集 從行之微者也 ○從，毛徙。按：毛本誤。

〔宛國饒漢物〕 瀧三三・一，慶一六右一，殿一五右二，凌一六左六。

*正 言前輩使往時所賞賜也 南化 幻 梅 狩 瀧。

〔而鹽水中數敗〕 瀧三三・一，慶一六右二，殿一五右二，凌一六左六。

集 道從外水中 ○札記漢書注作「水中行」。

正 或致風波而數敗也 ○波，慶 彭 没。

正 以其地道路惡 ○彭 殿 無「地」字。

正 道路不可準記 ○準，慶 凌 准。

〔妄言椎金馬而去〕 瀧三三・八，慶一六右九，殿一五右九，凌一七右四。○妄，紹 等，慶 彭 忘，南化 楓 三 校記「妄」。按：景印慶元本「忘」改「妄」。札記王本「妄」訛「忘」。

〔天子已嘗使浞野侯攻樓蘭〕　瀧三四・二，慶一六左四，殿一五左三，凌一七右八。○已，毛以。

〔發屬國六千騎〕　瀧三四・四，慶一六左六，殿一五左五，凌一七左一。○屬，毛蜀。按：毛本誤。

〔蜚西至敦煌〕　瀧三四・九，慶一六左一〇，殿一五左九，凌一七左五。○毛無「西」字。敦，蜀燉。下同。

〔不下者數日則去〕　瀧三五・一，慶一七右二，殿一六右一，凌一七左七。○則，中統而。札記中統本、吴校金板「則」作「而」。

〔貳師將軍與哆始成等計〕　瀧三五・二，慶一七右四，殿一六右三，凌一七左九。○南化楓三貳師將軍與李哆始成等計。

〔還至敦煌〕　瀧三五・四，慶一七右六，殿一六右四，凌一七左一〇。○敦，景蜀蔡慶彭毛凌燉。下同。按：景印慶元本「燉」改「敦」。

〔而使使遮玉門曰〕　瀧三五・六，慶一七右九，殿一六右六，凌一八右三。○玉，景王。

〔因留敦煌〕　瀧三五・七，慶一七右一〇，殿一六右七，凌一八右四。○南化楓因留屯敦煌。

〔漢亡浞野之兵二萬餘於匈奴〕　瀧三五・七，慶一七右一〇，殿一六右八，凌一八右四。

集　趙破奴爲浚稽將軍　○景井紹趙破匈奴爲浚稽將軍。

〔益發惡少年及邊騎〕　瀧三六・二，慶一七左六，殿一六左二，凌一八右九。

＊**正**　言放囚徒及材官之士從事也　南化幻梅狩瀧。

〔驢騾橐駝以萬數〕　瀧三六・六，慶一七左七，殿一六左四，凌一八左一。○駝，景蜀蔡中統毛他，慶凌它。

〔酒泉張掖北置居延休屠〕　瀧三七・二，慶一八右二，殿一六左八，凌一八左五。○置，蔡慶中統彭至。按：景印慶元本「至」改「置」。

〔及載糒給貳師〕　瀧三七・五，慶一八右五，殿一六左一〇，凌一八左七。

正　適音謫　○謫，彭殿讁。

正　大父母有市籍　○慶彭凌殿無「市」字。

正　七凡七科　○凌無上七字。

正　發天下七科讁出朔方也　○讁，殿謫。

〔貳師兵欲行攻郁成〕　瀧三八・一，慶一八右一〇，殿一七右五，凌一九右四。○南化楓貳師兵欲行攻郁成城。

〔虜宛貴人勇將煎靡〕　瀧三八・三，慶一八左三，殿一七右八，凌一九右六。

＊**正**　煎靡將名　南化幻梅瀧。

〔未晚也〕　瀧三八・六，慶一八左六，殿一七右一〇，凌一九右九。

*正　毋音無宛王名　南化　幻　梅　狩　瀧。

〔漢軍取其善馬數十匹〕　瀧三九・五，慶一九右七，殿一七左九，凌一九左九。〇十，紹千。

〔而立宛貴人之故待遇漢使善者名昧蔡〕　瀧三九・六，慶一九右八，殿一七左一〇，凌一九左一〇。〇中統——故待遇漢使之善者名昧蔡。名，蔡　慶　彭爲，南化　楓校記「名」。按：景印慶元本「爲」改「名」。蔡，彭察，楓　三校記「蔡」。札記　中統、吴校金板「使」下有「之」字。蔡、王本「名」誤「爲」。

〔乃罷而引歸〕　瀧三九・八，慶一九右一〇，殿一八右二，凌二〇右二。

索　本大宛將也　〇蔡　慶　中統　彭　凌　殿無「本」字。

索　下音先葛反　〇葛，凌萬。按：凌本誤。

〔校尉王申生故鴻臚壺充國等千餘人〕　瀧三九・一〇，慶一九左一，殿一八右四，凌二〇右四。〇千，紹十。

〔偵而輕之〕　瀧四〇・二，慶一九左四，殿一八右五，凌二〇右六。〇札記　襍志、漢書「偵」作「負」，師古曰：「恃也。」則「偵」乃「偩」之訛。偩與負同。

〔窺知申生軍日少〕　瀧四〇・二，慶一九左四，殿一八右六，凌二〇右七。〇景　蜀無「日」字。日，井　蔡　慶　彭曰。

〔攻戮殺申生等〕　瀧四〇・三，慶一九左五，殿一八右七，凌二〇右七。〇景　蜀無「戮」字。

〔今生將去〕　瀧四〇・八，慶一九左一〇，殿一八左一，淩二〇左二。〇生，紹主。

〔卒失大事〕　瀧四〇・八，慶一九左一〇，殿一八左一，淩二〇左二。〇卒，紹非。

〔弟桀等遂及大將軍〕　瀧四〇・一〇，慶二〇右二，殿一八左二，淩二〇左四。

＊正　邽音珪秦州縣　南化幻梅狩瀧。

〔烏孫發二千騎往〕　瀧四一・二，慶二〇右三，殿一八左四，淩二〇右五。〇往，紹士。

〔皆使其子弟從軍〕　瀧四一・三，慶二〇右五，殿一八左五，淩二〇左六。〇紹「其子」二字作「齊頭」。

〔因以爲質焉〕　瀧四一・三，慶二〇右五，殿一八左五，淩二〇左七。

＊正　東破宛東歸　南化幻梅狩瀧。

〔貳師之伐宛也〕　瀧四一・四，慶二〇右五，殿一八左六，淩二〇左七。〇伐，彭代，楓校記「伐」。

〔軍官吏爲九卿者三人〕　瀧四一・一〇，慶二〇左三，殿一九右二，淩二一右四。〇吏，紹哆。

〔千石以下千餘人〕　瀧四二・一，慶二〇左四，殿一九右三，淩二一右五。〇紹「餘人」二字作「義曰」。

〔皆絀其勞〕　瀧四二・二，慶二〇左五，殿一九右四，淩二一右七。〇勞，紹勇。

集 此本以適行 ○本，景井蜀紹蔡慶中統彭殿卒。

集 不得與奮行者齊賞之 ○之，彭也。

***正** 適音謫過光臥反言有罪謫罰而行者免其所犯皆絀退其功也 南化幻梅狩瀧。

〔立毋寡昆弟曰蟬封爲宛王〕 瀧四二·九，慶二〇左一〇，殿一九右八，凌二一左一。○曰，南化楓毛日。蟬，南化楓碑。

〔而遣其子入質於漢〕 瀧四二·九，慶二〇左一〇，殿一九右九，凌二一左二。○於，毛于。

〔而敦煌置酒泉都尉〕 瀧四三·二，慶二一右三，殿一九左一，凌二一左四。

集 一云置都尉一本無置字 ○景井紹蔡慶中統彭凌殿此注作「一本無置字」蔡、毛本「字」下有「徐廣曰」三字。「一云置都尉」。

〔西至鹽水〕 瀧四三·三，慶二一右四，殿一九左二，凌二一左五。○至，中統置。

〔而崙頭有田卒數百人〕 瀧四三·四，慶二一右四，殿一九左三，凌二一左六。○崙，景井蜀紹蔡慶中統彭毛凌殿侖。

〔惡睹本紀所謂崑崙者乎〕 瀧四四·二，慶二一右九，殿一九左七，凌二一左一〇。○索此正文十字作「惡覩夫謂昆侖者乎」八字。

集 鄧展曰 ○展，中統禹。

索 惡覩夫謂昆侖者乎 ○蔡慶彭索凌殿無此注八字。

索 烏於何也 ○何，中統河。

索　言張騫窮河源至大夏于窴　○窴，[中統]闐，[彭]言張騫窮河源至千大夏于窴。

索　於何而見崑崙爲河所出　○[蔡][慶][中統][彭][凌][殿]此注十字作「於何見河出崑崙乎」八字。

索　南山積石山　○積，[蔡][慶][索][凌]磧。

索　然其實出於冢嶺山　○冢，[蔡][慶][中統][彭][凌][殿]葱。

索　而潛流至于闐　○闐，[彭][殿]窴。

索　則山海經及禹貢各互擧耳　○及，[殿]並。互，[蔡]玄。按：蔡本因「互」、「玄」字形相似而訛。

***正**　按張騫窮河源不審今南化、幻、梅本「今」作「令」。太史公有疑也　[南化][幻][梅][狩][瀧]。

〔余不敢言之也〕　瀧四六・三，慶二一左五，殿二〇右三，凌二三右七。○[索]此正文六字作「余敢言也」四字。

索　余敢言也　○[蔡][慶][中統][彭][凌][殿]無此注四字，而有「余不敢言者」五字。

索　亦謂山海經難可信耳　○[蔡][慶][中統][彭][凌][殿]亦謂山海經難可即信耳。

索　而荀悦作效蓋失之矣　○[蔡][慶][中統][彭][凌][殿]此注九字作「而荀悦作放効凌本「効」作「效」。失之矣」。[南化][楓][三]校記「誤以放爲效因解不效蓋失之矣」十三字。[索]作「而荀悦作效失之素矣」。[札記]今漢紀「效」作「攷」。

***正**　言本紀及山海經所言奇怪之物余不敢敍之瀧川本「之」誤「也」。　[南化][幻][梅][狩][瀧]。

史記會注考證校補卷一百二十四

游俠列傳第六十四

〔儒以文亂法〕　瀧二・五，慶一右三，殿一右八，凌一左五。○亂，詳節犯。

〔而俠以武犯禁〕　瀧二・五，慶一右三，殿一右八，凌一左五。

正　言文之蔽　○蔽，殿敝。

〔功名俱著於春秋〕　瀧二・八，慶一右六，殿一左一，凌一左八。○索無「於」字。

***正**　春秋則左傳也言以數術取宰相卿大夫輔南化、幻、梅本「輔」字作「傳」。其南化、幻、梅本有「世」字。主功名著左傳者固無可更言說也　南化幻梅瀧。

〔當世亦笑之〕　瀧三・二，慶一右一〇，殿一左四，凌二右二。

集　仲尼弟子傳曰　○紹無「子」字。按：紹本誤脱。

〔褐衣疏食不厭〕　瀧三・三，慶一左一，殿一左六，凌二右四。○厭，索饜。

索　饜　○饜飽也，[耿]厭。

〔死而已四百餘年〕　瀧三・四，慶一左三，殿一左六，凌二右四。○[紹]無「死」字。

〔赴士之阸困〕　瀧三・六，慶一左四，殿一左八，凌二右六。

索　上音厄　○[彭]無此注三字。

〔伊尹負於鼎俎〕　瀧三・一〇，慶一左七，殿二右一，凌二右九。

***正**　舜塗廩鑿井語（瀧本無「語」字，依各本校記補。）在五帝本（瀧本無「本」字，依各本校記補。）紀非有先生論云伊尹蒙恥辱負鼎俎和五味以干湯也　[南化][幻][梅][狩][瀧]。

〔猶然遭此菑〕　瀧四・三，慶一左一〇，殿二右四，凌二左二。○[景][蜀][詳節]「猶」、「然」互倒。

〔已饗其利者爲有德〕　瀧四・五，慶二右二，殿二右五，凌二左四。○饗，[景][蜀][紹][耿][慶][凌][殿]嚮。合刻本下注同。

索　何知必仁義也　○[殿]「知」、「必」互倒。

〔伯夷醜周〕　瀧四・六，慶二右三，殿二右六，凌二左五。○[景][耿][慶][中統][彭][凌][殿]故伯夷醜周。

〔跖蹻暴戾〕　瀧四・七，慶二右四，殿二右七，凌二左六。○戾，[毛]利。

〔其徒誦義無窮〕　瀧四・七，慶二右五，殿二右七，凌二左七。

*正　跖秦大盜也蹻楚大盜也蹻求略反按：各本校記上四字非正義佚文。　[南化][幻][梅][狩][瀧]。

〔侯之門仁義存〕　瀧四・八，慶二右六，殿二右九，凌二左八。

索　若游俠輕健　○輕，[耿][慶][凌][殿]徑。健，[耿][慶][中統][彭][凌][殿]挺。

〔久孤於世〕　瀧五・一，慶二右八，殿二右一〇，凌二左一〇。○世，[索]代。

〔而取榮名哉〕　瀧五・二，慶二右九，殿二左一。凌二左一〇。

索　而不若卑論儕俗以取榮寵也　○儕，[耿][慶][彭][凌]齊。

*正　儕等也言拘學之人或抱幻本無「抱」字。纖介之義久孤不官者豈若下卑幻、梅本「卑」字作「齊」。儕等之流隨世南化、幻、梅本「世」字作「其」。衰盛而取榮祿何相比哉原憲季次不及欒布上南化、幻、梅、狩本「上」字作「之流」二字。也　[南化][幻][梅][狩][瀧]。

〔設取予然諾〕　瀧五・六，慶二右一〇，殿二左二，凌三右二。○設，[詳節]謹。

〔千里誦義〕　瀧五・六，慶二右一〇，殿二左二，凌三右二。○誦，[井]說。

〔爲死不顧世〕　瀧五・六，慶二右一〇，殿二左三，凌三右二。○[紹][詳節]無「爲」字。

〔此豈非人之所謂賢豪閒者邪〕　瀧五・七，慶二左二，殿二左四，凌三右四。○閒，[南化][楓]聞。

〔比權量力〕　瀧五・九，慶二左三，殿二左五，凌三右五。○比，[紹]此。按：紹本訛。

〔又曷可少哉〕　瀧六・一，慶二左四，殿二左六，凌三右六。○曷，[詳節]何。

〔近世延陵孟嘗春申平原信陵之徒〕　瀧六・二，慶二左五，殿二左七，凌三右七。○札記志疑云「『延陵』二字漢書無」。案：疑涉下「信陵」而誤衍。然徐野民本已然。

集　趙襄子召延陵生　○蜀趙襄子所召延陵生。

集　可有延陵之號　○可，殿何。

集　但未詳是此人非耳　○耳，中統焉。

〔比如順風而呼〕　瀧六・六，慶二左九，殿二左一〇，凌三左一。○比，井殿此。

〔然儒墨皆排擯不載〕　瀧六・九，慶三右一，殿三右二，凌三左三。

*正　擯棄也　南化幻梅狩瀧。

〔雖時扞當世之文罔〕　瀧七・一，慶三右四，殿三右四，凌三左五。○扞，井行。世，索代。

索　謂犯於法禁也　○耿慶中統彭凌殿無「於」字。

〔士不虛附〕　瀧七・二，慶三右五，殿三右六，凌三左七。○附，慶中統彭俯，南化校記「附」。按：景印慶元本「俯」改「附」。札記中統、游、柯「附」訛「俯」。

〔同類而共笑之也〕　瀧七・五，慶三右八，殿三右八，凌三左一〇。

*正　猥烏罪反南化、幻、梅本有「猥雜」二字。朱家郭解與豪暴南化、幻、梅本「暴」字作「畏」。之徒雜處而同類共笑之故爲游俠之別也　南化幻梅狩瀧。

〔然終不伐其能歆其德〕　瀧七・七，慶三左二，殿三右一〇，凌四右二。○歆，南化楓棭三飲。

〔諸所嘗施〕　瀧七・八，慶三左二，殿三左一，凌四右三。○嘗。景紹毛常。

〔乘不過軥牛〕　瀧七・九，慶三左五，殿三左二，凌四右四。

索　小爲軥牛　○耿慶中統彭凌殿無此注四字。

*__正__　軥牛幻本「牛」字作「車」。在當前挽也晉灼曰軥梔梅本「梔」字作「扼」。也軥南化、幻、梅本無「軥」字。牛小牛也　南化幻梅狩瀧。

〔既陰脫季布將軍之阸〕　瀧八・二，慶三左五，殿三左三，凌四右六。○索無「布」字。

〔終身不見也〕　瀧八・二，慶三左六，殿三左四，凌四右七。○南化楓棭三終身不往見也。

索　載以廣柳車而出之　○車，耿軍。按：字形因相似誤。

索　及尊貴而不見之　○耿慶中統彭凌殿此注七字作「及布尊貴終不見之」八字。

索　然布竟不見報朱家之恩　○耿慶中統彭凌殿然布竟亦不無「見」字。報朱家之恩。

〔父事朱家〕　瀧八・五，慶三左八，殿三左六，凌四右九。○南化楓棭三重「朱家」二字。

〔田仲已死〕　瀧八・五，慶三左九，殿三左七，凌四右一〇。○南化楓棭三重「田仲」二字。

〔乘傳車將至河南〕　瀧八・七，慶四右一，殿三左九，凌四左二。○札記志疑云：「漢書作

『乘傳東將』，師古云『乘傳車東出爲大將』。」

〔多少年之戲〕　瀧九・一，慶四右四，殿四右一，凌四左五。

索　按博六博戲也　○耿慶中統彭凌殿此注六字作「好六博之戲也」。

〔而符離人王孟〕　瀧九・二，慶四右六，殿四右三，凌四左六。○符，耿付。

〔是時濟南瞯氏〕　瀧九・三，慶四右六，殿四右三，凌四左七。

索　瞯音閒　○閒，耿慶中統彭凌殿閑。

〔其後代諸白〕　瀧九・四，慶四右八，殿四右五，凌四左九。

索　故言諸　○諸，中統路。按：中統本誤。

〔梁韓無辟〕　瀧九・五，慶四右八，殿四右五，凌四左九。

索　梁國人　○耿慶中統彭凌殿重「梁」字。

〔陽翟薛兄〕　瀧九・六，慶四右九，殿四右五，凌四左九。○兄，景井紹耿慶中統彭毛凌殿況。

索　音況　○耿慶中統彭凌殿無此注二字。

*正　辟音璧梁人也　南化幻梅狩瀧。

〔陝韓孺〕　瀧九・六，慶四右九，殿四右六，凌四左九。

集　潁川有郟縣　○毛潁川有郟郟縣。按：毛本衍入。

集　南越傳曰　○毛無「越」字。按：毛本誤脱。

索 陜音如枏反 ○反，中統文。按：中統本誤。

索 漢書作寒孺 ○寒，中統韓。

*__正__ 薛況河南陽翟人也韓孺陜縣人也不用徐音 南化 幻 梅 狩 瀧。

〔不飲酒〕 瀧九・九，慶四左四，殿四右一〇，凌五右五。

*__正__ 精善好人悍勇健 南化 幻 梅 狩 瀧。

〔少時陰賊〕 瀧一〇・一，慶四左四，殿四左一，凌五右五。○南化、梅、狩本校記引正義本「賊」上有「城」字。

〔身所殺甚衆〕 瀧一〇・二，慶四左四，殿四左一，凌五右五。

*__正__ 慨苦代反慷慨言不合意則殺之 南化 幻 梅 狩 瀧。

〔作姦剽攻不休〕 瀧一〇・三，慶四左五，殿四左二，凌五右六。

*__正__ 命名也謂藏匿其名而作姦惡（幻本有「名」字。）也 南化 幻 梅 狩 瀧。

〔卒發於睚眦如故云〕 瀧一〇・九，慶四右一〇，殿四左六，凌五右一〇。○卒，南化 楓 三本。

〔使之嚼〕 瀧一一・一，慶五右二，殿四左七，凌五左二。○札記「嚼」，舊刻作「爵」，爛文。

〔彊必灌之〕 瀧一一・一，慶五右二，殿四左八，凌五左三。

索 嚼即妙反謂酒盡 ○耿 慶 中統 彭 凌 殿無此注七字。

*__正__ 其人不能飲强使盡之 南化 幻 梅 狩 瀧。

〔解曰公殺之固當〕瀧一一・五，慶五右五，殿五右一，凌五左六。○紹無「解」字。

〔遂去其賊〕瀧一一・六，慶五右六，殿五右一，凌五左六。○遂，耿逐，札記南宋本「遂」訛「逐」。

〔罪其姊子〕瀧一一・六，慶五右六，殿五右一，凌五左七。

集 去遺使去 ○紹無上「去」字。

〔獨箕踞視之〕瀧一一・八，慶五右八，殿五右三，凌五左八。○踞，耿慶中統彭凌殿倨。下同。札記舊刻、毛本作「踞」。

〔至踐更時脫之〕瀧一一・一〇，慶五左一，殿五右六，凌六右一。

索 言情切急之謂 ○耿慶中統彭凌殿無「之謂」二字。

〔吏弗求〕瀧一二・二，慶五左二，殿五右六，凌六右二。

集 有踐更 ○紹無「踐更」二字。

集 貧者欲得顧更錢者 ○錢，景紹耿慶中統毛凌殿踐，札記訛「踐」，考證據漢書昭紀注改。

索 謂頻免之也又音色主反數亦頻也 ○耿慶中統彭凌殿此注十四字作「數頻也謂頻免之也又音色主反」十三字。

〔怪之問其故〕瀧一二・五，慶五左四，殿五右九，凌六右五。○怪，慶中統彭快，南化校記「怪」。按：景印慶元本「快」改「怪」。札記王本「怪」誤「快」。

〔乃解使脱之〕　瀧一二・五，慶五左五，殿五右九，凌六右五。

*正　箕踞者怪踐更（南化、幻本有「次」字。）至數過不喚乃問其故　[南化][幻][梅][狩][瀧]。

〔邑中賢豪居閒者終不聽〕　瀧一二・七，慶五左六，殿五左一，凌六右七。

*正　問言處兩仇之間　[南化][狩][瀧]。

〔解奈何乃從他縣奪人邑中賢大夫權乎〕　瀧一二・一〇，慶五左一〇，殿五左三，凌六右一〇。〇[紹]無「他」字。

〔且無用待我〕　瀧一三・二，慶六右一，殿五左五，凌六左一。〇[札記]此「待我」字涉下而衍。漢書無。

〔乃聽之〕　瀧一三・二，慶六右二，殿五左六，凌六左三。

索　無用　〇[耿]無此注二字。

*正　解曰且無用我言待我去後洛陽豪（南化、幻、梅本有「吏」字。）言之乃從也是不欲奪人權勢　[南化][幻][梅][狩][瀧]。

〔各厭其意〕　瀧一三・六，慶六右四，殿五左七，凌六左五。〇[南化][楓][棭]令各厭其意。

〔夜半過門〕　瀧一三・八，慶六右六，殿五左九，六左六　凌。〇[南化][楓][棭][三]過從解常至夜。

〔請得解客舍養之〕　瀧一三・八，慶六右六，殿五左九，凌六左七。

索 知亡命者多歸解　○歸，彭凌殿在慶少。按：景印慶元本「少」改「歸」。

索 故多將車來　○將，耿慶中統彭凌殿持。

索 欲爲解迎亡者而藏之者也　○耿慶中統彭凌殿無「者也」二字。

〔及徙豪富茂陵也〕　瀧一三・一〇，慶六右八，殿六右一，凌六左八。○及，耿慶中統彭又。按：景印慶元本「又」改「及」。札記中統、王、柯本「及」訛「又」。

〔解家貧不中訾〕　瀧一三・一〇，慶六右八，殿六右一，凌六左九。○訾，索貲。

索 案貲不滿三百萬已上爲不中　○貲，慶凌殿訾。

＊**正** 言貲南化、幻、梅本「貲」字作「訾」。財少不中徙茂南化、幻、梅本無「茂」字。陵也　南化幻梅狩瀧。

〔軹人楊季主子爲縣掾〕　瀧一四・六，慶六左二，殿六右四，凌七右二。○主，中統王。按：中統本誤。

〔解兄子斷楊掾頭〕　瀧一四・七，慶六左二，殿六右四，凌七右二。○蜀耿中統無「解」字。札記中統、游無「解」字。

〔爲人短小不飲酒〕　瀧一四・九，慶六左四，殿六右六，凌七右四。○札記志疑云：「七字複出衍。」

〔已又殺楊季主〕　瀧一四・一〇，慶六左五，殿六右七，凌七右五。○又，蜀久。

＊**正** 解客於闕下殺上書人　南化幻梅狩瀧。

〔楊季主家上書〕　瀧一五・一，慶六左五，殿六右七，凌七右五。○上，蜀主。按：蜀本誤。

〔所過輒告主人家〕 瀧一五・五，慶六左九，殿六左一，凌七右九。

＊正 告主人家示所去處 南化 幻 梅 狩 瀧。

〔爲解所殺〕 瀧一五・七，慶七右一，殿六左二，凌七左一。○南化 楓 棭爲解而所殺。

〔侍使者坐〕 瀧一五・八，慶七右二，殿六左三，凌七左一。○侍，耿 慶 中統 彭侍，南化校記「侍」。按：景印慶元本「待」改「侍」。札記南宋、中統、游本「侍」訛「待」。

〔生曰郭解專以姦犯公法〕 瀧一五・八，慶七右二，殿六左三，凌七左二。○紹無「曰郭解」三字。

〔遂族郭解翁伯〕 瀧一六・三，慶七右七，殿六左七，凌七左六。○遂，毛逐。按：毛本誤。

〔西河郭公仲〕 瀧一六・六，慶七右九，殿六左九，凌七左九。○公，南化 楓 三 景 井 蜀 紹 毛 翁。

〔太原鹵公孺〕 瀧一六・六，慶七右九，殿六左九，凌七左九。○索 此正文五字作「太原鹵翁」四字。札記案索隱本，則史文本作「翁」。今本「公」字，蓋後人依漢書改。

索 漢書作魯公孺 ○孺，彭儒。

〔雖爲俠而逡逡有退讓君子之風〕 瀧一六・九，慶七左二，殿七右二，凌八右一。○而，井乎，紹無「而」字。毛下「逡」字作「巡」。

〔至若北道姚氏〕 瀧一六・一○，慶七左三，殿七右二，凌八右二。○索「姚氏」二字作

「諸姚」。

索 京師四出道也 〇四，耿曰。按：耿本誤。

〔此盜跖居民閒者耳〕 瀧一七・一，慶七左五，殿七右四，凌八右五。〇南化楓棭三此比盜跖居民間者耳。

索 舊解以趙他羽公子爲二人 〇羽，耿慶中統彭凌殿與，耿無「二」字。

索 今案此姓趙 〇楓今案此人姓趙。

〔此乃鄉者朱家之羞也〕 瀧一七・三，慶七左六，殿七右五，凌八右五。〇南化楓棭此乃鄉者朱家之所羞也。札記吳校本「之」作「所」，與漢書合。

〔豈有既乎〕 瀧一七・七，慶七左九，殿七右八，凌八右九。

集 人以顏狀爲貌者 〇顏，毛二。

集 則貌有衰落矣 〇貌，景井蜀毛色。

集 則稱譽無極也 〇紹無「稱」字。

史記會注考證校補卷一百二十五

佞幸列傳第六十五

〔公卿皆因關説〕 瀧二・六，慶一右六，殿一左一，凌一右七

索 按關訓通也 ○耿 慶 中統 彭 凌 殿無「訓」字。

***正** 關猶歷南化、梅本「歷」字作「曆」。也言公卿有事皆關兩人而説於上也 南化 幻 梅 狩 瀧。

〔化閎籍之屬也〕 瀧二・八，慶一右一〇，殿一左四，凌一左一。

索 鵕鸃應劭云鳥名毛可以飾冠 ○耿 慶 彭 凌 殿無此注十二字。索無「鵕鸃」二字，而「應」字作「唐」。

索 許慎云鷩鳥也 ○耿 慶 中統 彭 凌 殿此注六字作「許慎云鵕鸃鷩鳥也」七字。鷩，索鷩。

索 趙武靈王服貝帶鵕鸃 ○耿 慶 中統 彭 凌 殿無「帶」字。

索 漢官儀云 ○索此注四字作「漢書云」三字。

索 三倉云 ○倉，耿 凌蒼。

索 飛光映天者也 ○映，耿竟。

〔宦者則趙同〕 瀧二・一〇，慶一左二，殿一左六，凌一左三。○宦，毛患。按：毛本誤。

〔北宮伯子〕 瀧三・一，慶一左二，殿一左六，凌一左三。

正 按伯子名 ○伯，慶凌百。

正 北宮之宦者也 ○宦，慶彭凌官。按：景印慶元本「官」改「宦」。

〔蜀郡南安人也〕 瀧三・三，慶一左五，殿一左九，凌一左七。

集 徐廣曰後屬犍爲 ○凌無此注七字。犍，耿健，毛揵。

〔以濯船爲黃頭郎〕 瀧三・四，慶一左五，殿一左九，凌一左七。

集 著黃帽也 ○著，慶凌殿着。按：著、着同。

集 能持擢行船也 ○擢，蜀耿慶殿櫂。

索 濯音棹遲教反 ○凌無此注六字。

***正** 濯音它教反濯船持揖南化、幻、梅「揖」字作「撒」。行船也黃頭著帽也以土勝水故也瀧本無「故」字，依各本校記補。南化幻梅狩瀧。

〔顧見其衣裻帶後穿〕 瀧三・六，慶一左八，殿二右二，凌一左一〇。

集 徐廣曰一無裻字 ○凌無此注七字。

索 裻者衫襦之橫腰者 ○耿慶中統彭凌殿上「者」字、「腰」字並無。札記拾遺云說文「裻，背縫」，小司馬非。

〔覺而之漸臺〕 瀧三・七，慶一左九，殿二右三，凌一左一〇。

索 覺音教 〇凌無此注三字。

〔以夢中陰自求推者郎〕 瀧三・八，慶一左一〇，殿二右四，凌二右二。〇自，景井蜀紹毛目。札記毛本「目」，與漢書同。各本作「自」，舊刻作「衣」，疑史文「夢中」下本有「衣」字，誤倒。其作「目」者，後人依漢書改。「自」，則「目」之訛也。

〔文帝説焉〕 瀧三・一〇，慶二右二，殿二右五，凌二右三。〇説，索悦。

〔上使善相者相通〕 瀧四・五，慶二右七，殿二右一〇，凌二右八。〇楓上使善相者相鄧通。

〔於是賜鄧通蜀嚴道銅山〕 瀧四・六，慶二右八，殿二左一，凌二右九。

正 案榮經即嚴道 〇案，慶彭凌殿邑。札記案：誤「邑」，考證改。

〔得自鑄錢〕 瀧四・七，慶二右九，殿二左二，凌二左一。〇自，中統以。

〔已而聞鄧通常爲帝唶吮之〕 瀧五・二，慶二左四，殿二左六，凌二左五。〇常，彭嘗。

〔尚負責數巨萬〕 瀧五・五，慶二左七，殿二左九，凌二左八。〇負，蜀員。

＊**正** 顔師古曰積其南化、幻本無「其」字。前後南化、幻、梅本無「後」字。所犯合没官者南化、幻、梅本無「者」字。數多除現在南化、幻、梅本無「在」字。財物南化、幻、梅本「財」、「物」互倒。以外尚有南化、幻、梅本無「有」字。負官數鉅南化、幻、梅本「鉅」字作「巨」。萬故云吏輒隨没入之 南化幻梅狩瀧。

〔長公主賜鄧通〕　瀧五・六，慶二左八，殿二左九，凌二左八。

＊**正**　館陶南化、幻、梅本有「長」字。　公主文帝之女　[南化][幻][梅][狩][瀧]。

〔吏輒隨沒入之〕　瀧五・七，慶二左八，殿二左一〇，凌二左九。　○[索]無「隨」字。

〔一簪不得著身〕　瀧五・七，慶二左九，殿二左一〇，凌二左一〇。

索　謂長公主別有物賜通　○有，[中統]與。　[耿][慶][中統][彭][凌][殿]無「賜通」二字。

索　吏輒沒入以充藏也　○[耿]吏輒沒入之以充藏也。

〔於是長公主乃令假衣食〕　瀧五・八，慶二左九，殿三右一，凌二左一〇。

＊**正**　公主乃令通南化、幻、梅本有「云」字。　假借南化、幻、梅本有「約」字。　衣食而公主私給之　[南化][幻][梅][狩][瀧]。

〔竟不得名一錢〕　瀧五・九，慶二左一〇，殿三右一，凌三右一。

索　卒竟無一錢之名也　○[耿][慶][中統][彭][凌][殿]「之」、「名」互倒。

〔周文仁〕　瀧六・一，慶三右二，殿三右三，凌三右三。

索　此上稱周文　○[索]此注五字作「上文稱周文」。

〔庸乃不甚篤〕　瀧六・二，慶三右三，殿三右四，凌三右四。　○[景][井][蜀][紹][慶][中統][凌][殿]「乃」、「不」互倒。

〔士人則韓王孫嫣〕　瀧六・四，慶三右四，殿三右五，凌三右五。

索　音偃　○[中統]無「偃」字。

〔愈益親嫣〕　瀧六・六，慶三右七，殿三右八，淩三右八。○嫣，南化 楓 棭 三 幸。

〔嫣善騎射善佞〕　瀧六・六，慶三右八，殿三右八，淩三右八。○南化 楓 棭 三 嫣善騎射各本校記無「善」字。佞幸。

〔時嫣常與上臥起〕　瀧六・九，慶三右一〇，殿三右一〇，淩三右一〇。○常，中統 嘗。

〔蹕道未行〕　瀧六・一〇，慶三左一，殿三左一，淩三左二。○南化 楓 棭 三 警蹕通各本校記「道」字作「通」。未行。

〔騖馳視獸〕　瀧七・一，慶三左二，殿三左二，淩三左三。○騖，毛 鶩。按：毛本誤。

〔江都王怒爲皇太后泣曰請得歸國入宿衛〕　瀧七・三，慶三左三，殿三左三，淩三左四。○索 此十七字作「江都王歸國入宿衛」八字。

〔太后由此嗛嫣〕　瀧七・四，慶三左五，殿三左五，淩三左五。

*正　嗛瀧本作「慊」，依各本校記改。銜恨也　南化 幻 梅 狩 瀧。

〔亦佞幸〕　瀧七・七，慶三左八，殿三左七，淩三左八。

索　說音悅　○淩 無此注三字。

索　嫣弟　○耿 慶 中統 彭 淩 殿 無此注二字。

〔給事狗中〕　瀧七・九，慶三左一〇，殿三左九，淩三左一〇。

索　或犬監也　○淩 無此注四字。

〔弦次初詩〕　瀧八・二，慶四右三，殿四右二，淩四右三。

索　按初詩即所新造樂章　○耿慶中統彭淩殿無「所」字。

〔號協聲律〕　瀧八・四，慶四右五，殿四五三，淩四右四。○南化楓棭三號曰協聲律。

〔甚貴幸〕　瀧八・六，慶四右五，殿四右三，淩四右五。○甚。蜀其。按：蜀本誤。

〔埒如韓嫣也〕　瀧八・六，慶四右五，殿四右三，淩四右五。

集　又云　○又，景人。

集　埒者疇等之名　○紹無「名」字。

*__正__　埒音劣埒如微減　南化幻梅狩瀧。

〔寖與中人亂〕　瀧八・七，慶四右六，殿四右四，淩四右六。○寖。景井蜀慶寑。

札記　南宋、中統、游本「寖」，它本作「寑」。

〔足以觀後人佞幸矣〕　瀧九・一，慶四左一，殿四右九，淩四左一。○人。詳節之。

史記會注考證校補卷一百二十六

滑稽列傳第六十六

〔滑稽列傳第六十六〕 瀧一・九，慶一右一，殿一右六，凌一右一。

索 按滑亂也 ○耿慶中統彭凌殿無「按」字。滑謂亂也。

索 言辨捷之人 ○耿慶中統彭凌殿以言辨捷之人。

索 言能亂異同也 ○慶耿中統凌殿無「言」字，「異」、「同」互倒。

*正 顏師古云滑稽轉幻本無「轉」字。利之稱也滑亂也稽礙也言其變亂無一留瀧川本，「一留」作「留滯」。也一說稽言狩、瀧本無「言」字。考也其滑亂不可考校 南化幻梅狩瀧。

〔春秋以道義〕 瀧二・五，慶一右八，殿一左三，凌一右九。○景蜀無「以」字。井紹耿慶中統彭毛金陵無「道」字。南化校補「道」。札記凌本「以」下衍「道」字。

〔淳于髡者齊之贅壻也〕 瀧二・八，慶一左一，殿一左五，凌一左一。

索 女之夫也 ○[索]猶女之夫也。

〔好爲淫樂長夜之飲〕 瀧二・一〇，慶一左三，殿一左七，凌一左三。

索 謂好隱語 ○語，[中統]也。

〔楚大發兵加齊〕 瀧三・七，慶二右一，殿二右四，凌二右一。○大，[詳節]王。

〔冠纓索絶〕 瀧三・九，慶二右三，殿二右五，凌一右二。

索 孔衍春秋後語 ○[凌]脱「孔」字。

〔見道傍有禳田者〕 瀧四・一，慶二右五，殿二右七，凌二右五。○禳，[景][慶][毛][凌][殿]穰。下注同。

〔操一豚蹄酒一盂祝曰〕 瀧四・二，慶二右六，殿二右八，凌二右五。○[景][井][蜀][耿][慶][中統][彭][凌][殿]操一豚蹄酒一盂而祝曰。[札記]中統、游、王、柯、凌本「祝」上有「而」字。

〔甌窶滿篝〕 瀧四・二，慶二右六，殿二右八，凌二右六。

集 篝籠也 ○[札記]御覽七百七十七引注下有「音構」二字，又元八百三十三亦引注「篝，籠也，音構。歐窶，猶杯樓也。言豐年菜樹，易可滿篝」。疑皆集解之文而與索隱大同，或今本以重複而删之。「菜」疑「采」之訛。「樹」當依索隱作「掇」。

索 猶杯樓也 ○林，[耿]柸。[札記]南宋本「杯」作「柸」，御覽引注同。

索 易可滿篝籠耳 ○耳，[耿][慶][中統][彭][殿]也。

〔汙邪滿車〕 瀧四・四，慶二右八，殿二右一〇，凌二右八。

索　按司馬彪云汙邪下地田　○耿慶中統彭凌殿無此注十字。

*正　下田肥澤故得滿車　南化幻梅狩瀧。

〔五穀蕃熟〕　瀧四・五，慶二右九，殿二左一，凌二右九。　○熟，井紹孰。

〔穰穰滿家〕　瀧四・五，慶二右九，殿二左一，凌二右九。

*正　野王云穰穰衆多也福瀧川本作「夥」字。也　南化幻梅狩瀧。按：南化、幻本不冠「正義曰」三字。

〔於是齊威王乃益齎黃金千溢〕　瀧四・八，慶二右一〇，殿二左二，凌二右一〇。　○溢，耿慶中統彭凌殿鎰。

〔革車千乘〕　瀧四・九，慶二左二，殿二左三，凌二左二。　○車，中統馬。

〔對曰〕　瀧五・一，慶二左四，殿二左五，凌二左三。　○景蜀毛髡對曰。

〔若親有嚴客〕　瀧五・四，慶二左八，殿二左八，凌二左七。　○客，詳節容。

〔髡帣韝鞠䐈〕　瀧五・四，慶二左八，殿二左八，凌二左七。

集　帣收衣袖也　○衣，衲之。袖，景井蜀紹慶彭殿褏，南化楓棭三校記「袖」，耿毛凌裦。　札記舊刻「褏」，各本誤「裦」。下同。

集　袖袂也　○袖，景井慶彭殿褏，耿毛凌裦。袂，景井蜀紹耿慶彭毛凌殿衿。　札記「袂」誤「衿」，考證改。

索　韝音溝臂扞也鞠曲躬也䐈音其紀反與跽同音謂小跪　○慶耿中統彭凌殿無此注二十二字。跽，索跪。

〔飲不過二斗徑醉矣〕　瀧五・六，慶二左一〇，殿二左一〇，凌二左九。〇不，毛二。

〔私情相語〕　瀧五・七，慶三右一，殿三右二，凌三右一。〇詳節無「語」字。

〔目眙不禁〕　瀧五・九，慶三右四，殿三右三，凌三右三。

索　丑甑反　〇索杜丑甑反。

索　又音丑二反　〇慶彭凌無「又」字。殿無「音」字。

〔飲可八斗而醉二參〕　瀧六・一，慶三右五，殿三右五，凌三右四。〇詳節「飲」、「可」互倒。

參紹矣。

索　故云竊樂　〇竊，索可。

索　二參　〇索此注二字作「醉二三」三字。

索　言十有二參　〇耿慶彭索凌殿言十有二參醉也。

***正**　珥珠玉（瀧川本「玉」誤「之」。）在耳　南化幻梅狩瀧。

〔杯盤狼籍〕　瀧六・三，慶三右七，殿三右七，凌三右七。〇籍，慶中統彭凌殿藉。

〔微聞薌澤〕　瀧六・四，慶三右九，殿三右八，凌三右八。

***正**　襟巨禁（南化、幻、梅本「禁」作「襟」。）反解閑買反衿或作終終（瀧本不重「終」字。）帶結也　南化幻梅狩瀧。

〔能飲一石〕　瀧六・五，慶三右九，殿三右九，凌三右九。

***正**　言飲可至八斗二三斗猶未遽醉至日暮酒閑髡心最歡能飲於一石　南化幻梅狩。

〔髡嘗在側〕 瀧六・七，慶三左二，殿三左一，凌三左一。○嘗，景井彭毛常。

〔優孟故楚之樂人也〕 瀧六・九，慶三左四，殿三左三，凌三左三。○井紹耿慶中統彭毛凌殿優孟者故楚之樂人也。

索 案優者至旃在秦者也二十七字 ○札記單本錯在下文「若無遠有所」之後。

索 孟字也 ○耿慶中統彭凌殿孟者字也。

索 其優旃亦同 ○耿慶中統彭凌殿無「其」字。

索 優孟在楚旃在秦者也 ○耿慶中統彭殿無「者」字。凌無此注九字。

〔席以露牀〕 瀧七・一，慶三左六，殿三左五，凌三左五。○牀，耿慶中統彭殿床。

〔欲以棺槨大夫禮葬之〕 瀧七・二，慶三左七，殿三左六，凌三左六。○槨，景井蜀紹耿慶殿椁。下同。

〔以爲不可〕 瀧七・三，慶三左八，殿三左六，凌三左七。○耿無「以」字。札記南宋本無「以」字。

〔楩楓豫章爲題湊〕 瀧七・七，慶四右三，殿四右一，凌四右一。○楩，耿慶中統彭凌梗，南化楓棭三校記「楩」。按：景印慶元本「梗」改「楩」。豫，慶中統彭像。按：景印慶元本「橡」改「豫」。湊，景蜀紹榛，井揍。按：南化校記引正義本又「湊」作「榛」。札記毛本「楩」，各本訛「梗」，正義同。

集 故曰題湊　○湊，景紹榛。

正 梗頻緜反　○梗，慶凌梗。按：景印慶元本「梗」改「梗」。

〔韓魏翼衛其後〕　瀧七・八，慶四右五，殿四右二，凌四右三。

集 未有趙韓魏三國　○毛「趙」、「韓」互倒。

索 案此辨説者之詞　○辨，耿慶中統彭辯。

索 後人所增飾之矣　○凌殿無「之」字。

〔廟食太牢〕　瀧七・九，慶四右六，殿四右三，凌四右四。○牢，井紹宰。

〔請爲大王六畜葬之〕　瀧八・一，慶四右八，殿四右五，凌四右六。○詳節請爲大王以六畜葬之。

〔以壠竈爲椁〕　瀧八・一，慶四右八，殿四右六，凌四右七。○椁，毛索槨。

索 按皇覽亦説此事　○凌無「亦説此事」四字。

***正** 上瀧川本「上」誤「土」。壠爲竈居鬲外如椁梅本「椁」作「棺」。　南化幻梅狩瀧。

〔銅歷爲棺〕　瀧八・二，慶四右九，殿四右六，凌四右七。

***正** 言幻、梅、瀧本無「言」字。以銅爲釜鬲居竈中如南化、梅本「如」作「若」。棺　南化幻梅狩瀧。按：南化、幻本不冠「正義曰」三字。

〔齎以薑棗〕　瀧八・三，慶四右九，殿四右七，凌四右八。

索 以洒諸其上而食之是也　○耿慶中統彭凌殿此注十字作「以洒殿本「洒」作「灑」。諸上而鹽之也」八字。

〔祭以糧稻〕　瀧八・四，慶四左一，殿四右八，凌四右九。○糧，詳節景井蜀紹慶中統彭毛凌殿粳，耿梗。札記中統、毛本「糧」作「粳」。南宋本訛「梗」。

〔衣以火光〕　瀧八・四，慶四左一，殿四右八，凌四右九。○衣，景長。

〔葬之於人腹腸〕　瀧八・四，慶四左一，殿四右八，凌四右九。

索　火送之著端　○著，彭箸。

〔我孫叔敖子也〕　瀧八・八，慶四左五，殿四左二，凌四左三。○耿慶中統彭凌殿我孫叔敖之子也。札記中統、游、王、柯、凌「子」上有「之」字，南宋、舊刻、毛本無。

〔貧困往見優孟〕　瀧八・九，慶四左六，殿四左三，凌四左五。○貧，耿窮。往，耿且。札記南宋本「貧」作「窮」，「往」作「且」。

〔若無遠有所之〕　瀧八・九，慶四左七，殿四左三，凌四左五。○無，索毋。

索　案謂優孟語孫叔敖之子曰　○索「孫」「叔」互倒。

〔抵掌談語〕　瀧八・一〇，慶四左八，殿四左五，凌四左七。○語，中統話。

集　談説之容則也　○則，毛貯。

〔楚王左右不能別也〕　瀧九・一，慶四左一〇，殿四左六，凌四左八。○景井紹耿中統毛楚王及左右不能別也。

〔貪吏安可爲也〕　瀧九・一〇，慶五右九，殿五右四，凌五右七。

＊正　説文云賕以財枉法相謝也南化、幻、梅、狩本無「也」字。　南化幻梅狩瀧。

〔後十世不絶〕　瀧一〇・六，慶五左六，殿五右一〇，凌五左三。

集　在固始　○始，景也。

正　本寢丘邑也　○丘，殿邱。下同。

〔秦倡朱儒也〕　瀧一一・一，慶五左八，殿五左二，凌五左五。○朱，南化楓棭三凌金陵侏。札記南宋、中統、毛本作「朱儒」。

〔置酒而天雨〕　瀧一一・二，慶五左九，殿五左三，凌五左六。○天，紹大。

〔幸雨立〕　瀧一一・五，慶六右三，殿五左六，凌五左一〇。○幸，南化楓棭三辜。

〔主上雖無言〕　瀧一一・一〇，慶六右八，殿五左一〇，凌六右四。○主，毛王。按：毛本誤。

〔優孟搖頭而歌〕　瀧一二・四，慶六左二，殿六右五，凌六右九。○孟，毛頭。按：毛本誤。

〔優旃臨檻疾呼〕　瀧一二・五，慶六左三，殿六右六，凌六右一〇。○疾，蜀病。

〔陛楯得以半更〕　瀧一二・五，慶六左三，殿六右六，凌六右一〇。○南化楓棭三陛楯者得以半更。

＊正　更代也　南化幻梅狩瀧。

〔編之於左〕　瀧一二・一〇，慶六左六，殿六右九，凌六左三。○南化楓棭三蜀編之於左方。

索 楚詞云至其知計疾出故云滑稽一百三字 ○札記單本錯在東方朔條後，今移此。各本改系篇題下。

索 如脂如韋 ○耿無「如脂」二字。

索 詞不窮竭 ○竭，耿喝。

索 故揚雄酒賦云 ○揚，慶殿楊。

索 鴟夷滑稽 ○鴟，耿鵄。

索 盡曰盛酒 ○盛，耿成。

索 人復藉沽 ○藉，耿籍。索此注四字作「曰夜藉沽」。

〔可以覽觀揚意〕 瀧一三・六，慶六左七，殿六右九，凌六左四。○揚，詳節紹慶彭凌楊。按：景印慶元本「楊」改「揚」。

〔又奉飲糒飱養乳母〕 瀧一四・二，慶七右三，殿六左六，凌七右一。

*正 糒乾飰飱濕瀧川本「濕」誤「温」。飰 南化幻梅狩瀧。

〔願得假倩之〕 瀧一四・三，慶七右四，殿六左七，凌七右二。○倩，南化楓棭三請。

*正 倩七姓反倩瀧本無「倩」字。借也 南化幻梅狩瀧。

〔有詔得令乳母乘車行馳道中〕 瀧一四・五，慶七右六，殿六左八，凌七右三。

*正 馳道謂御道也 南化幻梅狩瀧。

〔乃下詔止無徙乳母〕 瀧一五・二，慶七左四，殿七右六，凌七左二。○徙，[慶]徒。按：景印慶元本改「徙」。[札記]柯「徙」訛「徒」。

〔罰謫譖之者〕 瀧一五・三，慶七左五，殿七右六，凌七左二。○謫，[索]適。

索 謂武帝罰謫譖乳母之人也 ○[索]無「武」字。謫，[索]讁。

〔齊人有東方生名朔〕 瀧一五・三，慶七左六，殿七右八，凌七左四。○[南化][楓][棭][三]齊人有東方先生名朔。[索]無「生名」二字。

索 序優旃事 ○序，[耿][慶][中統][彭][凌][殿]敘。

索 而桓譚亦以遷爲是 ○[慶][中統][彭][索][凌][殿]而桓譚亦以遷内爲是。

正 括地志云 ○[凌]無「志」字。

〔至公車上書〕 瀧一五・六，慶七左一〇，殿七左二，凌七左九。

正 秩六百石 ○秩，[慶][彭][凌]殊。按：景印慶元本「殊」改「秩」。[札記]官本「秩」，各本訛「殊」。

〔凡用三千奏牘〕 瀧一五・八，慶八右二，殿七左四，凌八右一。

***正** 漢書云方南化、梅、狩本無「方」字。 朔初來上書曰少失母長養兄嫂年十三學書三冬文史足用十五學擊劍十六學詩書誦二十梅本「二十」作「二十二」。 萬言十九學孫吴兵法亦誦幻本無「誦」字。 二十二萬言梅本無上十四字。 臣朔固已誦四十萬言朔年二十二長九尺三寸目如幻、梅本「如」作「若」。 懸珠齒若編貝勇若孟賁捷若慶忌廣幻、梅本「廣」作「廉」。 若鮑叔信若尾生若此可以爲天子大臣牀梅本「牀」作「昧」。 死并幻本「并」作「辯」，梅本「再」。 拜以聞按此略題其上書之首也 [南化][幻][梅][狩]。

〔讀之二月乃盡〕 瀧一五・九，慶八右三，殿七左五，凌八右二。○南化 楓 棭 三 讀之二月所乃盡。

〔數召至前談語〕 瀧一六・一，慶八右四，殿七左六，凌八右三。○南化 楓 棭 三 重「談語」二字。

〔時詔賜之食於前〕 瀧一六・二，慶八右五，殿七左七，凌八右四。○食，紹 毛 飲，殿 飯。

〔飯已〕 瀧一六・二，慶八右五，殿七左七，凌八右四。○飯，毛 飲。

〔擔揭而去〕 瀧一六・四，慶八右六，殿七左八，凌八右五。○擔，景 井 毛 檐。

〔率取婦一歲所者即弃去〕 瀧一六・五，慶八右七，殿七左九。凌八右七。○者，紹 幸。

〔盡索之於女子〕 瀧一六・五，慶八右八，殿七左一〇，凌八右七。○索，南化 楓 棭 三 棄。

〔所謂避世於朝廷閒者也〕 瀧一六・九，慶八左二，殿八右三，凌八左一。○廷，景 井 紹 庭。

〔據地歌曰〕 瀧一六・一〇，慶八左四，殿八右五，凌八左三。○毛 據其地歌曰。

〔陸沈於俗〕 瀧一六・一〇，慶八左四，殿八右五，凌八左三。

索 謂無水而沈也 ○也，耿 慶 中統 彭 凌 殿 之。

〔宧署門也〕 瀧一七・二，慶八左六，殿八右七，凌八左五。○宧，毛 宮。札記 毛本「宧」訛

「宮」。襍志云：「宮」下脱「者」字。類聚、御覽居處部，文選西都賦注、別賦注引並有。

〈博士諸先生與論議〉　瀧一七・四，慶八左七，殿八右八，凌八左六。○彭 索「論」、「議」互倒。

〈共難之〉　瀧一七・五，慶八左八，殿八右八，凌八左七。

索　案方朔設詞對之　○方，耿 慶 中統 彭 凌 殿 謂。

索　即下文是荅對之難也　○耿 慶 中統 彭 凌 殿 此注九字作「即下文荅客難是也」八字。

〈得士者彊失士者亡〉　瀧一八・七，慶九右七，殿八左七，凌八左七。○慶 彭 無「彊失士者」四字。南化 楓 棭 三 校補「彊失士者」。按：景印慶元本增補「彊失士者」四字。札記 王、柯本脱此四字。

〈連四海之外以爲席〉　瀧一八・一〇，慶九右一〇，殿八左九，凌九右九，○席，殿 帶。

〈天下平均〉　瀧一八・一〇，慶九右一〇，殿八左一〇，凌九右一〇。○紹 毛「平」、「均」互倒。

〈何以異哉〉　瀧一九・一，慶九左一，殿九右一，凌九左一。

*正　言四海之外皆賓服如席之相連環繞　南化 幻 梅 狩 瀧。

〈安敢望常侍侍郎乎〉　瀧一九・六，慶九左五，殿九右四，凌九左四。○慶 彭 上「侍」字作「時」。南化 校記「侍」。按：景印慶元本「時」改「侍」。札記「侍」，王訛「時」。

〔無所立其功〕　瀧一九・八，慶九左七，殿九右五，凌九左六。○景井蜀紹耿慶中統彭毛凌殿無「其」字。南化楓棭三校補「其」。

〔逢文王〕　瀧二〇・三，慶九左一〇，殿九右八，凌九左九。○楓三乃逢文王。

〔修學行道不敢止也〕　瀧二〇・四，慶一〇右一，殿九右一〇，凌九左一〇。○紹無「修」字。

〔崛然獨立塊然獨處〕　瀧二〇・八，慶一〇右二，殿九右一〇，凌一〇右一。○紹無「立塊然」三字。

〔固其常也〕　瀧二〇・一〇，慶一〇右四，殿九左二，凌一〇右三。○其，慶中統彭凌有，南化楓棭校記「其」。

〔其狀似麋〕　瀧二一・五，慶一〇右七，殿九左五，凌一〇右六。

正　在長安縣西北二十里故城中　○慶彭殿在長安縣西北二十里長安故城中。殿本「中」作「下」。凌此注作「在長安縣故城」六字。

〔詔東方朔視之〕　瀧二一・七，慶一〇右八，殿九左六，凌一〇右八。○楓三詔召東方朔視之。

〔顧賜美酒粱飯〕　瀧二一・七，慶一〇右九，殿九左七，凌一〇右八。○粱，耿慶彭粱，南化楓棭三校記「粱」。按：景印慶元本「粱」改「粱」。

〔可已又曰〕　瀧二一・八，慶一〇右一〇，殿九左七，凌一〇右九。〇景井紹耿慶中統彭毛凌殿可已殆又曰。

〔所謂騶牙者也〕　瀧二一・一〇，慶一〇左二，殿九左九，凌一〇左一。

索　按方朔以意目立名　〇方，耿慶中統彭凌殿此。

〔匈奴混邪王果將十萬衆來降漢〕　瀧二二・二，慶一〇左四，殿一〇右二，凌一〇左四。〇混，中統彭渾。

〔今顧東方朔多善言〕　瀧二二・五，慶一〇左八，殿一〇右五，凌一〇左八。〇顧，南化楓棭頊，紹願。

〔至余吾水上而還〕　瀧二二・九，慶一一右二，殿一〇右九，凌一一右二。〇余，凌於。

〔當道遮衛將軍車〕　瀧二三・一，慶一一右四，殿一〇左一，凌一一右四。〇井紹中統當道遮衛將軍軍車。札記中統重「軍」字，衍。

〔願白事〕　瀧二三・一，慶一一右五，殿一〇左一，凌一一右五。

集　寧乘説青而拜爲東海都尉　〇寧，景井耿慶中統彭毛凌殿甯。

〔其履下處〕　瀧二四・一，慶一一左六，殿一一右二，凌一一左六。〇南化楓棭三然其履下處。

〔故所以同官待詔者〕　瀧二四・三，慶一一左八，殿一一右四，凌一一左八。〇以，南化楓椷三與。

〔等比祖道於都門外〕　瀧二四・三，慶一一左八，殿一一右五，凌一一左八。○南化楓椷三等比皆祖道於都門外。

〔此所謂衣褐懷寶者也〕　瀧二四・四，慶一一左九，殿一一右五，凌一一左九。

索　此指東郭先生也　○中統無「東」字。

索　言其身衣褐而懷寶玉　○耿慶中統彭凌殿「言」、「其」互倒。

〔昔者齊王使淳于髡獻鵠於楚〕　瀧二五・二，慶一二右七，殿一一左二，凌一二右七。

索　魏文侯使舍人無擇獻鴻於齊　○擇，凌檡。鴻，耿慶中統彭凌殿鵠。

〔武帝時徵北海太守〕　瀧二五・九，慶一二左七，殿一二右一，凌一二左八。○太，毛北，索無「時」字。

〔太守來望見王先生〕　瀧二六・六，慶一三右四，殿一二右八，凌一三右五。○楓椷太守曰來望見王先生。

〔王先生曰〕　瀧二六・六，慶一三右五，殿一二右八，凌一三右六。○毛無「王」字。按：毛本脱。

〔王先生曰對如是〕　瀧二六・八，慶一三右七，殿一二右一〇，凌一三右八。○生，毛王。按：毛本誤。

〔何以治北海〕　瀧二七・一，慶一三右一〇，殿一二左三，凌一三左一。○何，景河。按：景本誤。

〔以故貧〕　瀧二七・一〇，慶一三左九，殿一三右一，凌一三左一〇。

正　河伯華陰潼鄉人　○陰，慶彭凌殿陽。札記誤「陽」，考證改。

正　浴於河中而溺死　○浴，凌俗。按：凌本誤。

正　遂爲河伯也　○慶彭凌殿遂爲河伯娶婦也。札記下衍「娶婦」二字，考證删。

〔豹問其故〕　瀧二七・一〇，慶一三左九，殿一三右一，凌一四右一。○南化楓棭三豹卒問其故。

〔巫行視人家女好者〕　瀧二八・三，慶一四右二，殿一三右四，凌一四右三。○人，景井蜀紹毛小。

〔爲具牛酒飯食〕　瀧二八・六，慶一四右五，殿一三右六，凌一四右六。○具，凌見。

〔恐大巫祝爲河伯取之〕　瀧二八・八，慶一四右八，殿一三右九，凌一四右九。○慶中統彭無「河」字。南化楓棭校補「河」。按：景印慶元本補「河」字。

〔水來漂没〕　瀧二九・一，慶一四右一〇，殿一三左一，凌一四左一。○札記王本「漂」誤「河」。

〔西門豹曰〕　瀧二九・一，慶一四左一，殿一三左一，凌一四左二。○曰，井日。按：井本誤。

〔吾亦往送女〕　瀧二九・三，慶一四左二，殿一三左三，凌一四左三。

正　亭三老　○彭無此注三字。楓棭三校補「正義曰亭三老」六字。

〔官屬豪長者〕瀧二九・四，慶一四左三，殿一三左四，凌一四左五。○詳節此五字作「官屬文人長者」六字。

〔里父老皆會〕瀧二九・四，慶一四左四，殿一三左四，凌一四左五。○里，毛異。按：毛本誤。

〔與人民往觀之者三二千人〕瀧二九・四，慶一四左四，殿一三左四，凌一四左五。○與，景井蜀紹耿慶中統彭毛凌殿以。南化楓棭校記「與」。紹無「者」字。慶中統彭無下「人」字。札記王、柯無「人」字。按：景印慶元本補「人」字。

〔從弟子女十人所〕瀧二九・六，慶一四左五，殿一三左五，凌一四左六。○南化楓棭重「弟子女」三字。十，凌千。

〔皆衣繒單衣〕瀧二九・六，慶一四左五，殿一三左六，凌一四左七。○繒，紹毛繪。

〔呼河伯婦來〕瀧二九・七，慶一四左六，殿一三左六，凌一四左七。○札記王本「呼」誤「子」。

〔西門豹簪筆磬折〕瀧三〇・四，慶一五右四，殿一四右四，凌一五右五。○磬，井聲。

正　謂之爲筆　○筆，慶華，彭革，南化楓棭校記「筆」，按：景印慶元本「華」改「筆」。凌此注作「爲華」二字。札記官本「筆」，各本訛「華」。

正　言人腰側似也　○側，慶則。札記王訛「則」。似，南化楓棭凌傾。

〔田皆溉〕　瀧三一・一，慶一五左七，殿一四左六，凌一五左九。

正　按横渠首接漳水　○慶無「按」字。南化校補「按」。按：景印慶元本補「按」字。

正　今吾臣皆如西門豹之爲人臣也　○慶彭凌殿此注十三字作「今吾爲臣皆非西門豹之爲人臣也」十四字。札記「令」訛「今」，「吾」下衍「爲」字，「如」誤「非」。

正　魏氏之行田也　○田，慶彭凌西。按：誤。景印慶元本「西」改「田」。

正　知而不興　○興，慶凌與。按：誤。

正　以富魏之河内　○慶彭凌殿以富漳魏之河名。各本「内」作「名」。札記「富」下衍「漳」，「内」誤「名」。

正　左氏魏都賦　○慶彭凌殿無「都」字。札記脱「都」字。以上並考證據溝洫志改。

〔民可以樂成〕　瀧三一・五，慶一五左八，殿一四左七，凌一五左一〇。○以，南化楓棭三與。

〔雖患苦我〕　瀧三一・六，慶一五左八，殿一四左七，凌一六右一。○苦，毛若。按：毛本誤。

〔到漢之立〕　瀧三一・八，慶一五左一〇，殿一四左九，凌一六右三。○立，紹世。

〔子産治鄭〕　瀧三二・二，慶一六右六，殿一五右四，凌一六右八。○治，索相。

〔民不能欺〕　瀧三二・二，慶一六右六，殿一五右四，凌一六右八。○民，索人。按：索隱本下文兩「民」字並作「人」。

〔子賤治單父〕　瀧三二・三，慶一六右六，殿一五右五，凌一六右九。○治，索理。

〔西門豹治鄴〕　瀧三二・三，慶一六右七，殿一五右五，凌一六右九。○治，索理。

〔辨治者當能別之〕　瀧三二・四，慶一六右八，殿一五右六，凌一六右一〇。○井無「辨」字。辨，蜀耿慶中統彭凌殿辯。

集　太尉鍾繇司徒華歆司空王朗對曰　○紹無「繇」字。朗，紹慶凌郎。按：景印慶元本「郎」改「朗」。

札記治要「朗」，各本訛「郎」。

集　而衆星共之　○共，中統拱。

集　非徒低卬之差　○低，毛抵。卬，蜀印。按：蜀本誤。

集　三仁相比　○南化彭由是觀之三仁相比。

索　子賤爲政清淨　○淨，耿慶中統彭凌殿静。

索　唯彈琴　○索無「唯」字。

索　是人見思　○思，慶中統彭凌斯，索此注四字作「是仁恩」三字。

索　故人不敢欺　○耿慶彭凌殿故人不敢欺之。

索　寢丘獲祠　○丘，凌兵。

史記會注考證校補卷一百二十七

日者列傳第六十七

〔日者列傳第六十七〕　瀧一・九，慶一右一，殿一右六，凌一右二。

集　墨子曰　○凌　集解注誤爲索隱注。

集　帝以今日殺黑龍於北方　○黑，紹異，中統墨。

索　以墨所以卜巫占候時日通名日者故也　○巫，慶中統彭凌殿筮。

〔何嘗不以卜筮決於天命哉〕　瀧二・六，慶一右六，殿一左一，凌一右七。○於，蜀紹毛耿于。

〔由漢興而有〕　瀧二・七，慶一右八，殿一左三，凌一右九。

索　案周禮有太卜之官　○彭無「之」字。

索　蓋楚相司馬子期子反後　○索「子反」二字作「之」字。

*正 漢文帝卜得大橫與夏幻本無「夏」字。啓之卜同乃乘傳入長安者也 南化 幻 梅 狩 瀧。

〔楚人也〕 瀧二・九，慶一右一〇，殿一左五，凌一左一。

索 芊姓也 ○耿 慶 中統 彭 凌 殿無「芊」字。

〔同日俱出洗沐〕 瀧三・二，慶一左二，殿一左六，凌一左三。

正 漢官五日一假洗沐也 ○殿漢官儀五日一假洗沐也。

〔相從論議誦易先王聖人之道術〕 瀧三・二，慶一左二，殿一左七，凌一左三。○毛「論」、「議」互倒。王，慶生。按：景印慶元本「生」改「王」。札記王、柯訛「生」。

〔試之卜數中以觀采〕 瀧三・五，慶一左五，殿一左一〇，凌一左六。

索 數筮也 ○耿 慶 中統 彭 凌 殿此注三字作「具數筮之」四字。

索 筮必易 ○耿 慶 中統 彭 凌 殿筮必以易。

索 用大衍之數者也 ○耿 慶 中統 彭 凌 殿此注七字作「易用大衍之數也」。

〔游於卜肆〕 瀧三・七，慶一左七，殿二右一，凌二右一。○卜，井下。

〔獵纓正襟危坐〕 瀧四・二，慶二右四，殿二右七，凌二右四。○索此六字作「獦纓正衿免坐」。

索 獵猶攬也 ○獵，索獦。耿 慶 中統 彭 凌 殿無「猶」字。

索 免坐 ○耿 慶 中統 彭 凌 殿此注二字作「危一作免」四字。索無「坐」字。

*正 危坐謂小坐 南化 幻 梅 狩 瀧。

〔何行之汙〕瀧四・四，慶二右六，殿二右九，凌二右七。

索 音烏故反 ○故，中統汝。

〔今何言之陋〕瀧四・五，慶二右七，殿二右一〇，凌二右八。○詳節無「何」字。

〔今夫子所賢者何也〕瀧四・六，慶二右八，殿二左一，凌二右九。○賢，中統貴。

〔多言誇嚴〕瀧四・九，慶二左二，殿二左四，凌二左三。○索「言」、「誇」互倒。

〔以得人情〕瀧四・一〇，慶二左三，殿二左五，凌二左三。

索 説禍以誑人也 ○耿慶中統彭凌殿此注六字作「以得人情也」五字。

〔能知別賢與不肖者寡矣〕瀧五・五，慶二左八，殿二左九，凌二左八。○賢，中統貴。

〔賢之行也〕瀧五・五，慶二左九，殿二左一〇，凌二左九。○南化楓棭三賢者之行也。

〔禄非其功〕瀧五・七，慶三右一，殿三右二，凌三右一。○中統無「其」字。

〔見人有污〕瀧五・八，慶三右二，殿三右三，凌三右二。○污，中統衆。按：中統本訛。

〔皆可爲羞矣〕瀧五・一〇，慶三右四，殿三右四，凌三右四。○詳節皆可以爲羞矣。

〔孅趨而言〕瀧五・一〇，慶三右五，殿三右五，凌三右四。

索 孅趍 ○孅，耿慶凌殿纖。

〔比周賓正〕瀧六・一，慶三右六，殿三右六，凌三右五。○比，慶此，南化校記「比」。按：

景印慶元本「此」改「比」。

集　入求長官　○入，景井紹耿慶中統彭毛凌殿人。

〔枉主法〕　瀧六・三，慶三右七，殿三右七，凌三右七。○主，凌殿王。

〔以少爲多〕　瀧六・六，慶三右一○，殿三右一○，凌三右一○。○爲，毛無。

〔此夫爲盜不操矛弧者也〕　瀧六・七，慶三左二，殿三左二，凌三左二。○此，紹比。

〔何以爲高賢才乎〕　瀧六・九，慶三左四，殿三左三，凌三左三。

＊**正**　言賢才能審賢故爲賢　南化幻狩。

〔姦邪起不能塞〕　瀧六・一○，慶三左五，殿三左四，凌三左四。○紹無「邪」字。

〔是僞也〕　瀧七・三，慶三左九，殿三左七，凌三左八。

＊**正**　言有瀧川本「有」字下衍「大」字。衆禄位者進用有錢財者禮敬是僞也　南化幻梅狩瀧。

〔衆公等是也〕　瀧七・五，慶四右一，殿三左九，凌三左一○。

＊**正**　言鴟梟之與鳳凰南化、幻本「凰」作「皇」。翔于蘭芷芎藭棄在廣野若南化本「若」作「右」。蒿蕭成林使君子退處不顯由公等也瀧川本無「也」字。　南化幻梅狩瀧。

〔君子義也〕　瀧七・七，慶四右一，殿三左九，凌三左一○。○義，中統非。札記中統、吴校金板「義」誤「非」。

＊**正**　言述天地陰陽不改作是君子義也司馬季主自言也　南化幻梅狩瀧。

〔旋式正棊〕　瀧七・八，慶四右二，殿三左一○，凌四右一。○旋，慶彭凌按，南化楓栜三校記「旋」。札記索隱、中統、游、毛本同。它本「旋」誤「按」。

〔事之成敗〕瀧七・九，慶四右四，殿四右二，凌四右四。

集　式音栻　○栻，景井蜀耿毛拭。

索　按式即栻也　○栻，耿慶凌殿拭。

索　栻之形　○栻，耿慶凌殿拭。形，索行。

索　下方法地　○地，中統也。按：中統本誤。

索　則轉天綱加地之辰　○綱，慶彭網。

索　旋式　○式，索拭。

索　蓋謂卜以作卦也　○卜，耿慶中統凌殿下。

〔而後乃敢代〕瀧八・二，慶四右五，殿四右三，凌四右五。○代，南化楓栜伐。

〔後乃有之〕瀧八・三，慶四右六，殿四右四，凌四右五。

索　則或不收也　○或，慶中統彭索殿式。

〔越王句踐倣文王八卦〕瀧八・五，慶四右八，殿四右六，凌四右七。○倣，索放。

〔以破敵國霸天下〕瀧八・五，慶四右九，殿四右六，凌四右八。

索　放音方往反　○放，慶凌殿倣。彭無此注五字。

〔卜筮有何負哉〕瀧八・六，慶四右九，殿四右七，凌四右九。○卜，井十。按：井本訛。

〔掃除設坐〕瀧八・六，慶四右一〇，殿四右七，凌四右九。○掃，景井耿毛埽。

〔言而鬼神或以饗〕 瀧八・七，慶四左一，殿四右八，凌四右一〇。〇饗，毛亨。

〔且死或以生〕 瀧八・九，慶四左三，殿四右一〇，凌四右一〇。〇南化 楓 棭 且死者或以生。

〔此夫老子所謂上德不德〕 瀧九・一，慶四左五，殿四左二，凌四左四。〇此，紹比。按：紹本訛。

〔豈異於是乎〕 瀧九・三，慶四左七，殿四左三，凌四左五。

*正 言卜者於天下宣瀧本脱「宣」字。利則大矣天下宣以財讎謝則少也 南化 幻 梅 狩 瀧。

〔積之無委聚〕 瀧九・五，慶四左九，殿四左五，凌四左七。〇慶 彭 無「聚」字。南化 楓 棭 校補「聚」字。按：景印慶元本補「聚」字。札記 王、柯脱「聚」字。

〔無盡索之時〕 瀧九・六，慶五右一，殿四左六，凌四左九。

*正 索亦盡也 南化 幻 梅 狩 瀧。

〔子何故而云不可卜哉〕 瀧九・八，慶五右二，殿四左八，凌五右一。〇慶 彭 無「可」字。南化 楓 校補「可」字。按：景印慶元本補「可」字。札記 王、柯脱「可」字。

〔乍存乍亾〕 瀧九・九，慶五右四，殿四左一〇，凌五右三。〇亾，毛立。

〔公責卜者言必信〕 瀧九・九，慶五右五，殿四左一〇，凌五右三。〇責，中統貴。按：中統本因「責」、「貴」字形相似而訛。

〔公見夫談士辯人乎〕　瀧九・一〇，慶五右五，殿四左一〇，凌五右四。〇辯，慶彭庶。

按：景印慶元本「庶」改「辯」。札記王、柯誤「庶人」。

〔飾先王之成功〕　瀧一〇・二，慶五右七，殿五右二，凌五右六。〇飾，中統飭。札記中統、游本「飾」作「飭」，此隸書飭。

〔言不厭多〕　瀧一〇・五，慶五左一，殿五右六，凌五右九。〇紹無「多」字。

〔芒乎無色〕　瀧一〇・一〇，慶五左七，殿五右一〇，凌五左四。〇芒。井紹正。

〔悵然噤口不能言〕　瀧一一・一，慶五左七，殿五左一，凌五左五。〇索無「口」字。札記索隱本無「口」字，疑衍。

索　噤音禁　〇噤，彭禁。按：彭本誤。

〔伏軾低頭〕　瀧一一・三，慶五左九，殿五左二，凌五左七。〇頭。紹立。按：紹本誤。

〔不見奪糈〕　瀧一一・五，慶六右二，殿五左五，凌五左一〇。〇南化楓棭三無「不」字。

索　糈音所　〇耿慶彭凌殿無此注三字。

***正**　糈音所謂祠神米也　南化幻梅狩瀧。

〔身無所處〕　瀧一一・七，慶六右三，殿五左六，凌六右一。

索　乃不見奪其糈米　〇不，耿慶中統彭索可。

索 則身無所處也 ○索則身無所之處者也。

〔猶天冠地屨也〕 瀧一一・八，慶六右五，殿五左八，淩六右二。○屨，毛履。

＊**正** 言梅本無言字。不相及也 南化幻梅狩瀧。

〔何足預彼哉〕 瀧一一・一〇，慶六右七，殿五左九，淩六右四。○預，南化楓棭與。

〔此務華絶根者也〕 瀧一二・三，慶六右一〇，殿六右二，淩六右七。

索 是絶其根本也 ○彭無「其」字，而「根」、「本」互倒。

〔誓正其衣冠〕 瀧一二・八，慶六左五，殿六右七，淩六左二。○誓，南化楓棭三整。

〔有居止舞澤者〕 瀧一二・一〇，慶六左八，殿六右九，淩六左五。○舞，詳節草。止，中統山。

〔閉口不言〕 瀧一三・一，慶六左八，殿六右一〇，淩六左五。○詳節紹閉口不言者。

〔道易經〕 瀧一三・二，慶六左一〇，殿六左一，淩六左七。○各本「道」作「通」。瀧川本因字形相近而訛「道」。

〔能以伎能立名者甚多〕 瀧一三・八，慶七右七，殿六左七，淩七右五。○名，中統身。

〔夫家之教子孫〕 瀧一四・一，慶七右九，殿六左九，淩七右六。○夫，中統一。札記中統本、吴校金板「夫」作「一」。

〔好含苟生活之道〕 瀧一四・一，慶七右九，殿六左一〇。淩七右六。○含，耿淩舍。

札記南宋本「含」作「舍」。

〔五行家曰〕瀧一四・四，慶七左三，殿七右三，凌七右一〇。〇耿無「行」字。札記南宋本脱「行」字。

〔太一家曰〕瀧一四・六，慶七左五，殿七右四，凌七左二。〇一，殿乙。

史記會注考證校補卷一百二十八

龜策列傳第六十八

〔龜策列傳第六十八〕　瀧一・九，慶一右一，殿一右六，凌一右二。

索　其敍事煩蕪陋略　○索其敍事煩蕪所陋略。

〔百穀之筮吉〕　瀧二・九，慶一右八，殿一左二，凌一右九。○筮，中統無。

〔不易之道也〕　瀧三・一，慶一右九，殿一左三，凌一右一〇。

＊正　蓍音詩　南化幻楓棭三梅狩瀧。

〔亦有決疑之卜〕　瀧三・一，慶一右一〇，殿一左四，凌一左一。○有，毛以。

〔然皆可以戰伐攻擊〕　瀧三・二，慶一左一，殿一左五，凌一左二。○伐，井代。按：井本誤。

〔蓍久則不神〕　瀧三・四，慶一左三，殿一左七，凌一左四。○蓍，詳節可。

〔常寶藏蓍龜〕　瀧三・五，慶一左四，殿一左八，凌一左五。○蓍，景耆。

〔多中於人〕　瀧三・一〇，慶一左一〇，殿二右三，凌一左一〇。

〔絶倫超奇者爲右〕　瀧四・六，慶二右五，殿二右七，凌二右五。○右，蜀古。按：蜀本誤。

*正　昆蟲謂龜也　南化幻梅狩瀧。

〔上尤加意〕　瀧四・八，慶二右八，殿二右一〇，凌二右八。○尤，中統禮。札記中統本、吴校金板誤「禮」。

〔素有眦睚不快〕　瀧五・一，慶二左一，殿二左二，凌二右一〇。○快，中統決。

〔夫摓策定數灼龜觀兆〕　瀧五・四，慶二左三，殿二左四，凌二左二。○札記案：玉篇「捀，扶容切。灼龜觀兆也」，蓋即引此文而失其上句。是「摓」本作「捀」。集韵「符容切」，「捀」下引孫佃曰「兩手分而數」，亦與索隱合。又云「通作摓」，則所見史本已有作「摓」者。

〔變化無窮〕　瀧五・四，慶二左四，殿二左五。凌二左四。

集　摓音逢　○摓，殿摓。逢，殿逄。下同。

〔終被乾谿之敗〕　瀧五・一〇，慶二左一〇，殿三右一，凌二左一〇。○谿，景蜀耿慶中統彭毛凌殿溪。

〔君子謂夫輕卜筮無神明者〕　瀧六・二，慶三右二，殿三右二，凌三右一。○卜，紹小。按：紹本誤。

〔千歲乃遊蓮葉之上〕　瀧六・六，慶三右六，殿三右五，凌三右五。

集 蓮一作蘋 ○蘋，景井蜀紹耿慶中統彭毛凌殿領。下同。札記「領」，疑「蘋」之訛。集韵：「蘋，『苓』之或字。」文選七啟「寒芳苓之巢龜」注引史文「神龜常巢於芳蓮之上」，云苓與蓮同。則蘋亦與蓮同。

〔草無毒螫〕 瀧六・七，慶三右八，殿三右七，凌三右七。○螫，詳節蛇。

〔故作龜策列傳〕 瀧七・四，慶三左三，殿三左三，凌三左三。

*正 傳幻本無「傳」字。即卜筮之書 南化幻楓棭三梅狩瀧。

〔故之大卜官〕 瀧七・五，慶三左四，殿三左四，凌三左四。○大，景井紹耿慶凌殿太。

〔傳曰〕 瀧七・七，慶三左六，殿三左六，凌三左七。○索「傳曰」二字與「擣蓍」二字互易，下不採。

〔上有擣蓍〕 瀧七・七，慶三左七，殿三左七，凌三左八。○上，毛下。

〔下有神龜〕 瀧七・八，慶三左八，殿三左七，凌三左八。

索 按即禂也 ○耿慶中統彭凌殿無此注四字。

索 擣是古禂字也 ○耿慶中統彭凌殿無「是」字。

〔即以⿱竹耩燭此地〕 瀧八・一，慶三左一〇，殿三左九，凌三左一〇。 ○⿱竹耩，慶凌殿⿱竹搆。

案：景印慶元本「⿱竹搆」改「⿱竹耩」，下同。

集 蓋然火而籠罩其上也 ○其，紹丘。

集　音溝　〇溝，井搆。

〔凡八名龜〕　瀧九・三，慶四左二，殿四右一〇，凌四左三。〇名，紹曰。

〔必見其光〕　瀧九・七，慶四左六，殿四左三，凌四左六。〇必，慶彭凌之。按：景印慶元本「之」改「必」。札記游、王、凌本「必」誤「之」。

〔故玉處於山而木潤〕　瀧九・八，慶四左六，殿四左四，凌四左七。〇處，凌出。

〔潤澤之所加也〕　瀧九・八，慶四左八，殿四左六，凌四左八。

集　以爲滋潤鍾於明珠　〇滋，井溦。

〔蚗龍伏之〕　瀧一〇・一，慶四左九，殿四左六，凌四左九。〇龍，凌殿蘢。

〔廬江郡常歲時生龜〕　瀧一〇・三，慶五右二，殿四左九，凌五右三。〇蜀無「時」字。

〔輸太卜官太卜官〕　瀧一〇・四，慶五右三，殿四左一〇，凌五右四。〇殿不重「太卜官」三字。

〔是爲嘉林〕　瀧一一・三，慶五左一，殿五右八，凌五左二。〇爲，蜀謂。

〔求之於白蛇蟠杅林中者〕　瀧一一・五，慶五左四，殿五右一〇，凌五左五。〇蛇，中統虵。札記中統、舊刻、吴校金板作「虵」。

〔蹺然狀如有人來告之〕　瀧一一・六，慶五左五，殿五左一，凌五左六。

集　常蹺然也　〇常，耿桓。

*正　譺猶疑也　南化幻梅狩瀧。

〔因以醮酒佗髮求之〕　瀧一一・七，慶五左六，殿五左三，凌五左七。○醮，殿譙。

〔三宿而得〕　瀧一一・八，慶五左七，殿五左四，凌五左八。

集　佗一作被　○作，中統音。按：中統本誤。

〔故龜可不敬歟〕　瀧一一・九，慶五左八，殿五左四，凌五左九。○歟，景哉，毛與。

〔介蟲先見〕　瀧一三・一〇，慶六左一〇，殿六左四，凌七右二。○蟲，耿蠱。札記南宋本「蟲」訛「蠱」，下「蝗蟲」同。

〔今昔壬子〕　瀧一四・一，慶七右一，殿六左五，凌七右二。○索「壬子」二字作「汝漁」。

〔漢正南北〕　瀧一四・二，慶七右一，殿六左六，凌七右四。

正　漢天河　○天，慶彭凌大，南化楓棭三校記「天」。按：景印慶元本「大」改「天」。札記官本「天」，各本訛「大」。

〔在籠中〕　瀧一五・六，慶七左一，殿七右四，凌七左三。○籠，慶彭寵，南化楓棭校記「寵」。按：景印慶元本「寵」改「籠」。

〔雷雨并起〕　瀧一五・九，慶七左四，殿七右七，凌七左五。○雷，慶彭凌雲。

〔見於東箱〕　瀧一五・九，慶七左五，殿七右八，凌七左六。○見，詳節置。

〔欲亟去也〕　瀧一六・四，慶七左一〇，殿七左三，凌八右二。○欲，慶彭卻，南化楓

【掖】校記「欲」，按：景印慶元本「卻」改「欲」。【毛】欲望亟去也。【札記】游、王、柯「欲」訛「卻」，毛本「欲」下有「望」字，疑衍。

〔勿令失期衛平對曰龜者〕　瀧一六・五，慶八右一，殿七左四，凌八右三。○【紹】此十字作「無勿令失期至龜」七字。

〔春倉夏黄〕　瀧一六・九，慶八右六，殿七左八，凌八右八。○倉，【景】【井】【蜀】【紹】【慶】【毛】【殿】蒼。

〔審於刑德〕　瀧一六・一〇，慶八右七，殿七左九，凌八右九。○審，【中統】定。【札記】中統本、吴校金板「審」誤「定」。

〔德厚而忠信〕　瀧一七・三，慶八右一〇，殿八右二，凌八左二。○【詳節】無「厚而」二字。

〔故來告寡人〕　瀧一七・四，慶八右一〇，殿八右三，凌八左三。○來，【毛】求。

〔還復其所〕　瀧一七・七，慶八左五，殿八右六，凌八左七。○復，【毛】服。

〔元王慨然而歎〕　瀧一八・三，慶九右一，殿八左一，凌九右二。○歎，【景】【井】【蜀】【毛】嘆。

〔暴得者心暴亡〕　瀧一八・四，慶九右三，殿八左三，凌九右四。○心，【景】【井】【紹】【慶】【中統】【毛】【凌】【殿】必。

〔今我聽子〕　瀧一八・五，慶九右四，殿八左四，凌九右六。○【札記】王本「今」訛「令」。

〔趣駕送龜〕　瀧一八・七，慶九右六，殿八左六，凌九右八。○龜，【毛】歸。

〔而不如誕謾〕瀧一八・九，慶九右九，殿八左九，凌九左一。

集 音土和反 ○土，景蜀紹耿毛吐，井此。

索 誕田爛反 ○田，慶彭凌殿由。按：「田」訛「由」，景印慶元本改「田」。

索 一音並如字 ○耿慶中統彭凌殿此注作「又並如字」四字。

索 誕音吐禾反 ○耿慶中統彭殿無此注五字。

*__正__ 誕欺也 南化幻梅狩瀧。

〔以辨白黑〕瀧一九・五，慶九左五，殿九右五，凌九左七。○辨，蜀辯。

〔有介之蟲〕瀧一九・一〇，慶一〇右一，殿九右九，凌一〇右三。○蟲，耿毛蠱。札記南宋本、毛本並訛「蠱」。

〔口得所嗜〕瀧二〇・五，慶一〇右五，殿九左四，凌一〇右七。○嗜，慶彭著。札記王訛「著」，疑本作「耆」。按：景印慶元本「著」改「嗜」。

〔不得其贏〕瀧二〇・七，慶一〇右七，殿九左六，凌一〇右一〇。

*__正__ 贏餘利也 南化幻梅狩瀧。

〔鐫石拌蚌〕瀧二一・二，慶一〇左二，殿九左一〇，凌一〇左五。○拌，毛坢。蚌，慶彭索蚌。

〔傳賣於市〕瀧二一・二，慶一〇左三，殿一〇右一，凌一〇左五。

索 拌音判判割也 ○慶中統彭凌殿無「音判判」三字。

〔以爲大寶〕　瀧二一・三，慶一〇左三，殿一〇右一，凌一〇左六。〇以，中統出。札記中統本、吳校金板「以」作「出」。

〔以知吉凶〕　瀧二三・二，慶一一右三，殿一〇右一〇，凌一一右五。〇吉，慶告。札記王本「吉」訛「告」。按：景印慶元本改「吉」。

〔在右恐死〕　瀧二三・五，慶一一右六，殿一〇左三，凌一一右八。〇在，景井蜀紹耿慶彭毛凌金陵殿左。按：瀧川本訛。

〔誇而目巧〕　瀧二三・八，慶一一右一〇，殿一〇左六，凌一一左二。〇目，中統自。按：中統本訛。

〔教爲象郎〕　瀧二三・八，慶一一右一〇，殿一〇左六，凌一一左二。

〔象箸而羹〕　瀧二三・一，慶一一左一，殿一〇左八，凌一一左四。〇札記「箸」，王誤「管」。

集　不由法度　〇由，毛甲。按：毛本訛。

索　則箸是筯　〇是，耿慶凌殿即。

索　則或非箸樽也　〇耿慶中統彭凌殿無「則」字。非，殿云。

索　挾者箸也　〇挾，殿梜。者，索音。箸，耿慶彭索凌殿筯。

〔壯士斬其胻〕　瀧二三・二，慶一一左三，殿一〇左九，凌一一左五。

索　胻音衡即腳脛　〇耿慶中統彭凌殿無此注六字。胻，索劭。

〔殺周太子歷〕　瀧二三・三，慶一一左四，殿一〇左一〇，凌一一左六。

索 文在囚文王昌之上 ○耿慶中統彭凌殿無上「文」字。

索 季歷不被紂誅 ○索無「季歷」二字。

〔興卒聚兵〕 瀧二三・六，慶一一左七，殿一一右三，凌一一左一〇。○兵，中統共。按：中統本誤。

〔腸如涫湯〕 瀧二三・九，慶一二右一，殿一一右七，凌一二右四。

集 涫音館 ○涫，毛官。按：毛本誤。

〔欲無猒時〕 瀧二四・一，慶一二右二，殿一一右八，凌一二右五。○猒，慶中統彭毛凌殿厭。

〔今寡人之邦〕 瀧二四・二，慶一二右二，殿一一右一〇，凌一二右七。○今，中統念。

〔取之以暴彊〕 瀧二四・七，慶一二右九，殿一一左四，凌一二左二。○景井紹中統毛無之字。札記中統、游、毛本，吴校金板無「之」字。

〔諸侯賓服〕 瀧二四・九，慶一二左一，殿一一左六，凌一二左四。○賓，毛兵。

〔而自比桀紂桀紂爲暴彊也〕 瀧二五・一，慶一二左三，殿一一左八，凌一二左六。○紹耿慶中統凌不重「桀紂」二字。

〔與人懸而射之〕 瀧二五・五，慶一二左七，殿一二右二，凌一二左一〇。○懸，毛縣。

〔聖人伏匿〕 瀧二五・八，慶一二左八，殿一二右三，凌一三右二。○伏，景決。

〔武王剋紂〕　瀧二六・一，慶一三右三，殿一二右七，淩一三右六。○剋，景井紹中統毛尅。

〔於是元王向日而謝〕　瀧二六・七，慶一三右九，殿一二左三，淩一三左二。○札記「元王」二字疑衍。

索　蓋欲神之以謝天也　○耿慶中統彭淩殿無「天也」二字。

索　天之質闇　○闇，耿慶中統彭淩殿向。

索　著見者莫過也　○耿慶中統彭淩殿無「莫過」二字。

〔必制其創〕　瀧二七・二，慶一三左三，殿一二左六，淩一三左六。

正　音瘡　○瘡，淩創。

〔使工占之〕　瀧二七・四，慶一三左三，殿一二左七，淩一三左七。○占，景古。按：景本誤。

〔不如雄渠蠭門〕　瀧二八・六，慶一四右四，殿一三右七，淩一四右八。

集　楚雄渠子　○雄，景井紹毛熊。

集　射者重以逢門子之巧　○景井蜀耿慶中統彭毛淩射者重以逢蒙門子之巧。

〔天故母椽〕　瀧二八・七，慶一四右六，殿一三右九，淩一四右一〇。○母，毛無。椽，慶淩掾。南化、梅本標記云：正義作「椽」。按：正義即正義本。按：景印慶元本「掾」改「椽」。

〔神龜知吉凶〕　瀧二八・九，慶一四右七，殿一三右一〇，淩一四左一。○龜，彭鬼。

〔而骨直空枯〕　瀧二八・九，慶一四右八，殿一三右一〇，凌一四左一。○而，毛面。

〔蝟辱於鵲〕　瀧二九・二，慶一四右一〇，殿一三左二，凌一四左四。

集　見鵲仰地　○鵲，慶彭毛。按：景印慶元本，毛改「鵲」。

集　而心惡之也　○景井紹毛無「而」字。

〔騰蛇之神而殆於即且〕　瀧二九・三，慶一四左一，殿一三左三，凌一四左五。

集　蝍蛆　○蛆，蜀蝍。

〔故有孤虛〕　瀧二九・五，慶一四左三，殿一三左六，凌一四左八。

集　甲乙謂之日　○日，慶彭卯，南化校記「日」。按：景印慶元本「卯」改「日」。

集　子丑謂之辰　○蜀子丑謂之曰辰。

集　戌亥即爲孤　○蜀無「即」字。

集　寅卯即爲虛　○景井蜀耿慶彭毛凌無「即」字。按：下注「子丑即爲虛」之「即」字亦無。

集　有風后孤虛二十卷　○二，彭三。

〔亦有所據〕　瀧二九・九，慶一四左八，殿一三左一〇，凌一五右三。

＊**正**　據音倨教也　南化梅。

〔亦有所不如〕　瀧二九・九，慶一四左九，殿一四右一，凌一五右四。

＊**正**　拘檢也　南化幻梅狩瀧。

〔以應之天〕　瀧三〇・二，慶一五右二，殿一四右四，凌一五右七。

集 欠三瓦而棟之也 ○棟，[景][井][毛]陳。

〔正月〕 瀧三一・六，慶一五右九，殿一四左一，凌一五左四。

正 腹下十二黑點爲十二月 ○[慶][彭]「十二月」三字作「十日也」。按：景印慶元本改「十二月」。

正 若二十八宿龜也 ○若，[殿]者。

〔中關内高外下〕 瀧三一・七，慶一五右一〇，殿一四左二，凌一五左六。○[景][井][蜀][紹][耿][慶][中統][彭][毛][凌][殿]此六字爲集解注。關，[凌]開。

〔首仰〕 瀧三一・九，慶一五左一，殿一四左三，凌一五左六。○[慶][彭]無此正文二字。

按：景印慶元本補「首仰」二字。

索 音魚兩反 ○[殿]無此注四字。

正 謂兆首仰起 ○[凌]此注作索隱注。

〔足開肣開〕 瀧三一・一〇，慶一五左二，殿一四左四，凌一五左七。○[索]無上「開」字。

〔首俛大〕 瀧三二・三，慶一五左三，殿一四左五，凌一五左八。

正 俛音免 ○[殿]無此注三字。

〔卜禁曰〕 瀧三二・九，慶一五左六，殿一四左七，凌一六右一。○曰，[蜀][慶][凌][殿]日。

〔龜之徼也〕 瀧三二・一〇，慶一五左七，殿一四左八，凌一六右二。

索 謂徼繞不明也 ○繞，[凌]綂。

〔常以月旦祓龜〕 瀧三三・一，慶一五左八，殿一四左九，凌一六右三。○月，[紹][慶][彭]

毛凌日，南化校記「月」。按：景印慶元本「日」改「月」。

〔若嘗以爲祖〕　瀧三三・四，慶一五左一〇，殿一五右一，凌一六右五。〇嘗，南化毛常。

索　言以爲常法　〇常，彭嘗，中統無「法」字。

〔土卵指之者三〕　瀧三三・六，慶一六右二，殿一五右二，凌一六右七。

索　取生荆枝及生堅木燒之　〇燒，慶橈，南化校記「燒」。

〔祓去玉靈之不祥〕　瀧三三・八，慶一六右七，殿一五右八，凌一六左三。

索　焍灼龜木也　〇耿慶中統彭凌殿無「灼」字。

索　音次第之第　〇第，索弟。下同。

索　一音梯　〇音，彭亦。

〔玉靈以信以誠〕　瀧三三・一〇，慶一六右七，殿一五右八，凌一六左四。〇景井蜀紹耿慶彭毛凌殿金陵上「以」字作「必」字。按：瀧川本涉下「以」字而訛。

〔辯兆皆可占〕　瀧三四・一，慶一六右八，殿一五右九，凌一六左四。〇辯，蜀毛辨。

〔卜先以造灼鑽〕　瀧三四・三，慶一六左一，殿一五左一，凌一六左七。

集　造音竈也　〇毛此注四字作「有竈也」三字。

索　荆若木也　〇荆，耿慶中統彭凌殿物。若，凌者。

*__正__　造竈用燒荆枝也　南化梅狩瀧。

〔假之玉靈夫子〕　瀧三四・六，慶一六左三，殿一五左三，凌一六左九。〇玉，索王。

〔諸靈數箣〕瀧三四・八，慶一六左五，殿一五左五，凌一七右一。○箣，景井莿，耿慶中統彭凌刺，索莿。下注同。按：景印慶元本「刺」改「莿」。

〔莫如汝信〕瀧三四・八，慶一六左六，殿一五左六，凌一七右三。

索　此卜筮之書　○之，中統亦。按：中統本誤。

索　其字亦無可覈皆放此　○耿慶中統彭殿其字亦無可覈他皆放此，凌其字亦無可覈也皆放此。

〔今日良日〕瀧三四・九，慶一六左六，殿一五左六，凌一七右三。○毛上「日」字作「目」。

〔某欲卜〕瀧三四・一〇，慶一六左七，殿一五左七，凌一七右三。○某，景井慶彭毛凌殿其。札記「某」訛「其」，依下文改。

〔首足收入〕瀧三五・一，慶一六左八，殿一五左八，凌一七右五。○首，景井蜀紹耿慶中統彭毛凌殿手。入，景井耿慶毛凌殿金陵人。鳳文館評林上欄標記云：「人」，一本作「入」。按：瀧川氏依此標記改。

〔首足滅去〕瀧三五・二，慶一六左九，殿一五左九，凌一七右六。○首，景井蜀紹耿慶中統彭毛凌殿手。

〔不如神龜之靈〕瀧三五・三，慶一六左一〇，殿一五左一〇，凌一七右七。○如，景井紹耿慶彭毛知。

〔某身良貞〕 瀧三五・四，慶一七右一，殿一六右一，淩一七右八，○慶彭無「貞」字。南化楓三校補「貞」字。

〔内外自垂〕 瀧三五・六，慶一七右二，殿一六右二，淩一七右九。○垂，景井蜀紹耿慶中統彭毛淩殿隨。

〔首上開〕 瀧三五・七，慶一七右四，殿一六右三，淩一七左一。○上，景井蜀中統止。

〔今病有祟無呈無祟〕 瀧三五・九，慶一七右五，殿一六右四，淩一七左二。○札記疑當作「今病者祟無呈兆無」。

〔卜繫者出不出横吉安〕 瀧三六・一，慶一七右七，殿一六右六，淩一七左四。○景井紹耿慶毛淩殿重「不出」二字。

〔卜擊盜聚若干人在某所〕 瀧三六・六，慶一七左三，殿一六左一，淩一七左一〇。○擊，耿慶繫。札記南宋、王、柯本「擊」訛「繫」。案：擊、繫字形近，易亂，義亦易辨，後不復出。按：景印慶元本改「擊」。

〔呈兆若横吉安〕 瀧三七・七，慶一八右五，殿一七右三，淩一八左二。○呈，殿星。

〔卜居官尚吉不吉吉呈兆身正〕 瀧三七・八，慶一八右六，殿一七右四，淩一八左三。○各本不重「吉」字。

〔身節折首仰足開〕 瀧三七・一〇，慶一八右九，殿一七右六，淩一八左六。○景蜀耿慶中統彭毛凌「節」、「折」互倒。札記各本「節」、「折」倒，官本不誤。

〔內外自橋〕　瀧三八・二，慶一八右一〇，殿一七右八，凌一八左七。〇橋，蜀撟。下同。

〔足肣首仰有外〕　瀧三八・三，慶一八左一，殿一七右九，凌一八左八。〇首，耿慶中統毛手。按：景印慶元本「手」改「首」。

〔卜歲中民疫不疫〕　瀧三八・四，慶一八左二，殿一七右一〇，凌一八左九。〇紹無「不」字。景井蜀無「不疫」二字。

〔身正內自橋〕　瀧三八・八，慶一八左六，殿一七左四，凌一九右三。〇橋，井蜀撟。下同。

〔若無漁〕　瀧三八・九，慶一八左七，殿一七左五，凌一九右四。〇札記「無」字疑衍。「漁」即後文云「漁人」也，疑脱「人」字。

〔首仰足肣有外〕　瀧三八・一〇，慶一八左九，殿一七左六，凌一九右六。〇中統首仰足肣有外足。按：中統本衍。

〔不讋横吉安〕　瀧三九・一〇，慶一九右八，殿一八右六，凌一九左五。〇各本無「安」字。

〔民疾疫無疾〕　瀧四〇・六，慶一九左四，殿一八左一，凌二〇右二。〇凌下「疾」字作「疫」字。

〔命曰呈兆病者不死〕　瀧四〇・九，慶一九左七，殿一八左四，凌二〇右四。〇札記「呈兆」下疑有脱文。

〔命曰首仰足肣有内無外〕　瀧四一・三，慶二〇右一，殿一八左八，凌二〇右八。○首，蜀者。按：誤。

〔歲稼中孰〕　瀧四一・五，慶二〇右四，殿一九右一，凌二〇左一。○孰，蜀也。

〔聞言不開〕　瀧四一・六，慶二〇右五，殿一九右一，凌二〇左二。○開，紹 凌聞。

〔甚霽不霽〕　瀧四一・八，慶二〇右六，殿一九右三，凌二〇左三。○殿無「不霽」二字。

〔霽不霽凶〕　瀧四二・五，慶二〇左四，殿一九右一〇，凌二一右一。○井 蜀 紹無「凶」字。

〔命曰呈兆首仰足肣至雨不雨霽不霽不吉九十三字〕　瀧四二・七，慶二〇左五，殿一九左一，凌二一右二。○景此本文移在下文「命曰呈兆首仰足開至雨不雨霽小吉」後。

〔擊盜不相見〕　瀧四二・八，慶二〇左六，殿一九左二，凌二一右三。○景無「相」字。

〔聞盜來〕　瀧四二・八，慶二〇左七，殿一九左二，凌二一右四。○景盜聞盜來。

〔行者行來者來擊盜不見盜聞盜來不來〕　瀧四三・三，慶二一右二，殿一九左七，凌二一右九。○景此十六字作「行者不行擊盜不行來者來聞盜來」十四字。

〔徙官徙〕　瀧四三・四，慶二一右三，殿一九左八，凌二一右一〇。○景徙官聞言不徙。

〔有而少〕　瀧四三・五，慶二一右四，殿一九左九，凌二一左一。○景無「有而」二字。

〔歲中毋兵〕　瀧四三・五，慶二一右四，殿一九左九，凌二一左一。○毋，蜀 耿 慶 中統彭毛凌殿無。

〔不見吉〕　瀧四三・五，慶二一右五，殿一九左九，凌二一左二。○景此三字作「得見」二字。

〔齋小吉〕　瀧四三・六，慶二一右六，殿一九左一〇，凌二一左三。○景齋不齋小吉。

〔命曰首仰足肣至雨不雨齋不齋吉八十八字〕　瀧四三・七，慶二一右七，殿二〇右一，凌二一左四。○景脫此正文八十八字。

〔來者來〕　瀧四四・三，慶二一左三，殿二〇右七，凌二一左五。○慶彭無「者來」二字。

按：景印慶元本補「者來」二字。

〔命曰橫吉內外自橋〕　瀧四四・七，慶二一左八，殿二〇左一，凌二二右五。○橋，景撟。

〔見貴人〕　瀧四四・一〇，慶二二右一，殿二〇左四，凌二二右八。○紹無「人」字。

〔命曰橫吉榆仰〕　瀧四六・一〇，慶二三右四，殿二一左五，凌二三左一。○榆，景揄。

〔民毋疾疫〕　瀧四七・八，慶二三左二，殿二二右三，凌二三左九。○毋，彭無。

〔見貴人吉行不遇盜〕　瀧四七・八，慶二三左三，殿二二右三，凌二三左一〇。○中統無「吉」字，而「行」字下有「人」字。按：中統本誤。

〔來者來〕　瀧四八・一，慶二三左五，殿二二右六，凌二四右二。○者，景井紹中統不。

〔徙官徙〕　瀧四八・二，慶二三左六，殿二二右七，凌二四右三。○紹下「徙」字作「從」字。

〈雨不雨大吉〉 瀧四八・七，慶二四右三，殿二三左二，凌二四右一〇。○景井紹無「大吉」二字。

〈命曰首仰足肣〉 瀧四八・八，慶二四右四，殿二三左三，凌二四左一。○仰，景井紹中統頭。札記中統本、舊刻「仰」誤「頭」。

〈居官家室不吉〉 瀧四八・一〇，慶二四右六，殿二三左五，凌二四左三。○家，凌宗。

〈行行不行〉 瀧四九・五，慶二四左三，殿二三左一〇，凌二四左一〇。○景井蜀紹耿慶中統毛殿不重「行」字。

〈民疾疫無死〉 瀧四九・七，慶二四左四，殿二三右二，凌二五右一。○無，中統毋。

〈繫者者出有憂〉 瀧四九・九，慶二四左七，殿二三右五，凌二五右四。○景蜀紹耿慶中統彭毛凌殿不重「者」字。

〈久不出〉 瀧五〇・四，慶二五右二，殿二三右一〇，凌二五右九。○久，中統交。

〈遇盜凶〉 瀧五〇・七，慶二五右五，殿二三左三，凌二五左二。○各本此文下有「命曰內格外垂行者不行來者不來病者死繫者不出求財物不得見人不見大吉」三十二字。瀧川本誤脫。

〈命曰橫吉內外相應自橋榆仰上柱上柱足足肣〉 瀧五〇・八，慶二五右八，殿二三左六，凌二五左六。○景井蜀紹耿慶中統彭毛無「應」字。景井「橋榆」二字作

「撟揄」。

〔命曰頭仰足肸內外自垂〕　瀧五一・三，慶二一五左四，殿二一四右一，凌二一六右一。○垂，景井蜀紹耿慶中統彭毛凌殿隨。

〔卜日即不至未來〕　瀧五一・五，慶二一五左七，殿二一四右三，凌二一六右四。○日，景井蜀紹耿慶中統彭毛殿曰。

〔此挺詐有外〕　瀧五三・一，慶二一六左五，殿二一四左八，凌二一七右二。○札記南宋、毛本誤連上。

〔繫留禍罪無傷出〕　瀧五三・三，慶二一六左七，殿二一四左一〇，凌二一七右四。○井耿慶中統彭毛凌殿此正文七字作「留禍罪無傷繫出」七字。

〔此孤狢〕　瀧五三・七，慶二一七右一，殿二一五右四，凌二一七右八。○孤，蜀交。

〔以卜有求〕　瀧五三・七，慶二一七右一，殿二一五右四，凌二一七右八。○景井紹耿慶中統彭毛「卜」、「有」互倒。

〔此狐徹〕　瀧五三・一〇，慶二一七右四，殿二一五右七，凌二一七左一。○狐，南化楓棭三文，景井紹中統交。

〔繫留有罪〕　瀧五四・三，慶二一七右六，殿二一五右九，凌二一七左三。○景井紹耿慶中統彭毛凌殿「繫」、「留」互倒。

〔病者卜日不死〕 瀧五五・一，慶二七左四，殿二五左七。凌二七左九。○景井蜀紹耿無「者」字。日，蜀曰。

〔其一日乃死〕 瀧五五・一，慶二七左五，殿二五左八，凌二七左一〇。○慶中統此正文下有「此橫吉上柱足肣內自舉外自垂以卜病卜曰不死其一日乃死」三十五字。按：複衍。景印慶元本刪去。

〔卜輕失大〕 瀧五五・四，慶二七左七，殿二五左九，凌二八右四。○卜，慶彭十。按：景印慶元本「十」改「卜」。札記王、柯「卜」訛「十」。

〔首仰足肣〕 瀧五五・五，慶二七左八，殿二六右一，凌二八右五。○札記此條疑亦當連上。

〔大論曰〕 瀧五五・七，慶二七左一〇，殿二六右三，凌二八右七。

索 及命兆之辭 ○兆，耿慶中統索殿召，南化校記「逃」。札記誤「召」，考證改。

索 義蕪辭重沓 ○耿慶中統彭凌殿無「沓」字。

〔內高而外下也〕 瀧五六・二，慶二八右五，殿二六右八，凌二八左三。

*正 大論曰南化、幻、梅本無上三字。按：瀧本「論」誤「德」。 以下九十七字可乎瀧川本無「可乎」二字。 甚鄙拙南化幻梅狩瀧。

史記會注考證校補卷一百二十九

貨殖列傳第六十九

〔貨殖列傳第六十九〕　瀧一・九，慶一右一，殿一右六，凌一右二。

索　孔安國注尚書云　○【索】無「注」字。

〔至治之極〕　瀧二・九，慶一右三，殿一右八，凌一左五。

＊**正**　言至治之極時猶隣國相望其俗至死不往來也　【南化】【幻】【狩】。

〔至老死不相往來〕　瀧二・一〇，慶一右四，殿一右八，凌一左六。

＊**正**　遠見而不相往來故相望也　【南化】【幻】【梅】【狩】【瀧】。

〔塗民耳目〕　瀧三・一，慶一右五，殿一右一〇，凌。○民，【索】人。

〔則幾無行矣〕　瀧三・二，慶一右五，殿一右一〇，凌一左七。

＊**正**　輓與挽同輓瀧川本無「輓」字。　引也塗塞也言輓引至於近世求利乃塗民耳目則無所機其行迹言不如

瀧川本「如」作「似」。古無爲　南化幻梅狩瀧。

〔吾不知已〕　瀧三・六，慶一右七，殿一左一，凌一左九。

*正　太史公云神農以前詩書不及至於貨殖不能知已　南化幻梅狩瀧。

〔使俗之漸民久矣〕　瀧三・九，慶一右九，殿一左三，凌二右一。

*正　言詩書述虞夏以來聲色芻豢佚樂夸矜有威勢則能爲榮華然世被漸染使民爲之久矣　南化幻梅狩瀧　南化本標記云正義以「使」字連「俗」字。

〔終不能化〕　瀧三・一〇，慶一右一〇，殿一左四，凌二右二。

*正　論音路頓反雖户户説以無爲之眇論終不能改貨殖夸矜之俗化也　南化幻梅狩瀧。

〔最下者與之争〕　瀧四・二，慶一左二，殿一左五，凌二右三。

*正　言其南化、幻、梅本無「其」字。善政者因改瀧川本「改」字作「循」字。清淨隨俗而誘之其次以利導引之其次設化變改之整齊不貪之最下者與衆争利夸矜也　南化幻梅狩瀧。

〔夫山西饒材竹穀纑旄玉石〕　瀧四・四，慶一左二，殿一左五，凌二右四。○材，耿財。玉，蜀王，楓三無「石」字。札記「材」，南宋、游本作「財」。

索　上音谷又音雉　○耿慶彭凌殿此注六字作「穀音谷雉反」五字。

索　音盧紵音佇　○盧，凌纑。

〔江南出枏梓薑桂金錫連丹沙犀瑇瑁珠璣齒革〕　瀧四・六，慶一左四，殿一左七，凌二右六。○南化楓棭——丹沙犀象瑇瑁珠璣齒革。

索　錫連下音蓮　○耿慶中統彭凌殿無此注五字。

〔龍門碣石北多馬牛羊旃裘筋角〕　瀧四・七，慶一左五，殿一左九，凌二右七。○碣，慶彭竭。按：景印慶元本「竭」改「碣」。

正　在絳州龍門縣　○絳，慶彭凌殿徐。札記「絳」訛「徐」。拾遺云：「徐州無龍門縣。唐志龍門縣貞觀十七年隷絳州，『徐』當爲『絳』之誤。」

〔則千里往往山出棊置〕　瀧四・八，慶一左七，殿一左一〇，凌二右九。

正　山上有赭　○慶彭凌殿無「有」字。札記「有」字，考證據管子增。

〔以得所欲〕　瀧五・四，慶二右三，殿二右六，凌二左五。○欲，紹以。

〔各勸其業〕　瀧五・七，慶二右四，殿二右七，凌二左七。○各，楓棭故。

〔不求而民出之〕　瀧五・八，慶二右六，殿二右八，凌二左八。

*__正__　徵召也言物賤彼貴處徵召之必至也　南化幻梅狩瀧。

〔豈非道之所符〕　瀧六・一，慶二右六，殿二右八，凌二左八。○索無「所」字。

〔而自然之驗邪〕　瀧六・一，慶二右六，殿二右八，凌二左八。

*__正__　言物自然而至若道養萬物不期而四時符合也　南化幻梅狩野瀧。

〔虞不出〕　瀧六・三，慶二右八，殿二右一〇，凌二左一〇。○出，彭至，楓三校記「出」。

〔此四者民所衣食之原也〕　瀧六・五，慶二右九，殿二左一，凌三右一。○原，楓三源。

〔莫之奪予〕 瀧六・六，慶二左一，殿二左二，凌三右三。

＊**正** 予音與言貧富之道無人奪之及與之原大則饒原小則鮮巧者有餘拙者不足 [南化][幻][梅][狩][野][瀧]。

索 無予奪 ○[耿][慶][中統][彭][凌][殿]「予」、「奪」互倒。

〔繦至而輻湊〕 瀧六・九，慶二左四，殿二左五，凌三右六。

＊**正** 繦脚兩反 [南化][幻][梅][狩][野][瀧]。

〔斂袂而往朝焉〕 瀧六・一〇，慶二左五，殿二左六，凌三右七。

索 故海岱之閒 ○岱，[耿][慶][中統][彭][殿]岳。

〔是以齊富彊至於威宣也〕 瀧七・四，慶二左一〇，殿二左一〇，凌三左二。

正 周有大府玉府内府外府泉府天府職内職金職幣 ○[慶][彭][凌][殿]無「泉府」二字。[札記]二字考證據漢書食貨志增。[慶][彭][凌][殿]無「職幣」二字。[札記]二字考證據食貨志增。

〔山深而獸往之〕 瀧七・七，慶三右三，殿三右三，凌三左五。○往，[楓][棭][三]住。

〔尚猶患貧〕 瀧八・二，慶三右七，殿三右七，凌三左九。○猶，[凌]有。

〔乃用范蠡計然〕 瀧八・三，慶三右九，殿三右八，凌四右一。

集 名研 ○研，[紹]領。

集 范蠡師事之 ○[楓][三]無「師事之」三字。

索 徐廣亦以爲范蠡之師名研至范蠡事之四十七字　○耿慶中統彭凌殿無此注四十七字。

〔時用則知物〕　瀧八・八，慶三左三，殿三左二，凌四右五。○索無「則」字。

〔二者形〕　瀧八・八，慶三左三，殿三左二，凌四右六。○形，紹刑。

〔則萬貨之情〕　瀧八・八，慶三左三，殿三左二，凌四右六。○紹毛無「則」字。

〔木饑火旱〕　瀧八・一〇，慶三左四，殿三左三，凌四右七。

索 土穰也　○彭土穰者也。

*__正__ 此不説土者以（幻、梅、狩、瀧本無「以」字。）土王（狩、瀧本無「王」字。）四季不得爲主故也　南化幻梅狩瀧。

〔物之理也〕　瀧九・二，慶三左五，殿三左四，凌四右八。

*__正__ 資取也國（幻本「國」作「周」。）語大（幻、梅本無「大」字。）夫（幻、梅本「夫」作「夾」。）種（梅本「種」作「鍾」。）曰賈人夏則資皮冬則資絺旱則資舟水則資車以待之也　幻梅狩野瀧。按：南化本亦有此正義，然改裝時切斷下端，今不可讀。

〔夫糶二十病農九十病末〕　瀧九・四，慶三左七，殿三左五，凌四右九。○末，楓棭三耒。

索 言米賤則農夫病也　○耿慶中統彭凌殿此注八字作「言米賤則農人病也故云病農」十二字。言，索音。

索 謂逐末　○耿慶彭凌殿末謂逐末。

索　即商賈也　〇即，耿慶彭凌殿爲。

〔農病則草不辟矣〕　瀧九・五，慶三左八，殿三左五，凌四左一。〇紹此七字作「農病則莫辟矣」六字。

〔平糶齊物〕　瀧九・六，慶三左九，殿三左八，凌四左二。〇札記游本「糶」訛「糴」。

〔無息幣〕　瀧九・六，慶四右一，殿三左九，凌四左三。〇無，索毋。

索　毋息弊　〇耿慶彭索凌殿無此注三字。

＊正　著張南化、幻、梅、野本「張」作「强」。呂反言停貯務在完牢之物也息弊各本標記表出「無息弊」三字。無停息瀧川本脱「息」字。　弊惡之物也　南化幻梅狩野瀧。

〔腐敗而食之貨勿留〕　瀧九・八，慶四右一，殿三左一〇，凌四左四。

＊正　腐音符愚反言爛敗可食之貨物莫復留滯南化、幻、梅本「滯」作「停」。　南化幻梅狩野瀧。

〔財幣欲其行如流水〕　瀧一〇・一，慶四右五，殿四右三，凌四左八。

索　元注恐錯　〇耿慶中統彭凌殿無此注四字。札記據此疑當有集解，今失之。

＊正　夫物貴出賣之而收財賈言如糞土不惜也物賤而買居貯之言如珠玉必惜也　南化幻梅狩野瀧。

〔稱號五霸〕　瀧一〇・四，慶四右七，殿四右五，凌四左一〇。〇中統「稱」、「號」互倒。

＊正　言稱號比於五伯也　南化幻梅狩野瀧。

〔乃喟然而歎曰〕　瀧一〇・五，慶四右八，殿四右五，凌四左一〇。〇歎，毛嘆。

〔吾欲用之家〕　瀧一〇・六，慶四右九，殿四右六，凌五右二。

＊正　策七漢書作十字越絕書云其術有九解在越世家篇瀧本無「篇」字。　南化　幻　梅　狩　野　瀧。

〔乃乘扁舟浮於江湖〕　瀧一〇・七，慶四右九，殿四右七，凌五右二。

索　服虔云特舟也　〇耿　慶　中統　彭　凌　殿無此注六字。

正　反至五湖　〇反，慶　彭　凌　殿及　札記「反」訛「及」，依國語改。

正　遂乘輕舟以浮於五湖　〇浮，殿入。

〔適齊爲鴟夷子皮〕　瀧一〇・九，慶四左二，殿四右九，凌五右四。〇鴟，紹　邸。下同。

索　若盛酒者鴟夷也　〇者，耿　慶　中統　彭　凌　殿之

索　不用則可卷而懷之　〇耿　慶　中統　彭無「不用」二字。　按：景印慶元本增「不用」二字。

索　不忤於物也　〇耿此注五字作「與時張弛也」。

〔之陶爲朱公〕　瀧一一・一，慶四左三，殿四左一，凌五右六。

正　在齊州平陽縣東三十五里陶山之陽也　〇札記拾遺云：「齊州無平陽，『陽』當爲『陵』。」

〔而不責於人〕　瀧一一・四，慶四左七，殿四左四，凌五左一。

索　案謂與人不負之故云擇人而不責於人也　〇耿　慶　彭　索　凌　殿「擇人而」三字移在「與」字上。

＊正　言順南化、幻本「順」作「隨」，野本無「順」字。　時梅、野本「時」作「侍」。　積居不出責於人　南化　幻　梅　狩　野　瀧。

〔三致千金再分散與貧交琉昆弟〕 瀧一一・七，慶四左八，殿四左六，凌五左二。○楓三三致千金而再分散——。

〔年衰老而聽子孫〕 瀧一一・八，慶四左一〇，殿四左七，凌五左三。○景井蜀耿慶中統彭毛凌殿後年衰老而聽子孫。

〔廢著鬻財於曹魯之間〕 瀧一二・一，慶五右三，殿四左一〇，凌五左六。

索 著音貯 ○耿慶中統彭凌殿無此注三字。

索 貯猶居也 ○耿慶中統彭凌殿無此注四字。

〔賜最爲饒益〕 瀧一二・四，慶五右五，殿五右二，凌五左八。○益，南化楓棭三蓋。

〔原憲不厭糟糠〕 瀧一二・五，慶五右五，殿五右二，凌五左八。○糠，景蜀紹耿慶毛索凌殿糠。

〔無不分庭與之抗禮〕 瀧一二・五，慶五右七，殿五右三，凌五左一〇。○南化楓棭三「分庭」二字作「界迎」。

〔而白圭樂觀時變〕 瀧一三・七，慶五左一，殿五右七，凌六右五。○紹無「白」字。

〔故人弃我取〕 瀧一三・七，慶五左二，殿五右八，凌六右五。○南化楓棭三「弃」字作「不取」二字。

〔繭出取帛絮〕 瀧一三・八，慶五左三，殿五右九，凌六右六。○繭，景井紹耿慶中統彭毛凌殿蠒。出，殿囟。

〔予之食〕瀧一三・九，慶五左三，殿五右九，凌六右六。〇予，景井蜀紹耿慶中統彭毛凌與。

〔猗頓用盬鹽起〕瀧一四・一〇，慶六右四，殿五左八，凌六左七。〇猗，慶彭凌倚，南化楓棭校記猗。頓，凌頓。

集　孔叢子曰　〇景井蜀紹耿慶中統彭毛凌殿無「子」字。

集　猗頓　〇凌無「猗」字。

集　畜五牸　〇各本「畜」上有「當」字，瀧川本誤脱。紹當畜畜五牸。牸，慶毛凌殿牸。札記中統本「牸」，各本訛「特」。

索　杜子春以爲苦讀如盬鹽謂出鹽直用不煉也　〇金陵上「鹽」字作「盬」字。札記各本「盬」訛「鹽」，依周禮注改。煉，耿慶凌殿練。

索　一說云　〇一，索伊。

索　河東大鹽　〇鹽，殿盬。

正　作畦若種韭一畦　〇若，凌苦。韭，慶凌殿韮。

正　池中鹹淡得均　〇鹹，慶凌殿醎。

正　坑日暴之五六日　〇坑，慶彭殿以。札記柯本誤作「以」。案：「坑」乃「坑」之訛，下同。說見漢書襍志四。

正　及暮　○札記「暮」疑「綦」之訛。

正　池中有下隨　○下，金陵雨。札記明南雍本「雨」字不誤，脱「下」字。王、柯、凌本「雨」誤「有」。

正　亦曰即成鹽焉　○殿「亦曰」二字作「赤白」。按：景印慶元本「亦曰」二字改「赤白」。

正　池中又鑿得鹽塊　○塊，慶彭凌坑。按：景印慶元本改「塊」。札記官本「塊」，各本亦訛「坑」。

正　闊一尺餘　○闊，殿濶。

〔烏氏倮畜牧〕　瀧一五・七，慶六左四，殿六右八，凌七右八。

索　漢書作嬴　○嬴，耿嬴，慶中統彭凌殿嬴。

索　案烏氏縣名　○耿慶中統彭凌殿此注五字作「烏氏姓」三字。

索　名倮　○耿慶中統彭凌殿無「名」字。

索　音踝也　○耿慶中統彭凌殿此注三字作「音魯可反」四字。

〔及衆斥賣求奇繒物間獻遺戎王〕　瀧一五・八，慶六左五，殿六右九，凌七右九。

索　謂斥而賣之　○而，索物。

*正　斥不用也言盡賣也　南化幻梅狩野瀧。

〔戎王什倍其償與之畜〕　瀧一五・一〇，慶六左七，殿六左一，凌七左一。○償，索當。與，索予。

〔畜至用谷量馬牛〕　瀧一五・一〇，慶六左八，殿六左一，凌七左二。

索　當字漢書作償也　○耿慶彭凌殿無此注七字。

＊**正**　谷音欲言畜衆多以山谷多少言　南化幻梅狩野瀧。

〔而擅其利數世〕　瀧一六・四，慶七右一，殿六左五，凌七左六。

索　漢書巴寡婦清　○耿慶中統彭凌殿漢書作巴寡婦清。

正　在涪州永安縣東北七十里也　○永，凌采。按：凌本訛。

〔家亦不訾〕　瀧一六・六，慶七右一，殿六左五，凌七左六。

索　案謂其多不可訾量　○耿慶中統彭凌殿無此注八字。

〔殖五穀地重〕　瀧一七・四，慶七左一，殿七右四，凌八右五。○殖，中統植。

索　言重耕稼也　○耿慶中統彭凌殿言重於耕稼也。

〔重爲邪〕　瀧一七・五，慶七左二，殿七右四，凌八右六。

索　音逐隴反　○逐，中統直

〔及秦文孝繆居雍〕　瀧一七・六，慶七左三，殿七右五，凌八右七。○南化楓棭三無「孝」字。

〔隙隴蜀之貨物而多賈〕　瀧一七・七，慶七左三，殿七右五，凌八右八。

集　地居隴蜀之閒　○隴，毛龍。

索　徐氏云至故云雍隙也二十二字　○耿慶中統彭凌殿無此注二十二字。

〔櫟邑北卻戎翟〕　瀧一七・一〇，慶七左五，殿七右七，凌八右一〇。○戎，毛伐。

〔地饒巵薑丹沙〕瀧一八・三，慶七左九，殿七右一〇，淩八左三。〇各本「沙」下有「石」字，瀧川本誤脱。

〔唯褒斜綰轂其口〕瀧一八・五，慶八右一，殿七左三，淩八左五。

*正 斜音也奢反梁州記云萬石成許瀧川本「成許」二字作「城泝」。漢上七里有褒谷有瀧本無「有」字。南口曰褒北口曰斜長四百七十里 南化幻梅狩野瀧。南化、幻本「梁州記」以下三十字別處載録之，而不冠「正義曰」三字，疑非正義。

〔以所多易所鮮〕瀧一八・七，慶八右二，殿七左四，淩八左七。

索 鮮音尠 〇尠，耿慶淩殿尠。

〔與關中同俗〕瀧一八・八，慶八右三，殿七左五，淩八左八。〇景井紹無「同」字。

〔唯京師要其道〕瀧一八・九，慶八右五，殿七左六，淩八左九。

正 要音腰 〇腰，淩要。按：淩本誤。

〔昔唐人都河東〕瀧一八・一〇，慶八右七，殿七左八，淩九右一。〇唐，毛咸。

〔殷人都河内〕瀧一九・一，慶八右八，殿七左九，淩九右二。

正 盤庚都殷墟地屬河内也 〇殿無此注十字。

〔周人都河南〕瀧一九・一，慶八右八，殿七左九，淩九右三。

正 周自平王已下都洛陽 〇殿無此注九字。

〔都國諸侯所聚會〕瀧一九・三，慶八左一，殿七左一〇，淩九右五。〇都，南化楓棭三郡。

〔楊平陽陳〕　瀧一九・四，慶八左一，殿八右一，凌九右五。

索　楊平陽二邑名　○索此注六字作「楊邑名平陽二邑」七字。耿楊平陽陳二邑名。

索　以下有楊平陽陳掾　○楊，慶中統彭陽。掾，慶索凌殿椽。下同。

索　此因衍也　○耿慶中統彭凌殿「此」、「因」互倒。

索　在石邑之北也　○索無「石」字。

〔西賈秦翟〕　瀧一九・五，慶八左二，殿八右一，凌九右六。

正　皆白翟所居　○皆，慶彭凌殿皇。札記「皆」誤「皇」，今改。

〔不事農商〕　瀧一九・七，慶八左七，殿八右六，凌九左一。

集　忮音堅忮　○毛殿無下「忮」字。

集　今北士名彊直爲懻中也　○北，景井耿慶中統彭毛凌殿以。士，景井紹耿慶毛殿土。

＊**正**　懻忮強直而恨瀧川本「恨」作「很」。也　南化幻梅狩野瀧。

〔時有奇羨〕　瀧一九・九，慶八左八，殿八右七，凌九左二。

索　謂奇有餘衍也　○奇，耿慶中統彭凌殿時。

〔其民羯羠不均〕　瀧一九・一〇，慶八左八，殿八右八，凌九左三。

集　皆健羊名　○健，耿凌健。

索 徐廣云羠音兕皆健羊也 ○耿慶中統彭凌殿無此注十字。健，索健。

索 其方人性若羊 ○耿慶中統彭凌殿言其方人姓（除耿、殿本，各本「性」作「姓」）。若羊。

索 健捍而不均 ○健，耿慶凌殿捷索健。

〔固已患其僄悍〕 瀧二〇・二，慶八左一〇，殿八右九，凌九左五。○僄，毛慓。

〔而武靈王益厲之〕 瀧二〇・二，慶八左一〇，殿八右一〇，凌九左五。○蜀而趙武靈王——

〔其謠俗猶有趙之風也〕 瀧二〇・二，慶八左一〇，殿八右一〇，凌九左五。

*正 全晉全盛之（瀧本無「之」字。）時 南化幻梅狩野瀧。

〔陳掾其閒得所欲〕 瀧二〇・三，慶九右一，殿八左一，凌九左六。○南化楓棭三陳掾其閒得其所欲。掾，慶索凌殿椽。下同。

〔猶有沙丘紂淫地餘民〕 瀧二〇・六，慶九右三，殿八左三，凌九左八。

集 通係之於淫風而言之 ○係，耿系。之，毛也。

〔仰機利而食〕 瀧二〇・七，慶九右五，殿八左五，凌一〇右一。

集 一作儇 ○儇，毛殿懁。

索 懁音絹儇音翾 ○慶彭凌殿無此注六字。

*正 言仰機巧之利也 南化幻梅狩野瀧。

〔起則相隨椎剽〕 瀧二〇・九，慶九右六，殿八左五，凌一〇右一。○椎，索推。下同。

〔作巧姦冶〕　瀧二〇・九，慶九右七，殿八左六，凌一〇右二。

索　椎即追反　○[耿][慶][中統][彭][凌][殿]無「追反」二字。

*__正__　謂作巧僞之物姦蕩婬冶也　[南化][幻][梅][狩][野][瀧]。

〔多美物爲倡優〕　瀧二〇・一〇，慶九右七，殿八左七，凌一〇右三。

集　美一作弄　○[札記]漢書作「弄」，疑「美」字訛。

集　一作椎　○椎，[景][井][蜀][慶][凌][殿]推

〔女子則鼓鳴瑟跕屣〕　瀧二〇・一〇，慶九右八，殿八左七，凌一〇右三。○[札記]漢書作「彈弦跕躧」。

〔偏諸侯〕　瀧二一・一，慶九右九，殿八左八，凌一〇右五。

集　跕音帖　○帖，[景][井][耿][慶][毛][凌][殿]怗。

集　跕屣也　○屣，[蜀]履。

索　上音帖　○[耿][慶][中統][彭][凌][殿]無此注三字。

〔野王好氣任俠〕　瀧二一・五，慶九左三，殿九右二，凌一〇右八。○任，[蜀]住。按：蜀本誤。

〔夫燕亦勃碣之間一都會也〕　瀧二一・六，慶九左四，殿九右二，凌一〇右九。

正　在西北　○[殿]無「北」字。

〔而民雕捍少慮〕　瀧二一・八，慶九左六，殿九右五，凌一〇左二。○民，[索]人。

〔有魚鹽棗栗之饒〕　瀧二一・八，慶九左七，殿九右五，凌一〇左二。

索　言如離性之捷捍也　○索重「性」字。

〔北鄰烏桓夫餘〕　瀧二一・九，慶九左七，殿九右六，凌一〇左三。○鄰，紹阸。

〔真番之利〕　瀧二一・九，慶九左八，殿九右七，凌一〇左四。

索　他並類此也　○他，中統也。按：中統本誤。

〔人民多文綵布帛魚鹽〕　瀧二二・二，慶一〇右二，殿九右一〇，凌一〇左八。○魚，楓棭鮐。

〔地重難動搖〕　瀧二二・四，慶一〇右四，殿九左一，凌一〇左一〇。○地，耿坉。

〔勇於持刺〕　瀧二二・四，慶一〇右四，殿九左二，凌一〇左一〇。○持，楓三特，耿恃。

〔其中具五民〕　瀧二二・五，慶一〇右五，殿九左二，凌一一右一。

集　故有五方之民　○之，紹其。按：紹本訛。

*正　如說非也　南化幻梅狩野瀧。

〔無林澤之饒〕　瀧二二・七，慶一〇右八，殿九左五，凌一一右四。

索　齪音側角反　○側，慶凌殿則，耿中統惻。

索　又音側斷反　○又，耿有。側，慶殿惻，彭則。札記南宋、中統、王本並作「惻角反」，疑「側」字訛。又齪無側斷反之音，疑當云「又作斷」，漢書地理志「洙泗之閒斷斷如也」。

〔及其衰〕　瀧二二・八，慶一〇右九，殿九左六，凌一一右五。○景慶彭凌無「其」字。南化楓棭三校補「其」字。

〔此梁宋世〕　瀧二三・一〇，慶一〇左一，殿九左八，凌一一右七。

集　今之浚儀　○景井蜀耿慶中統彭毛凌殿今陶之浚儀。

正　巨野鄆州鉅野縣在鉅野澤也　○彭無此注十二字。札記「在」，疑當作「有」。

〔陶睢陽亦一都會也〕　瀧二三・一，慶一〇左一，殿九左八，凌一一右八。

正　今宋州宋城也　○城，慶彭凌殿地。札記「城」誤「地」，考證據唐志改。

〔昔堯作游成陽〕　瀧二三・二，慶一〇左二，殿九左九，凌一一右九。

集　成陽在定陶　○陽，毛湯。

〔寡於積聚〕　瀧二三・七，慶一〇左九，殿一〇右六，凌一一左六。○蜀「積」、「聚」互倒。

*__正__　輕音去聲　南化幻梅狩野瀧。

〔江陵故郢都〕　瀧二三・八，慶一〇左九，殿一〇右六，凌一一左六。○紹脱「陵」字。

〔其民多賈〕　瀧二三・一〇，慶一一右二，殿一〇右九，凌一一左九。

正　夏都陽城　○慶彭凌殿夏都計陽城。札記「都」下衍「計」字。考證刪。

〔則清刻矜已諾〕　瀧二三・一〇，慶一一右三，殿一〇右一〇，凌一一左一〇。○札記王本「矜」作「務」。

集　皆在下邳　○札記南宋本「邳」字誤入下句正文。

〔其俗類徐僮〕　瀧二四・二，慶一一右六，殿一〇左二，凌一二右二。

正　徐州治縣也　○治，慶彭凌活。按：景印慶元本「活」改「治」。

正　今海州也　○州，慶彭凌殿郡。札記「州」誤「郡」，考證據唐志改。

〔浙江南則越〕　瀧二四・三，慶一一右七，殿一〇左三，凌一二右四。

正　在沂州之承縣　○慶彭凌此注六字作「在沂州亟丞縣」。承，殿丞。按：景印慶元本「亟」改「之」。

正　風俗同於齊　○彭風俗同於齊地。

〔三江五湖之利〕　瀧二四・六，慶一一右九，殿一〇左五，凌一二右六。○湖，毛河。

〔江南〕　瀧二四・八，慶一一左一，殿一〇左七。凌一二右八。

集　高帝所置江南者　○置，毛制。

正　徙郡宛陵　○陵，慶彭凌殿城。札記「陵」誤「城」，考證據郡縣志改。

正　此言大江之南豫章長沙二郡南楚之地耳　○慶凌殿重「南楚」二字。

〔與閩中于越雜俗〕　瀧二五・四，慶一一左八，殿一一右四，凌一二左六。○于，景千，井干。札記舊刻「于」各本訛「干」。說見漢書襍志。

〔長沙出連錫〕　瀧二五・六，慶一二右一，殿一一右七，凌一二左九。

考　徐廣曰黃金鄱陽有之　○各本爲「集解」，瀧川本誤。

正　括地志云　○慶彭凌無「志」字。札記官本有「志」字，各本脫。按：景印慶元本補「志」字。

〔取之不足以更費〕　瀧二五・八，慶一二右二，殿一一右七，凌一二左一〇。

集　更償也　○償，蜀賞。按：蜀本訛。

集　顧費用也　○顧，景井蜀紹耿慶中統彭毛凌殿故。札記「顧」誤「故」，依漢書注改。費，[耿][毛]貴。按：耿、毛本訛。

〔而楊越多焉〕　瀧二五・九，慶一二右五，殿一一右一〇，凌一三右三。

集　徐廣曰蒼梧山在營道縣南　○凌本「蒼梧」二字作「九疑」，各本無「蒼梧」二字，而此注在「九疑」之下。瀧川本錯置「蒼梧」之下。

〔珠璣犀瑇瑁果布之湊〕　瀧二六・一，慶一一右六，殿一一左一，凌一三右四。

集　謂龍眼離支之屬　○謂，[毛]爲。

〔夏人之居地〕　瀧二六・二，慶一一右七，殿一一左三，凌一三右六。

集　禹居陽翟　○[紹]無「禹居」二字。

〔東南受漢江淮〕　瀧二六・四，慶一一左一，殿一一左七，凌一三右一〇。

集　案鄖關　○[景][井][紹][耿][慶][毛][凌][殿]無「鄖關」二字。

集　亦作隕字　○亦，[毛]一。隕，[毛]鄖，[殿]狗。

正　蓋鄖當爲徇　○徇，[凌][殿]狗。

正　徇水上有關　○徇，[凌][殿]狗。

正　在金州徇陽縣　○徇，[慶][凌][殿]洵。

〔山西食鹽鹵〕　瀧二六・八，慶一一左四，殿一一左九，凌一三左三。○[札記]舊刻「鹽」作「海」，蓋涉上而誤。「鹽」疑當作「盬」。

正　謂西方鹹池也　○池，[慶][凌][殿][金陵]地。按：瀧川本以下注「池鹽」之札記，「鹹池」之「池」誤改「地」字。

正 即出石鹽及池鹽　○池，慶凌地。札記官本「池」，各本訛「地」。及，南化乃。○領，南化楓掖嶺。

〔領南沙北〕　瀧二六・九，慶一二左五，殿一一左一〇，凌一三左四。

〔或火耕而水耨〕　瀧二六・一〇，慶一二左六，殿一二右一，凌一三左六。

集 耨乃遘反　○乃，慶彭及。按：景印慶元本改「乃」。

集 除草也　○慶彭凌「除草」二字作「縣苴」。南化校記「除草」。按：景印慶元本改「除草」。

正 言風草下種　○風，南化除。

正 苗正大　○各本「正」字作「大」，瀧川本誤。

〔果隋蠃蛤不待賈而足〕　瀧二七・三，慶一二左八，殿一二右三，凌一三左七。○隋，景井慶凌殿陏。下同。札記「果隋」，索隱本、毛本、字類引作「隋」，注同。它本作「陏」，俗省。

集 地理志隋作蓏　○蓏，慶彭凌窳。南化校記「蓏」。下同。按：景印慶元本「窳」改「蓏」。札記中統、游、毛本「蓏」，它本訛「窳」。

索 下音徒火反　○火，慶彭大。按：景印慶元本「大」改「火」。

索 注蓏　○耿慶彭凌殿無「注」字而「蓏」字作「窳」。按：景印慶元本改「蓏」。

正 今爲棰　○棰，慶彭凌殿搖。下同。札記各本「棰」訛「搖」，汪改，與襍志合。下並同。

正 果棰猶棰疊包裹也　○慶「包裹」二字作「句裹」。南化校記「包裹」。按：景印慶元本改「包裹」。

正　尚有裏穜之語　○慶「尚」字作「向」，而「裏」字作「裹」。南化校記「尚」字。札記官本「尚」，各本訛「向」。官本「裏」，各本訛「裹」。下同。按：景印慶元本「向」字改「尚」，「裹」字改「裏」，下亦同。

正　足螺魚鼈　○鼈，慶彭凌殿鱉。札記「螺」即「蠃」也，疑下脫「蛤」字。

正　脩太史公書述地志　○志，慶彭凌殿云。

正　乃改云果蓏蠃蛤　○改，慶彭凌殿故。札記志疑云「改」訛，故考證改。蓏，慶殿苽，彭隋，凌陏。札記王訛「苽」，柯、凌訛「陏」，依漢志改。

正　無飢饉之患　○飢，慶殿饑。

〔以故呰窳偷生〕　瀧二七・七，慶一三右二，殿一二右七，凌一四右二。

集　應劭曰呰弱也　○曰，蜀紫。

索　上音紫　○耿慶中統彭凌殿無此注三字。

索　苟且懶惰之謂至病也十八字　○耿慶中統彭凌殿無此注十八字。惰，索墮

正　古者民食蠃蛙之肉　○蠃，慶凌贏。蛙，慶凌殿蛛，金陵蠬。札記「蠃蠬」，各本訛「蛛」，依淮南修務訓改。

正　案食螺蛤等物至多疹毒之患也三十二字　○彭無此注三十二字。

〔沂泗水以北〕　瀧二七・一〇，慶一三右六，殿一二左一，凌一四右六。○紹無「以」字。

〔好農而重民〕　瀧二八・二，慶一三右八，殿一二左二，凌一四右八。○南化楓棭三好農而爲重民。

〔燕代田畜而事蠶〕 瀧二八・三，慶一三右九，殿一二左三，凌一四右九。○燕，[紹]垂。

按：紹本訛。

〔隱居巖穴之士〕 瀧二八・四，慶一三右一〇，殿一二左五，凌一四右一〇。○巖，[毛]岩。

〔斬將搴旗〕 瀧二八・九，慶一三左四，殿一二左八，凌一四左三。○搴，[南化][楓][棭][三]摢。

〔爲重賞使也〕 瀧二八・九，慶一三左四，殿一二左八，凌一四左四。

*正 搴拔取瀧川本脱「取」字。也 [南化][幻][梅][狩][野][瀧]。

〔走死地如騖者〕 瀧二九・一，慶一三左七，殿一二左一〇，凌一四左六。○走，[中統]是。騖，[耿]鶩。[慶][彭][凌][殿]無「者」字。

〔其實皆爲財用耳〕 瀧二九・一，慶一三左七，殿一三右一，凌一四左七。

集 騖一作流 ○[毛]脱「一」字。

〔揄長袂躡利屣〕 瀧二九・三，慶一三左八，殿一三右二，凌一四左八。

*正 言屣鮮好躡而行之會人愛尚故云利屣也 [南化][幻][梅]。

〔奔富厚也〕 瀧二九・四，慶一三左一〇，殿一三右三，凌一四左一〇。

集 音吐協反 ○協，[中統]叶。

〔博戲馳逐〕 瀧二九・七，慶一四右二，殿一三右五，凌一五右二。○博，[耿]傅。下同。

〔農工商賈畜長〕 瀧二九・九，慶一四右六，殿一三右八，凌一五右五。○商，耿問。按：耿本誤。

〔百里不販樵〕 瀧三〇・一，慶一四右七，殿一三右九，凌一五右七。○札記「樵」，舊刻作「薪」。

〔居之一歲〕 瀧三〇・二，慶一四右八，殿一三右一〇，凌一五右七。○耿無「一」字。札記南宋本脱「一」字。

〔命曰素封〕 瀧三〇・四，慶一四右一〇，殿一三左二，凌一五右九。

索 謂無爵邑之人禄秩之奉則曰素封 ○瀧川本「人」，「入」之訛。

正 其利比於封君 ○比，慶彭凌氏，殿抵。

〔千户之君〕 瀧三〇・五，慶一四左二，殿一三左四，凌一五左二。○君，索邑。

〔率亦歲萬息二千〕 瀧三〇・八，慶一四左四，殿一三左五，凌一五左三。○索無「率」字。

〔而更傜租賦出其中〕 瀧三〇・九，慶一四左五，殿一三左五，凌一五左四。○傜，中統毛凌殿徭。札記南宋、王、柯、毛本「傜」，它本作「徭」。

〔陸地牧馬二百蹄〕 瀧三〇・一〇，慶一四左六，殿一三左七，凌一五左五。

索 馬蹄躈千 ○躈，慶索凌殿噭。

〔牛蹄角千〕 瀧三一・一，慶一四左七，殿一三左八，凌一五左七。○蹄，索足。

集　百六十七頭也　○耿百六十七頭千也。札記南宋本「頭」下衍「千」字。

索　牛足角千至有奇也二十五字　○耿慶中統彭凌殿無此注二十五字。

〔澤中千足彘〕　瀧三二・三，慶一四左八，殿一三左九，凌一五左八。

索　韋昭云二百五十頭　○耿慶中統彭凌殿無此注八字。

〔水居千石魚陂〕　瀧三二・三，慶一四左八，殿一三左一〇，凌一五左八。

集　魚以斤兩爲計也　○兩，彭雨。按：彭本誤。計，凌記。

索　陂音詖　○詖，耿慶中統彭索陂凌吱。

索　漢書作皮　○皮，耿慶中統彭凌殿波。札記單本與漢書注師古説合。各本依今本漢書改「波」，非。

索　音披　○披，耿慶中統彭凌殿同。

正　言陂澤養魚　○魚，慶彭角。按：景印慶元本「角」改「魚」。

〔山居千章之材〕　瀧三二・四，慶一四左一〇，殿一四右一，凌一五左九。

集　一作楸　○楸，紹椒。

集　楸木所以爲輗　○楸，紹叔。

索　作千章之萩音秋　○萩，耿荻。耿慶中統彭凌殿無「音秋」二字。

索　如淳云　○慶中統彭凌殿此注三字作「故孟康亦云」五字。耿作「孟康」二字。

索　樂産云　○産，耿慶凌殿彦。

索　可以爲轅　○慶 中統 彭 凌 殿 可以爲轅者。

〔河濟之間千樹萩〕　瀧三一・七，慶一五右三，殿一四右四，凌一六右三。○萩，耿 荻。

〔及名國萬家之城帶郭千畝畝鍾之田〕　瀧三一・八，慶一五右四，殿一四右五，凌一六右四。

集　六斛四斗也　○斗，耿 㪷。札記「斗」，南宋本作「㪷」。

〔若千畝卮茜〕　瀧三一・九，慶一五右五，殿一四右六，凌一六右五。

集　卮音支　○支，殿 支。

索　卮音支至染繒赤黃也十九字　○耿 慶 中統 彭 凌 殿 無此注十九字。

〔千畦薑韭〕　瀧三一・一〇，慶一五右六，殿一四右七，凌一六右六。

集　千畦　○畦，耿 魅。按：耿本誤。

集　駰案韋昭曰　○曰，彭 田。按：彭本誤。

集　畦猶隴　○隴，景 井 耿 慶 彭 毛 凌 殿 壠。

索　韋昭云至畦猶區也四十三字　○耿 慶 中統 彭 凌 殿 無此注四十三字。札記 此注單本有，各本脫。

〔進醺飲食被服〕　瀧三二・四，慶一五右九，殿一四右一〇，凌一六右九。○札記「醺」，舊刻誤「釀」。

〔醯醬千瓨〕　瀧三二・五，慶一五左九，殿一四左九，凌一六左九。○索「醬」字作「醢」，

「瓨」字作「甂」。瓨，耿慶彭毛凌殿瓨。札記字類引作「瓨」。漢書同。與索隱音合。今索隱本作「甂」，各本作「坻」，皆訛。

索 瓨閑江反　○閑，索開。札記單本「閑」訛「開」，蓋「閒」之訛。集韵瓨，胡公、古雙、胡江、寒剛四音，無開江切。

〔漿千甔〕　瀧三三・六，慶一五左一〇，殿一四左一〇，凌一六左一〇。○漿，耿慶索凌殿醬。甔，索檐。

〔薪稾千車〕　瀧三三・八，慶一六右二，殿一五右一，凌一七右二。○稾，景耿慶毛凌殿稾。下同。

〔船長千丈〕　瀧三三・八，慶一六右二，殿一五右二，凌一七右二。

索 按積數長千丈　○按，耿揔，慶彭惣，凌總，殿摠。

〔木千章〕　瀧三三・九，慶一六右三，殿一五右二，凌一七右三。

集 案將作大匠掌材曰章曹掾　○耿慶中統彭凌殿無此注十一字。

〔竹竿萬个〕　瀧三三・一〇，慶一六右四，殿一五右三，凌一七右四。

索 竹干萬个釋名云至古今也四十三字　○耿慶中統彭凌殿無此注四十三字。

〔其軺車百乘〕　瀧三四・一，慶一六右四，殿一五右四，凌一七右五。○札記舊刻脱「乘」字。

〔木器髤者千枚〕　瀧三四・二，慶一六右六，殿一五右五，凌一七右六。○索無「枚」字。

札記「枚」字，後人依漢書增。索隱本無。

索　髤者千上音休謂漆也千謂千枚也　○耿慶中統彭凌殿無此注十四字。

正　以漆漆物謂之髤　○慶彭凌殿不重「漆」字。札記依漢書外戚傳注，當重「漆」字。

正　今關西俗云黑髤盤朱髤盤兩義並通　○黑，慶彭凌殿里，南化校記「黑」。慶彭凌殿金陵無「髤盤」二字。札記「黑」訛「里」，今改。案：漢書外戚傳注作「黑」髤盤，朱髤盤。此「朱」下脱「髤盤」二字，文不成義。按：瀧川本依札記補此二字。

〔素木鐵器若卮茜千石〕　瀧三四・四，慶一六右八，殿一五右七，凌一七右八。

集　百二十斤爲石　○二，中統三。

集　駟案漢書音義曰　○毛無「駟」字。

〔馬蹄躈千〕　瀧三四・五，慶一六右九，殿一五右八，凌一七右一〇。

集　躈音苦弔反　○苦，慶彭凌若，南化校記「苦」。按：景印慶元本改「苦」。

集　徐廣音苦弔反馬八髎也音料　○耿慶彭凌殿無此注十二字。

索　埤倉云　○倉，慶凌殿蒼。

索　躈口也　○躈，索凌金陵噭。

索　蹄與口共千　○蹄，慶啼。

索　上文馬二百蹄　○耿慶彭凌殿上文馬二百蹄與千户侯等此蹄躈千。

索　比千乘之家　○凌千比千乘家，索比二千乘之家。

索　則躈謂九竅　○躈，耿慶中統彭凌殿竅。

索　通四蹄爲十三而成一馬　○耿慶中統彭凌殿無「蹄爲十」。

索　所謂生之徒十有三是也　○耿慶中統彭凌殿無「是」字。

索　凡七十六匹馬案亦多於千户侯比則不知其所　○耿慶中統彭凌殿無此注十九字。

〔僮手指千〕　瀧三四・八，慶一六左二，殿一五左一，凌一七左三。

集　作務須手指　○凌無「作務」二字。

〔榻布皮革千石〕　瀧三四・一〇，慶一六左四，殿一五左三，凌一七左五。○榻，南化楓棭三景蜀紹荅，毛搨，索答。

集　榻音吐合反　○榻，井搨。下同。

索　荅布至毛織也五十二字　○耿慶中統彭凌殿無此注五十二字。札記此下至「師史」，索隱二十三條，單本有，各本皆脱。

索　有九真郡布　○真，索德。

〔漆千斗〕　瀧三五・三，慶一六左五，殿一五左五，凌一六左七。

索　漢書作漆大斗至即今之千桶也二十四字　○耿慶中統彭凌殿無此注二十四字。

〔糵麴鹽豉千荅〕　瀧三五・四，慶一六左六，殿一五左五，凌一七左七。○糵，景井慶毛凌蘖。　荅，景井谷，紹耿毛瓵，索蓋。

集 或作台　○台，景井蜀紹耿慶毛凌殿合。札記訛「合」，汪改，與漢書注引又本合。

集 孫叔然云　○然，景井蜀紹耿慶中統彭毛凌殿敖。札記誤「敖」，汪改。

索 鹽豉千蓋至則蓋或榼之異名耳六十二字　○耿慶中統彭凌殿無此注六十二字。

〔鮐鮆千斤〕　瀧三五・六，慶一六左七，殿一五左六，凌一七左八。

集 音如楚人言薺　○言，景音。按：景本誤。

索 説文云至又音薺三十二字　○耿慶中統彭凌殿無此注三十二字。

索 刀魚也　○索食刀魚也。

索 爾雅謂之鮤魚也　○索爾雅云謂之鮤魚也。

〔鮑千鈞〕　瀧三五・八，慶一六左八，殿一五左七，凌一七左九。

集 鯫音輒　○輒，景井鮿，紹耿慶中統彭凌殿鯫，毛鄹。

集 膊魚也　○膊，景井紹耿慶中統彭毛凌殿鯫，蜀鱄。

索 鯫音輒至案鯫者小雜魚也四十六字　○耿慶中統彭凌殿無此注四十六字。

正 此亦大魚爲之也　○彭此亦大魚爲之者也。

〔棗栗千石者三之〕　瀧三六・一，慶一六左一〇，殿一五左一〇，凌一八右二。

索 案三之者至故三之爲三千石也三十字　○耿慶中統彭凌殿無此注三十字。

正 謂三千石也　○三，彭凌之。札記官本「三」，各本訛「之」。

〔狐鼦裘千皮〕　瀧三六・二，慶一七右一，殿一五左一〇，凌一八右三。○鼦，慶彭貂，

南化 楓 三 校記「鼦」。

索 狐鼦下音雕也 ○耿 慶 中統 彭 淩 殿 無此注六字。

〔羔羊裘千石〕 瀧三六・三，慶一七右一，殿一六右一，淩一八右三。○索無「裘」字。石，南化 楓 三 皮。

索 羔羊千石謂秤皮重千石 ○耿 慶 中統 彭 淩 殿 無此注十字。

〔佗果菜千鍾〕 瀧三六・三，慶一七右二，殿一六右一，淩一八右四。

索 果菜千種千種者言其多也 ○耿 慶 中統 彭 淩 殿 無此注十一字。

〔子貸金錢千貫〕 瀧三六・五，慶一七右二，殿一六右二，淩一八右四。○耿 毛 無「錢」字。

札記 南宋、毛本脱「錢」字。

索 案子謂利息也貸音土代反 ○耿 慶 中統 彭 淩 殿 無此注十一字。

〔節駔會〕 瀧三六・五，慶一七右三，殿一六右二，淩一八右五。

集 駔音祖朗反 ○朗，殿 郎。

集 馬儈也 ○儈，中統 會。

集 節節物貴賤也 ○毛 脱一「節」字。

索 案節者至度市之魁也五十四字 ○耿 慶 中統 彭 淩 殿 無此注五十四字。

〔請略道當世千里之中〕 瀧三七・一，慶一七右七，殿一六右七，淩一八右九。○南化 楓 棭 請且略道當世千里之中。

〔用鐵冶富〕　瀧三七・三，慶一七右九，殿一六右九，凌一八左二。

索　注卓一作淖至或以同音淖也三十九字　○耿慶中統彭凌殿無此注三十九字。

〔處葭萌〕　瀧三七・六，慶一七左一，殿一六左一，凌一八左四。○慶彭無「處」字。札記王本少一「處」字。

〔吾聞汶山之下沃野〕　瀧三七・七，慶一七左二，殿一六左二，凌一八左五。○索無「之」字。

〔至死不飢〕　瀧三七・八，慶一七左四，殿一六左四，凌一八左八。

集　古蹲字作踆　○札記杭氏云：據此，則本文作「踆」。案：漢書作「踆」。

索　汶山下上音崏也　○耿慶中統彭凌殿無此注七字。

正　言邛州臨邛縣其地肥又沃　○又，慶人，南化校記「又」。按：景印慶元本改「又」字。

正　汶山郡安上縣有大芋　○慶彭凌重「郡」字而無「上」字。按：景印慶元本下「郡」改「都」。札記「都」訛「郡」，依漢書注改。今華陽國志無此文。

〔傾滇蜀之民即鐵山鼓鑄運籌策〕　瀧三七・一〇，慶一七左六，殿一六左五，凌一八左九。○景井蜀慶中統彭毛凌殿「傾滇蜀之民」五字移在下文「策」字下。

索　漢書云運籌以賈滇　○耿慶中統彭凌殿無此注八字。

正　亦作滇池　○池，殿也。

正　非漢中之漢江也　○彭非漢中之漢江者也。

〔擬於人君〕 瀧三八・二，慶一七左八，殿一六左七，凌一九右一。

索 漢書及相如列傳並云八百人也 ○耿慶中統彭凌殿無此注十三字。索漢書云及相如列傳並云。

〔賈椎髻之民〕 瀧三八・三，慶一七左九，殿一六左九，凌一九右二。○椎，景推，索魋。髻，索結。

索 魋結之人上音椎髻謂通賈南越也 ○耿慶中統彭凌殿無此注十四字。

〔富埒卓氏俱居臨邛〕 瀧三八・四，慶一七左九，殿一六左九，凌一九右二

索 埒者鄰畔言鄰相次 ○耿慶中統彭凌殿無此注八字。

*正 埒微減 南化幻梅狩野瀧。

〔有游閑公子之賜與名〕 瀧三八・七，慶一八右三，殿一七右二，凌一九右六。○閑，索閒。

集 優游閑暇也 ○閑，景井蜀耿慶毛殿閒。

索 謂通賜與於游閒公子得其名 ○耿慶彭凌殿無此注十二字。

*正 與言瀧川本上二字倒。游賞閑暇之野、瀧本無「之」字。公子賜與各相交通也。南化幻梅狩野瀧。

〔家致富數千金然其贏得過當愈於纖嗇〕 瀧三八・九，慶一八右三，殿一七右五，凌一九右九。○各本「家致富數千金」六字移在「嗇」字下。按：瀧川本錯簡。

索 謂孔氏以資給諸侯公子至愈勝也四十四字 ○耿慶中統彭凌殿無此注五十四字。

正 然其通計贏利　○計，[南化][彭]利。

〔而曹邴氏尤甚〕　瀧三九・三，慶一八右七，殿一七右六，凌一九右一〇。

索 邴音柄也　○[耿][慶][中統][彭][凌][殿]無此注四字。

〔富至巨萬〕　瀧三九・三，慶一八右七，殿一七右七，凌一九右一〇。

集 魯縣出鐵　○縣，[紹]國。

〔貰貸行賈徧郡國〕　瀧三九・四，慶一八右八，殿一七右八，凌一九左一。○貰，[凌]貫。[札記]柯本「貰」譌「貫」。

〔而刁閒獨愛貴之〕　瀧三九・七，慶一八左一，殿一七右一〇，凌一九左四。○刁，[景][井][紹][中統]刀。[札記]中統本「刀」，各本作「刁」，志疑云玉篇「刀」亦人姓，俗作「刁」，非。

〔唯刁閒收取使之〕　瀧三九・七，慶一八左二，殿一七左一，凌一九左五。○刁，[景][井][紹]刀。

索 刁閒上音雕姓也閒如字　○[耿][慶][中統][彭][凌][殿]無此注十字。

〔逐漁鹽商賈之利〕　瀧三九・八，慶一八左二，殿一七左一，凌一九左五。○漁，[耿][毛]魚。

〔而盡其力〕　瀧三九・一〇，慶一八左五，殿一七左四，凌一九左八。

集 寧欲免去作民有爵邪　○[紹]寧欲免去去作民有爵邪。

集 將止爲刁氏作奴乎　○刁，[紹]刀。

集 毋發聲語助　○毋，[景][井][紹][耿][慶][彭][毛][殿]無。[彭]「語」、「助」互倒。

索　案奴自相謂曰至爲刁氏作奴也三十三字　○耿慶中統彭凌殿無此注三十三字。

〔而師史尤甚〕　瀧四〇・三，慶一八左六，殿一七左五，凌一九左九。

索　師姓史名　○耿慶中統彭凌殿無此注四字。

〔爲督道倉吏〕　瀧四〇・八，慶一九右三，殿一八右一，凌二〇右六。

集　使上道輸在所也　○使，慶彭凌吏。

集　秦時邊縣名　○景慶彭毛凌無「時」字。札記南宋本有「時」字。

索　韋昭云宣曲地名高祖功臣有宣曲侯　○耿慶中統彭凌殿無此注十五字。

索　當在京輔　○當，索常。

索　今闕其地　○今，凌令。闕，耿聞。其，凌北。

正　宣曲宮名　○宮，慶彭凌殿官。札記「宮」譌「官」，依漢書、文選注改。

〔而任氏獨窖倉粟〕　瀧四一・一，慶一九右五，殿一八右三，凌二〇右八。○札記王本「窖」譌「穿」，吳校金板「粟」作「穀」。

〔則身不得飲酒食肉〕　瀧四一・六，慶一九右一〇，殿一八右八，凌二〇左四。○札記王本「身」誤「匈」。

〔塞之斥也〕　瀧四一・七，慶一九左二，殿一八右九，凌二〇左五。

集　邊塞主斥候卒也　○候，毛侯。

集　唯此人能致富若此　○彭無「致」字。若，毛至。

索　孟康云邊塞主斥候之卒也　○耿慶中統彭凌殿此注十一字作「孟説非也」四字。

索　又案斥開也　○耿慶凌殿無「又」字。

〔粟以萬鍾計〕　瀧四一・一〇，慶一九左四，殿一八左一，凌二〇左七。

索　與人相匹　故云匹　○索無「匹」字。

索　或説度馬縱横適得一匹　○縱，耿慶彭凌殿從。

索　又韓詩外傳云　○耿慶彭凌殿無「又」字。

索　馬光景一匹長也　○耿慶凌殿無「馬」字。

〔齎貸子錢〕　瀧四二・四，慶一九左八，殿一八左五，凌二一右二。○貸，耿貣。下注同。

索　音吐得反　○得，凌代。

〔此其章章尤異者也〕　瀧四二・一〇，慶二〇右四，殿一九右一，凌二一右八。○耿慶中統彭不重「章」字。按：景印慶元本增「章」字。札記中統、游、王本脱一「章」字。

集　又作較　○又，彭及。

〔盡推理去就〕　瀧四三・一，慶二〇右六，殿一九右二，凌二一右一〇。○推，井蜀耿慶毛凌殿金陵椎，南化校記「推」。理，景井蜀耿慶彭毛凌殿金陵埋，南化楓三校記「理」。按：瀧川本依楓、三本改。

〔故足術也〕　瀧四三・四，慶二〇右七，殿一九右四，凌二一左一。

*正　有概有節概也　南化幻梅狩野瀧。

〔中者傾縣〕瀧四三・五，慶二〇右九，殿一九右五，凌二一左三。○傾，紹何。

〔田農掘業〕瀧四三・七，慶二〇右一〇，殿一九右七，凌二一左四。○掘，景井蜀紹耿慶中統彭毛凌殿金陵拙。

〔而秦陽以蓋一州〕瀧四三・七，慶二〇左一，殿一九右七，凌二一左五。○陽，索揚。

集 亦作掘也 ○掘，紹凌拙。

索 富爲州之中第一 ○耿慶彭凌殿「之」、「中」互倒。

***正** 冢業瀧川本誤「掘業」。上求月反言曲折田外幻本「外」作「叔」。掘地爲民作冢 南化幻梅狩野瀧。按：各本表出「掘冢」二字，當移在下文「掘冢」之下。

〔而田叔以起〕瀧四三・九，慶二〇左二，殿一九右八，凌二一左六。○田，慶中統彭凌殿曲。叔，凌対。

〔而桓發用之富〕瀧四三・一〇，慶二〇左三，殿一九右八，凌二一左六。

索 作稽發 ○耿慶彭凌殿此注三字作「桓作稽」。

***正** 桓工爰反 南化幻梅狩。

〔而雍樂成以饒〕瀧四四・一，慶二〇左四，殿一九右九，凌二一左六。

***正** 雍縣人姓樂名成也 南化幻狩。

〔而雍伯千金〕瀧四四・二，慶二〇左五，殿一九右一〇，凌二一左八。○南化楓棭而雍伯致千金。

正　戴角者脂　○戴，慶彭載，南化校記「戴」。

〔賣漿小業也〕　瀧四四・三，慶二〇左五，殿一九左一，凌二一左九。○漿，南化楓棭三醬。

〔而郅氏鼎食〕　瀧四四・四，慶二〇左八，殿一九左三，凌二二右二。

集　漢書音義曰　○音，慶晉，南化校記「音」。按：景印慶元本改「音」。

集　治刀劍名　○劍，景釰。

索　削一依字讀也　○一，耿亦。慶中統彭凌殿此注六字作「亦依字讀」四字。

〔胃脯〕　瀧四四・六，慶二〇左八，殿一九左三，凌二二右二。○胃，毛冐。按：毛本誤。

〔濁氏連騎〕　瀧四四・七，慶二〇左八，殿一九左四，凌二二右二。

索　太官常以十月作沸湯燖羊胃　○耿本太官常以——。燖，耿慶彭索潯。按：景印慶元本改「燖」。

索　以末椒薑粉之訖　○粉，慶殿坋，凌扮。

索　故易售而致富　○售，耿隹。

〔馬醫淺方〕　瀧四四・八，慶二〇左一〇，殿一九左五，凌二二右四。○楓棭馬醫淺方也。

〔豈所謂素封者邪非也〕　瀧四四・一〇，慶二一右三，殿一九左八，凌二二右七。

索　倮參朝請　○倮，慶中統彭凌保。按：景印慶元本改「倮」。

史記會注考證校補卷一百三十

太史公自序第七十

〔太史公自序第七十〕 瀧一・九，慶一右一，殿一右六，凌一右二。○南化 楓 棭 三 太史公自序傳第七十。

〔北正黎以司地〕 瀧二・三，慶一右二，殿一右七，凌一右三。○北，索 火。

索 故命南正重司天 ○耿 慶 中統 彭 索 凌 殿 故命南方正重司天。札記 「南」下衍「方」字。考證刪。

索 臣瓚以爲重黎氏是司天地之官 ○氏，索 民。按：索隱本誤。

索 司地者宜曰北正 ○耿 慶 中統 彭 凌 殿 然司地者宜曰北正。

索 古文作北字 ○北，殿 火。

索 楊雄譙周並以爲然 ○耿 慶 中統 彭 凌 殿 無此注八字。楊，索 揚。

索 黎淳曜於高辛 ○曜，慶 凌 燿。

〔故重黎氏世序天地〕瀧二・七，慶一右五，殿一右一〇，凌一右七。○索無「世」字。

〔程伯休甫其後也〕瀧二・七，慶一右六，殿一左一，凌一右七。○休，楓棭三季。

索 故總云在周程伯林甫其後　○林，索休。

索 然後案彪之序及干寶皆云　○札記「後」、「案」二字疑倒。

索 言先代天官　○耿慶中統彭凌殿故言先代天官

索 所以兼稱重耳　○凌無「耳」字。

正 安陵故城　○城，慶彭凌域。

〔失其守而爲司馬氏〕瀧三・一，慶一左一，殿一左六，凌一左三。○南化楓棭三官失——。

〔司馬氏世典周史〕瀧三・五，慶一左二，殿一左七，凌一左四。○世，索代。

索 不掌國史　○耿慶中統彭索無「史」字。

索 自是先代兼爲史　○凌無「是」字。

索 不知何據　○耿慶中統彭凌殿此注四字作「恐或有所據」五字。

〔司馬氏去周適晉〕瀧三・七，慶一左七，殿一左八，凌一左五。○南化楓三無「去周」二字。紹脱「晉」字。

集 周惠王襄王　○紹此注五字作「周惠相三」四字。

集 有子穨叔帶之難　○難，紹人。

〔以傳劍論顯〕瀧四・二，慶一左一〇，殿二右四，凌二右一。

集 傳手搏論而釋之　〇釋，紹失。

集 非信仁廉勇　〇廉，毛兼。按：毛本誤。

索 代善劍也按解所以稱傳也　〇耿慶中統彭凌殿「代」字、「也」字、「按」字並無。

索 論而釋之　〇耿慶中統彭凌殿無「釋之」二字。

索 所以知名也　〇耿慶中統彭凌殿無「所以」二字。

正 及晉譙王司馬無忌司馬氏系本　〇系，慶彭孫，殿係。札記「系」訛「孫」，依索隱改。

〔事武安君白起〕瀧四・七，慶二右四，殿二右九，凌二右七。

索 錯孫蘄　〇耿此注不冠「索隱曰」三字，而混入集解注。

索 上音七各反　〇各，索合。

索 漢書作蘄　〇耿慶中統彭凌殿無此注四字。

〔蘄與武安君阬趙長平軍〕瀧四・一〇，慶二右五，殿二右九，凌二右八。〇阬，南化楓棭三抗，紹阬。

集 文穎曰　〇穎，紹引。

〔還而與之俱賜死杜郵〕瀧五・一，慶二右六，殿二右一〇，凌二右九。〇札記舊刻「郵」訛「陲」。

索 李奇曰　〇奇，耿音。按：耿本誤。

索　在咸陽西　○耿慶中統彭凌殿在咸陽西十里。

索　其地後改爲李里者也　○耿慶中統彭凌殿「李」、「里」互倒。耿本「李」、「里」不倒。而無「者」字。

〔葬於華池〕　瀧五・二，慶二右七，殿二左一，凌二右一〇。

索　晉灼云在鄠縣　○耿慶中統彭凌殿無「云在鄠縣」四字。

〔而徇朝歌〕　瀧五・四，慶二左一，殿二左五，凌二左四。

索　蒯聵生昭豫　○豫，耿慶中統彭凌殿預。下同。

索　案漢書武臣號武信君　○耿慶中統彭凌殿無此注九字。

〔諸侯之相王〕　瀧五・五，慶二左一，殿二左五，凌二左四。○紹無「之」字。

〔無澤爲漢市長〕　瀧五・七，慶二左三，殿二左七，凌二左六。

索　漢書作毋擇　○擇，耿澤，慶凌懌。

〔皆葬高門〕　瀧五・八，慶二左四，殿二左八，凌二左七。

索　案遷碑在夏陽西北　○耿慶中統彭凌殿案遷碑高門在夏陽西北。

正　括地志云　○慶彭無「志」字。按：景印慶元本補「志」字。

正　夏陽縣故城東南　○慶彭凌殿無「城」字。札記「城」字脱，考證增。

〔談爲太史公〕　瀧五・一〇，慶二左六，殿二左一〇，凌二左一〇。

集　序事如古春秋　○古，景蜀占。

集 司馬談以太史丞爲太史令 ○毛上「太」字作「大」。

索 案茂陵書談以太史丞爲太史令 ○耿慶中統彭凌殿無此注十三字。索——太史公丞爲太史令。

索 則公者 ○耿慶中統彭凌殿無「則」字。

索 然稱太史公皆遷稱述其父所作 ○耿慶中統彭凌殿此注十三字作「然殿本無「然」。遷雖稱述其父所作」九字。

索 則令州縣所上圖書皆先上之 ○州，耿金陵郡。札記南宋本「郡」，各本誤「州」。圖，慶凌殿國。

索 而後人不曉 ○殿無「而」字。

索 誤以爲在丞相上耳 ○索無以爲二字。殿無「爲」字。

正 釋在武本紀也 ○札記警云「武本紀未見此文」。按：釋見孝武本紀佚文正義。

〔受易於楊何〕 瀧七・一，慶三右四，殿三右九，凌三右一○。

集 菑川人 ○菑，景井耿毛淄。

*正 何字叔元菑川人見儒林傳也 南化幻梅狩瀧。

〔天下一致而百慮〕 瀧七・四，慶三右八，殿三左二，凌三左四。○慶彭無「天」字。南化校補「天」。按景印慶元本補「天」。

〔同歸而殊塗〕 瀧七・四，慶三右九，殿三左三，凌三左四。

集 張晏曰謂易繫辭　〇慶彭淩殿無此注七字。

〔有省不省耳〕　瀧七・六，慶三右一〇，殿三左四，淩三左六。

索 或有不省者耳　〇者，耿慶中統彭淩之。

〔嘗竊觀陰陽之術〕　瀧七・七，慶三左一，殿三左五，淩三左七。〇竊，紹切。

〔使人拘而多所畏〕　瀧七・八，慶三左三，殿三左七，淩三左九。

集 祥一作詳　〇詳，殿祥。索祥一作大詳。

索 而今此作祥　〇耿慶中統彭淩殿無「而」字。

正 令人有所忌畏也　〇殿「忌」、「畏」互倒。

〔儉而難遵〕　瀧八・五，慶三左七，殿三左一〇，淩四右三。

正 後有隨巢子　〇隨，慶後，彭淩徐。

〔是以其事不可徧循〕　瀧八・六，慶三左八，殿四右一，淩四右三。

索 徧音遍　〇徧，耿慶淩殿偏。下同。

〔不可廢也〕　瀧八・七，慶三左九，殿四右二，淩四右五。〇可，紹亦。

〔不可不察也〕　瀧八・一〇，慶四右二，殿四右五，淩四右八。

索 案名家流出於禮官　〇耿慶中統彭淩殿此注八字作「劉向別録云名家流出於禮官」十二字。

索 孔子必也正名乎　〇耿慶中統淩殿孔子曰必也正名乎。彭無此注七字。

索 案名家知禮亦異數 ○[彭]無此注八字。

〔撮名法之要〕 瀧九·四，慶四右四，殿四右七，凌四右一〇。○名，[凌]明。按：凌本誤。

〔形大勞則敝〕 瀧九·九，慶四右一〇，殿四左二，凌四左六。○大，[毛]太。

〔各有教令〕 瀧一〇·一，慶四左三，殿四左五，凌四左八。○[南化][楓][棭][三]各有教令曰。

〔使人拘而多畏〕 瀧一〇·二，慶四左四，殿四左六，凌四左九。○[南化][楓][三]使人拘而多所畏。

集 八卦位也 ○卦，[紹]封。按：紹本誤。

〔六蓺經傳以千萬數〕 瀧一〇·五，慶四左六，殿四左八，凌五右一。○千，[景][井][蜀]十。

〔勞而少功〕 瀧一〇·六，慶四左八，殿四左九，凌五右四。

***正** 六藝謂五禮六樂五射御六書九數也 [南化][幻][梅][狩][瀧]。

〔雖百家弗能易也〕 瀧一〇·九，慶四左九，殿四左一〇，凌五右五。○家，[南化][楓][棭][三]世。

〔言其德行〕 瀧一〇·一〇，慶四左一〇，殿五右一，凌五右五。○德，[井]悳。

〔堂高三尺〕 瀧一〇·一〇，慶四左一〇，殿五右一，凌五右六。

索 案自此已下韓子之文 ○已，[凌]以。

〔茅茨不翦〕瀧一一・一，慶五右一，殿五右二，凌五右七。

正 屋蓋曰茨　○屋，慶彭凌殿屈。札記「屋」訛「屈」，考證據漢書注改。

〔食土簋〕瀧一一・二，慶五右二，殿五右三，凌五右八。○簋，南化楓棭景井蜀紹軌。

集 一作塯　○塯，景井蜀紹慶中統毛凌殿溜。札記南宋、柯本「塯」，它本訛「溜」。

〔啜土刑〕瀧一一・三，慶五右三，殿五右四，凌五右八。

正 所以盛飯也　○飯，慶凌殿飰。

〔糲粱之食〕瀧一一・三，慶五右三，殿五右四，凌五右九。

集 一斛粟七㪷米爲糲　○㪷，景井蜀紹彭毛殿斗。

集 韋昭曰　○昭，景井劭。

集 糲礲也　○礲，中統麁。

索 三倉云　○倉，慶凌殿蒼。

〔藜藿之羹〕瀧一一・六，慶五右五，殿五右六，凌五左一。○藿，南化楓棭三藿。

〔教喪禮必以此〕瀧一一・八，慶五右七，殿五右八，凌五左三。○紹無「此」字。

〔儉而難遵〕瀧一一・一〇，慶五右九，殿五右一〇，凌五左五。○南化楓棭三儉而難遵也。

〔若尊主卑臣〕瀧一二・三，慶五左四，殿五左四，凌五左九。○尊，耿辱。

〔苛察繳繞〕瀧一二・五，慶五左五，殿五左五，凌六右一。○繳，中統繚。札記中統本「繳」作「繚」，非。

〔無不爲〕瀧一二・八，慶五左九，殿五左八，凌六右四。

正 守清净也 ○殿脱「守」字。

〔其術以虛無爲本〕瀧一二・一〇，慶五左一〇，殿五左九，凌六右六。○本，紹大。按：紹本訛。

〔時變是守〕瀧一三・六，慶六右五，殿六右三，凌六右一〇。

索 故曰聖人不朽至因者君之綱 ○耿慶中統彭索凌殿無此注十二字。

〔君之綱也〕瀧一三・九，慶六右六，殿六右六，凌六左二。

正 唯執其綱而已 ○唯，殿惟。

〔實不中其聲者謂之窾〕瀧一三・一〇，慶六右八，殿六右六，凌六左四。

集 聲則名也 ○則，景井蜀紹耿慶中統彭毛凌殿金陵別，南化校記「則」字。

按：依瀧川本鳳文館評林「別」字作「則」字。

索 窾音款漢書作款 ○耿慶中統彭凌殿無此注七字。

索 故申子云 ○耿慶中統彭凌殿無「故」字。

索 以言實不稱名 ○彭以言實不稱其名。

〔乃合大道〕瀧一四・三，慶六左一，殿六右九，凌六左七。○合，中統令。

〔復反無名〕 瀧一四・四，慶六左二，殿六右一〇，凌六左八。

正 元氣神者之貌也 ○者，殿著。按：景印慶元本改「著」。札記漢書注師古曰：「元氣之貌也。」疑「神者」二字衍。

〔凡人所生者神也〕 瀧一四・四，慶六左二，殿六右一〇，凌六左八。○南化楓棭三凡人所以生者神也。

〔神者生之本也形者生之具也〕 瀧一四・六，慶六左五，殿六左二，凌七右一。○神，毛人。按：毛本誤。

集 枝體者形也 ○枝，耿肢。

〔則誦古文〕 瀧一五・九，慶六左一〇，殿六左八，凌七右六。

索 是學誦古文尚書 ○中統「是學」二字作「定至」。

索 是亦名古文也 ○慶中統彭凌殿是亦名之古文也。耿是亦名之古文非也。

〔探禹穴〕 瀧一六・三，慶七右二，殿六左九，凌七右八。

索 上有孔號曰禹穴也 ○耿慶中統彭凌殿無此注八字。

正 承以文玉 ○承，慶丞。按：景印慶元本改「承」。札記王本「承」作「丞」。

正 禹乃東巡登衡山 ○山，慶人，南化校記「山」。按：景印慶元本改「山」。

正 自稱玄夷倉水使者 ○倉，殿蒼。按：景印慶元本「倉」改「蒼」。

正 禹乃登山仰天而笑 ○札記「笑」，吴越春秋作「嘯」，此誤。

正　齊於黃帝之岳岩岩之下　札記吳越春秋「岩岩」作「岩嶽」，此誤。

正　三月季庚　○札記王本「古通『更』」。

正　發石乃得金簡玉字　○殿無「乃」字。

正　以水泉之脈　○札記吳越春秋作「得通水之理」。類聚十一引同，疑此誤。

〔闚九疑〕　瀧一六・七，慶七右八，殿七右六，凌七左五。○闚，索窺。

索　南方蒼梧之丘蒼梧之泉　○丘，殿邱。

索　其山九峯　○峯，索谿。

索　皆相似　○耿慶中統彭凌殿無「相」字。

索　蓋以先聖所葬處有古册文　○册，凌朋。按：凌本誤。

〔浮於沅湘〕　瀧一六・九，慶七右一〇，殿七右八，凌七左八。

正　湘水出道州北　○湘，慶彭相。按：景印慶元本改「湘」。

〔過梁楚以歸〕　瀧一七・一，慶七左六，殿七左三，凌八右四。

集　鄒嶧薛三縣屬魯　○三，中統二。按：中統本誤。

索　今音皮　○耿慶中統彭凌殿無此注三字。

索　案田褒魯記云　○田，殿白。

正　嶧山在鄒縣北二十二里　○嶧，慶彭凌殿鄉，南化校記「嶧」。北，慶彭名，凌殿各。札記「嶧」誤，「鄉北」誤。「各」，考證改。

正 漢末陳蕃子逸至諱而改焉三十九字 ○凌殿無此注三十九字。札記此下，凌本刪，蓋以與索隱複也。

正 田褒魯記曰 ○田，慶白，南化校記「田」。按：景印慶元本改「田」。

正 靈帝末 ○慶彭無末字南化校補「末」字。

正 汝南陳子斿爲魯相 ○慶彭無「陳」字。

〔奉使西征巴蜀以南〕 瀧一七・四，慶七左七，殿七左四，凌八右四。○奉，慶秦，南化校記「奉」。 按：景印慶元本改「奉」。

〔南略邛筰昆明〕 瀧一七・四，慶七左七，殿七左四，凌八右五。○紹無「南」字。

〔而太史公留滯周南〕 瀧一七・五，慶七左九，殿七左六，凌八右六。

索 索隱 ○隱，慶陽，南化校記「隱」。 按：景印慶元本改「隱」。

〔故發憤且卒〕 瀧一七・七，慶七左一〇，殿七左七，凌八右八。

*__正__ 且卒言欲將死 南化幻梅狩瀧。

〔自上世嘗顯功名於虞夏〕 瀧一八・一，慶八右二，殿七左九，凌八右一〇。○嘗，中統殿常。

〔揚名於後世〕 瀧一八・四，慶八右六，殿八右三，凌八左四。○揚，景楊。

〔宣周邵之風〕 瀧一八・六，慶八右九，殿八右四，凌八左六。○邵，蜀殿召。

〔禮樂衰〕 瀧一八・七，慶八左一，殿八右六，凌八左八。○樂，耿義。札記南宋本「樂」作

「義」。

〔四百有餘歲〕 瀧一八・九，慶八左二，殿八右七，凌八左九。○景 慶 中統 彭 毛 凌 無「有」字，南化 楓 棭 校補「有」。 按：凌引一本「百」下有「有」字。

〔廢天下之史文〕 瀧一九・一，慶八左五，殿八右一〇，凌九右二。○南化無「史」字。

〔汝其念哉〕 瀧一九・二，慶八左五，殿八右一〇，凌九右二。○其，毛某。按：誤。

〔而遷爲太史令〕 瀧一九・四，慶八左七，殿八左一，凌九右四。

索 茂陵顯武里大夫司馬遷 ○耿 慶 中統 彭 凌 殿 無「遷」字。

索 年二十八 ○二，南化三。 下文「五年而當太初元年」語下集解曰：「李奇曰：『遷爲太史後五年，適當武帝太初元年，此時述史記。』」正義曰：「案：遷年四十二歲。」按：依南化本，則遷生於景帝中五年，與正義說同。 今本史記索隱「三」訛爲「二」。

〔紬史記石室金匱之書〕 瀧一九・五，慶八左八，殿八左三，凌九右五。

集 紬音抽 ○抽，中統油。

索 抽徹舊書故事而次述之 ○抽，凌紬。中統「次述」二字作「汝遂」。

索 徐廣音抽 ○耿 慶 中統 彭 凌 殿 無此注四字。

索 紬謂綴集之也 ○耿——之也音冑。

〔天歷始改〕 瀧一九・八，慶九右一，殿八左六，凌九右八。○改，井政。按：井本誤。

〔諸神受紀〕 瀧一九・八，慶九右二，殿八左六，凌九右九。

集　封禪序曰　〇[彭]無此注四字。

集　駰案韋昭曰　〇韋，[蜀]曰。按：誤。

集　告於百神　〇百，[毛]肖。按：毛本誤。

索　故曰諸神受紀　〇紀，[索]記。

〔至於今五百歲〕　瀧二〇・二，慶九右六，殿八左一〇，凌九左三。

索　按太史公略取於孟子　〇[耿][慶][中統][彭][凌][殿]各本無「按」字。太史公此言略取於孟子。

索　何異瞬息　〇瞬，[耿][慶][中統][彭][凌][殿]一。

索　或有萬齡爲閒　〇有，[耿][慶][中統][彭][凌][殿]以。

索　降及周室　〇周，[中統]問。按：中統本誤。

索　安在於千年五百乎　〇[耿][慶][中統][彭][凌][殿]安在於千年五百年乎。

索　具述作者　〇述，[凌]逋。按：凌本訛。

索　蓋記注之志耳　〇[耿][慶][中統][彭][凌][殿]蓋記注之志士耳。

索　豈聖人之倫哉　〇倫，[耿][慶][凌][殿]論。

*正　案南化、幻本「案」下有「此云」二字。孔子卒五百歲者欲取孟子以應一聖符也不言文王而言周公者孔子是述作設教之聖故方於己　[南化][幻][梅][狩][瀧]。

〔有能紹明世〕　瀧二〇・九，慶九右一〇，殿九右四，凌九左七。〇紹，[中統]受。

〔小子何敢讓焉〕　瀧二〇・一〇，慶九左一，殿九右五，凌九左九。

索　讓漢書作攘　○攘，索穰。

索　言己當述先人之業　○耿慶中統彭凌殿言已殿本「已」作「且」。當述先人之成業。

索　何敢自嫌值五百歲而讓也　○耿慶中統彭凌殿何敢自嫌值五百歲而讓之也。

〔昔孔子何爲而作春秋哉〕　瀧二一・一，慶九左三，殿九右七，凌一〇右一。

索　故爲上大夫也　○爲，耿慶中統彭凌殿位。

〔不如見之於行事之深切著明也〕　瀧二一・一〇，慶九左九，殿九左二，凌一〇右六。

索　則不如附見於當時所因之事　○慶中統彭凌殿「之」、「事」互倒。

索　因就此筆削以褒貶　○削，慶貶，南化校記「削」。削，南化彭而。

索　而書之以爲將來之誡者也　○誡，彭材。耿慶中統彭凌殿無「者」字。

〔王道之大者也〕　瀧二二・六，慶一〇右四，殿九左七，凌一〇左二。

索　善善及其子孫　○耿慶中統彭凌殿無「其」字。

〔辯是非〕　瀧二二・一〇，慶一〇右八，殿九左一〇，凌一〇左六。○井紹毛脱「辯」字。

〔撥亂世反之正〕　瀧二三・三，慶一〇右一〇，殿一〇右二，凌一〇左七。○南化楓棭三撥亂世反之正道。

〔其指數千〕　瀧二三・三，慶一〇左一，殿一〇右三，凌一〇左八。

集　而云成數　○云，慶彭凌去。按：景印慶元本改「云」字。

集　董仲舒自治公羊春秋　○景紹慶中統彭凌無「公羊春秋」四字。按：景印慶元本補此四字。

集 公羊經傳凡有四萬四千餘字　○毛「公羊」二字錯在上文「春秋」上。

集 便謂之誤　○謂，景井紹耿慶中統彭毛凌爲。

索 史遷豈以公羊傳爲春秋乎　○耿慶中統彭凌殿史「史」字彭本脱。遷豈以公羊之傳爲春秋乎。

索 又春秋經一萬八千　○耿慶中統彭凌殿無「又」字。

索 亦足稱數萬　○足，中統是。索無「數」字。彭亦足稱數萬耳。

〔皆失其本已〕　瀧二四・一，慶一〇左六，殿一〇右八，凌一一右四。

索 案弑君亡國及奔走者　○弑，中統殺。

〔差以千里〕　瀧二四・四，慶一〇左七，殿一〇右九，凌一一右五。

集 差以毫氂　○毫，景豪，井耿慶彭毛豪。

集 一云繆以千里　○南化景彭無「一云」二字。繆，毛謬。

〔必蒙首惡之名〕　瀧二四・一〇，慶一一右二，殿一〇左四，凌一一右一〇。○蒙，中統家。

札記 中統本訛「家」，疑本作「冢」。

〔不知其義〕　瀧二五・二，慶一一右五，殿一〇左五，凌一一左二。

正 不知其義理則陷於罪咎　○南化彭而乃不知其義理則故陷於罪咎。

〔夫君不君則犯〕　瀧二五・五，慶一一右七，殿一〇左八，凌一一左五。○慶彭凌無「夫」字。

〔禮義之大宗也〕　瀧二五・八，慶一一右一〇，殿一一右一，凌一一左八。○毛脱「義」字。

〔否否不然〕　瀧二六・四，慶一一左六，殿一一右六，凌一二右三。

集　不通者也　○殿無「者」字。

〔漢興以來〕　瀧二六・七，慶一一左一〇，殿一一右九，凌一二右七。○以，景井紹毛已。

〔封禪改正朔〕　瀧二六・八，慶一一左一〇，殿一一右九，凌一二右八。○殿建封禪改朔。

按：凌引一本「封」上有「建」字。

〔受命於穆清〕　瀧二六・八，慶一二右一，殿一一右一〇，凌一二右八。

集　加淳曰　○瀧川本「加」，「如」之訛。

〔請來獻見者〕　瀧二六・一〇，慶一二右三，殿一一左二，凌一二左一。○來，南化楓棭三求。

〔不可勝道〕　瀧二六・一〇，慶一二右四，殿一一左三，凌一二左一。

*正　罔無也極南化、幻、梅本有「乃」字。止也　南化幻梅狩瀧。

〔整齊其世傳〕　瀧二七・五，慶一二右八，殿一一左七，凌一二左六。○南化棭三整齊其後世傳。

〔幽於縲紲〕　瀧二七・八，慶一二左一，殿一一左九，凌一二左九。○紲，井絀。按：井本訛。

〔乃喟然而歎曰〕　瀧二八・一，慶一二左一，殿一一左一〇，凌一二左九。○歎，[蜀][慶][中統][彭]嘆。

〔欲遂其志之思也〕　瀧二八・三，慶一二左四，殿一二右二，凌一三右二。

索　案謂其意隱微而言約也　○意，[耿][慶][中統][彭][索][凌][殿]義。

〔昔西伯拘羑里〕　瀧二八・四，慶一二左五，殿一二右二，凌一三右二。○羑，[慶][彭]姜，[南化][棭][三]牗。

〔詩三百篇〕　瀧二九・五，慶一二左八，殿一二右五，凌一三右五。○[楓][三]無「篇」字。

〔於是卒述陶唐以來至于麟止〕　瀧二九・七，慶一二左一〇，殿一二右七，凌一三右七。○[索]無「以來」二字。

集　上紀黃帝　○紀，[殿]包。按：殿本訛。

索　百家言黃帝　○[耿][慶][中統][彭][凌]無「言」字。[殿]而百家言黃帝。

索　其文不雅馴　○馴，[耿][慶][中統][彭][凌]訓，[殿]純。

〔虞舜不台〕　瀧三〇・五，慶一三右六，殿一二左三，凌一三左四。

索　或音胎　○音，[凌]因。按：凌本訛。胎，[耿][慶][中統][彭][索][殿]昭。

〔悼豪之旅〕　瀧三一・二，慶一三左七，殿一三右一，凌一四右四。

正　穆公封崤山軍旅之尸　○崤，[殿]淆。尸，[凌]戸。

〔詩歌黃鳥〕　瀧三一・三，慶一三左八，殿一三右二，凌一四右五。

＊**正**　傳云秦伯任好卒以王瀧川本脱「王」字。子車氏之三子奄息仲行鍼虎爲徇狩、瀧本「徇」作「殉」。國人哀之爲狩、瀧本「爲」作「作」。黃鳥之詩也　南化幻梅狩瀧。

〔銷鋒鑄鐻〕　瀧三一・五，慶一三左一〇，殿一三右四，凌一四右七。

索　鐻鐘也　〇鐘，彭中。按：彭本訛。

〔維偃干革〕　瀧三一・六，慶一四右一，殿一三右五，凌一四右八。〇干，紹千。

〔子羽接之殺慶救趙〕　瀧三一・八，慶一四右三，殿一三右七，凌一四右一〇。〇之，蜀力。

＊**正**　子羽項羽也　南化梅狩瀧。

〔作高祖本紀第八〕　瀧三二・一，慶一四右七，殿一三左一，凌一四左四。〇祖，毛帝。

〔諸呂不台〕　瀧三二・二，慶一四右八，殿一三左二，凌一四左五。

集　不爲百姓所説　〇説，景井蜀悦。

索　此贊本韵　〇韵，耿慶彭凌殿韻。

〔殺隱幽友〕　瀧三二・四，慶一四右九，殿一三左三，凌一四左六。〇慶彭重「幽」字。

札記　王本重「幽」字，衍。按：景印慶元本删去一「幽」字。

〔作呂太后本紀第九〕　瀧三二・五，慶一四左一，殿一三左四，凌一四左八。

索　是洞達爲義　〇耿慶彭凌殿無「爲」字。義，殿意。

索　言所共疑也　〇耿慶彭凌殿此注五字作「共所疑」三字。

〔迎王踐祚〕 瀧三二・七，慶一四左二，殿一三左六，凌一四左九。○王，紹生。

〔封禪改正朔〕 瀧三三・一，慶一四左七，殿一三左一〇，凌一五右四。○殿建封禪改正朔。按：凌引一本「封」上有「建」字。

〔維三代尚矣〕 瀧三三・二，慶一四左九，殿一四右二，凌一五右六。○蜀空格「維三」二字。

〔天下三嬗〕 瀧三三・八，慶一五右七，殿一四右一〇，凌一五左四。○嬗，景井蜀慶彭凌殿擅。

〔事繁變衆〕 瀧三三・八，慶一五右七，殿一四右一〇，凌一五左四。○繁，南化楓棭三煩。

〔彊弱之原云以世〕 瀧三四・一，慶一五右一〇，殿一四左一，凌一五左七。

集 敞義依霍 ○霍，毛敞。

索 案踵謂繼也 ○耿慶中統彭凌殿無「謂」字。

索 以字當作已 ○耿慶中統彭凌殿無「字」字。已，耿也。

索 並誤耳 ○耿慶中統彭凌殿並誤耿本無「誤」字。之耳。

索 皆語助之辭也 ○殿「語」、「助」互倒。

〔作漢興已來諸侯年表〕 瀧三四・三，慶一五左二，殿一四左四，凌一五左一〇。○已，景井蜀紹毛以。

〔或殺身隕國〕　瀧三四・五，慶一五左五，殿一四左七，凌一六右二。○隕，凌殞。札記南宋本、毛本「隕」，它本作「殞」。

〔武功爰列〕　瀧三四・九，慶一五左九，殿一四左一〇，凌一六右五。○列，南化楓棭三烈。

〔比樂書以述來古〕　瀧三五・九，慶一六左二，殿一五左一，凌一六左七。

索　言比樂書以述自古已來樂之興衰也　○比，慶彭凌殿此，南化校記「比」。

*__正__　比次也　南化梅狩瀧。

〔非德不昌〕　瀧三五・一〇，慶一六左五，殿一五左四，凌一六左一〇。

索　故云聞聲效勝負　○聲，耿慶中統彭凌殿律。

〔可不慎歟〕　瀧三六・二，慶一六左六，殿一五左五，凌一七右二。

索　黃帝有阪泉之師　○阪，耿慶彭索凌版。按：景印慶元本「版」改「阪」。

〔司馬法所從來尚矣〕　瀧三六・二，慶一六左六，殿一五左五，凌一七右二。

正　聞聲效勝負　○效，慶彭傚，凌儌。

正　司馬兵法所從來尚矣乎　○彭脱「乎」字。

〔極人變〕　瀧三六・四，慶一六左九，殿一五左八，凌一七右五。○變，慶彭蠻，南化校記「變」。

〔間不容翲忽〕　瀧三六・五，慶一七右一，殿一五左九，凌一七右六。○間，紹聞。

索　總文之微也　○總，耿慶彭索凌殿惣南化三校記「物」。微，慶凌殿徵。

索　其間不容絲忽也　○絲，耿慶中統彭凌殿輕。

正　字當作秒　○秒，慶彭凌殿抄。按：下「秒禾」之「秒」亦同。

正　不容此微細之物也　○此，凌比。

〔作歷書第四〕　瀧三六・一〇，慶一七右六，殿一六右四，凌一七左一。

索　佛音悖　○佛，索惴。

〔多雜機祥〕　滝三七・二，慶一七右七，殿一六右五，凌一七左三。○機，井機。按：井本訛。

〔決瀆通溝〕　瀧三七・五，慶一七左二，殿一六右九，凌一七左七。○瀆，耿漬。按：耿本誤。

札記　南宋本「瀆」訛「漬」。

〔維幣之行〕　瀧三七・六，慶一七左四，殿一六左一，凌一七左九。○幣，索獘。

〔以通農商〕　瀧三七・六，慶一七左四，殿一六左一，凌一七左九。

索　上獘音幣帛之幣錢也　○耿慶中統彭凌殿無「上獘音幣帛之」六字。幣，索弊。

〔其極則玩巧〕　瀧三七・七，慶一七左四，殿一六左一，凌一七左九。○玩，南化楓棭三索杬。

〔作平準書以觀事變第八〕　瀧三七・七，慶一七左五，殿一六左二，凌一七左一〇。

索　下苦孝反　○苦，索若。

*正　玩謂替也巧濫惡也爭於機利謂爭瀧本脫「爭」字。機巧之利也　南化幻梅狩瀧。

〔申呂肖矣〕　瀧三八・二，慶一七左一〇，殿一六左七，凌一八右五。〇肖，南化楓棭三省。

〔尚父側微〕　瀧三八・二，慶一八右一，殿一六左八，凌一八右六。〇側，南化楓棭三則。

〔文武是師〕　瀧三八・二，慶一八右二，殿一六左九，凌一八右七。

索　案徐廣注肖音痟　〇耿慶中統彭凌殿無「注肖音痟」四字。

索　痟猶衰微　〇耿慶中統彭凌殿無此注四字。

索　其音訓不可知從出也　〇耿慶中統彭凌殿「其」字、「可」字並無。

索　今案肖謂微弱而省少　〇耿慶中統彭凌殿無「今」字。

〔繆權于幽〕　瀧三八・四，慶一八右二，殿一六左九，凌一八右七。

索　又謂太公綢繆　〇耿慶中統彭凌殿無「又」字，而「綢」、「繆」互倒。

索　謂太公之陰謀也　〇耿慶中統彭凌殿無此注七字。

正　言呂尚綢繆於幽權之策　〇彭無「綢」字。

正　謂六韜三略陰符七術之屬也　〇符，彭扶。

〔爰饗營丘〕　瀧三八・六，慶一八右五，殿一七右二，凌一八左一。〇札記游本「爰」訛「岌」。

集 番音婆至而更黃也二十五字　○景 井 耿 中統 毛 無此注二十五字。札記 南宋、中統、舊刻、游、毛本皆無。

集 威勇武貌也　○也，慶色，南化校記「也」。按：景印慶元本改「也」字。

〔姜姓解亡〕　瀧三八・八，慶一八右六，殿一七右三，凌一八左二。○札記 禚志云：「解」當爲「鮮」。鮮之言斯也，釋言曰：「斯，離也。」

〔大任十子〕　瀧三九・八，慶一八左六，殿一七左二，凌一九右二。○大，慶 索 毛 凌 殿太。

〔周以宗彊〕　瀧三九・八，慶一八左七，殿一七左二，凌一九右三。

索 文王妃　○索文王妃子。

〔苗裔蒙烈〕　瀧三九・一〇，慶一八左九，殿一七左五，凌一九右五。○苗，蜀當。按：訛。

〔百世享祀〕　瀧三九・一〇，慶一八左九，殿一七左五，凌一九右五。○享，南化 楓 棭 三禋。

〔牧殷餘民〕　瀧四〇・二，慶一九右二，殿一七左八，凌一九右八。○牧，南化 楓 棭 三 井 紹 毛 收。

〔申以商亂〕　瀧四〇・三，慶一九右二，殿一七左八，凌一九右八。○申，慶 巾，彭 中，南化 甲。按：景印慶元本改「甲」。

〔衛傾不寧〕瀧四〇・三，慶一九右三，殿一七左八，凌一九右九。

索 衛頃公也　〇頃，[耿][慶][凌]傾。[殿]無此注四字。

〔景公謙德〕瀧四〇・九，慶一九右八，殿一八右三，凌一九左五。〇謙，[蜀]議。按：蜀本訛。

〔宋乃滅亡〕瀧四〇・九，慶一九右一〇，殿一八右四，凌一九左五。

索 上音遏成　〇[耿][慶][中統][彭][凌][殿]無「成」字。

〔叔虞邑唐〕瀧四一・一，慶一九左一，殿一八右六，凌一九左八。〇[慶][彭]無「唐」字。

[南化]校補「唐」。按：景印慶元本補「唐」。

〔嘉文公錫珪鬯〕瀧四一・四，慶一九左三，殿一八右八，凌一九左一〇。〇珪，[耿]圭。

[札記]南宋本「珪」作「圭」。

〔實賓南海〕瀧四一・九，慶一九左九，殿一八左四，凌二〇右六。〇[慶][彭]無「賓」字。

[札記]王脱「賓」字。柯本作「居」。按：景印慶元本改「賓」字。

正 至句踐遷都山陰　〇至，[彭]而。按：彭本訛。

〔黿鱓與處〕瀧四二・一，慶二〇右一，殿一八左六，凌二〇右八。〇黿，[索]蚖。

索 蚖鱓元鼉二音　〇蚖，[耿][慶][中統][彭][凌][殿]黿。

〔祭仲要盟〕瀧四二・五，慶二〇右四，殿一八左九，凌二〇左二。〇要，[南化][楓][棭][三]屢。

〔維驥騄耳〕　瀧四二・七，慶二〇右七，殿一九右二，凌二〇左五。○騄，中統綠。

〔卜人知之〕　瀧四二・一〇，慶二〇左一，殿一九右五，凌二〇左九。○卜，毛凌十。

札記毛本「卜」訛「十」。

〔嘉武佐晉文申霸道〕　瀧四三・二，慶二〇左三，殿一九右七，凌二一右一。○南化楓棭三嘉魏武佐晉文申霸道。

〔中子庸之〕　瀧四三・四，慶二〇左六，殿一九右八，凌二一右四。○各本「中」字作「申」，瀧川本誤。

〔匡周天子之賦〕　瀧四三・五，慶二〇左七，殿一九右九，凌二一右四。○賦，南化楓棭三賊。

〔追脩經術〕　瀧四三・一〇，慶二一右一，殿一九左四，凌二一右九。○追，南化楓棭三退。

〔諸侯作難〕　瀧四四・三，慶二一右六，殿一九左八，凌二一左三。○難，南化楓棭三亂。

〔詘意適代〕　瀧四四・六，慶二一右九，殿一九左一〇，凌二一左六。○詘，凌絀。

〔栗姬偩貴王氏乃遂〕　瀧四四・六，慶二一右九，殿一九左一〇，凌二一左六。○偩，南化楓棭偵

*正 負恃幻本「恃」作「特」。也 南化 梅 狩 瀧。

〔戊溺於邪〕 瀧四四・一〇，慶二一左三，殿二〇右四，凌二一左一〇。〇 札記舊刻「戊」訛「成」。

〔嘉游輔祖〕 瀧四四・一〇，慶二一左四，殿二〇右四，凌二三右一。〇祖，中統相。按：中統本誤。

〔第二十〕 瀧四五・一，慶二一左五，殿二〇右五，凌二三右一。

正 楚王交字也 〇交，彭文。

〔劉賈是與〕 瀧四五・二，慶二一左六，殿二〇右六，凌二三右三。〇賈，景價。

〔怵午信齊〕 瀧四五・三，慶二一左七，殿二〇右七，凌二三右四。〇午，中統中。

〔遭立孝文〕 瀧四五・四，慶二一左八，殿二〇右七，凌二二右五。〇遭，南化 楓 棭 三連。

〔獲復王燕〕 瀧四五・四，慶二一左八，殿二〇右八，凌二三右五。〇南化 楓 棭 三猶獲復王燕。

〔嘉參不伐功矜能〕 瀧四六・四，慶二二右八，殿二〇左七，凌二三左四。〇嘉，中統言。耿無「矜」字。札記中統本「嘉」誤「言」。南宋本無「矜」字。

〔運籌帷幄之中〕 瀧四六・五，慶二二右一〇，殿二〇左八，凌二二左六。〇籌，蜀筭札記舊刻作「算」。

〔平爲本謀〕瀧四六・八，慶二二左三，殿二〇左一〇，凌二二左九。○平，南化楓棭三卒。

〔謀弱京師〕瀧四六・九，慶二二左五，殿二一右二，凌二三右一。

＊正　從足瀧本「足」誤「吴」。松反　南化幻梅狩野瀧。

〔而勃反經合於權〕瀧四六・一〇，慶二二左五，殿二一右二，凌二三右一。○於，中統逆。

〔亞夫駐於昌邑〕瀧四六・一〇，慶二二左六，殿二一右二，凌二三右二。○夫，井父。駐，南化楓棭三柱。

〔而出委以梁〕瀧四七・一，慶二二左六，殿二一右三，凌二三右二。

＊正　以出瀧川本脱「出」字。梁委於瀧川本「委於」二字作「付」字。吴越瀧川本「越」作「楚」。也　南化幻梅狩瀧。

〔蕃屏京師〕瀧四七・二，慶二二左八，殿二一右五，凌二三右四。○屏，南化楓棭三蔽。

〔親屬洽和〕瀧四七・三，慶二二左一〇，殿二一右七，凌二三右六。○洽，凌協。

〔景公以治〕瀧四七・七，慶二三右五，殿二一左二，凌二三左一。○以，南化景井耿中統亦。札記中統、游本「以」作「亦」。

〔不能傳兵論劍〕　瀧四七・一〇，慶二三左一，殿二一左八，凌二三左七。○南化 楓 三 無「劍」字。

〔作伍子胥列傳〕　瀧四八・四，慶二三左四，殿二一左一〇，凌二三左一〇。○札記 游本「五」，它本作「伍」。

〔孔氏述文〕　瀧四八・四，慶二三左六，殿二二右二，凌二四右二。○氏，楓 三 殿 子。

〔作仲尼弟子列傳〕　瀧四八・五，慶二三左六，殿二二右二，凌二四右二。○弟，景 井 第。

〔圍大梁〕　瀧四八・一〇，慶二四右六，殿二二左二，凌二四左二。

集　一作施　○施，中統 訑。

〔使諸侯斂手而事秦者〕　瀧四八・一〇，慶二四右六，殿二二左二，凌二四左二。○斂，慶 彭 凌 殿 歛。

〔王翦之計〕　瀧四九・二，慶二四右九，殿二二左四，凌二四左五。○翦，蜀 剪，毛 翦。計，蜀 耿 殿 能。札記 毛本「翦」訛「翦」。南宋本、舊刻「計」作「能」。

〔作孟嘗君列傳第十五〕　瀧四九・七，慶二四左二，殿二二左八，凌二四左八。○南化 幻 孟嘗君爲十六，平原君爲十五。按：南化本與漢書司馬遷傳合。

〔如楚以救邯鄲之圍〕　瀧四九・八，慶二四左四，殿二二左一〇，凌二四左一〇。

＊**正**　如往也言平原君往楚求救邯鄲之圍　南化 幻 梅 狩。

〔作平原君虞卿列傳〕　瀧四九・九，慶二四左五，殿二三右一，凌二五右一。○慶彭無「卿」字。南化校補「卿」。按：景印慶元本補「卿」。

〔以身徇君〕　瀧五〇・一，慶二四左九，殿二三右五，凌二五右五。○徇，殿狥。下同。

〔而信威於彊秦〕　瀧五〇・二，慶二五右一，殿二三右七，凌二五右七。

集　詢音逅　○詢，慶彭詬。

索　詢火候反　○火，耿人。按：耿本誤。

索　詢辱也　○詢，凌謂。

〔俱重於諸侯〕　瀧五〇・六，慶二五右六，殿二三左一，凌二五左二。

＊**正**　以身從物日瀧川本「日」作「曰」。徇　南化幻梅狩瀧。

〔作廉頗藺相如列傳〕　瀧五〇・六，慶二五右七，殿二三左一，凌二五左三。○景毛無「列」字。

〔填趙〕　瀧五一・七，慶二六右二，殿二四右七，凌二六右八。○填，南化楓三鎮。

〔以淮南叛楚歸漢〕　瀧五一・一〇，慶二六右六，殿二四左一，凌二六左二。○叛，景井蜀耿毛畔。

〔卒破子羽于垓下〕　瀧五一・一〇，慶二六右六，殿二四左一，凌二六左二。○垓，景井慶中統彭毛殿陔。札記中統、游、王、柯、毛本「垓」作「陔」。

集　隄塘之名也　○隄，景井耿慶彭毛凌殿堤。

〔盧綰絶籍糧餉〕　瀧五二・五，慶二六左一，殿二四左五，凌二六左六。○餉，南化楓三饟。

〔作韓信盧綰列傳〕　瀧五二・五，慶二六左二，殿二四左五，凌二六左七。○耿凌作韓王信——。

〔整齊度量〕　瀧五二・一〇，慶二六左七，殿二五右一，凌二七右二。○整，南化楓三正。

〔維周緤常從高祖〕　瀧五三・三，慶二七右一，殿二五右五，凌二七右六。○維，景井蜀耿慶中統彭毛凌殿唯。

〔作傅靳蒯成列傳第三十八〕　瀧五三・四，慶二七右二，殿二五右五，凌二七右六。

索　其字音從崩邑　○耿慶中統凌殿無「音」字。音，索言。

＊**正**　蒯古怪反括地志曰古（瀧川本脱「古」字。）蒯亭在（瀧川本脱「在」字。）洛州河南縣西十四（南化、幻、野本作「十」。）里苑中也　南化幻梅狩野瀧。

〔徙彊族都關中〕　瀧五三・五，慶二七右三，殿二五右七，凌二七右八。○徙，南化楓棭三從。

〔守數精明〕　瀧五四・四，慶二七左五，殿二五左九，凌二七左一〇。○耿脱「守」字。

札記南宋本脱「守」字。

〔後世修序〕　瀧五四・四，慶二七左五，殿二五左九，凌二七左一〇。○修，南化 楓 棭 三 循。

〔以填撫江淮之閒〕　瀧五四・七，慶二七左八，殿二六右一，凌二八右三。○南化 楓 棭 三 以族填撫江淮之閒。

〔作韓長孺列傳〕　瀧五五・一，慶二八右二，殿二六右五，凌二八右七。○孺，景 井 蜀 穤。下同。

〔號令不煩〕　瀧五五・一，慶二八右四，殿二六右七，凌二八右九。○煩，毛 順。按：毛本誤。

〔自三代以來〕　瀧五五・二，慶二八右六，殿二六右九，凌二八左一。○以，景 井 蜀 耿 毛 已。

〔設備征討〕　瀧五五・三，慶二八右七，殿二六右九，凌二八左二。○備，南化 楓 三 脩。

〔破祁連〕　瀧五五・七，慶二八右八，殿二六左一，凌二八左三。○祁，毛 神。按：毛本誤。

〔而佗能集楊越〕　瀧五五・一〇，慶二八左二，殿二六左五，凌二八左七。○楊，毛 殿 揚。

〔納貢職〕　瀧五六・一，慶二八左二，殿二六左五，凌二八左八。○貢，慶 彭 凌 嗊。札記王、柯凌「貢」作「嗊」。無此字。按：景印慶元本改「貢」。

〔葆守封禺爲臣〕　瀧五六・二，慶二八左四，殿二六左七，凌二八左九。

*正　封禺二山在湖州武康縣（瀧本「縣」下有「之」字。）西也然案年表戾（瀧本刪「戾」字。）東越傳云東越徙處盧江郡而守禺未詳也　南化幻梅狩瀧。

〔以集真蕃〕　瀧五六・四，慶二八左七，殿二六左一〇，凌二九右二。○蕃，景井慶中統彭毛凌殿金陵藩。

〔葆塞爲外臣〕　瀧五六・五，慶二八左八，殿二七右一，凌二九右三。

集　真蕃作莫藩　○景井蜀耿慶彭毛殿此注五字作「一作莫藩」四字。凌作「一作莫蕃」四字。

〔而羣臣莫敢言浮説〕　瀧五七・一，慶二九右八，殿二七右一〇，凌二九左三。○羣，南化楓棭三君。浮，南化楓三淫。

〔好薦人〕　瀧五七・二，慶二九右九，殿二七右一〇，凌二九左四。○薦，蜀之。

〔壯有溉〕　瀧五七・二，慶二九右九，殿二七左一，凌二九左四。○壯，南化楓棭三莊。

集　一作概　○概，殿既　按：殿本誤。

*正　溉量也　南化幻瀧。

〔作汲黯列傳〕　瀧五七・三，慶二九右九，殿二七左一，凌二九左四。○黯，景井蜀慶中統彭凌殿金陵鄭。札記南宋、毛本「鄭」作「黯」。按：札記所謂南宋本與耿本合。

〔欲觀中國〕　瀧五七・七，慶二九左五，殿二七左六，凌二九左一〇。○觀，毛親。

〔仁者有乎〕　瀧五七・八，慶二九左七，殿二七左八，凌三〇右二。○乎，[南化][楓][棭][三]采。

〔以道之用〕　瀧五八・二，慶三〇右二，殿二八右二，凌三〇右六。○以，[南化][楓][棭][三]似。

〔欲循觀其大旨〕　瀧五八・三，慶三〇右四，殿二八右五，凌三〇右九。

索　按日者傳亡無以知諸國之俗　○亡，[索]云。

〔四夷各異卜〕　瀧五八・六，慶三〇右六，殿二八右七，凌三〇左一。○[南化][楓][棭][三][景][井][蜀]無「各」字。

〔作龜策列傳〕　瀧五八・七，慶三〇右八，殿二八右九，凌三〇左三。○策，[索]筴。

〔第六十八〕　瀧五八・七，慶三〇右八，殿二八右九，凌三〇左三。

索　無以紀其要　○紀，[耿][慶][彭][凌][殿]知。

索　妄皆穿鑿　○皆，[耿][慶][中統][彭][凌][殿]加。

〔維我漢繼五帝末流〕　瀧五八・一〇，慶三〇左一，殿二八左二，凌三〇左五。○繼，[中統]維。[札記]中統、游「繼」誤「維」。

〔自曹參薦蓋公言黃老〕　瀧五九・六，慶三〇左六，殿二八左七，凌三一右一。

索　古合反　○合，[耿][慶][中統][彭][凌][殿]盍。

〔靡不畢集太史公〕　瀧五九・一〇，慶三〇左八，殿二八左九，凌三一右三。○南化楓三無「公」字。

〔至于周復典之〕　滝六〇・一，慶三〇左一〇，殿二八左一〇，凌三一右五。○典，凌興。

〔故司馬氏世主天官〕　瀧六〇・二，慶三一右一，殿二八左一〇，凌三一右五。○氏，蜀民。世，索代。天，景史。

〔欽念哉〕　瀧六〇・二，慶三一右四，殿二九右四，凌三一右九。

索　乃謂知天文星歷之事爲天官　○謂，耿慶中統彭凌殿廣。耿慶彭凌殿無「爲」字。

索　予之先人　○予，彭序。按：彭本訛。

〔論考之行事〕　瀧六〇・六，慶三一右五，殿二九右五，凌三一左一。○南化楓棭三論略考之行事。

〔略推三代〕　瀧六〇・一〇，慶三一右六，殿二九右五，凌三一左一。○楓三無「推」字。

〔作十表〕　瀧六〇・一〇，慶三一右七，殿二九右七，凌三一左三。

索　亦略言　○耿慶中統彭凌殿則亦略言。

***正**　言本紀世家及諸傳年月差別不同故作十表以明之也　南化幻梅狩瀧。

〔律歷改易〕　瀧六一・一，慶三一右八，殿二九右八，凌三一左三。○歷，毛數。

〔作八書〕　瀧六一・二，慶三一右一〇，殿二九右一〇，凌三一左六。

索　即律書也　○律，[耿][慶][中統][彭][彭][凌][殿]兵。

索　其曰兵　○[耿][慶][中統][彭][凌][殿][金陵]無此注三字，而有「遷没之後亡褚少孫以律書補之」十三字。曰，[索]云。

索　鬼神封禪書也　○[耿][慶][中統][彭][凌][殿]鬼神即封禪書也。按：「即」字依鳳文館評林增。

索　故云山川鬼神也　○[索]故云山川鬼神而封禪之也。

〔運行無窮〕　瀧六一・七，慶三一左三，殿二九左二，凌三一左八。

集　象黃帝以下三十世家　○以，[景][井][耿][毛][殿]已。

集　以象王者如此　○以，[井]已。

正　諸輻咸歸車轂　○[慶][彭][凌][殿]無「轂」字。

〔作七十列傳〕　瀧六二・四，慶三一左五，殿二九左五，凌三二右一。

索　言扶義倜儻之士　○士，[彭]上。按：彭本誤。

索　不後於時者也　○[耿][慶][中統][彭][凌][殿]無「者」字。

〔爲太史公書〕　瀧六三・四，慶三一左七，殿二九左六，凌三二右二。

索　亦恐其説未盡　○盡，[耿][慶][中統][彭][凌][殿]實。

****正**　史記起黃帝訖漢武帝天漢四年合二千四百一十三年百三十篇象一歲十二月及閏餘也後漢書楊終受詔删太史公書爲十餘萬言　[野][瀧]。

〔成一家之言〕 瀧六四・六，慶三二一左九，殿二九左八，凌三二一右五。

索 此云藝 ○云，耿慶彭凌殿作。

索 謂補六藝之闕也 ○藝，索義。

〔厥協六經異傳〕 瀧六四・七，慶三二一左九，殿二九左九，凌三二一右五。

索 取協於六經異傳諸家之説耳 ○慶彭凌殿無「六」字。

索 毛公詩及韓嬰外傳 ○及，凌反。按：凌本訛。

索 伏生尚書大傳之流者也 ○大，索太。

〔副在京師〕 瀧六四・一〇，慶三二一右三，殿三〇右二，凌三二一右九。

索 阿平無險 ○各本「阿」字作「河」字。瀧川本依鳳文館評林襲誤。

索 四徹中繩 ○繩，中統絶。

〔俟後世聖人君子〕 瀧六五・二，慶三二一右五，殿三〇右四，凌三二一左一。○索此七字作「以俟後聖君子」六字。

索 言夫子制春秋 ○耿慶中統彭凌殿言夫子制春秋之義。

索 以俟後聖君子 ○耿慶中統彭凌殿此注下有「以君子之爲」五字。

〔第七十〕 瀧六五・四，慶三二一右六，殿三〇右五，凌三二一左三。

集 武帝怒而削去之 ○去，毛云。按：毛本誤。

〔而訖百三十篇〕 瀧六五・七，慶三二一右八，殿三〇右七，凌三二一左五。

集　十篇缺　○欿，毛闕。

集　樂書律書　○律，殿兵。

集　漢興已來將相年表　○已，殿以。

集　傅靳蒯成列傳　○景井蜀耿慶中統彭毛凌殿無「成」字。

集　褚先生補闕　○闕，景井蜀耿慶中統彭殿欿。

索　案漢書曰至傅靳等列傳也四十六字　○耿慶彭凌殿無此注四十六字。

索　樂書取禮樂記　○索無「書」字。記，耿紀。

索　遂分曆述以次之　○曆，耿殿歷。

索　以緝此篇　○緝，耿慶中統彭凌殿續。

索　直太卜所得占龜兆雜説　○卜，索史。

索　而無筆削之功　○耿慶中統彭凌殿無「之」字。

附録

史記會注考證校補補遺

三皇本紀

〇文字之正誤與其所在者以圈點示之　下倣之

（誤）

中統　游　南……祝誰望

（正）

慶　中統　游　南……祝誰望　按景印慶元本祝誰望三字改況譙皇

五帝本紀第一

索　謂聖德齊肅也

〇景　井……彭　游

慶四左一

次行可補「索　多聞而齊給　〇聞　索　文」

〇景　井……彭　毛　游

慶四右一

（誤）

索　黃帝使應龍殺蚩尤于凶黎之

谷　○黎 中統 游 梨

集　蓋當音詖

索　姬酉祁……是也

○索 金陵 同

慶一○右七

○絜 清原 蜀 殿 潔

凌一三左三

慶一八左一

是爲帝嚳

〔莫不祇屬〕

○ 南化 楓……二字注

○鋒 南化 楓……閣 鄷

○郶 彭 秦藩……台

（正）

此條可削除而次行可補「索　因名其地曰絕轡之野注　○索 無注字」

次行可補「集　陂者旁其邊之謂也　○陂 毛 詖」

此條之下可補「依 索 衣」

○此條可削除

慶八右七

○絜 清原 蜀 毛 殿 潔

凌一○左三

慶八左一

此條之下可補「○爲 清原 曰」

次行可補「索　音止屬　○屬 索 蜀」

○服 南化 楓 助

○鋒 南化 楓……閣 鄷 各本校記引鄒誕生本鋒字作鄷

○郶 慶 彭 秦藩……台 按景印慶元本台改郶

○儀 彭 秦藩……義
○他 彭 游……池
慶一二右九
慶二左七
索 日一日行一度
○漫 清原 南化 楓……閣 慢
○突 秦藩 究 南化 校記突
○南化 楓 三
慶二四左一
○娥 柯 秦藩 蛾
觀其自爲於二女
觀其自爲於二女
索 黃曰神斗

○儀 慶 彭 秦藩……義 按景印慶元本義改儀
○他 慶 彭 游……池 按景印慶元本池改他
慶一二右六
慶一二左七
次行可補「**索** 小歲三百五十五日 ○索 五十五作六十五」
○漫 南化 楓……閣 慢爲 清原 侵
○突 慶 彭 秦藩 究 南化 校記突 按景印慶元本究改突
○清原 南化 楓 三
慶一四左一
娥 慶 柯 秦藩 蛾 南化 校記娥
觀其 各本校記無德字 自爲於二女
次行可補「〔二女於嬀汭〕瀧三一、六 **集** 舜所嬀水之汭
○南化 舜所居嬀水之汭 按景印慶元本補居字」
此行之前可補「**索** 正帝之廟 ○正 索 五」

（誤）

比。王 柯 秦藩 北
○祥 淩。詳。
正 孔文祥云
○二。王 柯 ……一
〔象以典刑〕……木以典刑
○作 南化 楓。三。爲
音 紹 慶。南 北
南化 楓 三 ……三字注
○。彭 韓 嵯
正 舜井在嬀州
〔使主后土〕
○。札記 舊刻使作以

（正）

比。慶 王 柯 秦藩 北 按景印慶元本北改比
○祥 慶。淩 詳 南化。校記祥
次行可補「正 而埋之——　○埋 慶 理 南化 校記理 按景印慶元本理字改埋」
○二 慶。王 柯 ……一 岩 校記二 按景印慶元本一改二
此行可削除
○作 南化 爲
音 紹 南 北
音 南化 楓 索
○慶。彭 韓 嵯
次行可補「〔舜從匿空出公〕 瀧四九、四 集 舜以權謀自免 權 毛 懽」
此條之下可補「○索 無后字」
○索 無五字 札記 舊刻使作以

○種。彭 韓
○若。彭 南……言
○虎 英房 席
云 二 凌 一
○母。英房 慶
南化 梅 狩 校記母。
○永。英房 狩
○南化 楓……二字作納言
○。柯 秦藩 重百字。
○。楓 三
○阪 井 蜀 紹。坂
○。楓 三
十七年而崩
○成 慶 北 王 柯 城。

○種 南化。彭 韓
○若 慶。彭 南……言 按景印慶元本言改若
此條可削除
次行可補「〔夙夜維敬〕瀧五七、一 ○維 毛 唯」
○母 南化。英房 慶
南化 梅 狩 校記母 按下同
○永 南化。英房 狩
此條可改「南化校記云師曰爲字上有作字爲異本耳」
○慶。柯 秦藩 重百字 南化。校記無一百字
○南化。楓 三
○阪 井 蜀 紹 毛。坂
○南化。楓 三
次行可補「**索** 薦於天 ○索 無此三字」
○成 慶 北 王 柯 城 南化。校記成

（誤）

風教固殊焉

岩 校記記

○彭 無此注

慶 中統 南

（正）

次行可補「索 總之不離古文者近是 ○索 無者字」

南化 岩 校記記

此條可削除

慶 彭 中統 南

夏本紀第二

〔乃殛鯀於羽山以死〕

正 鼈三足曰熊

○事 天養 南化 棭 狩

○功 天養 南化……中彭 事

○百 彭 下

○天養 井……毛 無字

○減 治要 𣲽

此條之下可補「殛 天養 極 下同」

此條之下可補「足 慶 民 南化 校記足」

○事 南化 棭 狩

○功 南化……中彭 事 天養 可成美堯之事 功作事 者

○百 慶 彭 下

此條之下可補「敷 索 旉」

○減 天養 治要 𣲽

集 橇音茅……其泥上

舡 棭梅狩本作舡也

○天養 無此注

○溼 慶 中統

○南化 楓 三

○蜀 紹

○慶 中統

○井 蜀 紹

集 岐山在右扶風葵陽

○鎮 彭 慎 楓 三

〔覃懷致功〕

*正 衡……狩 瀧

慶 三右一◯

○鳥 紹 㠀

集 服其皮……其皮明

此條之下可補「安部 之蕝二字其字並無」

舡也

○天養 安部 無此注

○溼 天養 慶 中統

○天養 南化 楓 三

○天養 蜀 紹

○天養 慶 中統

○天養 井 蜀 紹

次行可補「索 在河東北屈縣之東南 ○縣 索 懸」

○鎮 慶 彭 慎 南化 楓 三

此條之下可補「覃 天養 安部 潭 下注同」

此條之下可補「按南化本校記不冠正義曰疑非正義注文」

慶 三左一◯

○鳥 紹 索 㠀

此行可削除

（誤）

○[天養]。明水害除者

〔夾右碣石入于海〕

○[索]。[金陵] 同 各本渝字作逾

索 在遼西……水中

○沆。[南化] [楓]

○[天養] [井] [蜀]。[金陵]

○[慶]。[中統] [彭] [游]。

○[慶] [中統]……[南]。[北]

○[天養] [南化]。厥賦

集 盛之筐篚而貢焉

索 出河東垣縣王屋山

○[金陵] 同 各本無渭字。

○堣。[天養]。[南化]

〔濰淄其道〕

（正）

○[天養] 其明水害除者。

次行可補「**索** 太康地理志云 ○太 [索] 大」

○[金陵]。同 各本……

次行可補「**索** 此云夾右碣石入于海 ○右 [索] 石」

○沆 [安部]。[南化] [楓]

○[天養] [井] [蜀] [慶]。[嵯]。[金陵]

○[天養]。[慶] [中統] [彭] [嵯]。[游]

○[慶] [中統]……[毛]。[南] [北]

○[天養] [南化] [安部] 厥賦

此條之下可補「[天養] [安部] 無篚字」

次行可補「**索** 其流東至齊陰 ○[索] 無東字」

○[金陵] 同 各本無漯字。

○嵎。[天養] [安部]。[南化]

此條之下可補「濰 [安部] [天養] 維 下注同」

天養。蕾

○天養。無田字

○維 天養。中統 游 惟

〔萊夷爲牧〕

○畬。南化

集 桑蠶絲中爲琴瑟弦

中統 游——濟索隱注同

。○南化 無縣字 天養。……

○胎。中統 彭……北 昭

○都 天養。猪

○包 天養。苞

天養 無色字。

天養 無中字 旍 天養 伶

○天養。嶧山

天養 安部。蕾

○天養 安部。無田字

○維 天養 安部。中統 游 惟

此條之下可補「南化 萊夷既爲牧」

○畬 天養。安部。南化

此條之下可補「天養 無爲字而弦下有者也二字」

此條可削除

天養。南化 無縣字……

○胎 慶。中統 彭……北 昭 按景印慶元本昭字改胎

○都 天養 安部。猪

○包 天養 安部。苞

天養 無五字。

天養 羽人中於旄 旍旄作於旄

○天養 安部。嶧山

○皋 殿 泉 （誤）

〔陽鳥所居〕

集 在豫章……無此注

○天養 井 無冬月二字

○中統 游 北東互倒

○南化 楓……作篠簜

○夭 天養 南化

○其 天養 井 厥

中統 彭 游

○旄 英房……游 淩 殿

梅 狩 高

〔島夷卉服〕

集 則不貢……不貢

〔均江海通……淩八左二

○皋 嵯 殿 泉 森 校記皋 （正）

次行可補「**集** 彭蠡澤 ○天養 安部 彭蠡澤名」

此行可削除

○天養 安部 井 無冬月二字

○毗 索 毗 中統 游 北東互倒

此項可改「各本校記引劉伯莊本竹箭作篠簜」

○夭 天養 安部 南化

○其 天養 安部 井 厥

中統 彭 嵯 游

○旄 英房……毛 游 淩 殿

梅 狩 高 安部

此條之下可補「島 天養 安部 島 下注同」

此條之下可補「**集** 或時乏 ○天養 或時乏之 乏 安部 受」

此行可削除

集 均讀曰……紹 治

正 經三峽過荆州……

〔九江甚中〕

○尋。索 彭 韓 潯

○烏 索 嵯 鳥 高。校記烏

尾。校記蚌

集 水出江爲沱

…慶。毛…。梅 校記士夢

毛 幹

○拓 天養 枯

集 幹拓也

○毛。金陵 同

○作 天養。云

○韓 聆風互倒

包甋菁茅

此行可削除

此條之下可補「南化 校記峽」

此條之下可補「○九 嵯 凡 森 校記九」

○尋 慶。索 彭 韓 潯 按景印慶元本潯改尋

○烏 索 嵯 鳥 高 森。校記烏

尾 森。校記蚌

此條之下可補「出 安部 於」

…慶 彭。毛…南化。楓。梅 校記士夢

此條可削除

此條可削除

次行可補「〔礪砥砮舟〕瀧一六、七 ○礪 天養 厲」

○天養。安部。毛 金陵 同

○作 天養 安部。云

○南化。韓 聆風互倒

此條之下可補「○甋 天養 安部 軌 下注同」

（誤）

○入天養。南化

天養。南化

○。南 金陵 同 天養 英房。閣。

天養。河下有孔

南河在龔州。

北。彭 地

伊雒……天養 厘

○洛 慶 洽。

○播。南化

○凌 殿 金陵

○絮 天養。纊

○。蓺 天養。藝

○。天養。無在字

○。凌 不重西字

（正）

○入 天養 安部。南化

天養。安部。南化

○沱。安部。滝。南 金陵 同 天養 安部。英房 南化。閣

天養。安部。河下有孔

南河在冀州。

北。慶。彭 地

此行可削除

洛 慶 洽 南化。校。記。洛。

○播。天養。安部。南化

○。安部 凌 殿 金陵

○絮 天養。安部。纊

○汶。安部。嵋 蓺 天養 安部。藝

○天養。安部。無在字

○。索 凌 不重西字

集　鄭玄曰　○玄　蜀　互

索　蒙縣名

傾　南化　梅　狩　頃

潛　楓　三　梅　狩　中彭　灊

○天養　流字作訖西字於渭二字作
之謂三字

○天養　無此注

金陵　滬　南化

索　東過馮翊翊祋祤縣

○敦　楓　三
釋文引三秦記改

集　名曰休屠澤　○天養　無曰字
璆琳琅玕

○金陵　同

次行可補「集　蔡蒙在漢嘉縣　○天養　無蔡而縣字作也」

次行可補「〔和夷底績〕　瀧一八、一○　○底　天養　砥」

此項可改「各本校記引鄒誕生本傾作頃」

此項可改「各本校記引誕鄒生本潛作灊」

○安部　此獨西　流故記西黎者也　天養　流字作記西字於渭二字
作之謂二字

○天養　安部　無此注

金陵　滬　南化

索　東過馮翊祋祤縣

○南化　東終南敦物（天養本缺）　敦　楓　三

次行可補「〔原隰底績〕　瀧二二、一　○隰　天養　安部　濕」

集　名曰休屠澤　○都　天養　豬　天養　名（無曰字）　休屠條澤

次行可補「集　璆琳皆玉名　○天養　璆作球而無皆字」

○天養　安部　金陵　同

（誤）

○金陵 同

○天養 無上之字

索 在河内山陽縣西北

○幸 天養 圄

○柏 景 慶

集 若橫尾者

○若 天養 名 天養 者字

索 廣雅云

○金陵 同

○索 金陵 同

○黎 天養 梨

札記 枉字

索 地理志云

○梁 慶 中統 游 凌 沙 楓 三

（正）

○安部 金陵 同

○天養 安部 無上之字

次行可補「索 在常山郡上曲陽 ○上 慶 止 南化 校記上」

○幸 天養 安部 圄

○柏 天養 景 慶

次行可補「索 在南陽平氏縣東南 ○平 索 盧」

○若 天養 安部 名 天養 安部 者字

次行可補「索 峋嶁謂之衡山 峋 慶 峋 南化 校記峋」

○天養 安部 金陵 同

此條之下可補「傅 索 博」

○黎 天養 犁

札記 在字

次行可補「索 張掖居延縣 ○索 張張掖居……」

梁 慶 中統 彭 游 嵯 凌 沙 楓 三 森

○號。中統 游
索。地理……○天養。無
○蒼 中統 游 滄 天養。
禹貢山水澤地合
○汶 天養 岷。
〔東别爲沱〕……井 紹 沲
集 孔安國馬融王肅
南化 校記沇
○沇 慶 凌 兖。
○。札記 漢志師古注
○。殿 金陵……毛。凌
○。中統 游
集 鳥鼠共爲雄雌

○號 天養。中統 游
集。地理……○天養 安部。無
○蒼 中統 游 滄 天養 安部。
次行可補「〔水東回爲彭蠡大澤〕灉二八、八 毛 回字作迴而彭蠡互倒」
○汶 天養 泯。
此條可削除
次行可補「集 長沙有醴陵縣 ○天養 長沙有禮醴陵縣」
此條可削除
○沇 慶 凌 兖 南化。校。記。沇。
○北。天養。安部。南 札記 漢志師古注
○天養。殿 金陵……毛 嵯。凌
○天養。中統 游
次行可補「集 渭水出焉 ○安部 渭水所出焉」

（誤）

正　出商州洛南縣

○原 [天養] [南化]

除 [天養] 深

○財 [南化]

[中彭] 來

〔不距朕行〕

集　法王城面五百里内

面 [彭] [南] [北] [嵯] 近 [南化] [楓]

[三] [梅]

○[殿] [金陵]……[天養] [殿]

〔二百里納銍〕

文教二字作安文教者四字

凌一九左五

（正）

次行可補「〔又東會于伊〕瀧三〇、九　**集**　會于洛陽——○會

[天養] 合」

○原 [天養] [安部] [南化]

除 [天養] 深 塞 [天養] 寒

○財 [天養] [南化]

次行可補「**集**　亦致其貢篚　○篚 [天養] 匪」

次行可補「**集**　中即九州也　○[天養] [安部] 中國即九州 無也字」

集　去王城面五百里内

一本作近又作面

面 [彭] [南] [北] [嵯] 近 [楓] [三] [梅] [森] 校記面 按慶本作面南化校記

○飼 [天養] 養 [殿] [金陵]……[天養] [嵯] [殿]

次行可補「**集**　所銍刈　○刈 [天養] 列」

要束以安文教者也

凌一九左五　○[天養] 無下字

○高 英房 南化
○南化 掖
○智 南化 掖
○天養 因事二字作事以
○南化 梅
○敬 楓 三 恪
柔 天養 縣
○實 天養 南化
○蚤 南化 梅 狩 高 夙
慶一八右九
○信 天養 相
○乂 天養 艾
○理 天養 治
○教 天養 南化

○高 天養 英房 南化
○安部 南化 掖
○智 天養 安部 南化 掖
○天養 無因字
○天養 安部 南化 梅
○敬 楓 三 恪 安部 性愿而恭敬也
柔 天養 縣 安部 馴
○實 天養 安部 南化
此項可改「按各本校記引鄒誕生本蚤字作夙」
慶一八右七
○信 天養 安部 相
○在 嵯 有 森 校記注 乂 天養 艾
○理 安部 天養 治
○教 天養 安部 南化

（誤）

〇[索] 此注十七字……疎略抵捂是也……
〇[天養] [南化]
索 上與
休 [南化] [梅] [狩] [高] 恷
〇内 [北] [殿] 納
集 君一作吾
〇[南化] [三]
母 [天養] 無
慶一九左九
[天養] 無四日二字
〇[殿] [金陵]
瀧四〇、六
見舜紀秩原下

（正）

〇[索] 此注十七字……疏略牴牾是也……
〇[天養] [安部] [南化]
次行可補「〔浚畎澮致之川〕瀧三六、一〇　〇之 [天養] 餘」
休 [天養] [南化] [梅] [狩] [高] 烋
〇内 [北] [殿] 納 教 嵯 文
次行可補「**索** 且屬下文　〇且 [索] 宜」
〇[天養] [安部] [南化] [三]
〇母 [天養] [安部] 無
慶二〇右二
[天養] 無四
〇[天養] [安部] [殿] [金陵]
瀧四〇、四
次行可補「〔百官信諧〕瀧四〇、六　**集**　舜樂名舜 [毛] 舞」

○喜。南化
喜。天養 憙
天養。南化
○墮。中彭
○辟。北殿
椷 梅 崇 狩。
。景 井 毛
○崇。南化
瀧四四、一。
○盛 天養 成。
○天養。
僇 天養 戮。
集 奔北則僇之社主前
集 辱及女子

○喜 天養。安部。南化
喜 森。校。記。漑。天養 憙
天養 安部。南化
○墮 天養。中彭
○辟 天養。安部。北殿
椷 梅 崇 狩 瀧。
安部。景 井 毛
○崇 天養。南化
瀧四四、九。
○盛 天養 威。
○天養 安部。
僇 天養 戮。
下可補「○安部 不事祤命奔北者則——」
次行可補「**集** 陰主殺也 ○安部——主殺親社嚴社之養也」
次行可補「〔天下咸朝〕瀧四四、九 ○天養 安部 天下咸朝夏」

（誤）

〔子帝不降立〕……南化 隆

〔以事孔甲〕

慶二四右一

○天養。

○南化 狩

○南化 高

○南化

○殿 無氏字

○天養。其存者有夏小正。

殷本紀第三

契音薛。楲 梅 崇 狩 岩。

○戊 中統 彭……嵯 代……。凌 伐。

（正）

此行可削除

次行可補「集 應劭曰 ○天養 應劭作服虔」

慶二四左一。

○天養 安部。

○天養。安部。南化 狩

○安部。南化 高

○天養。南化

○天養。安部 殿 無氏字

○天養 安部 其書存者有夏 安部本無夏字 小正也。

契音薛。南化 楲 梅 崇 狩 岩 瀧。

○戊 中統 彭……嵯 代……慶。凌 伐 按。景。印。慶。元。本。伐。改。戊。

○女井紹蜀。中統……殿汝
。○凌系本二字作本草
○高山殷人祀郊之也
。○慶凌
索湯名……名履
。○金陵同
○索無及字
○皆索音。
。授君若燕噌
○言蜀慶。游凌皆
○女井紹……。凌殿汝
○女井紹蜀。中統
南化楓……而割政夏
○奪高山奮

○女井紹蜀慶。中統……殿汝
○慶。凌系本二字作本草　按景印慶元本本草改系本
○人高山祀
○高山。慶凌
此行可削除
○高山。金陵同
此條可削除
○皆索者。
授。君若燕噌
○言蜀慶毛。游凌皆
○女井紹……毛。凌殿汝
○女井紹蜀慶。中統
此條可削除
此條可削除

（誤）

○高山。夏女

惰蜀凌。墮

集 欲變……置高山買

垌高山。蜀慶

垌高山蜀……。游殿

垌索調。

‥高山罍索。壘。

○濟。彭游方。楓

乃放之於粗桐宮三年

○蜀。無此注

〔作沃丁〕

○高山。無共字

○高山同

○仲高山井。中

（正）

○高山南化。楓。棭。三。夏女

惰蜀慶。凌墮

此行可削除

垌蜀慶

垌高山蜀……毛。游殿

垌索詷。

‥高山罍

○濟。慶彭游方南化。楓

乃放之於桐宮三年

○蜀毛。無此注

次行可補「〔沃丁崩〕瀧一六、八 ○高山帝沃丁崩」

○高山南化。無共字

此條可削除

○仲高山井毛。中

○南化。通志
○皆索。相
高山 盤庚……遍乃——
帝武帝。
慶 九左二。
高山 蹄。蜀 號
〔非天天民〕……夭 高山 㕛
永 高山 求
蜀 慶。凌 殿。
○特 高山 時
○英房 南化
是爲帝祖。。
索 國語云
○獵 高山 獨

○通志
皆 毛。相
南化 狩 盤庚乃遍 或作偏 告諭……
帝武丁。
慶 九右二。
高山。蜀 號
此行可削除
此條可削除
蜀 慶 毛。凌 殿 毛本無民事二字。。。。。。。
此條可削除
○南山。英房 南化
是爲帝祖。。
次行可補「〔殷復衰〕瀧二四、六 ○高山 殷道復衰」
此條可削除

（誤）

高山。言足

〔愛妲己〕。

○蘇 南化。彭 嵯 鍾 紹 索。

北 凌 韓 種。

〔妲己之言……〕

冣 蜀。最

刑辟互倒。

〔有炮格之法〕。

○金陵 同 各本無云字

鄒誕生云

○河 慶 可。湯 高山。

○索。無以字

○格 慶。凌 殿 烙。

〔今我民……井 蜀 冈

（正）

高山 高化。言足

〔愛妲己〕。

○蘇 彭。嵯 鍾 紹 慶。索 北 凌 韓 種 南化。校。記。蘇。

〔妲己之言……〕。

冣 蜀 毛。最

刑辟互倒 南化。校。記。刑。辟。

此條之下可補「格 慶 彭 凌 殿 烙 毛 恪」

○索。金陵 同 各本無云字

次行可補「格一音閣 ○格 索 烙下同」

○河 慶 可 南化。校。記。河。湯 慶。陽。高山

○毛。無以字

○格 慶 毛。凌 殿 烙 南化。校。記。格。

此行可削除

○南化 無諫……無紂字

英房 南化

窽 高山 窾

狩 縣之大白旗

干——紹 封空比干——

集 譙周曰 ○譙 高山 誰

索 論語……按論語——

狩 高 彭 王

周本紀第四

○南化 狩

葬 高山 蔡

中統 毛 王 柯 游 後

○高山 南化 狩 不重紂字

高山 英房 南化

此條可削除

狩 縣之大白旗 南化 有之字

干——南化 校記削去一紂字

此行可削除

此行可削除

狩 高 王

○英房 南化 狩

此條可削除

慶 中統 毛 王 柯 游 後

（誤）

○札記
卒 毛 立 按立卒訛
集 宋衷曰
○高山 無叔字
○南化 梅 狩
高山 乃與其私屬
○高山 葬字作蔡西二字
○顛 英房
〔諸侯皆嚮之〕
〔於是……字草……相似訛
接 彭 嵯 按
○之 高山二
○梅 狩
○戎 高山

（正）

○豳 高山 邠 札記
此條可削除
次行可補「〔高幸卒〕瀧五、九 卒 毛 立 按立卒訛」
○高山 南化 無叔字
○梅 狩
高山 南化 乃與其私屬
○高山 葬西鄠縣之南山
○顛 高山 英房
次行可補「〔囚西伯於羑里〕瀧一一、七 ○高山 羑作牖」
此行可削除
接 慶 彭 嵯 按 南化 校記接 按景印慶元本按改接
○之 高山 南化 二
○高山 南化 梅 狩
○戎 南化 高山

○從 慶 後
○彭
○羌 南化
無卦字
○高山 彭
南化 ——
〔太師疵少師彊〕
南化 狩 高 祭 英房
集 孔安國……無此注
金陵 同
○也 蜀 中統 游
○也 蜀 中統 游 金陵 之
慶一○右三
正 古微瀘彭三國之地——
集 荅問也 ○問 高山 向

○從 慶 後 南化 校記從
○按南化本引鄒誕生耆字作黎 彭
○羌 高山 南化
無下卦字
○英房 彭
高山 南化 ——
此行可削除
狩 高 祭 南化 英房
此行可削除
金陵 高山 同
○也 慶 蜀 中統 游
○也 蜀 中統 游 毛 金陵 之
慶一九右一○
此條之下可補「○三 慶 二 南化 校記三 按景印慶元本二改三」
此行可削除

（誤）

兄弟不用。

○豺[景]⿰豸戈。

集 先使勇……焉[蜀][馬]

○縣。[英房]懸

〔縣其頭小白之魚。〕

○奉。[中統][游][凌][殿]是

集 徐廣曰茲者

○[高山][英房]。

○。[南化][狩]

○[高山]。無命字

○[慶]。[凌] 無殷字

隸。[英房]

凌一四右六。

○[高山]。無武字

（正）

兄弟不用[南化]。無。其。字。

○豺[景]⿰豸戈[毛]。犲。

此行可移「*正 環人……[岩][貴]」之後

○懸[高山]。[英房]懸

〔縣其頭小白之旗。〕

○奉[慶]。[中統][游][凌][殿]是

次行可補「**索** 言苙見絜草也 ○絜[索]潔」

○[高山][英房][南化]。

○[高山][南化][狩]

○[高山][南化]。無命字

○[凌] 無殷字

隸[高山]。[英房]

凌一四右六 ○[南化]。卦。弟。叔。度。——。

○[高山][南化]。無武字

君子庶免疑焉。
脣詩見鴻雁篇
集 不顧亦不恤也
○高山 景。 井
索 中統 游。 金陵
○詹 桃 陽 高山。 桃古
南化。 楓 椷 三
○英房 凌。 夸父二字作本火
正 請代武王
○材 慶 林 按林材訛
○代 高山 英房 景 井 蜀。
○序 景 井 紹 叙。
○高山。 作康王誥

君子庶免疑焉 椷。 狩。 梅。 岩。 中彭。
次行可補「〔乃今有成〕瀧三四、一 ○毛 乃今互倒」
次行可補「**集** 不顧亦不賓成 ○毛 賓成二字作賓失滅三字」
○高山 南化。 景 井
索 中統 游 毛。 金陵
○詹 桃 陽 高山 南化。 桃古
楓 椷 三
○英房 慶。 凌 夸父二字作本火 按景印慶元本本火改夸父
次行可補「〔武王有瘳後而崩〕瀧三七、七 ○高山 南化 武王有瘳後二年而崩」
此條之下可補 「景印慶元本林改材」
○代 高山 英房 景 井 蜀 毛。
○序 景 井 紹 毛。 叙
○高山 南化。 作康王誥

（誤）

慶一八右三
慶一九右七
○脩。梅 循
*正 終一王
○令。南化 狩 命
○高山。
○游 毛。無音字
南化。梅 狩 尾 校記隗
井 紹 蜀。中統
○金陵 同
○以 凌 出 高山。
○金陵 同
〔天水土演而民用也〕
○高山 英房。

（正）

慶一七左一○
慶一八右三
○脩 南化。梅 循
此行之前可補「〔荒服者王〕瀧四五、六」
○令 高山 南化 狩 命
○高山 慶。
○游 索。無音字
梅 狩 尾 校記隗
井 紹 蜀 慶。中統
○高山。金陵 同
○以 凌 出 高山 南化。
○高山。金陵 同
〔夫水土演而民用也〕
○高山 英房 南化。

集　未年王流彘之歲
○。殿 金陵 同
集　女七歲而毀齒也
無逃字。
○贊異 其子伯服——
索　人之繁庶
○高山。
○驪 南化。狩 麗
○彭。南化 北 殿
南化 狩 徒。
○匹 慶 中統。凌 游 疋
○各本系字作世
○偏 高山 偏
〔富辰諫曰〕
○高山。

次行可補「〔婦人裸而譟之〕瀧六三、五　○裸 高山 南化 躶」
○。高山 殿 金陵 同
次行可補「〔箕服〕瀧六四、一　○箕 南化 萁」
無逃字 南化。無。之。字。
此條可削除
次行可補「索　事之共給　○事 索 人 共 索 供」
○高山 南化。
○驪 高山。南化 狩 麗
○彭。南 北 殿
南化 狩 徒。
○匹 慶 中統 索。凌 游 疋
此條之下可補「毋 索 母」
○高山 偏舞二字作偏儛
此行可削除
○高山 南化。

（誤）

集　原伯毛伯也

○高山。

○頊　南化　傾。高山。

○高山。立之是爲悼公　慶。

南山　梅。

○高山。

○毛。金陵　同

○高山。二十五作二十。殿考　在。傳

○高山。

○南化。通志　同

〔元王八年崩〕

○索　彌縫二字作遺於。

○英房　此注。七字

（正）

次行可補「索　獲周公忌父原伯毛伯　○索　無毛伯二字」

○高山　南化。

○頊　南化　傾　按。高。山。寺。本。引。鄒。誕。生。本。頊。字。作。項。　高山　南化。

○高山　南化。立之是爲悼公

梅。

○故。慶。放。南化。校。記。故。高山

○索。金陵　同

○高山　慶。毛。二十五作二十　南化。校。記。二。十。年。五。殿考　左。傳

○高山　南化。

○高山。南化　通志　同

此行可削除

○索　彌縫二字作遺于。

○英房　此。七字

○哲 凌。 悊
南化——奉王祀。
〔烈王二年〕
。唐固説非也
正 扁邊典反
〔賀秦獻公〕
南化 子赧王延立五字作子王赧三
字
○毛。 殿 金陵 同 各本鐵字作
缺
金陵 注。
○譜 景 井……。游 金陵 注
正 音所吏反
〔秦召西周君〕

○哲 慶。毛。凌 悊
南化——奉王祀 高山。無。於。字。
此行可削除
正。 唐固説非也
次行可補「〔獻公稱伯〕瀧八二、六 ○高山 秦獻公稱伯」
此行可削除
南化 子赧王延四子作子王赧三字
○索。殿 金陵 同……
金陵 注 慶。注。
○譜 景 井……毛。游 金陵 注
次行可補「〔秦必疑楚〕瀧八六、四 ○秦 慶 奏 南化 校記秦
按景印慶元本奏改秦」
此行可削除

（誤）

高山將便以使 高山本無使字 攻王

之南陽也

南陽二字

○毛 無以字

○南化 梅

○金陵 同

索 言并弃前善 ○善 索 射

〔請令梁城周〕

○戌 凌 柯 伐

○勸 高山 觀旁有勸字

○無 南化

○高山 無秦字

瀧九四、一

○高山 使將軍摎攻西周君

（正）

高山 將便以 高山本無使字 攻王之南陽也王何不出兵於河南 南陽作河南

下南陽二字

○索 毛 無以字

○高山 此四字作曷爲不爲 南化 梅

○金陵 同 高山 無郡字

此條可削除

此行可削除

○戌 慶 凌 柯 伐 南化 校記戌

此條可削除

○無 高山 南化

○高山 南化 無秦字

瀧九四、五

此條可削除

○而　南化　西
高山——寶器而西遷西周——
南化　公於互倒
集　周凡三十七
○秦　殿
○氏　中統
高山　四十四作三十

此條可削除
高山　南化　——寶器而西遷西周——
集　周凡三十七王
○秦　高山　殿
○氏　慶　中統
高山　四十四作三十四

秦本紀第五

○大　蜀　太
索　尋檢史記上下諸文　○檢　索　撿
索　色與玄玉色副
○大　中統　淩　游　天
○乃　南化

○天養　南化　重大費二字　大　蜀　太
此條可削
索　旒色與玄玉色副
○大　慶　中統　索　淩　游　天　按景印慶元本彭本天改大
○乃　天養　南化

（誤）

○金陵 同

○賜 中統 游 受

天養 仲衍鳥身人言

狩 野 柟 中彭

○天養 南化 楓……吉左右

○致 南化 楓

○太 紹 大 下同按大太訛

則皇甫謐所見本已誤

既 南化 已

○南化 狩 以遂葬——

〔驊騂〕……○騂 中統……

集 色如……天養 亦

集 ……王海……王海

○毛 殿

（正）

○天養 金陵 同

○賜 中統 游 受贏 天養 贏 下同

天養 衍鳥身

次行可補「〔帝太戊聞〕瀧四、八 ○天養 太戊二字作大戊」

○楓……吉左右 天養 南化

○致 天養 南化 楓

○太 紹 大

次行可補「〔爲壇霍太山而報〕瀧五、六」

此條可削除

○天養 南化 狩 遂以葬——

〔驊騮〕……○騮 中統……

此行可削除

集 ……王母……王母

○高山 毛 殿

○札記。
○太。凌 大
○英房。南化
○天養。英房
○東。凌 是 按是東訛。
○南化。梅
○南化。梅
○金陵 同 各本下上有而字
索 秦文公……屬地
〔於是文公……○文 天養 父
竫。英房 南化。楓
梅 狩 靜。
集 葬於西山 ○葬 天養 蔡
慶 七左四。

○防。高山。妨。下。同。札記
○太。高山。凌 大
○天養。英房 南化
○天養。南化。英房
○東。慶 凌 是 按是東訛景。印。慶。元。本。是。改。東。
○天養。南化 梅
○天養。南化 梅
○此條之下可補「索……屬之地」
次行可補「**索** 其口止於鄜衍 ○索 無其口二字」
此行可削除
竫。天養。英房 楓
梅 狩 靜 竫。南化。諍。
此行可削除
慶 七右四。

（誤）

○。英房 南化
○魯。英房 楓
〔鄭高渠殺。眛。……○眛。南化
〔而立公孫無知〕
〔而立公孫無知〕
○齊 蜀。中統
○。南化 梅
○。中統 索。

（正）

○。天養 英房 南化
魯。天養 英房 楓
〔鄭高渠眛。殺。……○眛 天養。南化
次行可補「〔晉滅霍魏耿〕瀧一七、六 ○天養 無魏字」
次行可補左項
「〔晉滅霍魏耿〕 **索** 春秋魯閔公元年左傳云晉滅耿滅魏滅霍此不言魏史闕文耳又傳曰賜畢萬魏賜趙夙耿杜預注曰平陽皮氏縣東南有耿鄉永安縣東北有霍太山三國皆姬姓 ○金陵 同 慶 凌 殿 此不言魏史闕文耳八字傳字並無而賜畢萬魏四字移在耿字之下 索 無注字而自平陽皮氏縣至皆姬姓二十四字作霍在河東永安縣耿今河東皮氏縣耿鄉十六字 札記 疑此文錯簡非紀載之誤索隱系曲沃條上則已同今本」
○齊 蜀 慶 中統
○。天養 南化 梅
○。慶 中統 彭。

集 初作伏祠社

慶 九右三

○英房 南化

奚 南化 東

○南化 無人字 與 南化

○説 南化 悦

○常 桃古 南化

〔周王子積好牛〕

○南化 通志 無周字

○背 南化 東

南化 梅 無城字

〔使人與丕鄭歸〕

○南化 狩 東

次行可補「**正** 故磔狗以禦之 ○南化 故磔狗以禦之狗陽畜也」

慶 九左三

○天養 英房 南化

奚 天養 南化 東

○天養 南化 無人字 與 天養 南化

○説 天養 南化 悦

○常 天養 桃古 南化

〔遂之周周王子積好牛〕

○天養 南化 通志 不重周字

○背 天養 南化 東

○城 天養 南化 梅 地

次行可補「〔召呂郤呂郤〕瀧二四、二 ○天養 南化 無召呂郤三字」

○天養 南化 狩 東

（誤）

○英房 南化

○英房 南化

〔晉軍解圍〕……南化……無晉軍二字

〔乃衰經趺曰〕……○桃古

通志——趺行曰

○救 南化 楓

○天養

○南化 楓

子 天養 也

○南化 東

〔殺王弟帶〕

〔乃白乙丙將兵行曰百里〕

將兵行行曰 天養本日作曰 百里

○南化 東

（正）

○天養 英房 南化

○天養 英房 南化

〔冒晉軍晉軍解圍〕……南化 天養……不重晉軍二字

〔乃衰經跣曰〕……○天養 桃古

通志——跣行曰

○救 天養 南化 楓

○天養 南化

○天養 南化 楓

此條可削除

○天養 南化 東

次行可補「〔未有利晉之彊〕瀧二八、一〇 ○南化 重晉字」

〔乃白乙丙將兵行曰〕

將兵行行曰 天養本日作曰

○天養 南化 東

〔三十三年春〕
○桃古 南化
○英房 南化
○英房 南化
○桃古 南化 梅 狩 東 入於骨髓心
○英房 南化
○南化
○亦 東 恐 南化 亦恐苦民
南化 楓
辟 治要 通志
匿 天養 總
○虜 東 楓
○督 桃古……通志 察……
通志 其後 景 井 蜀 后

次行可補「〔秦兵遂東〕瀧三〇、六 ○南化 秦其兵遂東」
○天養 桃古 南化
○天養 英房 南化
○天養 英房 南化
○桃古 梅 狩 東 入於骨髓心 天養 南化 骨髓二字作髓心
○天養 英房 南化
○天養 南化
○亦 東 恐 天養 南化 亦 天養本亦作又 恐苦民
天養 南化 楓
辟 南化 治要 通志
此條可削除
○虜 天養 南化 東 楓
○督 天養 桃古……通志 察入 天養 人……通志 其後
天養 景 井 蜀 后

（誤）

英房 桃古

天養 無發字

○南化

〔乃誓於軍曰〕

○余 南化 吾

○天養 英房

○南化 ——

○采 南 淩 菜

○合 桃古 令

索 名豭

○天養 無晉字

靈公立天養本無立字

○三 南化 中統 彭 游 二 楓

〔景公母弟當〕

（正）

天養 英房 桃古

此條可削除

○天養 南化

次行可補「〔嗟士卒〕瀧三五、六 ○天養 嗟爾士卒」

○余 南化 吾 天養 予

○天養 英房 南化

○天養 南化 ——

○采 慶 南 淩 菜 按景印慶元本菜改采

○合 天養 桃古 令

次行可補「〔共公二年〕瀧三八、九 ○南化 共公立二年」

○天養 南化 無晉字

靈公立 天養南化本無立字

○三 中統 慶 彭 游 二 南化 楓

〔景公母弟富〕

○后。南化 厚
〔吴王……伐楚〕。
○南化 狩。
○南化 楓。
○南化 狩
○成。南化 楓
○與。南化 狩 豫
正 籍姑故城
索 簡公昭……無此注
〔壍洛城重泉〕……楓 三 路
○天養 無子字。
英房 桃古
○併。南化 狩 謙 并
○卑 紹。彭 畢。

○后。天養 南化 厚
此條之下可補「毛 伍子二字作吴子」
○天養。南化 狩
○天養。南化 楓
○天養。南化 狩
○成。天養 南化 楓
○與。天養 南化 狩 豫
次行可補 「〔靈公季父悼子〕瀧四五、八 ○天養 南化 靈公
季父悼公子」
此行可削除
此行可削除
○天養 無上子字。
○天養。英房 桃古
○併。天養 南化 狩 謙 并
○卑 紹。慶 彭 畢 南化。校。記。卑。

（誤）

○天養。無魏字

○南化。楓 三

裊。中統 游 裊

○丹 彭。南 北

○丹 彭。南……嵯 舟。

○獵 凌。彭 臘

○南。北 殿 金陵 同 各本滅下有之字

○梅。景 紹

○天養 南化。楓

○句。南化 通志

各本無南公……卒四字

茂 南化 梅 戊。

〔與韓襄王會臨晉外〕

（正）

○天養 南化。無魏字

○天養。南化 楓 三

裊 慶。中統 游 裊

○丹 慶。彭 南 北

○丹 慶。彭 南……嵯 舟 按。景。印。慶。元。本。舟。改。丹。

○獵 慶。凌 彭 臘

○索。南 北 殿 金陵 同 各本滅下有之字

○天養。南化。梅 景 紹

○天養 南化 斬。首。二。十。萬。楓

○句 天養。南化 通志

各本南公揭卒四字移在下文晉外

茂 南化 梅 戊 天養。戊。

此行可削除

〔與韓襄王會臨晉外〕

曰

桃古迎婦

○與南化豫

〔蜀候煇反〕

○芈楓三尾辛南化

芈戎二字作辛氏　戎梅氏

○與南化予

○南化——及取鄧

○南化謙

○詩彭韓嵯信

謙　校補君

〔司馬梗北處太原〕

次行可補「〔晉外濡里〕瀧六三、三　○毛　晉外下有南公揭卒四字」

曰　茂南化戊天養戊

桃古天養迎（天養作送）婦

○與天養南化豫

此行可削除

○芈天養南化楓三尾辛

戎天養南化梅氏

○與天養南化予

○天養南化——及取鄧

○天養南化謙

○詩慶彭韓嵯信（按景印慶元本信改詩）

南化謙　校補君

次行可補「〔王齕代將〕　○代慶伐南化　校記代（按景印慶元本伐改代）」

（誤）

〔張唐攻鄭拔之〕

○大[紹]。天。

無秦字

○[南化]。

五[天養]立[謙]。

○[英房][楓]。

氏。

○[楓][椷]。

○[南化]。[楓][椷]

（正）

次行可補「〔齕攻邯鄲〕瀧七八、四 ○[天養][南化] 王齕攻邯鄲」

○大[紹][慶]。天 按景印慶元本天改大

不重秦字

○[天養]。[南化]

五[天養]立[南化]。[謙]

○[南化]。[英房][楓]

氏[天養]。無。將。字。

○[南化]。[楓][椷]

○。[楓][椷]

秦始皇本紀第六

集 駰案司馬遷記事

○[英房] 下璽字作爾

次行可補「**集** 常言帝則依違但言上 常[毛]當」

此條可削除

○紹。無平字
〔遂破之〕
集 兵獄同制
淩一二左七。
○始。謙 景 蜀 治
○開 紹。彭 韓 門 謙 校記開。
○也。彭 淩 地。
○被 高 被
○南化。三 而去南
〔入海求僊人〕
○析 彭……游 淅 蜀。折。
○職 南化 體。
○彭。韓 嵯
○優。中統 游……嵯 憂。

○紹 索。無平字
次行可補「〔齊王用后勝計絶秦〕瀧二〇、一〇〇用 毛 欲」
次行可補「**集** 故稱廷尉 ○毛 廷尉二字作朝廷」
淩十二左七 ○英房。旐旌互倒
○始。南化 謙 景 蜀 治
○開 紹 慶。彭 韓 門 謙 校記開 按景印慶元本門改開
○也 慶。彭 淩 地 按景印慶元本地改也
此條之上可補「土 慶 上 按景印慶元本上改土」
○英房。南化 三 而去南
此條之下可補「僊 毛 仙」
○析 彭……游 淅 蜀 慶。折 按景印慶元本折改析
○職 南化 體 既。英房。改
○英房。彭 韓 嵯
○優 慶。中統 游……嵯 憂 按景印慶元本憂改優

（誤）

○因 通志 又

彭。韓 嵯

淩 淡 札記 字類引作倓

○阮 治要。詳節 坑

○居 南化。舍

南化。秋使者

○潤。彭 南……嵯 閏。

慶 中統 彭 游。殿

索 望于南海而刻石 ○金陵 同

各本無此注

○首。中統 彭……嵯 守。

〔貧房慠猛〕

索 詐謀作謀作

（正）

次行可補「〔三十萬人北擊胡〕瀧四七、一〇 ○北 英房 比」

英房。彭 韓 嵯

次行可補「〔然后不死之藥〕瀧五五、五 ○后 毛 後」

○阮 英房。治要 詳節 坑

○居 英房。南化 舍

英房。南化 秋使者

○潤 慶。彭 南……嵯 閏 按景印慶元本閏改潤

慶 中統 彭 游 毛。殿

此條可削除

○首 慶。中統 彭……嵯 守 按景印慶元本守改首

次行可補「〔率衆自彊〕瀧六二、九 ○彊 毛 疆」

此條之下可補「詐謀作謀詐五字作詐謀作三字」

賊 井 紹 賤

索 逮訓及也

桃 敦勉二字作誠字

〔未授使者〕

〔穿治酈山〕

○臧 桃古 南化

○脚 彭 韓 嵯 足

正 取大石於渭山諸山

○遂 南化 楓 棭

○紹 上士字作二

○英房 韋邯

○英房 桃古 發卒互倒

南化 楓 三 謙 中統 游 帷

賊 井 紹 毛 賤

次行可補「索 謂連及俱被捕 ○俱 索 但」

桃 勉字作誠字

次行可補「集 主乘輿路車 ○主 毛 王」

次行可補「〔天下徒送〕瀧六八、七 ○徒 英房 徙」

○臧 英房 桃古 南化

○脚 英房 彭 韓 嵯 足

次行可補「〔任用事〕瀧六九、一○ 集 郎中令 ○毛 無郎中令三字」

○遂 英房 南化 楓 棭

○紹 上士字作二 壇 英房 溜

○英房 章邯

○英房 桃古 發卒互倒 治要 吏發卒三字作發吏卒

次行可補「〔旁有宦者一人侍不敢去〕瀧八二、八 ○毛 一人侍三字作侍一人」

（誤）

○後。桃古 南化

各 英房 名

○樓。中統 凌 游 擾。

逃漢書作遁巡……

慶 中統 凌 游 殿。勾

集 地理志云

索 木生火

項羽本紀第七

○。楓 三 無中字

○楓 三 無項梁二字。

○某。彭 其 謙 校記某

（正）

○後 英房。桃古 南化

此條可削除

○樓 慶。中統 凌 游 擾 按。景。印。慶。元。本。擾。改。樓。

次行可補「〔秦無亡矢〕瀧九五、五 ○矢 毛 失」

慶 中統 凌 游 毛。殿 勾

次行可補「〔出子亨國六年〕瀧一〇四、八 ○亨 毛 饗」

次行可補「索 言曆運之道 ○曆 索 歷」

○英房。楓 三 無中字

○楓 三 無項梁二字 英房。無。項。字。

○某 慶。彭 其 謙 校記某

集　魏君兵卒之號也
戴本徑改兩陵字爲陸矣
索　徐廣云……陰陽者

索　按在氏至不疑二十九字

○滏　淩　澄
○旰　淩　肝
之景井蜀紹也
慶　六右六
很蜀狼
慶九左三
○楓三　無其字
○英房　南化　楓三
○桃古　南化　楓　三

次行可補「索　謂著青帽　○著　索　着」
次行可補「〔引軍而西〕瀧一〇、二　○軍　毛　兵」
次行可補「正　知亡秦者必於楚　○亡　慶　云　按訛景印慶元本云改亡」
前行可補「索　臣瓚與蘇林解同　○索　臣瓚與蘇林解同謂楚人怨秦雖三户猶足亡秦」
滏　慶　淩　澄　按景印慶元本澄改滏
○旰　慶　淩　肝　按景印慶元本肝改旰
之景井蜀紹毛也
慶　六左六
○很蜀淩　狼
慶九右三
○楓三索　無其字
○英房　楓　三
○英房　桃古　南化　楓　三

（誤）

○南化 蜀 三

○士 紹……游 七 彭 南……
嵯 土

○英房 楓 三

〔若屬皆且爲所虜〕

〔若屬皆且爲所虜〕

○者 南化 楓 三 慶 日

○豪 耿 慶 中統

○桃古 楓 三 未出辭也 辭

中統 游 辭

○楓 三 無小字

〔趙將司馬卬定河內〕

（正）

○英房 南化 楓 三

○士 紹……游 七 慶 彭 南……嵯 土 按景印慶元本土改士

○英房 南化 楓 三

次行可補「〔請以劍舞〕瀧三一、五 ○以 英房 拔」

次行可補「〔至軍門見樊噌樊噲曰〕瀧三一、六 各本噌字作噲
按瀧川本誤」

○者 慶 日 南化 校記者

○豪 英房 耿 慶 中統

○桃古 楓 三 未出辭也

此行可削除

○英房 楓 三 無小字

此行可削除

馬印定河内

當陽君黥布

〔廣弗聽〕

補追

○王慶 中統 彭

集 或在衡上也

○彭 韓

凌二八右一

集 今成皋城東汜水是也

金陵 機

○夏 景 井 蜀 耿 中統……賈

威勢廢兮 威勢廢兮

此行可削除

此行可削除

次行可補「〔荼擊殺廣無終〕瀧四六、七 ○英房 臧荼擊殺廣無終」

次行可補「〔榮因自立爲齊王〕瀧四七、一 ○英房 榮因二字作田榮」

○王 英房 慶 中統 彭

集 以犛牛尾爲之

○跳 慶 蹠 彭 韓

凌二八右一 ○英房 與漢王俱——

次行可補「**索** 溢爲滎澤 ○滎 索 榮」

金陵 機 南化 校記饑

○夏 景 井 蜀 耿 慶 中統……賈 按景印慶元本賈改夏

威勢廢兮 按桃源抄所引之古本作威勢廢威勢廢兮 威勢廢兮

（誤）	（正）
○注。彭凌韓嵯江高校記注。	○注慶。彭凌韓嵯江高校記注 按。景。印。慶。元。本。江。改。注。
○矣。梅尾矢謙失。	○矣南化。梅尾矢謙失楓。三。而。不。自。責。過。失。也。 矣作也

高祖本紀第八

（誤）	（正）
索 禮樂志云	前行可補「索 孟康注地神曰媪者 ○索 無此注八字」
○炫。彭凌刻后。彭凌英。	○炫慶。彭凌刻后慶。彭凌英 按。景。印。慶。元。本。刻。改。炫。而。英。改。后。
○始。彭凌媪。	○始慶。彭凌媪 按。景。印。慶。元。本。媪。改。始。
○取楓……韓及	此條之下可補「慶 反 按景印慶元本反改取」
楓三狩	此條可削除
準秘閣淮	此條可削除
索 爾雅顏額也	此下可補「索 此注上有應劭云顏額也六字」
○曰中統索。游金陵說	○曰中統。游金陵說

○水。通志 上
○桃。一本飲醉臥
○彥 南化。索 金陵 産
索 欒彥云——
南化 謙 岩 幻 瀧。
索 周禮小宰 ○各本宰字作司
寇二字
傳 耿 游。傳。
○常。南化。當
○。各本贐字作盡
○秘閣 引。入。上。坐。坐。桃古
秘閣 景 井 蜀 紹 毛 無者字
〔呂后與兩子居田中耨〕
○。札記 漢書

○水 秘閣。通志 上
○秘閣。桃 一本飲醉臥
○彥 索 金陵 産
此行之後可補「按言聖帝所至皆有福祐故酒讎數倍及衆驚怪
南化 楓 三 瀧」
南化 謙 岩 幻
此下可補「慶元本單索隱本作司寇云三字」
傳 耿 游 索。傳 下同。。
○常 秘閣。南化 楓。當
○。贐 索。賮。各本贐字作盡
○秘閣 桃古。
此條可削除而可補「秘閣 者字移在上文之賜告下」
此行可削除
秘閣。嬰。兒。作。嬰。子。札記 漢書

（誤）

〔令一人行前〕
○金陵 同　各本合下有者字
○南化 楓 三
○金陵 同
○桃古 彭
○秘閣 劉李所居
索　又音旂
索　按范曄云
〔天下方擾〕
〔平生所聞劉季諸珍怪當貴〕
珍字
金蚩尤愛……然者　岩本無者
隱
集　釁祭也　○釁 秘閣 舋

（正）

此行可削除
○索 金陵 同　各本合下有者字
○秘閣 南化 楓 三
○秘閣 索 金陵 同
○秘閣 桃古 彭
○秘閣 劉季所居
次行可補「〔諸郡縣皆多殺其〕瀧一四、七　○其 毛 共」
次行可補「**索**　剋城多所誅殺　○剋 索 尅」
此行可削除
此行可削除
此行可削除
金蚩尤受……然則
索
此行可削除

索　晉灼云

〔秦二世三年〕

集　枚狀如箸　○箸。……

索　鄭德音遏絶之遏

○從。狩　中韓　從

○。南化　謙　狩

索　金陵　僄劉……中統　彭　游。

無僄字

○夾。景　井　紹

韓　嵯　來。

蒲　秘閣　梅　滿

○。南化　楓　三

○。楓　三　狩

○南化。楓　三

○楓　三　無足字

次行可補「索　李登音千笠反　○千　索　千」

此行可削除

集　枚狀如箸　○枚。毛。銜。箸……

次行可補「索　徐廣音烏轄反　○轄　索　鎋」

○從　秘閣。楓。三。狩　中韓　從

○。秘閣　南化　謙　狩

索　金陵　僄劉……中統　彭　游　索。無僄字

○夾　秘閣。景　井　紹

韓　嵯　來　南化。校。記。夾。

此條可削除

○。秘閣　南化　楓　三

○。秘閣　楓　三　狩

○。秘閣　楓　三

此條可削除

（誤）

〔食基說沛公襲陳留〕

○皆 南化 楓 三

○年 秘閣 季

豫 紹 項 彭 預

○人 楓 三 民

○人 南化 楓 三

○南化 楓 三 謙

○金陵 同　各本曰上有名字

〔番君吳芮爲衡山王〕

君二字作六婆

〔都郴〕瀧四〇、五

〔都薊〕瀧四〇、六

〔漢王之國〕瀧四〇、九

○國 凌 也

（正）

〔食其說沛公襲陳留〕

○皆 秘閣 楓 三

此行可削除

豫 紹 項 彭 毛 預

○人 秘閣 楓 三 民

○人 秘閣 南化 楓 三

○秘閣 南化 楓 三 謙

○索 金陵 同　各本曰上有名字

此行可削除

此行可削除

此行可削除

此行可削除

此行可削除

○國 慶 凌 也

○引 南化 三 謙 狩
岩 中韓 慶 別
集 歐音惡后反
〔皆令人得田之〕
〔正月〕瀧四五、六
○八 淩 公
○持 南化 楓 三
○索 金陵 同 各本大上有鄉字
○南化 楓 三
〔何苦乃與公挑戰〕
恐士 南化謙岩本士作事謙本士下有卒
索 按三輔故事曰
○桃古 南化 楓

○引 秘閣 南化 三 謙 狩
岩 中韓 別
次行可補「**索** 吸以中涓從爲將軍 ○索 按表吸以中涓
從……」
次行可補「〔漢王之出關至陝撫關外父老還張耳來見漢王厚遇之〕
瀧四五、七 ○秘閣 楓 三 此二十二字移在上文正月之上」
此行可削除
○八 慶 淩 公 南化 校記八 按景印慶元本公改八
○持 秘閣 南化 楓 三
此條之下可補「夫 索 大」
○秘閣 南化 楓 三
次行可補「〔漢王傷匈〕瀧五八、一〇 ○匈 毛 胸」
恐士 南化謙岩本士作事謙本士下有卒
次行可補「楚漢相距於京索間六年 ○距 索 拒」
○秘閣 桃古 南化 楓

（誤）

南化 楓 三 謙 狩 野 中韓
不重便字 岩 下便字作略
○叛 楓 三 破
○南化 彭 韓 嵯
三人者皆人傑也
岩 野 高
○謙 因得尊
○桃古 景 蜀 南 北
○文 南 北 又
○中統 彭 游 濁河二字作黄河
集 設有持戟百萬之衆
索 姚察按虞喜云
○景 井 蜀 毛
謙 校記冐

（正）

秘閣 南化 楓 三 謙 狩 野 岩 中韓 不重便字
○叛 秘閣 楓 三 破
○彭 韓 嵯
三人者皆人傑也 楓 削去上人字
岩 野 高 瀧
○南化 謙 因得尊
○秘閣 桃古 景 蜀 南 北
此條之下可補「固 索 阻」
○慶 中統 彭 游 濁河二字作黄河 按景印慶元本黄改濁
次行可補「**集** 百萬十分之二 ○毛 之二二字空格」
次行可補「**索** 總言吴 ○總 索 摠」
○景 井 蜀 慶 毛
南化 謙 校記冐

○彭 無馬字……慶 彭 蜀
謙 高 校補面
○聞 秘閣 問 楓 三 梅 向
狶 秘閣 狶
○濁 彭 淩 滴
〔道舊故爲笑樂十餘日〕
蓋讀者旁注誤入
而無趙字
○秘閣 無已而二字 南化
○嵯 令誰互倒
○楓 三 王陵可也
〔此後亦非而所知也〕
二字作汝字
○將 楓 三 侯
○侯 南化 楓 三 謙

○慶 彭 無馬字……彭 殿
南化 謙 高 校補面
○聞 秘閣 楓 三 梅 問
此條可削除
○濁 慶 彭 淩 滴 按景印慶元本滴改濁
此行可削除
次行可補「〔齊緡王〕瀧八三、二 ○緡 毛 湣」
此條可削除
○秘閣 無已而二字 秘閣 南化
○秘閣 楓 三 嵯 令誰互倒
○秘閣 楓 三 王陵可也
此行可削除
此行可削除
○將 三 侯
○侯 秘閣 南化 三 謙

（誤）	（正）
高 岩 中韓 將	次行可補「〔丙寅葬〕瀧八六、四 **集** 徐廣曰五月 ○五 毛 七」
○。南化 楓 三 謙	○。秘閣 南化 楓 三 謙
集 故謂之原廟	次行可補「〔高祖所教歌兒百二十人〕瀧八七、四 ○祖 南化 帝」
〔呂太后時徙爲趙幽王〕	次行可補「〔忠之敞〕瀧八七、一〇 ○敞 南化 楓 三 弊 秘閣 獘」
○如 南化 楓。野……卯 謙。	○如 南化 野……卯 楓。謙
。謙 岩	。南化 謙 岩
索 尊卑之差也	此行可削除
索 裴又引音隱云	此行可削除
○人 南化。楓 三	○人 秘閣。南化 楓 三

呂后本紀第九

（誤）	（正）
〔後幾代太子者矣。〕	〔後幾代太子者數矣。〕
○。南化 楓 三	○。毛利 南化 楓 三

○札記 志疑云十七字當枉
○毛利 南 殿
○南化 三 桃
○楓 三 桃
○南化 楓 三
○南化 楓 三
○制 慶 彭 韓 嵯 稱 謙
毛利 舉兵欲
○子 彭 二楓
○南化 謙 高 同
○三 謙 無告字
〔諸侯皆以爲宜〕
〔時與出游獵〕
令 彭 游 合 謙 校記令

○札記 志疑云十七字當在
○慶 無呂祿二字 毛利 南 殿
○毛利 南化 三 桃
○毛利 楓 三 桃
○毛利 南化 楓 三
○毛利 南化 楓 三
○制 慶 彭 韓 嵯 稱 南化 謙
毛利 南化 舉兵欲
○子 慶 彭 二 南化 楓 按景印慶元本二改子
○毛利 南化 謙 高 索 同
○毛利 三 謙 無告字
次行可補「〔令太后崩〕瀧二九、一 ○令 慶 令 南化 校記令」
此行可削除
令 慶 彭 游 合 南化 謙 校記令

（誤）

○命。南化 三 謙 令

○。謙 無諸字

中統 無鈞字。

○毛利 然後后聽。

太 彭。大

彭 凌 游 南 殿。

（正）

命 毛利。南化 三 謙 令

○。毛利 謙 無諸字

中統 無鈞字 南化 校補鈞字

○毛利 然後后聽 按毛利本衍

太 彭 毛。大

彭 凌 游 南 毛。殿

孝文本紀第十

○喋 彭。凌 南 北 喋

〔寡人固已爲王矣〕

〔代王乃笑謂宋昌曰〕

〔御史大夫張蒼宗正劉郢〕

集 楚王名交

○喋 慶。彭 凌 南 北 喋

此行可削除

此行可削除

此行可削除

此行可削除

廻 延久 目。廻。 桃 中統 游 回
○桃。 ——千有餘歲
○楓。 三 高 狩
〔賜天下鰥寡狐獨窮困〕
○已 桃。 以 桃。 孤兒年九歲
肉 延久 完
〔遺太子〕 瀧一九、五
正 恐曆錯誤
〔以匡朕之不逮〕
○粢 延久 [illegible] 三。 資。
〔遂弟辟彊〕 瀧二二、四
○謙。 而後復相謾
○抵 耿。 拒
殺 延久 飯

廻 延久 桃 中統 游 回
○延久。 南。化 桃 ——千有餘歲
○延久。 楓 三 高 狩
此行可削除
已 延久。 桃 以 桃 延久。 孤兒年九歲
此條可削除
此行可削除
此行可削除
此行可削除
○粢 延久 [illegible]。
此行可削除
○南化。 謙 而後復相謾
○抵 耿 毛。 拒
此條可削除

（誤）

〔陸轢邊吏〕瀧二五、五
○彰。桃 章
○。金陵 同 各本非字作也
○領。南 凌 顏。
〔故夫馴道不純〕瀧二九、九
〔郎中令張武〕瀧三一、一
。桃 一本尚作上
各本杯字作桮。
○桃 中統。……
○桃。中統 凌 ……南 無日字
。謙 校補日。
○。金陵 同
索 作漢宮解詁也
○貴 北 責 延久。

（正）

此條可削除
○彰 延久。桃 章
○索。金陵 同 各本非字作也
○領 慶 南 凌 顏 按景印慶元本顏改領
此行可削除
此行可削除
延久。桃 一本尚作上
各本杯字作桮。延久 十七年得符瑞玉杯 按南化本引師說玉字上有符瑞兩字也并集先師點書之
○桃 中統 慶。……
○桃 慶。中統 凌 ……南 無日字 南化。謙 校補日 按景印慶元本補日字
○延久。金陵 同
次行可補「集 胡公曰」
○貴 北 責 延久 南化。

○延久 桃古
○楓 無地字
桃古 志
○去 南化 謙 不
服 楓 三 朔 南化 謙 昨 延久
——改正朔服封禪矣 謙 一本無
服字

○延久 南化 桃古
○楓 延久 無地字
桃古 志 按南化本引師説哀念爲正本也唯集注念字作志字異本也或本又有悲
字非也
○去 延久 南化 謙 不
服 延久 楓 三 朔 南化 謙 昨

孝景本紀第十一

○南化 楓 梜
〔歲星逆行天廷中〕
○彭 南……秦藩 無反字
慶 彭 南 凌 重悼惠王三字

○太治 南化 楓 梜
此行可削除
○慶 彭 南……秦藩 無反字 按景印慶元本補反字
○慶 彭 南 凌 重悼惠王三字 南化 削去一悼惠王

（誤）

○白 彭 南 凌 自……立 彭

南 凌 五

○豫 太治 衲 紹 中統 子

札記 北宋本脱主字

*正 嘉作喜 南化 謙 高

各本道字三字並無

食字作蝕而無之字

○悍 彭 韓 捍 謙 校記悍

○侯 彭 南 韓 嵯 范

三 謙 無方字

中統 游 音鼬鼠

〔合從而西鄉〕

〔安危之機〕

○梟 中統 彭 ……南 島

（正）

○白 彭 南 慶 凌 自……立 慶 彭 南 凌 五 按景印慶元本

自改白五改立

○豫 衲 紹 中統 子

次行可補「索 音林閭遊殤帝諱改之 ○索 無此注九字」

此行可削除

各本道字三字並無 南化 校補三

食字作蝕而無有字無之字

○悍 慶 彭 韓 捍 南化 謙 校記悍

○侯 慶 彭 南 韓 嵯 范 按景印慶元本范改侯

三 謙 蜀 無方字

中統 游 毛 音鼬鼠

〔合從而西鄉〕

此行可削除

○梟 慶 中統 彭 ……南 島 按景印慶元本島改梟

孝武本紀第十二

。○金陵 同　各本無武字

○索 金陵 同　各本無紳上二字

○蹄 游。啼

*正　一作臣安期生食巨棗大如瓜

南化 謙

〔而事化丹沙……金矣〕

○及 謙。爲

索　是也

○設。彭。誤。楓 三……高 校記設

毛。無。地。字

。○謙 金陵 同

之。謙 又

○索。金陵 同　各本無武字

此條可削除

○蹄 游 毛。啼

此行可削除

此條之下可補「沙 毛 砂」

○及 南化。謙 爲

次行可補「索　漢武獲一角獸　○索 無獲字」

○設 慶。彭 誤 南化。楓 三……高 校記設

毛。地。字。空。格

○南化。謙 金陵 同

之。南化 謙 又

（誤）

○毛　無薦字

○金陵　同

〔而羣儒采封……牛事〕

○金陵　同　各本無主字

○楓　三　謙

○景　衲　井……中統　游。

○謙　凌　金陵　同

○楓　三　謙　無焉字

集　韋昭日

○耿　慶……殿　遠則……瑰偉

○三　音女語録反

索　閶闔之内

○索　金陵　同

〔行親郊用駒〕

（正）

○毛　薦字空格

○索　金陵　同

此條之下可補「儒　毛　臣」

○索　金陵　同　各本無主字

○南化　楓　三　謙

○景　衲　井……中統　游　毛。

○南化　謙　凌　金陵　同

○南化　楓　三　謙　無焉字

次行可補「〔且僊人好樓居〕瀧四一、七　○僊　毛　仙」

此條之下可補「梨　索　黎」

此條可削除

次行可補「索　別風嶢嶢是也　○嶢　索　堯」

○金陵　同

次行可補「〔悉以木禺馬〕瀧四九、九　○禺　毛　耦」

謙。校補命曰

〔泰一利。土〕

吳太伯世家第一

〔歌邶鄘衛〕

慶 中統 彭。 凌 殿

蜀 紹 慶 中統 彭。 凌 殿

*正 纛資也

*正 宿音戚

○以 景 井……彭 殿。 已

○繇 景 井……彭。 殿 鯀

〔有顛越勿遺〕

南化。 謙 校補命曰

〔泰一后。土〕

此條之下可補「鄘 毛 庸」

慶 中統 彭 毛。 凌 殿

蜀 紹 慶 中統 彭 毛。 凌 殿

次行可補「〔吾不敢觀〕瀧一八、一 **集** 周用六代之樂 ○代 毛 伐」

次行可補「〔聞鐘聞〕瀧一九、二 **集** 孫文子鼓鐘 ○孫 毛 繇」

○以 景 井……彭 毛。 殿 已

○繇 景 井……毛。 凌 殿 鯀

次行可補「**集** 服虔曰顛隕也 ○隕。 毛 殞」

○之景井慶中統彭。殿事（誤）

○之景井慶中統彭毛。殿事（正）

齊太公世家第二

〔君安能進乎〕

集　高唐

索。濟南東……西北　○南景紹……凌。殿陽

○景井……彭。凌殿金陵

○景紹慶中統彭。凌

○監景井……彭。凌殿闞

○景井……彭。凌殿金陵

○井慶中統彭。凌　此注六字作抑自是　井慶中統。凌本是作出

此條之下可補「安毛女」

次行可補「〔使欒盈閒入〕瀧四二、四　○閒毛門」

集。濟南東……西北　○南景紹……毛。凌殿陽

○景井……彭毛。凌殿金陵

○景紹慶中統彭毛。凌

○監景井……彭毛。凌殿闞

○景井……彭毛。殿金陵

○井慶中統彭毛。凌　此注六字作抑自是　井慶中統毛。凌本是作出

魯周公世家第三

○蓺 景 井 紹 慶 彭。 淩 藝

○景 井 中統。 殿 以其互倒

三 梅 重下周字

下叛周也……蔡之流言

〔一飯三吐哺〕

○密 景 蜀 慶 彭。 淩 殿 寧

○景 井 慶 中統 彭。 淩 殿

殿 金陵 柴。下同

○泰 紹 慶 中統 彭。 淩 殿 太

○蔿 景 紹 毛 窩。

〔侍喪舍于黨氏〕

○蓺 景 井 紹 慶 彭 毛。 淩 藝

○景 井 中統 毛。 殿 以其互倒

此條之下可補「阼 毛 祚」

次行可補「〔伯禽代就封〕瀧八、五 ○代 毛 伐」

次行可補「〔放蔡叔收〕瀧九、二 ○收 毛 放」

○密 景 蜀 慶 彭 毛。 淩 殿 寧

○景 井 慶 中統 彭 毛。 淩 殿

殿 金陵 柴 毛。 柴。下同

○泰 紹 慶 中統 彭 毛。 淩 殿 太

○蔿 景 紹 毛 窩 下。同。

次行可補「〔慶父與哀姜〕瀧三二、五 ○父 毛 文」

（誤）

彭。凌殿金陵

○止景井……彭。殿不

○景井慶中統彭。凌殿

彭。凌殿衢

○頃景井……彭。凌傾

（正）

彭毛。凌殿金陵

○止景井……彭毛。殿不

○景井慶中統彭毛。凌殿

彭毛。凌殿衢

○頃景井……彭毛。凌傾

燕召公世家第四

○哥蜀凌殿歌。

○頹井蜀……凌。殿頹

○楓梅蜀紹。殿無人字

彭。凌殿金陵

○哥蜀凌殿歌毛。哥。詠。二。字。作。歌。誅。

○頹井蜀……毛。凌殿頹

○楓梅蜀紹毛。殿無人字

彭毛。凌殿金陵

管蔡世家第五

〔母日。太姒〕

〔次日。成叔武〕

〔次日。康叔封〕

〔次日。叔季載〕

〔封叙。度於蔡〕

○固 [敦煌][景][井]……[彭]。……

○甲 [敦煌][井][蜀][慶][中統]。[殿]

[景][井][紹]……[彭]。[凌][殿]

○離 [景][井]……[彭]。[凌][殿] 罹

〔母曰。太姒〕

〔次曰。成叔武〕

〔次曰。康叔封〕

〔次曰。叔季載〕

〔封叔。度於蔡〕

○固 [敦煌][景][井]……[彭][毛]。……

○甲 [敦煌][井][蜀][慶][中統][毛]。[殿]

[景][井][紹]……[彭][毛]。[凌][殿]

○離 [景][井]……[彭][毛]。[凌][殿] 罹

陳杞世家第六

（誤）

○景井……彭。淩殿

○擔井蜀……。淩金陵檐

（正）

○景井……彭毛。淩殿

○擔井蜀……毛。淩金陵檐

衛康叔世家第七

○蔡慶彭。淩

○已景井慶彭。淩以

慶彭淩。游殿

○遬景井……淩。游殿速

○蔡慶彭毛。淩

○已景井慶彭毛。淩以

慶彭毛。淩游殿

○遬景井……毛。淩游殿速

宋微子世家第八

蔡耿……淩。游殿

○陟井紹……。游殿涉

井蜀耿。聲如

○詳景井……耿慶彭。

○人景井……。淩游殿大

○循景井……。淩游殿修

○安景井……。淩游殿康

晉世家第九

○介景井……。淩殿界

○阪井紹……。淩殿坂

蔡耿……毛。淩游殿

○陟井紹……毛。游殿涉

井蜀耿毛。聲如

○詳景井……耿慶彭毛。

○人景井……毛。淩游殿大

○循景井……毛。淩游殿修

○安景井……毛。淩游殿康

○介景井……毛。淩殿界

○阪井紹……毛。淩殿坂

（誤）

○阪耿慶彭凌。殿坂
○景井……彭。凌下夏
○大景井……凌。游太
○猶耿慶彭凌。游殿尤
○景井……凌。殿陽平互倒
○度蜀耿……凌。游殿渡
○阪耿慶彭凌。游殿坂
金陵事耿索。仕
○井紹……凌。游殿
○殺井蜀……凌。殿
○殺井蜀耿慶彭。
○殺井蜀……凌。殿弒
○度慶彭凌。游渡
○惟井蜀游。唯

（正）

○阪耿慶彭毛。凌殿坂
○景井……彭毛。凌下夏
○大景井……毛。凌游太
○猶耿慶彭毛。凌殿尤
○景井……毛。凌殿陽平互倒
○度蜀耿……毛。凌游殿渡
○阪耿慶彭毛。凌游殿坂
金陵事耿毛。仕
○井紹……毛。凌游殿
○殺井蜀……毛。凌殿
○殺井蜀耿慶彭毛。
○殺井蜀……毛。凌殿弒
○度慶彭毛。凌游渡
○惟井蜀毛。游唯

楚世家第十

○蚤景井……游。殿早
○濮景井……凌。游卜
○蚤景井……凌。游殿早
○陂景井……凌。游陵
○銘景井……游。殿金陵名
○莊景蜀……凌。游殿杜
○莊景井……凌。游殿杜
○莊景井……彭。凌
○惟景井……凌。游
○景井蜀耿慶彭。凌殿
○景井耿慶。游殿
○景井……凌。殿不重南字
○惟景井……凌。殿唯

○蚤景井……毛。游殿早
○濮景井……毛。凌游卜
○蚤景井……毛。凌游殿早
○陂景井……毛。凌游陵
○銘景井……毛。游殿金陵名
○莊景蜀……毛。凌游殿杜
○莊景井……毛。凌游殿杜
○莊景井……彭毛。凌
○惟景井……毛。凌游
○景井蜀耿慶彭毛。凌殿
○景井耿慶毛。游殿
○景井……毛。凌殿不重南字
○惟景井……毛。凌殿唯

（誤）

○佯井蜀……彭。凌

○景井耿慶彭。凌

○騶景慶彭。凌

○昔景井……凌。游夕

○景井……凌。殿無而字

○三景蜀紹耿。秦

越王句踐世家第十一

○景井……凌。游殿

○十景井……凌。殿千

（正）

○佯井蜀……彭毛。凌

○景井耿慶彭毛。凌

○騶景慶彭毛。凌

○昔景井……毛。凌游夕

○景井……毛。凌殿無而字

○三景蜀紹耿毛。秦

○景井……毛。凌游殿

○十景井……毛。凌殿千

鄭世家第十二

耿彭。凌游頳
彭。凌殿弊
紹慶彭。凌游踈

耿彭毛。凌游頳
彭毛。凌殿弊
紹慶彭毛。凌游踈

趙世家第十三

○祀景井……凌。游殿
○因景井……彭。凌游
○景井……游。殿無三所字
○滿景井……凌。游殿端
○弟景井……凌。游殿悌
○景井……凌。游殿

○祀景井……毛。凌游殿
○因景井……彭毛。凌游
○景井……毛。游殿無三所字
○滿景井……毛。凌游殿端
○弟景井……毛。凌游殿悌
○景井……毛。凌游殿

（誤）

○秫景井……。凌游殿鉥
○景井……彭。凌游
○哀景井……。游殿襄
沾景井……。凌游治
○景井……彭。凌游殿
○噲景井……。凌游庫廏
景井……。凌殿廡
牆景井……。游殿墻

（正）

○秫景井……毛。凌游殿鉥
○景井……彭毛。凌游
○哀景井……毛。游殿襄
沾景井……毛。凌游治
○景井……彭毛。凌游殿
○噲景井……毛。凌游庫廏景井……毛。凌殿廡
牆景井……毛。游殿墻

魏世家第十四

景。紹……。凌游
○鄴景。耿……。凌游
○景。紹……。凌游
○俱景。慶……凌游殿

○景井。紹……毛。凌游
○鄴景井。耿……毛。凌游
○景井。紹……毛。凌游
○俱景井。慶……毛。凌游殿

○從景。耿……凌徙　僕。毛漢

○從景井。耿……凌徙　僕井。毛漢

韓世家第十五

○景紹。……凌。游殿

○紹慶彭。凌游

○景井。紹……毛。凌游殿

○紹慶彭毛。凌游

孔子世家第十七

○與景耿。豫

○上景蜀。……凌。游殿正

○后井耿……凌。游殿後

○采景……凌。游

○擾慶彭。凌殿金殿耰

○與景耿毛。豫

○上景井。蜀……毛。凌游殿正

○后井耿……毛。凌游殿後

○采景……毛。凌游

○擾慶彭毛。凌殿金殿耰

（誤）

○也耿慶彭。凌游殿者

○景井……凌。游金陵

○知耿慶……凌。游殿智

○五景耿……凌。游殿王

景。蜀……凌。游殿

○也紹耿……凌。游周

○餟景井……彭。殿餧

○景井……彭凌。游

彭潔。凌殿潔

○始景井……凌。游殆

○禮景蜀……凌。游殿

○景紹……凌。游殿

（正）

○也耿慶彭毛。凌游殿者

○景井……毛。凌游金陵

○知耿慶……毛。凌游殿智

○五景耿……毛。凌游殿王

景井。蜀……毛。凌游殿

○也紹耿……毛。凌游周

○餟景井……彭毛。殿餧

○景井……彭毛。凌游

彭潔毛。凌殿潔

○始景井……毛。凌游殆

○禮景蜀……毛。凌游殿

○景紹……毛。凌游殿

陳涉世家第十八

○弟蜀耿……凌。殿第
○景井……凌。游殿
○弟蜀耿……凌。殿第
○弟耿慶彭凌。殿第
○景。紹……凌。游殿
○耳景蜀。……彭。凌殿其
○景。耿……游。殿無之字
○遺景。蜀……凌。游殿遺
○如景。蜀……凌。游殿知
○景。耿……凌。游殿
○景耿。……凌。游殿

○弟蜀耿……毛。凌殿第
○景井……毛。凌游殿
○弟蜀耿……毛。凌殿第
○弟耿慶彭毛。凌殿第
○景井。紹……毛。凌游殿
○耳景井。蜀……彭毛。凌殿其
○景井。耿……毛。游殿無之字
○遺景井。蜀……毛。凌游殿遺
○如景井。蜀……毛。凌游殿知
○景井。耿……毛。凌游殿
○景井。耿……毛。凌游殿

外戚世家第十九

（誤）

○弛景井……慶。凌弛

○疏景井……慶凌。殿踈

○妒景井……凌。殿妬

○妒景井……凌。殿妬

（正）

○弛景井……慶毛。凌弛

○踈景井……慶毛。凌殿踈

○妒景井……毛。凌殿妬

○妒景井……毛。凌殿妬

齊悼惠王世家第二十二

○埽景井……凌。殿掃

○埽景井……毛。凌殿掃

蕭相國世家第二十三

○鄉。紹蜀……凌。殿陽　——　○鄉井。紹蜀……毛。凌殿陽

○貰景蜀……凌。殿買　——　○貰景蜀……毛。凌殿買

曹相國世家第二十四

○井蜀……彭。相國二字　——　○井蜀……彭毛。相國二字

○景井……彭凌。殿　——　○景井……彭毛。凌殿

○名景蜀……凌。殿命　——　○名景蜀……毛。凌殿命

留侯世家第二十五

○常景井蜀……彭殿。嘗　——　○常景井蜀……彭毛。殿嘗

（誤）

○起景。蜀……凌。殿金陵趨

（正）

○起景井。蜀……毛。凌殿金陵趨

陳丞世家第二十六

○娼景井……凌。殿婳

○景井……凌。殿無世字

○立井蜀……凌。殿在

○使井蜀……凌。殿便

○娼景井……毛。凌殿婳

○景井……毛。凌殿無世字

○立井蜀……毛。凌殿在

○使井蜀……毛。凌殿便

絳侯周勃世家第二十七

○橈彭凌……耿蜀。曉

○橈彭凌……耿蜀毛。曉

梁孝王世家第二十八

○議[景][蜀]……[凌]。義

○[景][蜀]……[凌]。[殿]……[凌]。[殿]

五宗世家第二十九

○[景][紹]……[凌]。[殿]

三王世家第三十

○㧖[景][蜀]……[凌]。扼

○孰[景][井][蜀][紹]。熟

○議[景][蜀]……[毛]。[凌]義

○[景][蜀]……[毛]。[凌][殿]……[毛]。[凌][殿]

○[景][紹]……[毛]。[凌][殿]

○㧖[景][蜀]……[毛]。[凌]扼

○孰[景][井][蜀][紹][毛]。熟

（誤）

○帥景井……彭殿師

○軼景井……彭凌殿佚

（正）

○帥景井……彭毛殿師

○軼景井……彭毛凌殿佚

伯夷列傳第一

（誤）

〔傳天下若斯之難也〕

〔睹軼詩……

……胎字作臺或作怡……

……凌比 按景印……

〔咸擇地……

……楓三——夫道……

索　誼作鵬鳥賦云然

〔徇夫徇財〕

（正）

此行之前可補「〔示天下重器〕瀧六、一　○南化無示字」

〔睹軼詩……

……胎字作台或作怡……

……凌比南化校記北 按景印……

〔或擇地……

……慶三——天道……

索　誼作鵬鳥賦云然

〔貪夫徇財〕

○慶。彭凌殿。若貪夫徇財烈士徇名。	○財。慶彭凌殿名。南化。若貪夫徇財烈士徇名 按景印慶元本補財烈士徇四字
正 趣音趨舍音捨	次行可補「〔非青雲之士〕瀧一七、一〇 *正 以指青雲天上故云志大之士 南化」

管晏列傳第二

正 鮑叔牙日。	正 鮑叔牙曰。
索 莊仲山産。仲夷吾	索 莊仲山産敬。仲夷吾
集 羅。一曰……作四羅。者……	集 四。維。一曰……作四維。者……

老子韓非列傳第三

正 李母晝夜……○。札記 王柯同……	正 李母晝夜……○晝。凌。畫。札記 王柯同……

（誤）

索　耼耳曼也

○[索]無音祛二字

于[慶][彭][凌][殿]子

……[彭][游][凌][殿]陰

索　後遂下獄……[殿]無是字

正　博文廣言句也

○[索]無所字

凌一○右四

○[南化]無甚字

甚[楓][三]其

瀧二七、一

〔下治吏非〕……[殿]治吏互倒

（正）

索　聃耳曼也

○[索]此三字作上音胠而在胠篋猶言之上

于[慶][彭][凌][殿][金陵]子　按瀧川本誤

……[彭][索][游][凌][殿]陰

此行可在次行之後

正　博文廣言句也

○[索]下所字作則

凌一○右四　○[索]無所字

○[南化][楓][三]無甚字

此條可削除

瀧二六、一○

〔下吏治非〕……[殿]吏治互倒

司馬穰苴列傳第四

○南化 楓 三 爲奮出皆爲——

孫子吳起列傳第五

……慾隱而勿復 南化楓梅本無復字

見後 三條本無後字

○楓 三 無王字 楓三本有或王字

移在卒字上八字注

〔其後……〕……魏伐趙王

糾 索 紖 下同

索 搏戟二音……作音搏戟三字

〔使齊軍……〕……爲十萬減竈

○南化 楓 三 争奮出皆爲——

……慾隱而勿見後

○南化 楓 三 無王字 南化楓三本有或王字移在卒字上八字注

此行可削除

此條可在前行之末

索 博戟二音……作音博戟三字

此行可削除

（誤）

……[三]卒　南化本又有或作士。三字注

……不與〕。……〇。[三]梅　——以明其不與。

……[三]　夫魯國也。……

〇[南化]。[楓][三]　無卒字

……鄒氏二字。

〔若君不修得。〕

〇。[高][毛]　無欲字

〇夫[南化]。[三]　哉

伍子胥列傳第六

〔無寵於平王〕……〇[南化]　無於平王三字

（正）

……[三]卒　南化本又有或作兵。三字注

……不與齊。也。〕……〇[南化]。[三]梅　——以明其不與齊。也。

……[三]　夫魯小。國也

〇[南化]　卒。字。苦。字。並。無。[楓][三]　無卒字

……鄒氏二字　弋。[索]。戈。

〔若君不修德。〕

〇。[南化]。[高][毛]　無欲字

〇夫。[三]　哉

此行可削除

不載悉
○楓三自太子——
○南化楓三無平
王二字
○楓三無平字
○南化楓三無楚字
〔伍胥遂亡〕……無伍字
○俱南化梅往
○楓三梅景……
〔吾故倒行而逆〕
○南化闔廬病創而將死
益三高爲
○南化楓三深字……

不悉載
○南化楓三自太子——
○楓三無平
次行可補「〔伍奢知無忌讒太子於平王〕瀧三、六 ○南化無於
平王三字」
○南化楓三無平字
○楓三無楚字
此行可削除而可補「〔奢聞子胥之亡也〕瀧五、三 ○南化伍奢
聞——」
俱梅往
○南化楓三梅景……
〔吾故倒行而逆施之〕
○南化而闔廬病創將死
○益南化三高爲
○南化無深字 楓三深字……

（誤）	（正）
……三 其使於齬齊也	……三 其使齬於齊也
〔常鞅鞅……〕……南化 言	此行可削除
索 在淮南……	次行可補「*正 槖音柘 南化」
○南化 楓 三 無其字	○楓 三 無其字
向字	次行可補「〔白公如不自立爲君者〕瀧二三、八 ○南化 無白公二字」

仲尼弟子列傳第七

（誤）	（正）
索 今此傳序之 ○殿 無此字	此行可在次行之後
原脱喭字今補	原脱喭字今補 按札記引正義又字作喭
按此三字……正義佚文者不少	此條可削除
索 貪而……作能樂	此行可在次行之後
〔孔子皆後之……	〔然孔子皆後之……

索　家語……五十三字
○三　南化　二　楓　三……
集　冉言之者　○景　冉言……
……使於濟〕……此九字於上文之
好廢舉時轉貨資上
索　因而争寵……争寵五字
○南化　三　不以……
札記　鈇字柯本誤鈇……
……南化　楓　三　無曰汝二字
瀧三一、二
○梅——參然在目前
……三　梅　校記題
……三　梅　校記劫
……梅　校補昌

此行可在次行之後
○南化——三十五或作歲　二　楓　三……
集　再言之者　○景　再言……
……使於齊〕……此九字於下文之
好廢舉與時轉貨貲下
此行可在次行之後
○三　不以……
札記　鈇字柯本誤鈇……
……楓　三　無曰汝二字
瀧三一、一
○南化　梅——參然在目前
……南化　三　梅　校記題　按景印慶元本提改堤
……三　梅　校記劫　按景印慶元本刧改劫
……梅　校補昌　城　慶　成　南化　校記城　按景印慶元本成改城

（誤）

……殿 無門字
○彭 重子字
〔恥也〕……一六右八
集 孔安國曰……食祿
……楓 三 校記閱
〔冪盪舟〕
○梅 稷播……
葴 南化 楓 三 葴
……彭 不重子字
〔瞿瞿傳楚人……〕
……凌 殿 僚
索 宗桓魁……作以
……桓魁之弟也魁爲……

（正）

……殿 無門字 南化 校補門
○慶 彭 不重子字 南化 校補子字 按景印慶元本補一子字
此行可削除
此行可削除
……楓 三 校記閱 按景印慶元本改閱
此行之前可補「〔問孔子曰〕 瀧三七、二 ○南化 容問孔子曰」
○南化 梅 稷播……
……楓 三 葴 札記 設文玉篇廣韵並無葴字疑箴之訛索隱一音其炎反是其證説見後 按札記之説與南化楓三各本合葴箴恐通用
……彭 不重子字 按景印慶元本補一子字
〔瞿傳楚人……〕
……凌 殿 僚 南化 校記寮
此行可削除
……桓魁 南化本作魄下同 之弟也魁爲……

……難慶言。

〔言可復也〕

……楓三校記噣。

集 故受之……按紹興本誤。

○札記 志疑引宗本

〔曹邮……〕……三無子字

……楓三紀于左方。

〔冉季字子産〕……○南化三無子字

……難慶言 按景印慶元本言改難

次行可補「**集** 何晏曰 ○南化 何晏二字作馬融」

……楓三校記噣 按景印慶元本濁改噣

此行可在次行之後

○南化 無子字 札記 志疑引宗本……

此行可在少孔子五十歲前

……楓三紀于左方 按南化本引正義本無方字

此條之下可補「按南化本引正義本冉季以下四十二人之位次與今本史記甚異今以數字示 冉季(1) 公孔句兹(2) 秦祖(10) 漆雕哆(28) 顏高(7) 漆雕徒父(13) 壤駟赤(34) 商澤(11) 石作蜀(23) 任不齊(40) 公良孺(20) 后處(6) 秦冉(42) 公夏首(22) 奚容蔵(32) 公肩定(12) 顏祖(30) 鄡單(38) 句井彊(15) 罕父黑(36) 秦商(4) 申黨(25) 顏之僕(27) 榮旂(14) 縣成(29) 左人郢(9) 燕伋(17) 鄭國(35) 秦非(16) 施之常(18) 顏噲(41) 步叔常(21) 原亢籍(8) 樂欬(26) 廉絜(33) 叔中會(19) 顏何(31) 狄黑(39) 邦選(24) 孔忠(37) 公西輿如(3) 公西箴(5)

(誤)

〔秦祖字子南〕

……楓三無子字。

○南化。楓三無高字。

凌二二左七。

……梅 商澤字 南化三本無字 季

南化。三無子字

……凌殿。

○南化。三。無子字

〔夏首字乘〕……○首南化。楓

三守。梅。夏首字乘子

○箴。景井……

……三仲。

(正)

此行之前可補「〔公祖句茲字子之〕瀧四八、九 ○索 此正文七字出於下文申黨字周之後」

……楓三無子字 索。無字子斂三字

○南化 無字字 楓三無高字 索 無高字二字 按南化本引正義本無子字

凌二二左七 ○索 無子字

……梅 商澤字 三條本無字 季

○南化 無正字 三 無子字

……凌殿 按幻雲云正義本亦作三十二人雖然三恐四之訛歟

○三 索 無子字

〔公夏首字乘〕……○首 楓三守 南化 梅 公夏守 南化梅本首字作守 字子乘

○蒇 景井……

……三仲 索 無子字

〔鄒單字子家〕

此行之前可補「*正　公肩定字子中晉人也　南化」

○南化　三。無字子不三字

○南化　三　索。無字子不三字

〔申黨字周〕。

〔申黨字周〕。

○三　無旂字。

○三　無旂字　南化。旂字作旗而無字字

凌　祺　南化。楓　三　……

凌　祺。楓　三　……

〔燕伋字思〕

此行之前可補「〔縣成字子祺〕瀧五一、五　○祺　南化　旗」

……三　索　級。思。

……三　索　級　按南化本引正義本亦作級　思　索。

〔樂欬……〕……字子聲三字

此行可在廉絜字庸之前

……慶元本旋改璇。

……慶元本旋改璇。

相配

次行可補「*正　葴音針　南化」

商君列傳第八

凌　金陵　座　下同

次行可補「*正　座在和反　南化」

（誤）	（正）
〔今者王問……〕	次行可補「〔東復侵地〕瀧三、八　*正　復音伏　[南化]」
○聽　[南化]……	○[楓][三]　不重時字　聽　[南化]……
〔吾說公以霸道〕	此行之前可補「〔吾說公以帝道〕瀧四、二　○[南化]　吾說孝公以帝道」
……比三　無代字。	……比三　無代字　按索隱本出比三之二字耳而依下注則單本亦無代字
索　下同比三……	此行之前可補「索　說音稅　○[慶][彭][凌][殿]　此注三字移在下文故吾以彊國之術說君之下」
〔不法其故〕	此行之前可補「〔而可與樂成〕瀧六、三　*正　樂成上音洛　[南化]」
〔要於故俗〕	〔安於故俗〕
○[札記]　舊刻……	○[索]　夏殷互倒　[札記]　舊刻……
○伍　[紹][慶]……	○民　[索]　人　按唐諱　伍　[紹][慶]……
索　而九家連舉	次行可補「*正　言十保之內一家犯罪並收保內之人相連坐也　[南化]」

……梅 高 治。

梅 校記卒 札記 北宗柯凌本訛卒

瀧九、五。

〔自上犯之〕

……後人誤并。

索 當記於……

凌五右六。

正 疆音彊 ○。札記 ……

○。耿 無貪位二字

索 是爲自勝

……十二諸侯。

……梅 高 治 按南化本引正義本作活

次行可補「*正 率音律又音類 南化」

瀧九、四。

次行可補「〔明日秦人皆趨令〕瀧一〇、六 ○人 南化 民」

……後人誤并 按南化本引正義本庭字作廷

次行可補「*正 冀記也闕門也前象魏也記列令門闕 南化 按合刻者嫌與索隱重複而削去歟」

凌五右六 ○按南化本引正義本疆字作彊

正 疆音彊 ○彊 慶 彊 按南化本引正義注此三字作彊音疆而幻雲云正義封疆之疆作彊故云彊音疆又按如瀧川本作疆音彊者妄改 札記……

○南化 無貪名二字 耿 無貪位二字

次行可補「*正 言酷刑嚴令自勝其法謂爲彊 南化 按合刻者嫌與索隱重複而削去歟」

十二諸侯 按各本作十二諸侯疑札記之誤乎

（誤）

＊正　相謂送杵以音聲曲禮　南化幻本禮下有自勸也三字瀧川本訛脱　不舂不相　按上四字非正義注文……

○南化　楓　三……

索　鄒誕音

索　九勿反

索　矛戟者名

○南化　楓　棭　三　此四字作灌非於園耶五字

〔秦國之教〕

〔秦王一旦……

〔商君秦之賊〕

……此四字作其非實也

（正）

＊正　相謂送杵　南化本有聲字　以音聲　南化幻本聲下有自勸也三字瀧川本訛脱　曲禮不舂不相　按上六字非正義注文……

○南化　無騍字至禍字十七字　楓　三……

索　鄒誕音吐藹反

索　屈音九勿反

索　並古良匠造矛戟者名

○南化　此四字作灌韮於園　楓　棭　三　作灌菲於園

此行削除

〔寵秦國之教〕

次行可補「〔亡可翹足而待〕　瀧一九、一〇　○南化　無此六字」

次行可補「〔遂内秦〕　瀧二〇、九　○南化　楓　三　遂送内秦」

……此四字作其非實矣

峻法嚴刑。政化。……

……封疆。農爲……

集　北收上郡

集　周室歸籍

集　存亾繼絶

集　蔽芾。

集　霸者之佐。

蘇秦列傳第九

……凌殿謂。

贊異。瀧

索　朝鮮朝。仙二音……

……彭。凌殿谷。

……峻法嚴刑　南化本無刑字　政化……

……封疆　南化本作彊　則農爲……

次行可補「集　長雄諸侯　*正　長丁丈反　南化」

次行可補「*正　籍在故反　南化」

次行可補「集　藉使孝公遇齊桓晉文　*正　藉嗟衣反　南化」

集　蔽芾甘棠之詩

集　霸者之佐哉。

……凌殿謂　按景印慶元本改謂　札記。警云渭疑當作謂

南化。贊異　瀧

索　朝鮮潮。仙二音……

……彭索。凌殿谷　按四庫全書考證云刊本合訛谷據漢書地理志改

（誤）

○碣［索］堨。

○。［棭］［三］［高］見……

……［彭］［毛］。［游］……淇 毛本作期

卷。

……［殿］兵［南化］校記丘。

……林盧。縣西北林盧……

索 又音躓

淩七左二。

……［梅］［高］校記關。

索 謂六國之軍

……後人所改也。

索 其説異也

……有鞏洛成臯之固。

（正）

○碣［索］揭。

○。［南化］［棭］［三］［高］見……

……［彭］。［游］……淇卷。［毛］。據衛取㴊巷 毛本卷字作巷

……［殿］兵［南化］校記丘 按四庫全書考證云刊本丘訛兵今改

……林盧 南化本盧字作慮下同瀧川本誤索隱可證 縣西北林盧……

次行可補「*正 刳割也［南化］」

淩七左二 ○按南化本引正義本河漳互倒

……［梅］［高］校記關 按南化本引正義本無漳字而闕字作關

次行可補「*正 六國爲從親相輔以秦爲賓秦兵必不敢出函谷關以害山東矣此則霸業成［南化］」

……後人所改也 按南化本引正義本亦作溢

次行可補「*正 二十四兩曰溢［南化］按合刻者嫌與索隱重複而削去歟」

……有鞏洛成臯之固［南化］。刪去洛字

正 然始發之

集 魏氏武卒

凌一二右八

索 廟音斯 ◯ 廟 索 廁

字作豪鼇……各本作豪鼇

……游 凌 猲 殿 喝……

海嵎

〔天下之賢王也〕

……作黔中徐廣曰今之武陵也十字

索 蓋耳疏也

次行可補「〔皆出於冥山〕瀧一八、九 *正 莊子云云 南化本節略蓋與集解索隱同 司馬彪注云云 南化本節略蓋與集解索隱同 郭象注云云 南化本節略蓋與索隱同 李軌莊子音云冥山在韓國中戰國策蘇秦說韓王曰韓戰利皆出冥山也 南化 按合刻者嫌與集解索隱重複而削去」

次行可補「**集** 中試則復其戶 *正 中竹仲反謂壯健中試用 南化」

凌一二右八 ◯按南化本引正義本蒼字作倉

索 廝音斯 ◯ 廝 索 廁

字作毫鼇……各本作毫鼇

……游 凌 猲 殿 喝

海嵎 按南化本引正義本僻字作辟

此行之前可補「*正 辟音僻 南化」

……作徐廣曰今之武陵也

索 蓋其疏也

作矣（誤）

……非也　按上八字非正義注文以此爲正義注文則張守節所見正文與今本異乎。

南化……

……金陵　貸人百錢……

毒

〔……而于大王〕

〔燕處弱焉〕

……彭　王　南化　高　校記三

……王改三

〔蘇厲因燕質子〕

……三　梅　無如字

索　徐廣云其疏謬如此

次行可補「〔燕代橐駝良馬〕瀧三二一、三　○按南化本引正義本駝字作他」（正）

……非也　按張守節所見正文與今本異乎或作蛇行歟　南化……

……金陵　貸人百錢……

次行可補「**正**　一歲爲烏喙　○喙　慶　啄　按景印慶元本改啄又按南化本引正義本作啄」

〔……而干大王〕

次行可補「〔畜聚竭〕瀧四五、九　*正　畜聚上丑六反　南化」

……彭　王　高　校記三……王改三又按南化本引正義本亦作三

〔而蘇厲因燕質子〕

……三　梅　索　無如字

索　徐廣云。

瀧五七、二

○塞索安

……用兵如刺爲已無蜚字十八字注

……周都也 南化本此作言……

*正 復音 幻本音作淵 富反……

瀧五七、三

○索 此三字作安黽厄

……用兵如刺四字而已無蜚字二十字注

……周都也此 南化本此作言……

*正 復音□ 南化幻本有淵字 富反……

張儀列傳第十

〔而能用秦柄者〕

索 檄二尺書

○慶彭淩殿 取苴與巴焉五字作滅巴蜀二郡

正 按洛州……

次行可補「〔以激其意〕瀧四、四 *正 激音擊 南化」

次行可補「*正 檄刑□反云云 南化本節略蓋與索隱同 爲文辭數責而容之 南化」

○慶 取苴與巴焉五字作滅巴蜀二郡 按景印慶元本滅改滅又按南化本引正義本作滅 彭淩殿 作滅巴蜀二郡

次行可補「正 與鄀溪相近之地 ○地慶也 按景印慶元本也改地又按南化本引正義本作也」

（誤）

〔去王業遠矣〕

……民作人

○繕 凌 鐥

○南化 三 待力二字作持刀……

○楓 三 無楚字

〔詳失綏墜車〕

高 攻之不可不如割地——

……深入 南化……

凌一○左九

……無此注九字

……北地也 南化……

○楓 三 景 井

……之字並無

……常山爲天下……

（正）

次行可補「*正 王于放反 南化」

……民作人又按南化本引正義繕字作鐥

○繕 慶 彭 凌 鐥 按景印慶元本鐥改繕

○南化 待力二字作持勸 三 作持刀……

○南化 楓 三 無楚字

次行可補「*正 詳失上音羊 南化」

次行可補「〔殺屈匄〕瀧一八、一○ ○匄 南化 丐」

……深入 按此注通鑑綱目所出或曹相國世家之正義歟 南化……

凌一○左九 ○舫 索 枋

……無此注九字 舫 索 船

……北地 南化本有郡字 也 按此注集覽所引也 南化……

○南化 楓 三 景 井

……之字並無而匈字作胷

……常山 南化本有也字 爲天下……

〔長爲昆弟之國〕

〔後而倍之不可〕

○楓 三 梅……

虎跔科頭……

……甲及兜 南化幻本以牟字充 而

……徒跣祖户……

○南化 楓 棭 三

無此八字 梅 高……

○南化 楓 三……

〔而有亡國之實〕

……巴蜀東 梅本東字作南 并……

……齊趙之交按謂交 南化本交作郊

午之道……

次行可補「〔而重出黔中地與秦〕瀧二六、一〇 *正 重出惜之 南化」

此行之前可補「〔今縱弗忍殺之〕瀧二七、一 ○按南化本引正義本縱字作從 *正 從足唱反 南化」

○南化 楓 三 梅……

次行可補「*正 集韻云偏 幻雲云可作偏 擧一足曰蹤跔云云 南化本節略蓋與索隱同 南化 按合刻者嫌與索隱重複削去歟」

……甲及兜□ 南化幻本以牟字充 而徒跣祖户……

○楓 棭 三

無此八字 南化 梅 高……

○南化 無矣字 楓 三……

此行之前可補「〔雖有戰勝之名〕瀧三一、六 ○戰 南化 三」

……巴蜀東 南化梅本東字作南 并……

……齊趙之交 南化本交作郊 按謂交午之道……

（誤）

……奉祭祀南化楓梜梅本祀下有之字
日新
〔適聞使者之明詔〕

索 因謂此等……

……楓 三 無使字

須。札記 中統游……

索 亦無異也

○彭 無之字

……義渠 南化本無義渠二字 之國義
渠在

*正 秦惠王後元……

*正 今彼重遺……

（正）

……奉祭祀之日新

此行之前可補「〔方將約東趨行〕瀧三六、六 *正 趨行上音
促 南化」

次行可補「〔乃使其舍人馮喜之楚〕瀧四〇、七 ○按南化本引正
義本馮字作馬」

……楓 三 無下使字

須 按景印慶元本頊改須 札記 中統游……

次行可補「〔秦興兵而代〕瀧四七、七 ○南化 秦興兵而伐之」

○彭 無下之字

……義渠之國義渠 南化本無義渠二字 在……

*正 秦 南化本秦字上有表云 惠王後元……

*正 今彼 南化本彼作得 重遺……

樗里子甘茂列傳第十一

正　稽礙也

索　圍秦使庶長

索　拔明也

○卒景井蜀毛萃

○慶彭淩殿……

○德毛得　按毛本誤

〔是韓楚之……〕

……彭子楓三歸

*正　鬼谷……

次行可補「*正　滑讀爲淈云云　南化本節略蓋與今本正義同　崔浩云滑稽方酒器可轉注酒不已云云　南化本節略蓋與索隱同　故云楊雄酒賦云云　南化本節略蓋與今本正義同　南化　按此正義佚文者三注合刻本有之而以與今本正義稍異校記者略記之例之崔浩之說不見今本正義也」

索　秦使庶長

索　拔明矣

○卒慶萃

○彭淩殿……

○德南化毛得　按德得古通

次行可補「*正　言秦求潁川不得是二國怨不解韓倶西事秦　南化」

……彭子南化校記予　按景印慶元本子改予　楓三歸

次行可補「〔*正　險□□不平也　南化」

（誤）

*正　張唐……

……高索大。札記……

*正　尊。梅本尊下本大尊大三字野本尊下有大……

*正　借時。夜反

穰侯列傳第十二

*正　穰鄧州穰縣。……。梅狩野本無上四字疑非正義注文乎 梅 ……

〔富於王室〕

地。而國之……

……魏割。地仍求……

（正）

次行可補「〔汝焉能行之〕瀧二三、九　○按南化本引正義本汝字作女」

……高 索 大 按南化本引正義本亦夫字作大 札記……

*正　尊 南化梅本下有大尊大三字野本下有大……

*正　借時 南化本作將 夜反

*正　穰鄧州穰 南化本作理 縣……南化本上四字提行梅狩野本無上四字疑非正義注文乎 南化 梅 ……

次行可補「〔拔邯鄲〕瀧六、七　○鄲 慶 戰 南化 校記鄲 按景印慶元本戰改鄲」

地 南化本無地字 而國之……

……魏割 南化本割字上有少 地仍求……

白起王翦列傳第十三

……注河其。高梅本其字作是 水冬
乾……[幻]……
*正 鄭。縣本韓……野王上。黨
……
〔趙軍長平〕
◯鄗 [慶] 郡。[彭]……
……爲輕兵。[南化]……
◯博 [紹]。[毛] 摶。按。紹。毛。
本訛
〔卒四十萬人……〕
……情不。樂爲秦民

……注河其 南。化。高梅本其字作是 水冬乾……[南化]。[幻]……
*正 鄭 南。化。本。鄭。字。上。有。鄭。州。 縣本韓……野王上 南。化。本。上。字。上。有。鄭。
州。黨……
次行可補「集 在泫氏 *正 泫古玄反今澤州高平縣是因縣西
北泫水爲名 [南化]」
◯鄗 [慶] 郡 按。景。印。慶。元。本。郡。改。鄗。 [彭]……
……爲輕兵 按。此。注。集。覽。所。引。也。 [南化]……
◯博 [紹] [慶]。[毛] 摶。按。正。義。本。亦。作。摶。
此行可削除
此行之前可補「*正 摶戰上音博 [南化]」
……情不 南。化。本。不。字。上。有。言。 樂爲秦民……

（誤）	（正）
正　今懷州……	次行可補「〔皆反爲趙〕瀧九、七　*正　爲趙上于危反下同　南化」
○裁　南化。殺。楓	○裁。楓
者　南化　曰	次行可補「*正　按王翦從霸上至關請五輩而五度使請之　南化　按合刻者嫌與索隱重複而削去」
……幾改機。	……幾改機　按南化本引正義本亦作機
祥。札記　中統……	祥　按景印慶元本詳改祥　札記　中統……
○。楓　棭　梅……	○南化。楓　棭　梅……
*正　坳。没也……	*正　坳　南化本坳字上有坳身上音没徐廣曰六字　没也……

孟子荀卿列傳第十四

（誤）	（正）
*正　孟子……	次行可補「*正　所以七者蓋天以七紀璇□運度七政分離□以布布曜故法之也　南化」

……環繞。之九天下……

……五女之子六。王弼云……

整之。梅本有於字 身延……

……作牛 南化本作牛二字作之字。鼎之意……

先字。晏 凌……

*正 謌音化……

……云處子也。藝文 南化本無上十。二字 志……

按瀧川本與。索隱本同

集 公輸般……

解帶以下二十八字……

……環繞 南化本作遶下同 之九天下……

……五女之子六 各本同恐有誤脱 王弼云……

……整之 南化梅本有於字 身延……

……作牛 南化本作牛二字作之字幻雲云正義牛字恐脱乎 鼎之意……

先字 下同 晏 凌……

比行之前可補「集 一作亂謌」

……云處子也 南化本上十字節略 藝文 南化本無上。二字 志……

按瀧川本與。索隱本同

次行可補「*正 梯者構木爲之上有樓櫓以視城内相攻□□曰械者攻城之器仗也 南化 按合刻者嫌與索隱重複而削去」

次行可補「*正 解帶爲機墨子解身上革帶置地爲城與公輸般距也 南化 按合刻者嫌與索隱重複而削去」

（誤）

……三字注。

索　注以牒……

孟嘗君列傳第十五

○楓　柀　三……

……周本厚齊……天下無秦之言……

常。中統　索。嘗　下同

……長鋏劍名古俠反。梅狩本無上三字……

*正　文封邑非多而……

……梅　比齊秦雌雄之國也

（正）

……三字注又按景印慶元本里改鼇

次行可補「索　小木札也　○札　慶　扎　按景印慶元本改札又按南化本引正義本亦作札」

○南化　楓　柀　三……

……周最本厚齊……天下變無秦之言……

中統　索　上常字作嘗　下同

……長鋏劍名古俠反　南化本上三字移在鋏字之下梅狩本無上三字……

*正　文封邑非　南化本非字移在文字之上　多而……

……梅　比齊秦雄雌之國也

○蜀○ 無朝字

平原君虞卿列傳第十六

＊正 比卑利反

○楓○ 棭 三 ……

游 令○ 楓 梅 校

……趙王疑 南化梅本或有恐字四字注

○楓○ 而入秦

…… 三 梅 巳○

○南化○ 楓 ……必罷○ 梅 兵必

高 寬○

○楓○ 三○ 蜀 無朝字

次行可補「〈楚王叱曰〉瀧六、四 ○南化 叱曰互倒」

○南化○ 楓 棭 三 ……

游 令○ 南化 楓 梅 校

……趙王疑 南化梅本亦作恐字四字注

○南化○ 楓 而入秦

…… 三 梅 己○

○楓○ ……必罷 南化○ 梅 兵必

高 寃○

魏公子列傳第十七

（誤）

○楓 三 梅 直上……

梅本有中字 亥瞪目……終本敢動

……

*正 若胡鹿而短忱……晉弦令作……

*正 鄗今高邑鄗……

……德行 南化 棭……

春申君列傳第十八

*正 智伯瑤割腹……

〔還爲越王……〕

（正）

○南化 楓 三 梅 直上

南化梅本有中字 亥瞪目……終不敢動……

*正 若胡鹿而短 南化本無上五字 忱……晉弦 南化本無上二字 令作……

*正 鄗今高邑 南化本上四字提行疑非正義注文乎 鄗……

……德行 南化 幻 棭……

*正 智伯瑤割 南化本作割 腹……

次行可補「正 越軍得子胥夢 ○按幻雲云夢字恐在越軍字之下」

〔族類離散……〕

*正　遲猶當也……

〔刀劍室以珠玉飾之〕

梅　高　校記計

范睢蔡澤列傳第十九

按各本范睢下雜出

……以其裏也

殿　亭　棭　三　梅……

至湖關

……削去一危哉　札記　王柯本

……

謂磻溪　梅本溪作磎……

凌六左六

次行可補「〔將惡出兵〕瀧九、五　*正　必攻隨水　南化」

*正　遲　南化本遲字上有遲音值三字　猶當也……

〔以珠玉飾之〕

南化　梅　高　校記計

按各本睢睢下雜出

……以其裏死也

……殿　亭　南化　棭　三　梅……

至湖關　祕閣本關字作闕

……削去一危哉　按景印慶元本削去一危哉　札記　王柯本……

謂磻磎　南化梅本溪作磎……

凌六左六　〇索　無於字

（誤）

正　郊祀志……志云

○公慶彭云……慶元本仙改門

……馳金陵施

詞梅校記威……

○彭無此注……

〔披其技者……〕

○秘閣擢滑王筋

字作之……

……梅校記云……

……作睢請君見於張君……

○秘閣楓

……按祕閣本亦作交

（正）

此行可削除

○公慶彭淩云……慶元本云改公仙改門

……馳索金陵施

梅校記威……

○柱慶桂彭無此注……

次行可補「*正　披折也　南化」

○秘閣擢滑王葋　祕閣本筋作葋　筋索筋　下注同按葋葋皆古之筋

次行可補「〔封范睢以應〕瀧二四、二　○以索於」

……梅校記云　按景印慶元本公改云

……作睢請見君於張君……

○秘閣南化楓

……按祕閣本索隱本亦作交

……據秦本及表而知也九字。

〔有之乎〕……政有之乎

淩一六左二。

……歙灝。權

准折頞。膝……慶 彭 毛。游……

慶一八右一。

……印十四字。

淩二〇左七。

*正　王喬周靈王。梅狩本無王字　太子……

……據秦本紀及表而知也十字　南化　而知二字作言之

此行可削除

此行可削除

淩一六左二　〇按南化本引正義本肩字作脣

……歙頤。權

准折頞。祕閣本引一本無上四字　膝……慶 彭 索。游……

慶一八右二。

……印十四字　印。慶。印。按景印慶元本印改印

淩二〇左七　〇。索。無於字

*正　王喬周靈王　南化梅狩本無王字　太子……

樂毅列傳第二十

（誤）

……寶器也

……寶器也

……子胥不蚤見二主

……千里會至身至入江

……相見 贅異

（正）

……寶器也 按此注當移在下文收齊鹵獲以歸之下

……寶器也 按南化本不冠正義曰此注八字疑非正義乎

……子胥不蚤見二主……

……千里今至身死入江……

……相見 按合刻者嫌與索隱重複而削去 南化 贅異

廉頗藺相如列傳第二十一

○楓 棭 三……

慶五右一○……○楓 棭……

正 肉祖露膊……

○南化 楓 棭 三……

慶五左二……○南化 楓 棭……

*正 肉祖露膊……

索 或屬齊魏故耳

○以南化 楓 棭 三……

○索 無將字九字作帥

○無 索 理字而……

……保護 南化……

*正 委之反以少年先……

〔滅檜委僞〕

○微 楓 棭……

次行可補「〔廉頗攻魏之防陵〕瀧一一、三 *正 按陵字誤本作城字耳 按三注本所存正義云城在相州安陽縣南二十里因防水爲名然則與此正義佚文意合 南化」

○以 南化 亦 楓 棭 三……

○索 無將字

○索 無字作理而……

……保護 南化本作獲 南化……

*正 委委僞反以少軍先……

〔滅檜襤〕

○微 南化 楓 棭……

魯仲連鄒陽列傳第二十三

……凌 殿 七 梅 校記十

……又云下席言崩殺……

……凌 殿 七 南化 梅 校記十

……又云下席言 南化本言作謂 崩殺……

（誤）

○抱 慶 楓 凌 枹……

〔魯鄒之臣不果納〕瀧九、一〇

○楓 棭 三……

＊正　交退於齊　瀧本削上四字依南化幻本補　交俱也……

＊正　以資説士　瀧本削上四字依南化本補　資給説士……

＊正　亡罔良反……

〔而亡地五百里〕

○枝 游 毛　技按下技

……又云 索 作王劭已云

索　是也

（正）

○抱 慶 彭 凌 枹……

〔鄒魯之臣不果納〕瀧一〇、二

○南化 楓 棭 三……

＊正　交俱也……

＊正　資給説士……

次行可補「〔富比乎陶衛〕瀧一五、九　＊正　延篤注云云　南化本節略蓋與索隱同　王邵云魏冉封陶商君封　幻雲云封字不審按封字當作姓索隱可證此正義涉上封字訛歟　衛也　按合刻者嫌與索隱重複而削去」

此行之前可補「〔曹子爲魯將〕　＊正　曹沫音昧　南化」

○枝 游 索　技按下枝

……又云

次行可補「〔按與辟世〕瀧二一、三　○辟 索　避」

＊索 自初交……
正 人以才德……
索 馬父嬴母
凌 妬 下同
凌一二右一◯
凌一二左二
〔而桓公任之以國〕
凌一三右一
凌一三右三
〔兵彊天下〕
◯南化 楓 三……摞倚
……凌 殿 包 紹 抱……
……非因舊故若鳥鳥……

索 自初交……
＊正 人以才德……
次行可補「索 北狄之良馬也 ◯狄 慶 大 按景印慶元本大改狄」
次行可補「〔昔者司馬喜髕腳於宋〕 瀧二三、五 ◯髕 索 臏」
凌一二右一◯ ◯徒 索 屠
凌一二左二 ◯入 索 於
次行可補「集 南山公 ＊正 矸公按反浄白也 南化」
凌一三右一 ◯索 無而字
凌一三右三 ◯索 無而字
次行可補「〔是以孫叔敖二去相而不悔〕 瀧二七、六 索 案三得相不喜 ◯喜 慶 害 按景印慶元本害改喜」
◯楓 三……摞倚 按南化本引正義本詭字作跪
……凌 殿 包 南化 校記蒙 紹 抱
……非因舊故 南化本舊故互倒 若鳥鳥……

（誤）	（正）
〔砥厲名號者〕	次行可補「〔故縣名勝母〕瀧三二、三 ○索 故縣名爲勝母」
凌一六右九。	凌一六右九 ○索 無而字
……南化 校補此三字。	……南化 校補此三字而更上加漢書二字

屈原賈生列傳第二十四

（誤）	（正）
……藁二 楓 三……	……藁二 南化 楓 三……
○騷 楓 三 㥮 索 慅……	○騷 楓 三 索 㥮……
……皆後人所改。	……皆後人所改 按今所見索隱本作㥮札記之誤歟
索 應劭云……校記應	此行可削除
……上白若反……	上白 南化本白字作自當從南化本 若反……
〔虜楚將屈匄〕……○匄 索 丐 下注同	〔虜楚將屈匄〕……○索 虜字作破而匄字作丐 下注同
……下注同。	……下注同又按南化本引正義本亦作渫

索　晉人注易也
……其泥也。
索　猶昏暗也
凌　五左二。
……游　餘。楓　棭　三……
索　餘如注所解
正　北入江
凌七左三。
瑳。
〔皆好辭……〕
*正　李斯……
○楓　三　乃徵……。
○楓　棭　三　制度互例。

次行可補「*正　向秀云渫者俊云云　南化本節略蓋與集解同　南化」
……其泥也　搰。索。滑。
次行可補「*正　汶汶上音問　南化」
凌　五左二　○愍。索。湣　按南化本引正義本作惛
……游　餘。南化　楓　棭　三……
次行可補「〔孰察其揆正〕瀧一四、九　○按南化本引正義本揆字作撥」
次行可補「正　按二水皆經岳州而入大江也　○入　慶　八　按景印慶元本八改入」
凌七左三　○以。索。而。
瑳　按南化本引索隱本亦作瑳但今本單索隱本不作瑳
次行可補「索　皆作景瑳　○瑳　慶　差　按景印慶元本差改瑳」
次行可補「〔聞河南守吴公治平爲天下第一〕瀧二〇、九　索　史失名　○史　慶　吏　按景印慶元本吏改史」
○南化。楓　三　乃徵……
○南化。楓　棭　三　制度互例　按南化本引一本法制互倒

（誤）

〔盡害之〕

凌九右八

……俟作竢同（南化幻本無同而有曰竢古候字五字）待也……

索　音天臘反

凌一〇右八

索　張晏曰……

凌一一右九

索　雲霧氣昧也

凌一三左六

索　患協音環

……慶　彭　游　凌……

〇南化　幻本引正義本

（正）

次行可補「正　張相如　〇如　慶　加（按景印慶元本加改如）」

凌九右八（按南化本引正義本俟字作竢）

……俟作竢同（南化幻本無同而有竢古候字四字當從南化幻本）待也……

次行可補「索　案應劭胡廣云　〇云　慶　公（按景印慶元本公改云）」

凌一〇右八　〇索　無之字

次行可補「*正　沕漫也　南化」

凌一一右九　〇索　無太字

次行可補「正　軋於黠反　〇軋　慶　扎　南化　校記軋（按景印慶元本改軋又按南化本引正義本作扎然則正義本所出正文亦軋作扎歟與索隱本合）」

凌一三左六（〇按南化本引正義本又字作有）

次行可補「*正　漢書作又古有又字相似　南化」

……慶　彭　索　游　凌……

〇南化　幻　引正義本

正　忍邁反
……借鼇字……之福也　南化幻本無上六字　[南化]……

次行可補「正　加邁反　加[慶]如　按南化本引正義本作加」
……借　南化本借字上有師古曰禧福也六字按師古曰以下提行蓋非正義注文
鼇字……之福也　[南化]　……

呂不韋列傳第二十五

記貴　[札記]　賣各本……　按札記訛賣當謂訛買
集　陽翟大賈也
*正　買貴上音賣　[南化]　按依此正義張守節所見史記正文賣字作買
……子而爲安國君嫡嗣而　南化幻梅本無而字　又養之……
[殿]　莊襄王所養母——
……孝　南化幻梅本孝作考　惠

記貴　按依下之正義注正義本賣貴作𧶠貴　[札記]　賣各本……　按札記可疑
次行可補「索　王劭賣音作育　○[慶]　王邵賣音字移在育上作鬻音育　索　今依義　○[慶]　依義二字作如字讀三字」
*正　𧶠貴上音賣說文從出買聲　[南化]
……子而　南化幻梅本無而字　爲安國君嫡嗣而又養之……
……[殿]　莊襄王所養母——　[南化]　刪去養字
……孝惠

……[南化] 校記桐。（誤）

〔毒聞之〕

*正 時。音止

……[南化] 校記桐 按景印慶元本相改桐。（正）

次行可補「〔追斬之好時〕瀧一五、六 ○按南化本引正義本時字作時」

*正 時 南化本作時 音止……

刺客列傳第二十六

〔是無如我何〕

〔既至王前〕

索 謂因得殺襄子

〔巨事范中行氏……〕。

……盜殺俠。

正 數色吏反

……[楓][棭]独。

此行之前可補「〔使延陵季子於晉〕瀧六、二 *正 延陵封延 潤州縣 [南化]」

次行可補「〔專諸擘魚〕瀧七、七 *正 擘魚上彼麥反 [南化]」

次行可補「〔顧不易邪〕瀧一〇、三 *正 顧反也 [南化]」

〔臣事范中行氏……〕

……盜殺相俠。

次行可補「*正 自暢謂歡暢也 [南化]」

……[楓][棭]獨。

〔將用爲大人……〕

……其語必泄。野本泄字下有之字 南化……

索 卿者時人……

……幻 野 瀧。

○之。楓 棭 三 以

集 音白結反

*正 購與財物。……

正 武陽骨勇之人

〔以其間〕

〔太子日造門下〕

……凌 殿 龜。

此行之前可補「〔可以旦夕得甘毳以養親〕瀧一四、一 *正 甘毳謂佃杖也 南化」

……其語必泄 南化野本泄字下有也字 南化……

次行可補「〔與蓋聶論劍〕瀧二〇、一〇 ○按南化本引正義本蓋字作孟 *正 孟一作盖 南化」

……幻 野 瀧 按此注又在下文太過之下

○之 南化 楓 棭 三 以

次行可補「*正 說文批手擊 南化」

*正 購與以財物……

次行可補「〔僂行見荊卿曰〕瀧二六、六 *正 僂行上力度反 南化」

次行可補「〔恐不足任使〕瀧二九、一 *正 任使上如字堪也 南化」

次行可補「〔慫荊軻所欲〕瀧二九、三 ○按南化本引正義本無欲字」

……凌 殿 龜 按幻雲云正義本所引燕丹子作蛙

（誤）	（正）
……天下之名利匕首。	……天下之名利匕首　按幻雲云名字可削
游本吳校……	次行可補「〔士皆垂淚涕泣〕瀧三三、四　○淚　南化　楓　三　髮」
○柙　游　匣	○柙　慶　游　匣
〔以次進至陛〕	此行之前可補「＊正　奉地上封奉反　南化」
○前　南化　楓　棭　三　爲	○南化　前爲謝曰　前　楓　棭　三　爲
〔使得畢使於前〕	此行之前可補「〔北蕃蠻夷之鄙人〕瀧三四、八　○蕃　南化　方」
奏　南化　楓　三　奉	奏　楓　三　奉
梅　狩　瀧	梅　狩　瀧　按此注已見上文疑單正義本有二種乎

樊酈滕灌列傳第三十五

（誤）	（正）
〔上降沛一日〕	此行之前可補「＊正　獄辭覆嬰　南化　按合刻者嫌與索隱複而削」

張丞相列傳第三十六

〔請問曰〕	次行可補「〔而戚夫人與呂后有郤邪〕瀧六、七 ○南化 楓 三 無邪字」
他 石山 地 按石山寺本誤	○石山 他官二字作地宮
○含 石山 楓。 棭……	○含 石山 南化。 楓 棭……
○甚 石山 其	○石山 所以至而封侯者微其 甚字作其

酈生陸賈列傳第三十七

○儒。 石山 儒。	○儒。 石山 儒。
○刓 石山 抏。 南化……	○刓 石山 抏 索。 杬。 南化……
〔汝能止漢軍我活汝。我將亨汝〕	〔汝能止漢軍我活汝。不。然我將亨汝〕
……之。海。閒	……海。之。閒
○。 楓 棭……	○南化。 楓 棭……

（誤）

驢字作懽。太尉……

〔淮南……〕……石山刺

○南化。以黨……

〔平原君……〕……石山刺

……而引兵。軍於……

（正）

驢字作懽。太尉……

此行可削除

○南化。楓。棭。三。以黨……

此行可削除

……而引兵。而軍於……

鄒誕生史記音佚文拾遺

五帝本紀第一

〔姓公孫名曰軒轅〕 瀧 四、五。○鄒誕生曰「作軒冕之服，故曰軒轅」。南化。

〔昌意娶蜀山氏女曰昌僕〕 瀧 一六、九。○鄒誕生本「僕」作「𡡉」。南化。

〔帝嚳娶陳鋒氏女〕 瀧 二〇、一〇。○鄒誕生本「鋒」作「豐」 南化。

〔汝后稷播時百穀〕 瀧 五五、一。○鄒誕生曰「時，是也，音如字。或作蒔，音侍」。南化。

夏本紀第二

〔西傾因桓是來〕 瀧 一九、三。○鄒誕生本「傾」作「頃」音「傾」。南化，狩。

〔日宣三德蚤夜翊明〕 瀧 三五、五。○鄒誕生本「蚤」作「夙」。南化。

〔立帝不降之子孔甲〕 瀧 四七、四。○鄒誕生本「降」作「隆」。南化，狩。

周本紀第四

〔召公奭贊采〕　瀧　二八、五。○鄒誕生本「贊采」作「贊策」。南化。

〔作賄息慎之命〕　瀧　四一、四。○鄒誕生曰「息讀曰肅」。南化。

〔卜請其漦而藏〕　瀧　六三、一。○鄒誕生曰「漦音力之反」。南化。

〔厲王使婦人裸而譟之〕　瀧　六三、五。○鄒誕生曰「裸，音力果反」。南化。

〔子頃王壬臣立〕　瀧　七四、三。○鄒誕生本「頃」作「傾」。狩。

〔百發而百中之〕　瀧　九〇、三。○鄒誕生曰「發音廢」。南化。

秦本紀第五

〔名曰奄息仲行鍼虎〕　瀧　三六、九。○鄒誕生曰「奄音於巖反」。南化。

秦始皇本紀第六

〔二年麃公將卒攻卷〕　瀧　四、一。○鄒誕生曰「卷音丘全反」。南化。

〔少子胡亥愛慕請從〕瀧 六一、五。○鄒誕生本作「愛慕」。按：李斯列傳無「慕」字，故云。南化，幻。

〔堯舜采椽不刮〕瀧 七七、八。○鄒誕生本「采」作「採」。南化。

呂后本紀第九

〔去眼煇耳〕瀧 五、一〇。○鄒誕生曰「去音欺與反」。毛利。

〔觀人彘〕瀧 六、二。○鄒誕生曰「彘音滯」。毛利。

〔始與高帝唼血盟〕瀧 一〇、九。○鄒誕生曰「唼音使接反，或作嚙」。按：與索隱所引合，但索隱「嚙」作「喢」。毛利。

〔據高后掖〕瀧 二一、四。○鄒誕生曰「據音之亦反」。毛利。

孝文本紀第十

〔人人自安難動搖〕瀧 三、八。○鄒誕生曰「搖音曜」。延久。

〔陵轢邊吏〕瀧 二五、五。○鄒誕生曰「轢音流潑反」。延久。

〔出入擬於天子〕瀧 二六、一〇。○鄒誕生本「擬」作「疑」，音擬。延久。

〔其少女緹縈自傷泣〕瀧 二八、七。○鄒誕生曰「緹音體，縈音營」。延久。

〔其廣增諸祀墠場珪幣〕　瀧　三一、九。○鄒誕生曰「禪音善」。按東北大學藏舊鈔本並鄒誕生本「墠」作「禪」。延久。

孝景本紀第十一

〔郅將軍擊匈奴〕　瀧　一四、七。○鄒誕生曰「郅音之栗反」。延久。

〔令徒隸衣縵布〕　瀧　一四、一〇。○鄒誕生曰「縵音作公反」。延久。

〔及三子更死〕　瀧　二、六。○鄒誕生曰「更音庚」。大治。

孝武本紀第十二

〔而使黄錘史寬舒受其方〕　瀧　八、一。○鄒誕生曰「錘音詔垂反」。南化。

曹相國世家第二十四

〔從南攻犨〕　瀧　五、九。○鄒誕生曰「犨音昌丘反」。南化。

〔擊趙相國夏説軍於鄔東〕　瀧　九、九。○鄒誕生曰「鄔音烏」。南化。

留侯世家第二十五

〔東園公角里先生〕　瀧　二七、一。○鄒誕生曰「角音禄，又音鹿」。南化。

絳侯周勃世家第二十七

〔攻槐里好畤〕　瀧　五、六。○鄒誕生曰「畤音市」。南化。

〔得豨將宋最鴈門守圂〕　瀧　八、六。○鄒誕生曰「圂音侯奔反」。南化。

蘇秦列傳第九

〔輷輷殷殷〕　瀧　二二、一〇。○鄒誕生曰「輷，古轟字」。南化。

魏公子列傳第十七

〔魏有隱士曰侯嬴〕　瀧　三、九。○鄒誕生曰「嬴音力垂反」。南化。

范睢蔡澤列傳第十九

〔范睢從留數月〕　瀧　二、七。○鄒誕生曰「從音足用反」。秘閣。

〔睢折脅摺齒〕　瀧　三、三。○鄒誕生曰「摺音力合反」。秘閣。

〔賓客飲者醉更溺睢〕　瀧　三、五。○鄒誕生曰「更音康，溺音乃予反」。秘閣。

〔羣臣莫不洒然變色易容者〕　瀧　一〇、九。○鄒誕生曰「洒音蘇禮反」。秘閣。

〔秦王跽而請曰〕　瀧　一一、一。○鄒誕生本「跽」作「跪」，巨己反。秘閣。

〔夫秦國辟遠〕　瀧　一四、九。○鄒誕生曰「辟音豐赤反」。秘閣。

〔譬若馳韓盧而搏蹇兔也〕　瀧　一六、一。○鄒誕生本「馳」作「縱」，音子用反，搏音附。秘閣。

〔譬如木之有蠹也〕　瀧　一九、六。○鄒誕生曰「蠹音妬」。秘閣。

〔夫擅國之謂王〕　瀧　二〇、八。○鄒誕生曰「擅音市戰反」。秘閣。

〔木實繁者披其枝〕　瀧　二一、九。○鄒誕生曰「披音並波反」。秘閣。

〔敝衣間步之邸見須賈〕　瀧　二四、五。○鄒誕生曰「間音閑」。秘閣。

〔令兩黥徒夾而馬食之〕　瀧　二七、九。○鄒誕生曰「夾音古洽反，食音詞」。秘閣。

〔睚眦之怨必報〕　瀧　二九、六。○鄒誕生曰「睚音五佳反，眦音才賜反」。秘閣。

〔念諸侯莫可以急抵者〕　瀧　三一、七。○鄒誕生曰「抵音郢」。秘閣。

〔先生曷鼻巨肩〕　瀧　三五、二。○鄒誕生本「曷鼻巨肩」四字作「歇鼻蔿肩」。南化。

〔叱呼駭三軍〕　瀧　四三、四。○鄒誕生曰「叱音處一反，呼音火吾反」。秘閣。

魯仲連鄒陽列傳第二十三

〔臧獲且羞與之同名矣〕　瀧　一六、六。○鄒誕生曰「臧子桑反。男而智婢生子曰臧，女而婦好生子曰獲」。南化，幻。

李斯列傳第二十七

〔有天下而不恣睢〕　瀧　二八、九。○鄒誕生曰「恣音資，睢音千餘反」。南化。

黥布列傳第三十一

〔楚人還兵〕　瀧　八、五。○鄒誕生曰「還音旋」。南化。

劉伯莊史記音義佚文拾遺

夏本紀第二

〔瑤琨竹箭〕 瀧 一四、五。○劉伯莊本「竹箭」作「篠簜」。南化，幻。

〔冥氏〕 瀧 五十、八。○劉伯莊本「冥」上無「白」字。南化，狩。按：南化、楓、三、狩本校記並「冥」上有「白」字，故有此校記。

周本紀第四

〔仡如巨人之志〕 瀧 三、三。○劉伯莊曰「仡音疑乙反」。幻。

〔明年敗耆國〕 瀧 一四、一。○劉伯莊曰「耆音祈」。南化，狩。

〔蓋益易之八卦爲六十四卦〕 瀧 一五、八。○劉伯莊曰「周易本有六十四而未有爻辭，文王益爲諸卦之爻辭耳」。幻師。

〔司馬蒯謂楚王曰〕　瀧　八四、三。○劉伯莊曰「蒯音紫錢反」。南化。

〔百發而百中之〕　瀧　八九、九。○劉伯莊曰「發，音如字」。南化。

秦本紀第五

〔虜其將魏錯〕　瀧　五四、十。○劉伯莊曰「錯音七各反，又七故反」。南師，幻師，狩師。

〔中更胡傷攻趙閼與〕　瀧　七五、三。○劉伯莊曰「閼音於葛反，與音餘」。南化，幻。

秦始皇本紀第六

〔輕車重馬〕　瀧　七、六。○劉伯莊曰「重，去聲」。南化，幻。

〔籍其門〕　瀧　一四、六。○劉伯莊曰「封籍子孫，禁錮不得仕也」。南化。

〔陵水經地〕　瀧　三七、三。○劉伯莊曰「陵猶梁也。爲橋梁」。南化。

〔東有東海北過大夏人迹所至無不臣者功蓋五帝澤及牛馬莫不受德各安其宇〕　瀧　三八、二。○劉伯莊曰「『夏』、『者』、『馬』三字皆本南化本「皆本」二字作「齋」字。音即與『宇』字相叶」。南化，英房。

〔列侯武城侯王離列侯通武侯王賁倫侯建成侯趙亥倫侯昌武侯成倫侯武信侯馮毋擇〕　瀧　三八、八。○劉伯莊曰「列，封土也。倫，類也。積功勞食封邑，謂之列侯；地但有封名而無食邑，謂之倫侯」。

南化。

〔烹滅彊暴〕　瀧　四二、十。○劉伯莊曰「『烹』字當作『克』」。南化。

〔並海上〕　瀧　六五、二。○劉伯莊曰「並音白浪反」。南化。

〔然常爲大鮫魚所苦〕　瀧　六五、五。○劉伯莊曰「鮫及大魚並爲害」。南化。按：嵯峨本「鮫」、「魚」互倒，疑劉伯莊本亦作「大魚鮫」歟。

〔棺載轀涼車中〕　瀧　六六、九。○劉伯莊曰「棺音宦，又古患反」。南化。

〔以罪過連逮少近官三郎〕　瀧　七二、九。○劉伯莊曰「逮，謂追捕也」。南化。

〔通大夏〕　瀧　七八、三。○劉伯莊亦「王夏」。南化。

〔大氐盡畔秦吏應諸侯〕　瀧　八十、十。○劉伯莊曰「氐，略也」。南化。

〔章邯因以三軍之衆要市於外〕　瀧　八八、三。○劉伯莊曰「要市，謂以秦軍項羽以求王，如市賣買求利也」。南化，英房。

〔約從離衡〕　瀧　九三、六。○劉伯莊曰「衡音胡膏反」。南化。

〔常以十倍之地百萬之衆叩關而攻秦〕　瀧　九五、三。○劉伯莊曰「印音仰，謂秦地形高，故並仰關門而攻秦」。南化。按：劉伯莊本「叩」作「印」，世家作「仰關」。

〔偷安日日〕　瀧　一一三、一。○劉伯莊曰「偷者，苟且而□□計也」。南化。

高祖本紀第八

〔欲告之〕　瀧　一三、三。○劉伯莊本作「告」。南師。按：今本皆作「筶」，但索隱單本作「告」，故有此校記。

吕后本紀第九

〔始與高帝啑血盟〕　瀧　十、九。○劉伯莊曰「啑音所洽反」。毛利。

孝文本紀第十

〔孝文皇帝高祖中子也〕　瀧　二、二。○劉伯莊曰「凡言中子，非大非小，其中間者耳，非必三人居中」。延久。

〔而禪天下焉〕　瀧　一四、七。○劉伯莊音義「禪」亦作「嬋」，時戰反。延久。

〔封淮南王舅父趙兼爲周陽侯〕　瀧　一八、四。○劉伯莊曰「古人以母之姊妹比於母，故爲從母；延久鈔本「母」下有「若」。母之兄弟比於父，故云舅父，非外祖也。此記當時之言耳。南北本無上七字。」延久，南化。

〔齊王舅父駟鈞爲清郭侯〕　瀧　一八、四。○劉伯莊本作「清」。延久。按：索隱本作「請」，故云。

〔帝初幸甘泉〕　瀧　二四、八。

集　親臨軒作樂　○劉伯莊曰「軒者，車路總名。國家大備，則陳列，軒路、羽儀盡設。皇帝臨朝設謂軒也」。南化。

〔出入擬於天子〕　瀧　二六、十。○劉伯莊本作「疑音擬」。延久。

〔故夫馴道不純〕　瀧　二九、九。○劉伯莊曰「馴音訓，道音導」。延久。

孝景本紀第十一

〔伐馳道樹殖蘭池〕　瀧　八、四。○劉伯莊曰「此時蘭池毀溢，故堰填」。佚正。按：劉氏本「殖」作「填」，與徐廣引一本延久鈔本合。

孝武本紀第十二

〔又以衛長公主妻之〕　瀧　一九、六。○劉伯莊曰「衛后女三人，以最長嫁欒大也，非天子姉妹也」。佚正。

〔文鏤母款識〕　瀧　二十、九。○劉伯莊曰「自古諸屛皆有銘記識其事，此屛獨無款識也」。南化，幻。

〔迎鼎至甘泉〕　瀧　二一、二。○劉伯莊曰「此時天子向甘泉宮」。南化，幻。

吴太伯世家第一

〔太伯卒〕　瀧　四、五。

集　太伯冢在吴縣北梅里聚　○劉伯莊曰「聚猶封邑」。南化，狩，野。

魯周公世家第三

〔是有負子之貴於天〕　瀧　四、九。○劉伯莊曰「讀『負』爲『丕』」。南化，狩。

燕召公世家第四

〔立惠王弟頹爲周王〕　瀧　六、四。

集　世家以爲北燕失之　○劉伯莊曰「太史公採北燕之史而爲世家，無容錯記南燕之事」。南化，狩。

宋微子世家第八

〔戰於乘丘〕　瀧　二六、八。

集　徐廣曰乘一作縢　○劉伯莊曰「勝音食證反」。南化，狩，野。

晉世家第九

〔恭太子更葬矣〕　瀧　三十、十。○劉伯莊曰「言改葬後十四年，晉君不昌」。狩。

趙世家第十三

〔竊自恕而恐太后體之有所苦也〕　瀧　八一、六。○劉伯莊曰「自恕猶言自忖度也」。考證，狩，楓。

陳涉世家第十八

〔抑八州而朝同列〕　瀧　二五、五。○劉伯莊曰「抑音乙力反」。南化。

留侯世家第二十五

〔然言有物〕　瀧　三十、六。○劉伯莊曰「物謂老物之精，然爲恠魁耳」。南化。

陳丞相世家第二十六

〔行計之曰〕　瀧　一六、四。○劉伯莊曰「行，猶先」。南化，野。

三王世家第三十

〔愚憧而不逮事〕　瀧　五、三。○劉伯莊曰「憧音傷容反」。佚正。

管晏列傳第二

〔豈以爲周道衰微桓公既賢而勉之至王乃稱霸哉〕　瀧　十、五。○劉伯莊以爲管仲須使桓公輔弼周室之已衰也，而即但爲己利自稱霸道哉。南師，幻師，狩師，三師。

〔豈所謂見義不爲無勇者邪〕　瀧　一一、二。○劉伯莊本「者」下有「邪」字。南化，幻，三。按：各本校記云鄒誕生本無「邪」字，故云。

老子韓非列傳第三

〔且君子得其時則駕不得其時則蓬累而行〕　瀧　四、七。○劉伯莊本「駕」上有「爲」字。南化，幻，三。○劉伯莊曰「此言君有道之，己則服冕乘軒；君無道，則相携而去之」。南化，幻，三。

〔而其歸本於黄老〕　瀧　一四、六。○劉伯莊本無「大」字。南師，幻師，狩師。按：索隱本及古板本校記「歸」字上有「大」字，故云。

〔説難曰〕　瀧　一六、七。○劉伯莊曰「説難者，人之才命有令其合也。語默必住其音，動靜皆獨，若語默應機，動靜合趣，是爲難」。南化，幻，三。

〔則見下節而遇卑賤〕　瀧　一七、一〇。○劉伯莊「見」音格練反。南化，幻，狩。

〔彼顯有所出事迺自以爲也〕　瀧　二十、二。○劉伯莊曰「顯然立事自以爲功也」。南化，幻，狩。

〔汎濫博文則多而久之〕　瀧　二二、五。○劉伯莊本作「久」。南師，幻師，狩師。按：索隱本、各本校記皆「久」作「文」，故云。

〔凡説之務在知飾所説之所敬而滅其所醜〕　瀧　二二、四。○劉伯莊本作「務」字。南化，幻，狩。按：各本校記云：今本或「務」字作「難」，或作「法」。○劉伯莊以爲凡遊説之務者在知文，飭人君之所敬愛之人，滅消所醜之人也。南師，幻師，狩師。

〔迺後申其辯知焉〕　瀧　二三、十。○劉伯莊曰「『辯智』之『知』音知，後同」。南師，幻師，狩師。按：「智」字與下「知」誤倒，疑劉伯莊本正文作「辨智」，而上「知」是「智」之訛歟。

〔老子所貴道虚無因應〕　瀧　二九、三。○劉伯莊本「因應」作「無應」。南化，狩。

司馬穰苴列傳第四

〔乃斬其僕車之左駙馬之左驂以徇三軍〕　瀧　五、六。○劉伯莊以爲「駙」與「軵」同也，左駙者是車之左方箱外之立木也。南師，幻師，狩師。

孫子吴起列傳第五

〔趣使使下令曰〕　瀧　三、八。○劉伯莊之意以爲「下」音如字。南化，幻，狩。

〔君弟重射〕　瀧　六、七。○劉伯莊曰「射音食亦反」。南化，幻，狩。

〔與王及諸公子遂射千金〕　瀧　六、八。○劉伯莊曰「射音食亦反」。南化，幻，狩。

〔夫解雜亂紛糾者不控捲〕　瀧　七、六。○劉伯莊以爲訓控爲綜，訓捲爲卷，言解雜亂紛紏者，當隨理而解也，當不可爲綜卷。南師，幻師，狩師。

〔批亢擣虚〕　瀧　七、十。○劉伯莊曰「批猶擊也，亢猶敵也」。南化，狩。

伍子胥列傳第六

〔然恨父召我以求生而不往〕　瀧　四、十。○劉伯莊曰「恨猶違也。言父召我而欲生，而我不往者，則違父之所欲也」。南師，幻師，狩師。

商君列傳第八

〔宗室非有軍功論不得爲屬籍〕　瀧　九、二。○劉伯莊曰「征伐有軍功多論爲上等也」。南師，幻師。

〔秦封之於商十五邑〕　瀧　十三、七。○劉伯莊曰「即今商州之地」。南師，幻師。

〔今君又左建外易非所以爲教也〕　瀧　一八、一。○劉伯莊曰「左道建擁外易君命也，豈是教人之道也」。南化，幻。

〔君尚將貪商於之富〕　瀧　一九、七。○劉伯莊曰「商於二縣之富也」。南化，幻。

〔有以也夫〕　瀧　二二、九。

集　周室歸籍　○劉伯莊曰「籍者，左護反，當作『胙』，謂文武之胙」。南化，幻。

蘇秦列傳第九

〔吹芮〕　瀧　二十、二。○劉伯莊曰「謂繫盾之綬」。南化，幻。

〔蒼頭二十萬〕　瀧　二四、四。○劉伯莊曰「以青物標別人也」。南化，幻，三，楓。

〔緜緜不絕蔓蔓奈何〕　瀧　二五、五。○劉伯莊曰「『綿綿』謂微細，幻本「細」作「物」，考證「微」、「細」倒。『蔓蔓』謂長大也，言小時不滅大明。考證「明」作「則」，「楓」作「時」。」

〔五家之兵〕　瀧　二六、六。○劉伯莊曰「齊國之大，四方蠻夷、戎狄及中國兵器皆聚在於齊」。南師，幻師。

〔嫂委虵蒲服以面掩地而謝曰〕　瀧　三四、七。○劉伯莊曰「虵謂曲也」。佚正。

〔先生能爲燕得侵地乎〕　瀧　三七、十。○劉伯莊曰「爲音于僞反，後同」。南師，幻師。

〔臣聞飢人所以飢而不食烏喙者爲其愈充腹而與餓死同患也〕　瀧　三八、三。○劉伯莊曰「愈音庾，猶暫也」。南化，幻。

〔今王奉仇讎以伐援國〕　瀧　四五、一。○劉伯莊曰「奉猶助也」。南北，幻。

〔今夫齊長主而自用也〕　瀧　四五、八。○劉伯莊以爲齊王年齒老長也，故曰長主也。南師，幻師。

〔齊請以宋地封涇陽君〕　瀧　四八、八。○劉伯莊曰「此時宋朱滅而齊欲使秦取之也」。南師，幻師。

〔乘船出於巴〕　瀧　五四、九。○劉伯莊曰「巴國在漢水上，是」。佚正。

〔我離兩周而觸鄭〕　瀧　五六、一。○劉伯莊以爲離者是分離之義也。南師，幻師。

〔我舉安邑塞女戟〕　瀧　五六、三。○劉伯莊曰「謂兵絶其路。女戟盖在太行山之西」。南化，幻。

〔韓氏太原卷〕　瀧　五六、四。○劉伯莊本太原作太行。南化。

〔用兵如刺蜚〕　瀧　六十、五。○劉伯莊曰「刺蜚者，古之刑殺之官也，但未詳何時之官也，言其用兵而殺而害人民，猶如刑殺之官也」。南師，幻師。

張儀列傳第十

〔司馬錯與張儀爭論於惠王之前〕　瀧　六、九。○劉伯莊曰「錯七洛切，幻雲抄作「反」，下同。又七故切」。南師，幻師，佚正。

〔貫頤奮戟者〕　瀧　一八、三。○劉伯莊曰「貫頤，以兩手捧面直入敵，言其勇也。奮戟，奮怒而趨戰」。佚正。

〔其一軍塞午道〕　瀧　三五、五。○劉伯莊曰「道蓋在齊趙之交」。南化本作「郊」，下同。佚正。

〔進熱啜〕　瀧　三七、三。○劉伯莊曰「即熱羹」。佚正。

〔亦嘗有以夫下莊子刺虎聞於王者乎〕　瀧　四六、七。○劉伯莊曰「館莊子，掌官館之少吏」。南師，幻師，狩師，野師。

〔而得一斯便焉〕　瀧　一九、一。○劉伯莊曰「斯亦澌也，音同」。南化，幻，狩，野。

〔使彼來則置之鬼谷終身勿出〕　瀧　一九、八。○劉伯莊曰「此鬼谷，關內雲陽，非陽城者也」。佚正。

〔且王前嘗用召滑於越而內行章義之難〕　瀧　二一、六。○劉伯莊曰「章猶外也。言王使召滑相越，內行陰賊，外詐思義，苞藏禍心，卒搆難破於越也」。南化，幻，狩。

白起王翦列傳第十三

〔燒夷陵〕　瀧　三、五。○劉伯莊曰「夷陵在楚西界，楚先君墳墓所在也」。南化，幻。

孟嘗君列傳第十五

〔孟嘗君待客坐語〕　瀧　六、十。○劉伯莊曰「侍幻雲抄作「待」。猶當也」。南化，幻，狩。

〔齊爲會日〕　瀧　一九、十。○劉伯莊曰「齊同也，逐狩本、野本「逐」作「還」。息及燒券者同日會也」。南化，幻，狩，野。

〔今富給者以要期〕 瀧 二十、四。○劉伯莊曰要約契。南化，幻，狩，野。

〔文奉邑少〕 瀧 二十、七。○劉伯莊曰「少音式紹反。言薛是文奉邑而祖稅少，故求息」。幻。

〔所期物亡其中〕 瀧 二五、五。○劉伯莊曰「亡猶無也」。南化，狩。

平原君虞卿列傳第十六

〔今臣爲足下解負親之攻〕 瀧 一五、三。○劉伯莊曰「如背之負物親在身，言息切也」。南師，幻師。

〔而天下皆説〕 瀧 一八、十。○劉伯莊曰「説音税」。南師，幻師，狩師。按：説音悦，劉伯莊音誤歟？

魏公子列傳第十七

〔公子從車騎虛左〕 瀧 四、三。○劉伯莊曰「車中上左爲貴也」。考證，南化，幻，狩。

〔平原君之游徒豪舉耳不求士也〕 瀧 一三、二。○劉伯莊曰「豪者舉之，不論德行」。佚正。

春申君列傳第十八

〔今王使盛橋守事於韓盛橋以其地入秦〕 瀧 四、三。○劉伯莊曰「秦使盛橋守事於韓，亦如楚使召滑於越也，並內行章義之難」。南師，幻師，狩師。按：瀧川考證訛爲正義佚文。

〔注齊秦之要〕　瀧　五、七。○劉伯莊曰「注音朱諭反，猶然也」。考證，南化，幻，狩。

〔大武遠宅而不涉〕　瀧　七、八。○劉伯莊曰「以喻遠取地而不能守，不如近攻」。考證，南化，狩。

〔一年之後爲帝未能其於禁王之爲帝有餘矣〕　瀧　十、十。○劉伯莊曰「齊一年之後未能爲帝强於秦」。南化，狩。

〔約爲與國〕　瀧　十二、八。○劉伯莊曰「與猶親也」。南化，幻，狩。

〔招致賓客以相傾奪輔國持權〕　瀧　一五、五。○劉伯莊曰「傾奪他國賓客以自歸，幻雲抄無「歸」字。輔助國家，推車君公子可在秦不敢伐」。南化，幻，狩。

〔世有毋望之福又有毋望之禍〕　瀧　一九、八。○劉伯莊曰「無望猶非意」。南化，幻，狩，野。

范睢蔡澤列傳第十九

〔過載范睢入秦至湖〕　瀧　四、七。○劉伯莊曰「湖音胡，今虢州湖城縣」。秘閣。

〔今臣之胷不足以當椹質〕　瀧　七、六。○劉伯莊曰「椹音林竹反」。秘閣。按：「林」、「竹」二字誤倒。

〔楚有和朴〕　瀧　八、一。○劉伯莊曰「朴披剥友，朴者，珎玉之朴也」。秘閣。

〔爲其割榮也〕　瀧　八、六。○劉伯莊曰「猶擅權也」。秘閣。

〔疑則少嘗之〕　瀧　八、九。○劉伯莊曰「且少試之，下同」。秘閣。

〔意者臣愚而不概於王心邪〕　瀧　九、一。○劉伯莊曰「概謂代涉王心」。秘閣。

〔羣臣莫不洒然變色易容者〕　瀧　十、九。○劉伯莊曰「洒音先典反」。秘閣。

〔已説而立爲太師〕　瀧　一一、九。○劉伯莊曰「説音税，言顯説事情」。秘閣。

〔至於陵水〕　瀧　一三、三。○劉伯莊曰「陵水即梁水也」。秘閣。

〔膝行蒲伏〕　瀧　一三、五。○劉伯莊「蒲作匍，音白胡反。伏作匐，音白北反」。秘閣。

〔下惑於姦臣之態〕　瀧　一四、三。○劉伯莊曰「態猶諂心也」。秘閣。

〔不離阿保之手〕　瀧　一四、六。○劉伯莊曰「阿嬭也」。幻，野。

〔寡人愚不肖〕　瀧　一四、九。○劉伯莊曰「猶言不善」。秘閣。

〔右隴蜀左關阪〕　瀧　一五、七。按：祕閣本「阪」作「險」。○劉伯莊曰「關謂函谷，考證「谷」下有「關」。阪謂商阪也」。考證，秘閣，幻，南化。

〔譬若馳韓盧而搏蹇免也〕　瀧　一六、一。按：索隱本、祕閣本「馳」作「施」。○劉伯莊曰「施猶放也」。秘閣。

〔以觀秦王之俯仰〕　瀧　一六、八。按：祕閣本「俯仰」二字作「符」字。○劉伯莊曰「謂心音契合以不」。秘閣。

〔今見與國之不親也〕　瀧　一七、一。○劉伯莊曰「與謂相同，和即韓魏」。秘閣。

〔戰勝攻取則利歸於陶國弊御於諸侯〕　瀧　二一、七。○劉伯莊曰「陶音桃，即陶邑也，言國者謂此列國」。秘閣。○劉伯莊曰「弊猶制也，言執秦兵權以制御於諸侯」。秘閣。

〔君專授政〕　瀧　二二、九。○劉伯莊曰「謂以國政專受權臣」。秘閣。

〔御下蔽上〕　瀧　二二、十。○劉伯莊曰「制御臣下言訥於上」。秘閣。

〔秦封范雎以應號爲應侯〕　瀧 二四、二。按：祕閣本標記云貞「以」作「於」，劉作「以」。〇劉伯莊曰「河東臨晉縣有應亭」。索，秘閣。按：祕閣本「河東」作「河西」。

〔敝衣閒步之邸見須賈〕　瀧 二四、六。〇劉伯莊曰「閒步謂独行」。考證，南化，幻，狩，野，秘閣。按：考證所引桃源抄者，幻雲抄之訛。

〔范叔有說於秦邪〕　瀧 二四、八。〇劉伯莊曰「咲其前者，至齊說國陰事，而得困，令祕閣本作「今」。不尔乎」。秘閣，南化，幻，狩，野。

〔乃取其一綈袍以賜之〕　瀧 二五、一。〇劉伯莊曰「麁原之繒，今語之絁」。秘閣。

〔公知之乎〕　瀧 二五、二。按：祕閣本「公」作「翁」。〇劉伯莊曰「翁音烏江反，猶公也」。秘閣。按：劉氏本亦作「翁」。

〔孺子豈有客習於相君者哉〕　瀧 二五、三。〇劉伯莊曰「孺音而喩反，盖謂小子也」。秘閣。

〔念諸侯莫可以急抵者〕　瀧 三一、七。〇劉伯莊曰「抵謂投託也」。秘閣。

〔夫虞卿躡屩擔簦〕　瀧 三一、九。〇劉伯莊本作「簦」。秘閣。按：祕閣本此正文七字作「夫虞卿搆蹻擔伯笠」，故有此校記。

〔曷鼻巨肩〕　瀧 三五、二。〇劉伯莊曰「拒肩謂項低肩竪也」。秘閣。按：劉伯莊本「巨」作「拒」。

〔魋顏蹙齃厀攣〕　瀧 三五、四。〇劉伯莊曰「攣，兩脚曲也」。秘閣。按：祕閣本無集解注「攣兩脚曲也」五字。

〔吾持粱刺齒肥〕　瀧 三五、九。〇劉伯莊曰「食粱飯」。秘閣。

〔豈道德之符〕　瀧 三七、十。〇劉伯莊曰「符謂要契」。南化，幻，狩，秘閣。按：祕閣本「要」作「元」。

〔名在僇辱〕　瀧 四十、四。〇劉伯莊曰「言爲其君父所僇」。秘閣。

〔批患折難〕　瀧　四一、三。○劉伯莊曰「批音白結反，謂習擊而却」。秘閣。

〔利施三川〕　瀧　四六、十。按：祕閣本、南化本並無「利」字。○劉伯莊曰「施昔式移反，南化、幻本無上五字。猶取也」。南化，幻，秘閣。

〔又斬范中行之塗〕　瀧　四七、二。○劉伯莊曰「范、中行之塗，蓋當齊晉之要路也」。考證，南化，幻，狩。

〔喬松之壽〕　瀧　四八、一。○劉伯莊曰「喬謂王僑也，松謂赤松子也」。秘閣。

〔世所謂一切辯士〕　瀧　四九、八。○劉伯莊曰「言遍曉諸事」。南化，狩，秘閣。

樂毅列傳第二十

〔樂毅留徇齊五歲〕　瀧　五、五。○劉伯莊曰「徇，略取也」。南化，幻，狩。

〔薊丘之植植於汶篁〕　瀧　十、一。○劉伯莊曰「從齊汶上之竹植於薊都」。南師，幻師，狩師。

魯仲連鄒陽列傳第二十三

〔世以鮑焦爲無從頌而死者皆非也〕　瀧　五、四。○劉伯莊曰「言其不寬容，攻自取死，如此言者非是也」。南師，幻師，狩師，野師。

〔衆人不知則爲一身〕　瀧　五、七。○劉伯莊曰「其恥居濁代而避之，非爲一身也」。南師，幻師，狩師。

〔彼天子固然其無足怪〕　瀧　七、七。○劉伯莊曰「天子，周王也。爲周責禮於齊，叱之也」。南師，幻師，狩師，野師。

〔然后天子南面弔也〕　瀧　九、八。○劉伯莊曰「在殯之東南化本無上四字，疑衍。阼階上，南面弔也」。南化，狩。

〔必若此吾將伏劍而死〕　瀧　九、十。○劉伯莊曰「言二國臣誠不事君，若外人欲辱我君，則死而不受所以激行」。南師，幻師，狩師。

〔吾請出不敢復言帝秦〕　瀧　一一、二。○劉伯莊曰「秦畏其謹言」。南化，幻，狩，野。

〔亡意亦捐燕辯世東游於齊乎〕　瀧　一五、七。○劉伯莊曰「言若無還燕意，須向齊也」。南化，幻，狩，野。

〔無愛於士〕　瀧　二八、八。○劉伯莊曰「愛猶隱，無隱情」。南化，狩，野。

屈原賈生列傳第二十四

〔大破楚師於丹淅〕　瀧　五、十。○劉伯莊本「丹陽」作「丹析」。南化，幻，狩，野。按：慶元「丹淅」作「丹陽」，故有此校記。

〔魏聞之襲楚至鄧〕　瀧　六、七。○劉伯莊曰「鄧在漢水之北，故劉侯城也」。南師，幻師，狩師。

〔新沐者必彈冠〕　瀧　十二、十。○劉伯莊曰「彈猶拂也」。南化，幻，狩。

刺客列傳第二十六

〔今魯城壞郎壓齊境〕 瀧 三、八。○劉伯莊曰「魯城危壞，齊南境壓魯之國都」。南化，幻，狩。

〔以試人血濡縷無不立死者〕 瀧 三二、十。○劉伯莊曰「纔傷人肉，血迚野本「迚」作「出」。如絲縷」。南化，幻，野。

李斯列傳第二十七

〔此禽鹿視肉人面而能彊行者耳〕 瀧 三、六。○劉伯莊曰「禽獸雖有耳眼而無智，終是庖厨之肉。無計略，胥人亦似禽獸」。南師，幻師，狩師。

〔胥人者去其幾也〕 瀧 四、四。○劉伯莊曰「去，待也。幾，强也。以下野本無。書前尚强，且尚待而避之，未即伐」。南化，幻，野。

〔而嚴家無格虜者何也〕 瀧 三十、一。○劉伯莊曰「格，彊悍。虜，奴隸也」。佚正。

蒙恬列傳第二十八

○劉伯莊本「伍」作「任」，音七壬反。南化，幻。

張耳陳餘列傳第二十九

〔兩人亦反用門者以令里中〕　瀧　四、二。　○劉伯莊曰「其身自是餘耳，詐稱掌門之人，向閭里號令。求不見餘耳也」。南化，幻，野。

淮陰侯列傳第三十二

〔及下鄉南昌亭長賜百錢〕　瀧　三五、三。　○劉伯莊曰「下鄉，鄉名也」。南師。

田儋列傳第三十四

〔蒯通者善爲長短説〕　瀧　一二、一。　○劉伯莊曰「欲言此事長則説長以誘之，欲言此短則説（狩本「説」下有「短」字。）以懼之」。南化，幻，狩。

樊酈滕灌列傳第三十五

〔項羽在戲下〕　瀧　五、五。　○劉伯莊本多「戲」作「麾」。南化。

酈生陸賈列傳第三十七

〔極欲十日而更〕　瀧　一八、二。○劉伯莊本作「極欲」。幻。按：漢書作「極飲」，故有此校記。石山寺本又作「極飲」，瀧川考證所引「高山寺」者，「石山寺」之訛。

〔而以目皮相〕　瀧　二六、五。○劉伯莊曰「但以目視皮膚，不知心察善惡」。南師，幻師，狩師。

季布欒布列傳第四十

〔爲氣任狹〕　瀧　二、一。○劉伯莊曰「使武氣謂之任，藏報令謂之俠」。南化，幻。

〔以軍功封愈侯〕　瀧　一一、二。○劉伯莊曰「俞音朱」。南化，狩。

張釋之馮唐列傳第四十二

〔夫士卒盡家人子起田中從軍〕　瀧　一六、三。○劉伯莊曰「家人子不知軍法，妄上其功，與尺籍不相應，魏尚連署，故坐罪也」。考證，南化，幻，狩。

〔安知尺籍伍符〕　瀧　一六、四。○劉伯莊曰「書其斬首之功於一尺之板。伍符，軍人五五相保，一人不容詐妄也」。南化，幻，狩。

田叔列傳第四十四

〔因占著名數家於武功〕　瀧　八、八。○劉伯莊曰「以家口名數占着於武功也。占著，若今附着」。南師，幻師，狩師。

〔部署老小當壯劇易處〕　瀧　九、五。○劉伯莊曰「强壯者當難難，老小者當易處」。南師，幻師，狩師。

扁鵲倉公列傳第四十五

〔飲是以上池之水〕　瀧　三、六。○劉伯莊曰「蓋謂雨水和藥」。南師，幻師，狩師。

〔聞周人愛老人郎爲耳目痺醫〕　瀧　一八、九。○劉伯莊曰「老人所患冷痺及耳眼也」。考證，南化，狩。

〔夫悍藥入中則邪氣辟矣〕　瀧　五十、一。○劉伯莊曰「辟猶考證誤作「楢」。聚也」。佚正。

吴王濞列傳第四十六

〔第令事成〕　瀧　一二、九。○劉伯莊曰「『第』猶『假』」。考證，南化，狩。

魏其武安侯列傳第四十七

〔仲孺獨不爲李將軍地乎〕　瀧　二十、一。○劉伯莊曰「地鄉名位也」。南師，幻師，狩師。

衛將軍驃騎列傳第五十一

〔歷涉離侯〕　瀧　二八、四。○劉伯莊曰「涉離侯，山名也」。南化，幻，狩。

酷吏列傳第六十二

〔東郡彌僕鋸項〕　瀧　四五、八。○劉伯莊曰「鋸以截人項而殺之」。考證，南化，幻。

佞幸列傳第六十五

〔顧見其衣裻帶後穿〕　瀧　三、六。○劉伯莊曰「裻者，被襦之横腰也」。狩。

龜策列傳第六十八

〔其欲卜某郎得而喜不得而悔〕　瀧　三四、十。○「其欲卜」以後無注，又無音義，并索隱。南師，幻師。

貨殖列傳第六十九

〔身安逸樂而心誇矜執能之榮〕　瀧　三、八。○劉伯莊曰「言其所慕榮樂勢自能使之能官使也」。南化，幻。

〔故物賤之徵貴貴之徵賤〕　瀧　五、七。○劉伯莊曰「徵，求也。此處賣，求彼貴處賣之。此處貴，求彼賤處賣瀧川考證「賣」作「買」。之」。考證，南化，幻，狩。按：狩本兩「此」作「謂」字。

太史公自序第七十

〔使人儉而善失真〕　瀧　八、九。○劉伯莊曰「『儉』當作『撿』，謂拘撿人」。南師，南化，狩。

〔皆失其本已〕　瀧　二四、一。○劉伯莊曰「『已』當作，言失人倫綱紀」。南化，幻，狩，野。

陸善經史記注佚文拾遺

殷本紀第三

〔明哉言能聽道乃進君國子民爲善者皆在王官〕　瀧　六、一。○陸善經曰「明哉，言其着明也。能聽周道者乃進爲人，君子養萬民。爲善者左王官，謂善人居官也」。（决）南化。

周本紀第四

〔武王弟叔振鐸奉陳常車〕　瀧　二七、八。○陸善經曰「常車也」。（陸善經）幻。

〔后太子聖而蚤卒〕　瀧　七五、七。○陸善經曰「聖太子之名」。（决）南化。

〔秦破華陽約〕　瀧　九〇、八。○陸善經曰「約，地名。華陽及約，兩地之名也」。（陸善經）幻。

秦始皇本紀第六

〔卒屯留蒲鶮反〕 瀧 六、九。〇陸善經曰「反，退還也。屯留，今盾潞州，其却還，故軍吏皆有罪」。（陸）南化。

〔輕車重馬〕 瀧 七、六。〇陸善經之説不讀馬字。（陸）南化，幻。

〔陵水經地〕 瀧 三七、三。〇陸善經曰「陵，絶度也。經地，畫經界也」。（陸）南化。

〔乃寫蜀荊地材〕 瀧 五四、五。〇陸善經曰「寫謂運轉，如依寫也」。（陸）南化。

〔上至以衡石量書〕 瀧 五七、一。〇陸善經曰「此時用簡牘故也。衡石稱量，爲每日之程限。衡，稱衡也」。（陸）南化。

〔追首高明〕 瀧 六二、六。〇陸善經本「首」作「道」，進論明之德也。道言德也。（陸）南化。

〔飾省宣義〕 瀧 六三、五。〇陸善經曰「脩飾寡有節義者也」。（陸）南化。按：南化本校記「宣」作「寡」，陸善經本又作「寡」歟。

〔夫爲寄豭〕 瀧 六三、九。〇陸善經曰「寄豭，謂寄於婦家也。左傳曰：『盍歸吾艾豭也』」。（陸）南化。

〔其勢居然也〕 瀧 八九、一。〇文選陸善經曰「居然者，安然之意也」。（陸善經）南化。

〔以令大國之君〕 瀧 八九、一〇。〇陸善經曰「大國，六國也」。（善）南化。

〔繆公學著人〕 瀧 一〇五、七。〇陸善經曰「謂與華同着人之服。秦本與戎狄同俗」。（陸）南化。

〔周曆已移仁不代母秦直其位〕 瀧 一一一、一。〇陸善經曰「此後漢明帝別也。周曆已移，運數盡也。

仁不代母，謂周木德，漢火德，火爲木按：南化本校記云：陸善經本「位」字作「伍」。子，仁心不忍相代，令秦當其中。直，當也。伍，行列也」。（陸）南化。

〔距之稱始皇〕　瀧　一一二、二。○陸善經曰「距，至也」。（決）南化。

孝文本紀第十

〔毋布車及兵器〕　瀧　四一、一〇。○陸善經曰「布，陳也。以下九字南化本無。輕車，兵車也。介士，胄士」。（南化本標記作陸、延久鈔本標記作決）延久，南化。

〔廩廩鄉改正服封禪矣〕　瀧　四七、六。○陸善經曰「稟稟然鄉」。

〔廩廩鄉改正服封禪矣〕　瀧　四七、五。○陸善經作「改服封禪矣」。陸善經作「改正」。（陸）延久。按：此校記兩様而不爲文，然同鈔本裏書云，今按決疑，全取「廩廩鄉改正服封禪矣九字」，依此後者爲正歟。

吳太伯世家第一

〔令其子爲吳行人〕　瀧　七、四。

集　掌國賓客之禮籍　○陸善經曰「禮籍，接賓客之簿籍也」。（決）南化。

齊太公世家第二

〔蒼兕蒼兕〕 瀧 七、二。○陸善經曰「兕音兕。蒼兕，取其猛也」。（決）南化。

〔夷狄自置〕 瀧 二六、五。○陸善經曰「以夷狄之衆自置强大」。（決）南化。

魯周公世家第三

〔是有負子之責於天〕 瀧 四、九。○陸善經曰「負謂缺負也。德之欠負也」。（陸）南化。

〔茲道能念豫一人〕 瀧 六、七。○陸善經曰「以此道保念武王也」。（決）南化。

燕召公世家第四

〔乃說王使齊爲反閒欲以亂齊〕 瀧 一一、四。○陸善經曰「敵來間己，反用之，故曰反間。軍之所繫，欲擊其軍也。以二文准，合吾間必索上數事也。舍之，安置之也」。（陸）南化。按：「軍之所繫」以下注於集解。

三王世家第三十

〔下當用者如律令〕　瀧　一三、四。○陸善經曰「當用者，謂所封之當具禮儀」。（决）南化。

〔降旗奔師〕　瀧　一五、五。○陸善經曰「望旗而降，驅南化本標記師説引「驅」字作「奔赴」二字。我師也」。（陸）南化。按：南化本標記師説引作决。

管晏列傳第二

〔豈所謂見義不爲無勇者邪〕　瀧　一一、二。○陸善經曰「『無勇者邪』，言晏子有勇也。見義不爲無勇者異」。（陸）南化，幻。

老子韓非列傳第三

〔且君子得其時則駕不得其時則蓬累而行〕　瀧　四、七。○陸善經曰「駕車而行，謂其道也。蓬累，窮笠也，亦謂之幻雲抄無「之」字。簦。虞卿『躡蹻擔笠』即是。今荆人呼笠爲累，江東人呼竹綿蒻盖船者爲蓬」。（陸）南化，幻。

〔知盡之難也〕　瀧　二四、二。○陸善經以爲「知」如字，言得盡。所知識之事，是爲難。（陸）南化。

孫子吳起列傳第五

〔形格勢禁〕　瀧　八、三。○陸善經曰「格，止也」。（陸）南化，幻。

伍子胥列傳第六

〔人衆者勝天天定亦能破人〕　瀧　一二、一。○陸善經曰「人衆勝夫，謂逆節不顧道理也。夫定勝人所爲，破人逆節不可久行，當自破敗也」。（泆）南化，幻。

商君列傳第八

〔名田宅臣妾衣服以家次〕　瀧　九、四。○陸善經曰「家次謂家人」。（泆）南化，幻。

〔有以也夫〕　瀧　二二、九。

集　周室歸籍　○陸善經曰「歸籍，謂歸圖籍於秦也」。（泆・陸）南化，幻。

蘇秦列傳第九

〔少府時力距來者皆射六百步之外〕 瀧 一八、二。○陸善經曰「少府，營造之司也。時，是也。是力以距敵之來者。射及於遠」。(決) 南化。

〔遠者括蔽洞胷近者鏑弇心〕 瀧 一八、七。○陸善經曰「括也，言箭括，箭通於胷但見其括。鏑，矢鏃也。遠近謂射所及也」。(決) 南化，幻。○陸善經曰「括，箭閒也。洞，通也。言箭通於胸，作見其格」。(陸) 南師，幻。

〔五家之兵〕 瀧 二六、六。○陸善經曰「謂時兵法有五家也」。(陸) 南化，幻。

〔志高氣揚〕 瀧 二七、一〇。○陸善經曰「氣揚言强盛」。(陸) 南化，幻。

〔而輕七宋則齊可七已〕 瀧 四七、六。○陸善經曰「滅宋爲輕也，則不畏士人。罷敝即上文舉五千乘也，大宋也」。(決) 南化，幻。

〔苟得窮齊不憚以國爲功〕 瀧 五一、九。○陸善經曰「謂窮困齊國也」。(決) 南化，幻。

〔二日而莫不盡繇〕 瀧 五五、一〇。○陸善經以爲，繇者，自是繇役之義也，言韓國莫不盡繇役。(陸) 考證，南化，幻。

〔我離兩周而觸鄭〕 瀧 五六、一。○陸善經以爲，離，經歷也，言經歷兩周之地而觸於鄭也。(決) 南化，幻。

〔韓氏太原卷〕 瀧 五六、四。○陸善經曰「太原卷皆地名也」。(陸) 南化，幻。

張儀列傳第十

〔詳失綏墮車〕　瀧　一七、八。○陸善經曰「佯，詐也」。（陸）南化。

〔固形親之國也〕　瀧　二六、五。○陸善經曰「形親之國，謂形勢相親也，爲秦者誤也」。（陸）考證，南師，幻。

樗里子甘茂列傳第十一

〔王之愛習公也〕　瀧　一五、四。○陸善經曰「言以愛習見貴也」。（陸）南化，幻。

〔而内行章義之難〕　瀧　二一、六。○陸善經曰「言内詳章恩義而實句禍難也」。（陸）南化，幻。

白起王翦列傳第十三

〔鄉邑皆祭祀焉〕　瀧　一二、九。

集　後曰之戰必非前日之對也　○陸善經曰「謂知降必死，皆聖戰也」。（陸）南化，幻。

集　不豫其論者則秦衆多矣　○陸善經曰「言以後君有軍戒之事，而不豫爲其設論，則不知秦衆之多也」。（陸）南化，幻。

〔夫秦王儈而不信人〕　瀧　一六、一〇。○陸善經曰「儈，警疑也」。（陸）南化，幻。

平原君虞卿列傳第十六

〔槃散行汲〕　瀧　二、七。○陸善經曰「槃散，欲行不進之貌也」。（決）南化，幻。

〔乃絀公孫龍〕　瀧　一一、六。

集　有五勝三室　○陸善經曰「『五』者可以取勝，而『三』者爲至理，『辭正』言辭相爭而取正也」。（決）南化，幻。

〔王之所以事秦必不如韓魏也〕　瀧　一五、三。○陸善經曰「謂事秦與幻雲抄無「與」字。韓、魏等也」。（決）南化。

〔今臣爲足下解負親之攻〕　瀧　一五、三。○陸善經曰「被秦攻伐如負幻雲抄無「負」字。親在身，言其困苦也」。（決）南化，幻。

〔平原君翩翩濁世之佳公子也〕　瀧　二二、六。○陸善經曰「翩翩得中正意也」。（決）南化，幻。

魏公子列傳第十七

〔如姬資之三年〕　瀧　八、四。○陸善經曰「謂以實財求人報讎也」。（陸）南化，幻。

〔晉鄙嚄唶宿將〕　瀧　九、四。○陸善經曰「嚄唶多詞章難與言之意也」。〔決〕南化，幻。

春申君列傳第十八

〔大武遠宅而不涉〕　瀧　七、八。○陸善經曰「大有武之功，求遠居而不能涉。喻遠攻得地無所用也。逸詩也」。〔陸〕南化。

范雎蔡澤列傳第十九

〔乃遂操范雎亡〕　瀧　三、九。○陸善經曰「操，持也，謂扶持之去也」。〔決〕秘閣。

〔雖以臣爲賤人而輕辱獨不重任臣者之無反復於王邪〕　瀧　七、九。○陸善經曰「以己爲卑賤而輕易貶辱，獨不肯重任者，將以無反報於王之故邪？復，報也。之，此也」。〔決〕秘閣。

〔意者臣愚而不概於王心邪亡其言臣者賤而不可用乎〕　瀧　八、一〇。○陸善經曰「王之意幻雲抄「意」作「心」。者，以爲臣愚，説事不經概於王之心幻雲抄無「心」字。耶，已弃其言幻雲抄「言」作「事」。乎？爲以臣之賤而不可用乎」。〔陸〕南化，幻。

〔是天以寡人慁先生〕　瀧　一四、一〇。○陸善經曰「慁，亂也」。〔決〕秘閣。

〔決制於諸侯〕　瀧　二一、五。按：據秘閣本標記陸善經本「制」字作「列」。○陸善經曰「斷分列」。〔決〕秘閣。

〔擢賈之髮以續賈之罪〕　瀧　二六、九。○陸善經曰「續，繼連也」。（決）秘閣。

〔宮車一日晏駕〕　瀧　二八、四。

集　天子當晨起早作　按：諸本並「晨」字作「晏」，秘閣本亦作「晏」。○陸善經曰「『晏起早』作文勢不通，恐相承誤也」。（決）秘閣，南化，幻。

〔貴而爲交者爲賤也〕　瀧　三〇、九。○陸善經曰「言貴而結交者，所以爲賤。下文准此。一云富貴而結交情深者，爲有貧賤之時，言不可忌之也」。（善經・決）秘閣。

〔人固未易知知人亦未易也〕　瀧　三一、九。○陸善經曰「人固未易知，南化、幻本無上五字。人情難識也。知人亦不易言，南化、幻本無上六字。識人亦難也」。（秘閣本標記作決、南化本標記作陸）秘閣，南化，幻。

〔倡優拙則思慮遠〕　瀧　三四、三。○陸善經曰「人君不好倡優則倡優拙，既不好倡優則專思慮，故思慮遠也」。（按：秘閣本標記作決，南化、幻本作陸）秘閣，南化，幻。

〔魋顏蹙齃厀攣〕　瀧　三五、四。○陸善經曰「魋顏，顏貌豐大意」。（陸）秘閣。

〔吾持粱刺齒肥〕　瀧　三五、九。按：秘閣本「刺齒」二字作「齧」字，諸本「粱」字作「梁」。○陸善經曰「持粱，謂飯粱而持其器。『刺齒』當爲『齧』字。齧肥，謂食肥肉也」。（決）秘閣。

〔勸民耕農利土〕　瀧　四四、一。○陸善經曰「利土，盡土宜之利也」。（陸）南化，幻。

〔利施三川以實宜陽〕　瀧　四六、一〇。○陸善經曰「施猶發散，言發散三川之物布衣實宜陽」。（陸）秘閣。

魯仲連鄒陽列傳第二十三

〔齊弃南陽斷右壤定濟北〕　瀧　一四、一。○陸善經曰「南陽爲楚所攻而不救，斷弃右壤之地。定計於濟北地。濟北即聊城也。言齊專兵攻之，不可支也」。（決）南化，幻。

〔交游攘臂而議於世〕　瀧　一五、四。○陸善經曰「攘臂言非肅恭」。（決）南化，幻。

〔亡意亦捐燕弃世東游於齊乎〕　瀧　一五、七。○陸善經曰「言無意爲此計者，則自捐弃燕之世事而歸齊也」。（陸）南化，幻。

〔文侯投之以夜光之璧〕　瀧　一三、二。○陸善經曰「投謂抛擲與之，見其不恭，則謂爲賤物，故怒也」。（決）南化，幻。

〔而桓公任之以國〕　瀧　二四、四。

集　南山矸白石爛　○陸善經曰「南山矸，白石爛，言此物可久，人則不能，當須逢時」。（陸）南化，幻。

屈原賈生列傳第二十四

〔自疏濯淖汙泥之中〕　瀧　四、八。○陸善經曰「疏濯，謂疏理。濯，洗也。喻於煩污之中自潔清也」。（陸）南化，幻。

〔孔靜幽墨〕　瀧　一三、一〇。○陸善經曰「幽墨皆無幻雲抄無「無」字。所爲而不得志」。〔陸〕南化，幻。

呂不韋列傳第二十五

〔此奇貨可居〕　瀧　三、六。○陸善經曰「比人於貨也。居，謂寶藏也」。〔決〕南化，幻。

李斯列傳第二十七

〔鑠金百溢〕　瀧　三〇、八。○陸善經曰「鑠，消也」。〔決〕南化，南師，幻師。

蒙恬列傳第二十八

〔必參而伍之〕　瀧　九、九。○陸善經曰「參伍謂審察」。〔決〕南師，幻師。

張耳陳餘列傳第二十九

〔爲里監門以自食兩人相對里吏當有過笞陳餘〕　瀧　三、七。○陸善經曰「自食，用此職以供養也。對吏里，謂応對也」。〔決〕南化，幻。

〔如此野無交兵〕　瀧　五、三。○陸善經曰「校量强弱而欲戰也」。〈決〉南化，幻。

〔頭會箕斂〕　瀧　六、七。○陸善經曰「謂人頭會以箕斂而出物也」。〈陸〉南化，幻。

〔張耳雅游人多爲之言〕　瀧　一七、八。○陸善經曰「布衣素交有賢名也」。〈決〉南化，幻。

黥布列傳第三十一

〔漢無事矣〕　瀧　一五、四。

集　趨作罫以自生於小地　○陸善經曰「罫今古名爲狼也」。〈決〉南化，幻。

季布欒布列傳第四十

〔數招權顧金錢〕　瀧　六、二。

集　以其所有辜較　○陸善經曰「辜較，諸專因其利説者，云以木横水上度人爲較，不從者無由得濟，是禁他家而已獨專擅之意」。〈決〉南師，幻師。

田叔列傳第四十四

〔如有移德於我者何也〕　瀧　一二、二。○陸善經曰「言有德恩移在我所也。移，猶施」。〈決〉南師，幻師。

〔詔問能略相推第也〕　瀧　一二、四。○陸善經曰「謂材能智略相推爲次第也」。（陸）南師，幻師。

吴王濞列傳第四十六

〔攻諸吕勿與事定分之耳〕　瀧　一三、四。○陸善經曰「劉章謀諸吕，於國有恩義。勿與事，天下平定，與分其城也」。（陸）南師，幻師。

魏其武安侯列傳第四十七

〔相提而論〕　瀧　五、一。○陸善經曰「言自相提挈而議論國家也」。（泱）南化。

衛將軍驃騎列傳第五十一

〔斬獲旗鼓歷涉離侯〕　瀧　二八、三。○陸善經曰「盖單于之將卒主知旗鼓者。或云歷，經也。離侯，山名也」。（陸）南化，幻。

循吏列傳第五十九

〔僮子不犁畔〕 瀧 五、三。○陸善經曰「畔，四界也。相讓也，故不犁也」。〔決〕南化，幻。

〔追而不及不當伏罪〕 瀧 七、三。○陸善經曰「追而不及，意欲治之言追不及，非故縱，故不當死」。〔決〕南化，幻。

汲鄭列傳第六十

〔非苦就行放析就功〕 瀧 六、六。○陸善經曰「非爲危苦之事以就名行，於分文析字之間以就功。言其煩碎無大躰也」。〔決〕南化，幻。

〔治禮次治掌故〕 瀧 一一、八。○陸善經曰「選其材高者治禮，次者掌故，主故事也，後選用亦先治禮，不足用及掌故也」。〔決〕南化，幻。

大宛列傳第六十三

〔若出其南抵大宛大月氏相屬〕 瀧 二三、一〇。○陸善經曰「出其南，出烏孫之北，則爲匈奴所得故也。

出南則抵著二國相屬。言使多也」。〔決〕南化，幻。

滑稽列傳第六十六

〔甌窶滿篝〕 瀧 四、二。○陸善經曰「甌窶小兒，今江東猶謂器物小狹者爲甌窶」。〔陸〕南化，幻。

〔以壠竈爲桴〕 瀧 八、一。○陸善經曰「謂竈形高如堈壠也。一云礱突也」。〔決〕南化，幻。

〔幸兩立〕 瀧 一一、五。○陸善經曰「幸目在雨中而立也」。〔陸〕南化，幻。

日者列傳第六十七

〔比周賓正〕 瀧 六、一。○陸善經曰「謂擯幻雲抄無「擯」字。弄正人也」。〔陸〕南化。

貨殖列傳第六十九

〔塗民耳目則幾無行矣〕 瀧 三、一。○陸善經曰「塗民有幻雲抄無「有」字。耳目，謂改易舊制，令民不見聞古之美。無幾矣，言美善可冀望也」。〔決〕南化，幻。

〔財匱少而山澤不辟矣〕 瀧 六、三。○陸善經曰「虞，山澤之人。凡財用之物皆虞人取之。入山澤，不辟不開道」。〔泱〕南化，幻。

〔失執則客無所之以而不樂夷狄益甚〕　瀧　七、八。○陸善經曰「如客心不安也。母所之心中無所趨向也。本亦爲客，謂無所止薄也。中國尚有禮義自將，故夷狄益甚」。〔泱〕南化，幻。

〔女子則鼓鳴瑟跕屣〕　瀧　二〇、一〇。○陸善經曰「跕屣躡足踐脚踵也。謂足踵跕履而行，言其行步安徐也」。〔泱〕南化，幻。

瀧川氏家譜

世系　本氏：紀氏　家紋：横木瓜

原稱「多喜[taki]」姓，後改稱同音的「瀧[taki]」姓。瀧川姓、瀧野姓、瀧波姓，都是紀氏後裔。紀氏是第八代孝元天皇的第二十八世苗裔。

大祖

雄致

其父是中納言紀貞雄。曾任河内國高安莊司。曾在關東，後歸河内國。

貞致

通稱八郎，曾任高安莊司。號爲左近將監。

貞行
通稱八郎。
貞直
通稱八郎。
貞之
通稱八郎
貞仲
通稱八郎
資兼
通稱八郎。號爲左近將監。曾被天皇賜予二引紋家紋。
資時
通稱八郎。號爲伊豫守。

一勝
通稱八郎。近江國一宇城主。後遷同國瀧城，故稱瀧姓。自大祖雄致至始祖一勝凡九世，始爲姓。

範勝
通稱九郎。瀧城主。

勝幸
通稱八郎。號爲清左衛門。

資綱
號爲左兵衛或伊賀。始屬三河國吉田城主池田左衛門［池田輝政］，後仕於中村一角［中村一忠］。

資重
通稱八郎。號爲藤兵衛。嗣父業仕於中村式部少輔伯耆守［中村一忠］，後仕於堀尾茂助帶刀［堀尾吉晴］。（文禄五年［一五九六］十月，堀尾吉晴受封出雲、隱岐兩國。）食邑二百石。

一益

生於近江國。本國［籍貫］是河内國。姓稱瀧川。官位從五位下、左近將監。

某

稱瀧川出雲入道。食禄三千石。

某

稱瀧川縫殿助。食禄三千石。

某

稱瀧川儀大夫。松平新太郎［池田光政］女婿。備前國岡山城主松平［池田］内藏頭家臣。

一時

稱瀧川八郎。後號爲久助。生於尾張國，仕於家康公［德川家康］。

一乘

稱瀧川久助。

一俊
稱瀧川八郎。食邑二千石。世代仕於德川將軍家。
女子
嫁入一橋家。
女子
嫁入今井家。
玄伯
醫師。
元祖
資信
號爲李之丞。本國爲近江國。生於駿河國。嗣父業仕於山州公堀尾氏[堀尾山城守忠晴]。堀尾氏嗣絶，寬永十五年[一六三八]爲高真公(松平出雲守直政)所擧用，屬於大番四番組，食邑二百石。寬文十一年[一六七一]卒。

二世

資之

號爲善右衛門，晚年號爲自快。寬文十一年［一六七一］，繼承其父，食邑百石。寶永六年［一七〇九］卒。

資時

號稱七左衛門。資之之弟。食禄七十三石。

某（二）

號稱七左衛門。食禄七十三石。

資休（三）

稱瀧川太義。食禄二百石。

資央（四）

號爲杢之丞。食禄百石。

某

號爲豐之丞。

不門

臨濟宗。薩摩國大龍寺僧。

三世

某

號爲彌五左衛門。元禄十一年[一六九八],繼承其父食邑百石。屬於大番四番組,任隱岐國代官役。寬保元年[一七四一]卒。

四世

聖見

初號爲勝右衛門,後改號爲久助。元文四年[一七三九]繼承其父食邑百石。寬保三年[一七四三],上請改姓爲瀧川。娶高畑氏第五女諱阿曾代,生二女與資敬。延享四年[一七四七]春,上請以資族爲嗣。寶暦四年[一七五四]卒,五十九歲。

五世

資族

號爲才藏，後改號爲彌五左衛門。是松原定右藏門正賢第五子。延享四年［一七四七］，爲聖見義子。寶曆四年［一七五四］嗣其父，食邑百石。受命任大番四番組筆頭役。明和三年［一七六六］上請以資敬爲嗣。文化十年［一八一三］卒。

六世

資敬

初號爲三彌或才之助，後改號爲八郎。其父聖見。寬政三年［一七九一］，因養父資族退仕而繼承家督［一家之主的地位和權利］，食邑百石。任大番四番組筆頭、御目附役、御軍用方。娶玉井氏女，後娶山口氏女諱於磯，生二男二女。後改號爲久助或五郎兵衛。文化七年［一八一〇］卒。

七世

資雅

幼名哲太郎，後改爲藤兵衛，晚年號爲繩外。文化五年［一八〇八］其父資敬退仕而繼承家督。食邑百石，屬於大番三番組。文政十年［一八二七］，收大石源内第三子岩一爲義子。安政二年［一八五五］卒。

八世

資義

第六代大石源内第三子，初名岩一，後稱八郎大夫。天保十三年〔一八四二〕繼承家督，屬於大番三番組。自嘉永二年〔一八四九〕至六年〔一八五三〕任隱岐國御代官役。自安政三年〔一八五六〕任武藏國本牧警備，同五年〔一八五八〕任大阪表御警衛炮術士。同年九月，卒於出雲國。

九世

資則

八郎大夫長子。生於天保十三年〔一八四二〕一月二十三日。繼承亡父遺下食禄百石，受命加入大番三番組。自安政元年〔一八五四〕至文久元年〔一八六一〕的八年之間，跟從谷敬藏修習漢學。自文久三年〔一八六三〕正月至六月任京都二城御城警衛。元治二年〔一八六五〕，任若殿樣御抱守、御納户役。明治三年〔一八七〇〕出任學校大助教、皇漢學引受。明治四年〔一八七一〕，任松江藩權少屬。同年，購入松江藩士氏家外清的宅邸（位於北堀端）居住。明治六年〔一八七三〕，任大東町小學校教師。此後歷任各地小學校訓導。好詩文，門下弟子衆多。昭和二年〔一九二七〕二月二日卒。

十世

資言

通稱龜太郎。李之丞長子。生於慶應元年［一八六五］十一月十二日。昭和五年［一九三〇］，以侄子亮爲義子。昭和二十一年［一九四六］二月二十三日卒，八十二歲。

十一世

亮

生於明治三十七年［一九〇四］十一月六日。是小川刀與フサ（龜太郎妹）之第五子，後爲龜太郎義子。昭和五年［一九三〇］三月，東北大學法文學部畢業，法學士，在安田火災公司工作。退休後，在職於安藤不動産公司。

十二世

資孝

生於昭和十一年［一九三六］。亮長子。昭和三十五年［一九六〇］，中央大學法學部畢業。在職於飯野海運公司。

瀧川龜太郎博士年譜

原籍　島根縣松江市北堀町三〇五（龜太郎是户籍名，字資言，號君山）

慶應元年（一八六五）十一月十二日　一歲

出生於島根縣下出雲國島根郡（注1）。

明治六年（一八七三）　九歲

就學於龍淵山桐岳寺私塾，後進入小學校。

明治十一年（一八七八）　十四歲

小學校畢業。

明治十二年（一八七九）四月　十五歲

入學松江中學校（注2）。

明治十五年（一八八二）三月八日　十八歲

在該校修學三年（當時中學校是五年制），然後爲了修學離開島根縣，進入東京入島田（島田重禮）先生私塾（注3）。

明治二十年（一八八七）七月九日　二十三歲

東京帝國大學古典講習科畢業（注4、5）。

明治二十一年（一八八八）九月二十九日　二十四歲

被法制局僱傭，在長官官房工作。　法制局

明治二十三年（一八九〇）五月三十一日　二十六歲

被臨時帝國議會事務局僱傭。　臨時帝國議會事務局

明治二十三年十一月二十四日

受任議會交涉事務係書記。　內閣

明治二十四年(一八九一)三月二十四日　二十七歲
同上。　免官。　内閣
明治二十四年五月十二日
被内閣僱傭。在内閣總理大臣秘書官室工作。　内閣
明治二十四年五月二十九日
與岩田テル結婚。
明治二十五年(一八九二)八月十三日　二十八歲
被免除内閣僱傭的身份。　内閣
明治二十五年九月二十一日
被委托教員職務。　獨逸[德意志]學協會學校(校長 文學博士 加藤弘之)。
明治二十六年(一八九三)四月二十五日　二十九歲
被大臣官房秘書課僱傭。　文部省

明治二十七年（一八九四）一月二十三日　三十歲
隸屬文部省，兼任大臣官房圖書課。　文部省

明治二十八年（一八九五）十一月十五日　三十一歲
長子八郎出生（於東京市牛込區南田町）。

明治二十九年（一八九六）二月二十四日　三十二歲
妻テル去世。

明治二十九年四月二十四日
被委托講師職務。　青山學院

明治二十九年十月十日
被委托調查教科書的職務。　文部省

明治二十九年十二月十四日
自願免官。　文部省

明治三十年（一八九七）八月二十七日　三十三歲

被解除調查教科書的職務。　文部省

明治三十年九月十七日

受任第二高等學校教授。　内閣

寄宿仙臺市同心町一五太田家。

明治三十八年（一九〇五）四月　四十一歲

搬遷至仙臺市土樋一九八。

明治三十九年（一九〇六）四月十七日

長子八郎在松江去世。

明治四十一年（一九〇八）五月二日　四十四歲

晉升爲高等官三等（内閣）。九月十日被敘從五位（宮内省）。翌年六月二十八日敘勛六等，受瑞寶章（賞勛局）。明治四十四年（一九一一）九月三十日受賞賜八級俸（文部省）。

大正四年（一九一五）五月十三日　五十一歲

與菅野キシイ結婚。

大正四年七月三日

受命出差中國。　内閣

乘日清汽船，八月十日到達漢口。視察中國各地。九月七日回到門司港。

大正六年（一九一七）一月一日　五十三歲

領養侄子亮，使他中途入小學。

大正十年（一九二一）七月一日　五十七歲

受敕任官待遇（内閣）。同年八月三十日敘勛四等，受瑞寶章（宮内省）。

大正十二年（一九二三）七月十四日　五十九歲

被委托法文學部講師職務。　東北帝國大學

大正十四年（一九二五）三月二十五日　六十一歲

晉升爲高等官二等(内閣)。

大正十四年三月二十八日

自願免官。　内閣

大正十四年四月一日

被委托講師職務。同八月二十九日被解除委托職務。　第二高等學校

大正十四年四月十五日

被敘正四位。　宫内省

大正十五年(一九二六)八月三十一日　六十二歲

被委托教授職務。　大東文化學院

昭和二年(一九二七)二月二日　六十三歲

父杢之丞去世,繼承瀧川家家督。

昭和三年（一九二八）二月二十九日　六十四歲

自願解除教授職務。　大東文化學院

昭和五年（一九三〇）二月十五日　六十六歲

以亮爲義子，入户口。

昭和五年四月三十日

自願解除講師職務。　東北帝國大學

同年六月回到家鄉松江（注6）。

昭和六年（一九三一）九月七日　六十七歲

受文學博士學位。　東北帝國大學

昭和九年（一九三四）十二月　七十歲

移居東京都淀橋區下落合。

昭和十年（一九三五）一月八日　七十一歲

被委托教授職務。　大東文化學院

被委托東京文理科大學講師職務。

昭和十九年（一九四四）三月　八十歲

被授予名譽教授的稱號。　大東文化學院

昭和二十年（一九四五）三月三十一日　八十一歲

被疏散到家鄉松江。

昭和二十一年（一九四六）二月二十三日　八十二歲

因衰老去世，葬於桐岳寺。

注1：慶應元年十一月十二日出生命名書：

丑年男子
産　名
龜太郎
十一月吉祥日

注2：明治十二年，瀧川龜太郎中學入學那一年的夏天，新校舍建成。年僅十五歲的他一晚上爲此撰寫了祝詞，而且在落成典禮上代表全校學生朗誦。如此，當時已有文名。

祝詞：

明治己卯ノ夏中學校成ル。玆ニ良日ヲトシ開業ノ式ヲ設ケラル。生不肖ナレ𪜈諸生ノ後ニ列スルヲ得歡喜限リナシ。乃チ聊蕪文ヲ綴リ以テ祝辭ヲ述フ。

伏シ惟フ玉天質美ナレ𪜈之ヲ琢カサル瓦石ト何ニ擇ハン。人モ亦然リ天ノ性ヲ授クル億兆何ニ異ナランヤ。然ルニ其賢愚ノ分ル所以唯學フト學ハサルトニ在ノミ。然ラハ則チ學盛ニセサル可カラサルナリ。縣官夙ニ玆ニ見アリ乃チ中學校ヲ設ケ以テ小學ヲ卒フル者ヲ熏陶セシム。然ルニ校大ナラス生徒モ亦多カラス。此ニ於テ則チ新築ノ舉アリ以テ有志ノ者ニ校ニ入ルヲ得セシム。嗚呼縣官ノ下民ヲ惠スル豈ニ之ヨリ大ナル者アランヤ。入校ノ諸生之ヨリ孜孜勉勉怠ラス琢磨研究シテ倦マサレバ則チ將ニ歐米ノ盛ニ愧シサラントス。

是ヲ以テ之ヲ觀ル新築ノ舉啻ニ管下人民ノ幸ナルノミナラス亦天下萬民ノ幸ナリ伏シテ願クハ此校ノ盛日月ト共ニ永ク天地ト共ニ久カランヿヲ。

譯文：明治己卯夏，中學校建成。玆卜良日，舉行啓用儀式。學生雖不肖，但得忝列諸生之末席，歡喜無限。乃聊綴蕪文，以述祝辭。

伏惟玉之天質雖美，然不之琢，與瓦石何擇焉。人亦然，天所授性，億兆何異哉。然其賢愚之分，所以唯在學不學。然則學不可不盛。縣官夙有兹見，乃設置學校，以熏陶小學卒業者。然校不大，生徒亦不多。於此則有新築之舉，以令有志者得入校。嗚呼，縣官之惠下民，豈有大焉者哉。入校諸生自此孜孜勉勉而不怠，琢磨研究而不倦，則將不愧於歐美之盛。是以觀之，新築之舉不啻管下人民之幸，亦天下萬民之幸。伏願此校之盛，與日月共永，與天地共久。

本校生徒　瀧川龜太郎

明治十二年九月十一日

注3：明治十五年，瀧川龜太郎負笈出國時所得許可證（鈔寫）：

出國御届

島根縣下出雲國島根郡北堀町三百叁拾叁番邸

士族　李之丞長男

瀧川龜太郎　當十六年三ヶ月

右此度學事修行之爲〆武藏國東京府へ五年間之見込ヲ以今明治十五年三月九日出國仕候二付此段御届仕候也。

［右面人爲修學，預計武藏國東京府逗留五年，將於明治十五年三月九日出國，特此報告。］

島根縣下出雲國島根郡北堀町三百叁拾叁番邸

士族　瀧川杢之丞[印]

北堀町戸長

星野忠之丞殿

書面之趣承置候事。［報告主旨已敬悉。］

島根縣出雲國島根郡北堀町

戸長　星野忠之丞[印]

明治十五年三月八日

注4：明治十八年東京大學在學證明書（鈔寫）：

第七十一號

文學部生徒　瀧川龜太郎

右本學生徒ニ相違無之候事。［右面人確是本校學生。］

明治十八年七月十日

東　京　大　學 [東京大學]

注5：大學畢業證書（鈔寫）：

瀧川龜太郎古典講習科漢書科ヲ修メ卒業試問ヲ完ウシ正ニ其業ヲ卒ヘリ乃テ之ヲ証ス。

「瀧川龜太郎已修完古典講習科漢書科，完成畢業答辯，其學業確是完畢，在此證明。」

經學、諸子、詩文	前東京大學教授從四位	中村　正直 [印]
經學、諸子、法制、詩文	前東京大學教授從五位	三島　毅 [印]
經學、史學、諸子、詩文	文科大學教授正六位	島田　重禮 [印]
經學、諸文	文科大學講師從六位	南摩　綱紀 [印]
史學、法制	前東京大學準講師	大澤　清臣 [印]
諸子、詩文	前東京大學教授從五位勛六等	重野　安繹 [印]
諸子、詩文	前東京大學教授從五位勛六等	川田　剛 [印]
法制	文科大學教授從六位	小中村清矩 [印]

[帝國大學]

各教官ノ証明ヲ認了シ授クルニ卒業証明ヲ以テス。

「茲認可各教官之證明，授以畢業證明。」

明治二十年七月九日　文科大學長從五位　外山正一 [文科大學之印]

注6：松江舊宅考：

松江市文化財指定「舊武家屋敷長屋門及塀」考

位於松江市的瀧川家宅邸之長屋門與圍墻，昭和二十八年以該市「文化財保護條例」被指定爲市級文化遺産。關於此，長谷川義典先生説明如下：

沿着松江市北堀川［松江城北面的護城河］河畔往西走，可以看到以古式長屋門［兩側連接著傭人房屋的大門］爲中心、白墻包圍的武士宅邸。據《松江藩給帳御城下屋敷割》，這所宅邸一開始居住的是食禄四百石的鹽見小兵衛，後來是食禄五百五十石、任番頭的氏家外清。現存正房的一部分與圍墻保留了原貌（明治四年瀧川李之丞先生遷居此地，後來漢學者故瀧川君山博士繼承並居住在此宅邸）。離此宅不遠，在公路西端、小泉八雲舊居的右面也有樣式相同的武士宅邸。這原是食禄四百石的番頭免許高木伝十郎的宅邸，完全保留了當時的原貌。氏家外清與高木伝十郎的宅邸之間，過去有食禄一百二十石、忍術師技免許的大石源内設立的兵法練武場。明治維新時，這所練武場被拆除，現在蕩然無存。這一幢一幢的建築都是常見的武士住宅，但是它們連綿至鹽見畷一帶，隔着護城河面對松江城，一眼望去有如松江藩的舊城市。小泉八雲曾經居住過這裏的武士宅邸，格外欣賞，在其著書《Glimpses of Unfamiliar Japan》中向世界介紹。造訪小泉八雲舊居的人們走過這裏的護城河畔，便沉浸於某種暖人心懷的詩情。除了山口縣的萩與岩手縣的盛岡之外，國内這樣的武士宅邸幾乎被空襲燒毀殆盡。護城河畔的大街叫做「鹽見畷［shiomi nawate］」或「城見畷［shiromi nawate］」。《松江城下圖》注明「シオミナワテ［shiomi nawate］」，可能是因爲這條大街旁有鹽見小兵衛的宅邸而有此名。明治末期以後改稱「城見畷」，可能是因爲從這裏可以看到松江城，故從「鹽見」轉變爲「城見」。其實「城見畷」也是相符其環境的名稱。上述説明，大致根據舊武士宅邸的所在處之名，使用自古以來的名稱。

摘録於《松江市の文化財》

後序

嘗聞諸禹域前輩之説曰：「校勘之業，止可施之於經，自史、子以下，非所宜也。」幸次郎曰：「唯唯，否否。」蓋經者言也，非惟事也，右史記言，左史記事，言爲尚書，事爲春秋。近儒或竟曰「六經皆史」，然事之所托固在於言，言之尤精微，是曰經。「我之弗辟」，一字之讀繫上智之進退；「星隕而雨」、「鄭伯南也」，一言之異褒貶存焉。顧氏炎武云：「無經學無理學。」段氏玉裁云：「校書孰乎昉？昉乎孔子。」旨哉言乎！若夫史也，往行惟蓄，前事是戒，求其事之博，不必言之精，大德之不踰閑，小德出入可乎！錢氏大昕爲清代史學之第一人，其廿二史考異止辯記載之歧異，略乎文字，固不如阮氏元十三經校記之勤勤於隻字也。雖然，史竟不容校勘乎？後漢書鄭玄傳云「少不爲父母羣弟所容」，本無「不」字。考巨儒之平生，察東京之世風，關繫亦在一字，況司馬子長書體大物博，以著述爲議論，褒然爲乙部之首者乎？邦儒瀧川先生龜太郎以此書久乏津逮，乃爲史記會注考證，其體例如鄭注周禮，采前儒之説，博爲折衷，而異文附之，亦如康成之記故書。又唐張守節正義久無單行之本，南宋合刻三注失其全貌，而其佚文往往附見於我邦故記。先生掇而出之，得千餘事，其書風行海内外已久，學者寶之。然主於會注，不專校異。我友水澤教授利忠憾焉，乃博搜異本之存乎世者，字爲校讐，悉記異同，曰史記會注考證校補。其所見舊鈔本十餘，宋版七，元版二，明清之本無論焉，我邦故記自藤原英房史記鈔以下亦有取焉。凡公私之庫，叢祠冷梵，斷簡零墨，千里命駕，東西奔走，席不暇暖，矻矻如一日者二十年，而此書異文之在人間者，莫不畢湊於此。其尤異者，有如項羽本紀「時不利兮騅不逝」，俄增一行曰「時不利兮威勢廢，威勢廢兮騅不逝」，我邦鈔本或如此，孰爲子長原文雖不可知，亦宋後學者所未聞也？而張氏正義又增三百餘事。蓋子長之書，今則家絃而户誦，然二千年之久，亦有數厄，不但班固譏其「是非繆聖人」已也。六朝、唐人遞爲傳寫，異文夥多，北宋監本始雕於版，乃不得不歸於一，而異文皆没，賴我邦唐以前鈔本或存其舊，一厄也。南宋書坊删節注文，其正文亦不無遷移，二厄也。明之中葉，其書甚微，康氏海刻史記序曰：「博采旁搜，十有餘年，所有但紀、表、世、傳，而八書逸焉，繼以日月，乃得苟完。」知中統以後、震澤王氏以前，殆不絶如綫，三厄也。俗儒狃其家絃户誦，恬然不察，謂子長原文皆如是，六朝、唐人所誦亦如是，不亦乖乎？竊謂前此邦儒校勘之業，莫盛於山井氏鼎之七經孟子考文，傳播彼邦，聳其耳目，著清帝之録，啓阮氏之記。幸次郎嘗曰：「不有山井，安有儀徵？」今教授之書，殆亦如是，孰謂校勘不施乎史哉？書將刊成，教授命幸次郎爲之後序。幸次郎經生，疏於史事，荏苒久之，固辭不獲，乃書所見以贈之。

歲在戊申陽曆九月吉川幸次郎善之甫識於西京北白川之唐學齋。

後記

二戰結束後不久，在東京文理大學的漢學研究室，以竹田復老師爲首，内野熊一郎老師、小林信明老師以及河野六郎老師等研究室成員開始一同校對史記。我作爲特別研究生，分擔了本文的校訂。爲了校核諸善本以作底本，承蒙静嘉堂文庫的米山寅太郎老師和東洋文庫的岩井大慧老師給予便宜。在京都大學人文科學研究所，也承蒙平岡武夫老師指教。有一天，神田喜一郎老師逐一檢點人文科學研究所的圖書目録。休息的時候，他給我講了瀧川龜太郎博士史記會注考證的事情。尤其是他爲搜集史記正義佚文而勞神費心的經歷，讓我深受感動。現在回想起來，那時候我和神田老師偶然的相遇，似乎便導向了史記會注考證校補的完成。我在東北大學蒙受金谷治和曾我部静雄兩位老師的指教，詳細研討了瀧川龜太郎老師研究的足跡。此後，我調查了日本國内所有著名的圖書館裏的史記文本，終於在天理大學圖書館發現了慶長古活字本史記：其中有與瀧川老師在東北大學圖書館所看到的同樣的批注。在金澤市立圖書館，我閲覽到題爲博士家本史記異字的古本史記校勘記後發現，瀧川老師將宫内廳書陵部所藏博士家本史記異字鈔本鈔下來，引用在史記會注考證中。此外，承蒙上杉隆憲先生的好意，我歷經十幾年調查了米澤市立圖書館所藏南宋本史記。前幾年，這個南宋本史記被指定爲國寶，誠然是令人喜悦的事情。

後來，東京大學研究組（負責人：三上次男老師）、京都大學研究組（負責人：貝塚茂樹老師）、東京教育大學研究組（負責人：竹田復老師）聯合進行的「史記綜合研究」課題連續三年得到文部省研究費，更加推動了我對史記文獻學研究的進展。關於本書的刊行，最初我計劃從昭和三十年開始刊行史記會注考證十卷和校補五卷，但是後來不斷發現有關資料，結果刊行了九卷。值得慶幸的是，我從文部省得到了本書全卷的出版資助費。更喜出望外的是，吉川幸次郎老師爲我撰寫了本書的跋文。

另外，承蒙下列各所大學研究室和附屬圖書館人員的協助，我得以閲覽珍貴的文獻資料：東京大學、東洋文化研究所、東京教育大學、京都大學、人文科學研究所、東北大學、慶應大學、斯道文庫、龍谷大學、大谷大學、天理大學；其他國立、公立、私立圖書館，如國立國會圖書館、宫内廳書陵部、内閣文庫、静嘉堂文庫、東洋文庫、尊經閣文庫、大倉山圖書館、無窮會文庫、大東急記念文庫、京都府立圖書館、大阪市立圖書館、金澤市立圖書館、宫城縣立圖書館、岩手縣立圖書館、群馬縣立圖書館、建仁寺兩足院伊藤東慎先生等。

回想起來，本書的完成歷經長年累月，一直以來承蒙許多人的指教和協助。但是由於我工作懈怠，下面各位老師在本書刊行之前離世了。在此深表哀悼之意。

德富豬一郎老師、加藤虎之亮老師、小竹文夫老師、斯波六郎老師、仁井田陞老師。

而且，本書刊行以來，承蒙與瀧川龜太郎先生深有交情的松雲堂主人野田文之助先生（松雲院慈德芳文居士）格外照顧，在其靈前謹表謝意。此外，青木五郎、金子彰男、中村嘉弘、清水榮各先生始終對我格外支持。其中，清水榮君（清德院丹心志道居士）昭和四十年初冬在其工作單位函館大學因車禍殉職，令我痛苦不堪。本書刊行之際，一直得到大石光之助和大石益光兩位先生的支持，不勝感謝。大日本法令印刷所慨允因我的懈怠而導致的校正工作的拖延，一直協助到本書完成。在此特別對吉村美明先生、黑岩正三先生、新井皓之先生深表謝意。最後，各位讀者與各經銷書店再三催促本書的出版，但我一直拖延至此，對此深表歉意。就此擱筆。

昭和四十五年九月二〇日　著者